21 世纪网络教育精品教材

马克思主义理论简明教程

主　编　朱同丹
副主编　李尚敏　郑　煜　冯　皓

北京交通大学出版社
·北京·

内 容 简 介

本书是一本简明扼要的政治理论课教材，分上下两篇。上篇介绍了马克思主义基本理论、基本观念和学说体系，涵盖了马克思主义哲学和马克思主义政治经济学两大领域。下篇介绍了"马克思主义中国化"，涵盖了毛泽东思想、邓小平理论、"三个代表"重要思想及科学发展观等马克思主义中国化的主要基本思想。

本书适合作为远程教育，成人高等教育政治理论课教材，也可供社会人员参考。

版权所有，侵权必究。

图书在版编目（CIP）数据

马克思主义理论简明教程 / 朱同丹主编．—北京：北京交通大学出版社，2012.2
（2019.4 重印）
（21 世纪网络教育精品教材）
ISBN 978-7-5121-0900-1

Ⅰ.① 马…　Ⅱ.① 朱…　Ⅲ.① 马克思主义理论－网络教育－教材　Ⅳ.① A81

中国版本图书馆 CIP 数据核字（2012）第 013460 号

马克思主义理论简明教程
MAKESI ZHUYI LILUN JIANMING JIAOCHENG

策划编辑：刘　辉　　责任编辑：刘　辉
出版发行：北京交通大学出版社　　　　　电话：010－51686414　　http://www.bjtup.com.cn
地　　址：北京市海淀区高粱桥斜街 44 号　邮编：100044
印 刷 者：北京时代华都印刷有限公司
经　　销：全国新华书店
开　　本：185 mm×260 mm　　印张：15.25　　字数：381 千字
版　　次：2012 年 2 月第 1 版　　2019 年 4 月第 24 次印刷
书　　号：ISBN 978-7-5121-0900-1/A · 4
印　　数：78 701 ～ 80 000 册　　定价：36.00 元

本书如有质量问题，请向北京交通大学出版社质监组反映。对您的意见和批评，我们表示欢迎和感谢。
投诉电话：010－51686043，51686008；传真：010－62225406；E-mail：press@bjtu.edu.cn。

序 ◀◀◀

··

  《国家中长期教育改革和发展规划纲要（2010—2020 年）》中提出"广泛开展城乡社区教育，加快各类学习型组织建设，基本形成全民学习、终身学习的学习型社会"，将终身学习提到一个国家战略的高度。要建设终身学习的学习型社会，实现任何人、任何时间、任何地点进行学习，网络教育占有重要的地位。

  网络教育不仅是传统教育的延伸，更是提高成人素质和职业能力的桥梁。教学资源的建设是网络教育的重中之重，如果说网络教育是骨架，那么资源就是丰富骨架的血和肉。而在网络教育资源建设中，文字教材和音像教材是学生在学习中接受知识信息的最主要最基本的源泉，因此教材建设又显得尤为重要。

  网络教育教材必须坚持以学习者为本的理念，在教学方案的设计上，在教学方法的选择上，既从讲课的角度去思考，也注意学生的"自学"，突出教材的实用、适用、够用和创新"三用一新"的特点。

  网络教育教材必须既重视理论知识的阐述，更强调实践性，寓知识于应用中，引导学生进行观察和思考，激发学生的学习兴趣，启发学生的参与性，将生活和工作中的问题作为学习的核心，加强实际问题的研究，通过解决实际问题加深理论的理解和应用。

  网络教育教材必须紧密围绕网络学习者的需求。为帮助学生判断学习效果并启发其进一步思考，设置大量练习题，并配备视频讲解光盘，建设学习网站。

  网络教育教材必须考虑与其它媒体组合使用的问题，应与网上学习相结合，合理安排学习计划，以控制学习进度；及时参加网上测试，检验学习效果参加视频辅导；并积极与同学、老师互动，共享学习疑问和学习经验，提高学习效率。

  网络教育工作者在多年资源建设实践的基础上，适时编写了网络教育系列教材。网络教育教材建设工作是一项长期的与时俱进的工作，既需要建设者的努力，更需要使用者的意见和建议。网络教育教材建设工作还处于起步阶段，更需要付出不懈的努力，如何在教材的编写和使用中更好地体现对学生能力的培养，如何激发学生学习的兴趣，如何解决学生实际生活工作中存在的问题，将是网络教育系列教材建设者重点探索的课题，希望广大教材使用者提出宝贵的意见和建议，祝愿网络教育教材建设工作取得长足进步，不断为网络业余学习者提供有用的、喜欢的书！

冯　矗

2012 年元月

前 言 ◀◀◀

为了给成人高等教育提供一本简明扼要的思想政治理论课教材,我们编写了《马克思主义理论简明教程》一书。本书具有以下特点。

第一,本书从广义上来理解和掌握马克思主义。马克思主义不仅指马克思、恩格斯创立的基本理论、基本观点和学说的体系,也包括继承者对它的发展,即在实践中不断发展着的马克思主义。其中包括马克思主义中国化的理论成果。

第二,作为思想政治理论课教材,本书体系基本完整。上篇"马克思主义基本原理",涵盖了马克思主义哲学和马克思主义政治经济学两大基础理论的主要基本原理;下篇"马克思主义中国化",涵盖了毛泽东思想、邓小平理论、"三个代表"重要思想及科学发展观等马克思主义中国化的主要基本思想,特别突出介绍了中国特色社会主义理论体系。本书的内在结构、体系脉络符合中宣部、教育部关于思想政治理论课改革的"05方案"的精神和要求。

第三,全书章节安排逻辑性强。上篇两大理论、下篇两大体系在马克思主义理论及其中国化发展的内在逻辑上,环环相扣、紧密相连,充分体现了历史发展和现实结合的逻辑统一。

第四,思想观点简明扼要。本书一方面囊括了马克思主义基本原理及马克思主义中国化的主要理论成果;另一方面又高度概括,简明扼要,突出重点。本书的中心思想鲜明,重点观点突出,基本原理精心提炼,文字语言简洁明了,对思想政治理论运用通俗易懂的方式进行介绍,理论紧密联系实际,特别有利于成教类学生学习与掌握。

全书由江南大学马克思主义学院院长朱同丹教授担任主编并统稿,李尚敏、郑煜、冯皓任副主编。朱同丹撰写一、二、三章;冯皓撰写四、五、六章;李尚敏撰写七、八章;郑煜撰写九、十、十一章。特别需要说明的是江南大学网络教育教材工作小组黄正明、孙力、梁仁青、黄娅芳、鲁云霞等老师在编写和协调出版过程中,做了大量细致的工作,在此一并表示深深的感谢!

感谢徐小钦、扬长福、张礼建等老师对本书写作提供资料,使得本书写作顺利完成。

目　录 ◀◀◀

下篇　马克思主义中国化

上篇

马克思主义基本原理

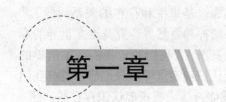

第一章

世界的物质性及其发展规律

哲学是时代精神的精华，马克思、恩格斯适应时代发展要求，在批判地继承和改造以往哲学优秀成果的基础上，创立了辩证唯物主义和历史唯物主义，从而奠定了马克思主义整个理论大厦的根基，为我们提供了科学的世界观和方法论。

第一节 世界的物质性

自然界在漫长的历史演进中，逐渐分化出了人类社会，从世界演进的过程看，自然界是先于人类而存在的，是人类社会产生、发展的前提和物质基础，整个世界包括人类社会和人类思维都是建立在物质基础之上的。

一、哲学基本问题

我们面对的世界，千姿百态，丰富多彩，世界到底是什么？人与世界的关系是怎样的？这是生活在世界中的人们不能不回答的问题。

（一）哲学是世界观的理论体系

人们在长期的认识世界、改造世界的社会实践中，逐渐形成了自己的世界观和方法论。世界观是人们对整个世界的总体看法和根本观点。如世界到底是什么，人同世界的关系怎样，人在世界中处于什么样的地位和作用，人在世界中的价值如何等。方法论是人们在认识世界、改造世界、思考问题、解决问题时所遵循的根本方法和基本原则。方法论同世界观是相统一的，一般来说，有什么样的世界观，就有什么样的方法论。人们总是在一定的世界观的指导下去认识世界、分析问题和解决问题。

世界观人人都有，但哲学不是人人都有。哲学是关于世界观的学问，是人们关于世界总的看法和根本观点的理论升华，是理论化和系统化的世界观，是世界观的理论体系。哲学既是世界观又是方法论，是最根本的世界观和方法论的统一。哲学基本问题就是最基本的世界观和方法论。

（二）思维和存在的关系问题是哲学的基本问题

恩格斯总结和概括了哲学发展的历史事实，吸取了黑格尔和费尔巴哈的有关思想，第一次明确指出："全部哲学，特别是近代哲学的重大基本问题，是思维和存在的关系问题"。①哲学基本问题包括两个方面的内容：其一，意识和物质、精神和自然界，究竟谁是世界的本原。即物质和精神何者是第一性，何者是第二性的问题；其二，"我们关于我们周围世界的思想对这个世界本身的关系是怎样的？我们的思维能不能认识现实世界？我们能不能在我们关于现实世界的表象和概念中正确地反映现实？"② 即思维能否认识或正确认识存在的问题。

为什么思维和存在的关系问题是哲学的基本问题呢？这是因为：第一，思维和存在关系问题是任何哲学派别都不能回避的问题。世界上的万事万物可以归结为物质和精神两大类现象，人类的一切活动都涉及思维和存在的关系问题，这两者的关系问题是人类认识和改造世界的最基本问题，同时也就成为了任何哲学派别必须要首先回答的基本问题。第二，对思维和存在关系问题的回答，是解决其他一切哲学问题的前提和基础。只有正确解决了思维和存在或意识和物质的关系问题，才能为科学理解世界的本质，把握世界的联系和发展，认清认识和实践的关系，揭示人类社会发展的基本规律奠定基础。第三，思维和存在关系问题是人们在认识世界和改造世界的活动中经常遇到的问题。人们认识和改造世界的活动，就是人作为思维主体与客观存在相互作用的过程，必须要正确解决好思维和存在关系问题，认识世界和改造世界的目的才可能实现。所以哲学基本问题也是人们在实际活动中的基本问题。

根据对哲学第一个基本问题的不同回答，哲学可划分为两个对立的基本派别：唯物主义和唯心主义。唯物主义把世界的本原归结为物质，主张物质第一性，意识第二性，意识是物质的产物；唯心主义把世界的本原归结为意识，主张意识第一性，物质第二性，物质是意识的产物。根据对哲学第二个基本问题的不同回答，哲学可划分为可知论和不可知论。可知论认为世界是可以被认识的，不可知论认为世界是不能被人所认识或不能被完全认识的。

与哲学基本问题相一致，社会存在与社会意识的关系问题是社会历史观的基本问题。凡是认为社会存在决定社会意识的，是历史唯物主义；凡是认为社会意识决定社会存在的，是历史唯心主义。

在回答了世界的本质是什么的问题之后，还必须回答世界是怎样存在的问题，即世界上的事物是联系的还是孤立的，是发展的还是静止的。根据对这些问题的不同回答，形成了辩证法和形而上学两种不同的思维方式。辩证法主张用联系的、发展的、全面的观点看世界，认为发展的根本原因在于事物的内部矛盾。形而上学则主张用孤立的、静止的、片面的观点看问题，否认事物内部矛盾的作用。唯物主义和辩证法必须要结合起来，才能正确地认识世界的本质和发展规律，才能建立科学的、彻底的唯物主义和科学的、彻底的辩证法。

辩证法与形而上学的斗争同唯物主义与唯心主义的斗争是交织在一起的，但它们都从属于唯物论与唯心论两大基本派别。

二、物质世界的客观存在

物质范畴是唯物主义的奠基石。从古到今，唯物主义对物质概念的理解，经历了从朴素到科学，从片面到比较全面的认识过程。

---

① 《马克思恩格斯选集》第 4 卷，人民出版社 1995 年版，第 223 页。
② 《马克思恩格斯选集》第 4 卷，人民出版社 1995 年版，第 225 页。

（一）物质的客观实在性

古代朴素唯物主义从具体的物质实体角度，把物质归结为"水"、"火"、"土"等具体实物。近代形而上学唯物主义从自然科学揭示的物质结构的角度，把物质归结为"原子"。虽然他们在人类对物质的认识史上作出了重要的贡献，但是终究未对世界的物质性、对物质范畴作出科学的解释。马克思、恩格斯批判地继承了前人的成果，吸收了其物质观中的正确思想，对具体科学关于物质世界研究的最新成果进行了哲学的概括和总结，形成了科学的物质观。20世纪初，列宁对物质概念作了全面的科学的规定："物质是标志客观实在的哲学范畴，这种客观实在是人通过感觉感知的，它不依赖于我们的感觉而存在，为我们的感觉所复写、摄影、反映"。[①]列宁的物质范畴是对物质世界多样性所作的最高的哲学概括，包含着丰富的思想，揭示了物质的唯一特性是客观实在性，它存在于人的意识之外，可以为人的意识所反映。

马克思主义的物质观具有重大意义：

第一，坚持了物质的客观实在性原则，同唯心主义和二元论划清了界限。列宁对物质作出了最本质的规定，指明了物质是独立于意识之外的客观存在，物质是意识产生的根源，意识依赖于物质，意识是物质的派生物，坚持了物质观上的唯物主义原则。

第二，坚持了能动的反映论和可知论，有力地批判了不可知论。物质这一客观存在是可以被人们通过实践活动所认识的。虽然目前人类还有很多事物未被认识，但是随着将来科学技术的发展，人类认识能力的提高，未知世界迟早会为人们所认识。世界上只存在尚未认识的东西，不存在不可认识的东西。

第三，指出了客观实在性是物质的唯一（根本）特性，弄清了哲学物质范畴同自然科学物质概念的相互关系，克服了形而上学唯物主义的缺陷。列宁指出客观实在性是所有物质的共性，哲学就是从客观实在性的共性来把握物质的，既肯定了哲学物质范畴同自然科学物质结构理论的联系，又找出了它们的区别所在，从而与旧唯物主义相区别，坚持了物质观上的唯物主义和辩证法的统一。

（二）物质世界的存在形式

世界是物质的，而物质是运动的。运动是物质的根本属性。运动是标志一切事物和现象的变化及其过程的哲学范畴。物质和运动是不可分割的。一方面，运动是物质的根本属性，物质是运动着的物质，脱离运动的物质是不存在的。设想不运动的物质，将导致形而上学。另一方面，物质是一切运动变化和发展过程的实在基础和承担者，世界上没有离开物质的运动。任何形式的运动，都有它的物质主体。设想无物质的运动，将导致唯心主义。

物质世界的运动是绝对的，而物质在运动过程中又有某种暂时的静止。静止是相对的，静止是物质运动在一定条件下的暂时稳定状态。运动的绝对性体现了物质运动的变动性、无条件性，静止的相对性体现了物质运动的稳定性、有条件性。运动和静止相互依赖、相互渗透、相互包含，动中有静、静中有动。无条件的绝对运动和有条件的相对静止构成了事物的矛盾运动。只有把握了运动和静止的辩证关系，才能正确理解物质世界及其运动形式的多样性，才能理解认识世界和改造世界的可能性。

时间和空间是物质运动的存在形式，物质运动与时间、空间不可分割，时间、空间同物

---

① 《列宁选集》第2卷，人民出版社1995年版，第89页。

质运动一样，是客观存在的。空间是指物质运动的广延性、伸张性，特点是三维性；时间是指物质运动的持续性、顺序性，特点是一维性，即一去不复返。物质运动总是在一定的时间、空间中进行的，没有离开物质运动的"纯粹"时间、空间，也没有离开时间、空间的物质运动。具体物质形态的时空是有限的，而整个物质世界的时空是无限的；物质运动的时间、空间的客观实在性是绝对的，物质运动的时间、空间的具体特性是相对的。一切以时间、地点、条件为转移，具体问题具体分析，是马克思主义的活的灵魂。

（三）意识是物质世界长期发展的产物

与物质世界相对应的人的意识，是物质世界长期发展的产物。意识从其起源来看表现为两个方面。

一方面，意识是自然界长期发展的产物，意识作为一种反映形式，它的形成经历了三个发展阶段。第一，由一切物质所具有的反应特性到低等生物的刺激感应性；第二，由低等生物的刺激感应性到高等动物的感觉和心理；第三，由动物的感觉和心理到人的意识的产生。

另一方面，意识不仅是自然界长期发展的产物，而且也是社会劳动的产物。社会实践特别是劳动在意识的产生和发展中起到了决定性的作用。劳动为意识的产生和发展提供了客观需要和可能，在人们的劳动和交往中形成的语言促进了意识的发展。

正因为意识是物质世界长期发展的产物，所以意识的本质就体现为意识是人脑的机能和属性，是物质世界的主观映象。首先，意识是物质的产物，但又不是物质本身，意识是特殊的物质——人脑的机能。其次，意识是物质世界的主观映象，是客观内容和主观形式的统一。马克思指出："观念的东西不外是移入人的头脑并在人的头脑中改造过的物质的东西而已。"[1] 这表明，意识在内容上是客观的，来源于客观世界，在形式上是主观的，存在于人们的头脑中；意识的差别是主观的，差别的根源是客观的；任何意识都有客观"原型"，物质决定意识，意识依赖于物质并反作用于物质客观世界。物质世界、人脑、意识的关系是：物质世界（原材料）——人脑（加工厂）——意识（产品）。

（四）世界统一于物质

马克思主义哲学认为，世界的本原是物质，不仅自然界是物质的，人类社会也具有物质性，世界的真正统一性在于它的物质性。

马克思主义以前的旧唯物主义都是"半截子"唯物主义。它们在自然观上是唯物主义，一到社会历史领域，就陷入了唯心主义。旧唯物主义不理解人的实践活动本身是一种客观存在，不理解物质生产活动在社会生活中的决定性地位和作用，把历史过程看成是人的主观意志的产物，因而得出社会意识决定社会存在的错误结论。马克思主义揭示了人类实践的客观实在性，认为物质资料生产方式是人类社会存在和发展的基础，正确解决了社会存在与社会意识的关系问题，从而在人类社会发展领域建树了唯物主义的思想，揭示了人类社会的物质性。

社会的物质性主要表现在以下三个方面。

第一，人类社会依赖于自然界，是整个物质世界的组成部分。人是物质自然界发展到一定阶段的产物，人类自身仍是物质自然界的一部分，他们赖以生存的物质生活资料只能取之于物质的自然界。在人类社会产生以后，人类的社会实践活动还要以自然界为基础。离开了

---

① 《马克思恩格斯选集》第 2 卷，人民出版社 1995 年版，第 112 页。

自然界，人类的社会实践活动便无法进行，脱离了自然环境的人类社会是不可能存在的。

第二，人们谋取物质生活资料的实践活动是一种物质性的活动。实践活动是以物质力量改造物质力量的活动，社会实践活动的主体、工具、手段、客体乃至结果都是物质的产物。

第三，物质资料的生产方式是人类社会存在和发展的基础。生产力是人类改造自然的物质力量，生产关系是不以人的意志为转移的物质关系，生产方式的物质性的客观性与自然存在的物质性的客观性完全相一致。

综上所述，世界是物质的，物质世界是运动、变化和发展的，物质运动是在时间和空间中进行的，人的意识、观念也是来源于物质世界，人类社会的本质也是物质的。包括自然界、人类社会和人类思维在内的整个世界，其真正统一性在于它的物质性。物质是世界的本原，人类的社会运动和思维运动只是物质运动的一种特殊形式，人的实践活动依赖于客观物质世界，客观物质世界的规律性制约着人的实践活动。世界的物质统一性是马克思主义哲学的基石，一切从实际出发是唯物主义一元论的根本要求。

三、实践的唯物主义

马克思主义的唯物主义思想是建立在实践基础之上的，马克思的唯物主义是实践的唯物主义。

（一）实践的含义及特点

早在欧洲哲学史上，古希腊哲学和德国古典哲学就提出过实践概念，中国传统哲学中的知行观也涉及了实践的某些思想。但是，他们的实践观念是不科学的，甚至是唯心的。

马克思主义哲学吸取了哲学史上关于实践概念的合理因素，正确地阐明了实践的本质及其在认识世界和改造世界中的作用，创立了科学的实践观。马克思主义认为：实践是人类能动地改造世界的客观物质性活动，"全部社会生活在本质上的实践的"①，强调哲学的重要使命在于指导实践改造世界，"哲学家们只是用不同的方式解释世界，问题在于改变世界"②。

实践具有物质性、自觉能动性和社会历史性等基本特征。首先，实践是物质性的活动，具有客观的直接现实性。构成实践活动的诸要素，包括实践的主体（人）、实践的对象（客体）、实践的手段（工具等），乃至最后实践的结果都是可感知的客观实在，具有客观物质性。其次，实践是人类有意识的活动，体现了自觉的能动性。实践活动是人在一定思想指导下的活动，是一种有目的、有意识的活动，不同于动物无目的、无意识的本能活动，因此实践活动具有思想意识的指导性、能动性。最后，实践是社会的历史的活动，具有社会历史性。实践从一开始就是社会的实践，在社会中进行的，任何个人活动都不能离开社会的联系。作为实践主体的人总是社会的人，即处在一定社会关系中的人。实践的社会性决定了它的历史性。实践的内容、性质、范围、水平和检验标准要受一定的社会历史条件所制约，随着具体的社会历史条件的变化，实践自身也要发生相应变化，因而社会实践是具体的、历史的、变化的。

（二）实践的基本形式

人类实践活动的具体形式是丰富多样的。随着人与世界关系的发展，特别是随着社会分

---

① 《马克思恩格斯选集》第1卷，人民出版社1995年版，第56页。
② 《马克思恩格斯选集》第1卷，人民出版社1995年版，第57页。

工的进步，人类实践的具体形式越来越多样化。社会实践的基本形式包括物质生产劳动实践、处理社会关系实践和科学实验三大形式。物质生产劳动是人类最基本的实践活动。它是以自然为对象，运用人们自身的力量，借助于物质工具和手段，改造自然界以获取人们生存、发展所需的物质生活资料、改善人们的生活环境及条件的活动。同时在物质生产劳动实践中，生产和再生产着社会的基本经济关系，由此决定着社会的基本性质和面貌。处理社会关系实践是人们社会生活中的一个重要方面。在生产劳动实践的基础上，人们形成了多种社会关系，如政治关系、经济关系、思想关系、文化关系、阶级关系、民族关系、城乡关系等。调整和处理好这些社会关系，解决好这些社会关系中的各种矛盾问题，能够极大地推进社会进步，促进经济繁荣。科学实验是改造自然和社会的准备性和探索性的实践活动。科学实验是指科学上为阐明某一现象、揭示其客观规律而创造特定的条件，以便观察它的变化和结果的过程。科学实验是在生产实践的基础上产生的。科学实验不仅包括自然科学的实验活动，而且包括人文社会科学的实验活动。科学实验一经产生，就具有与生产实践和变革社会的实践所不能代替的特点，即自觉地以科学理论为指导，以实验仪器和装备为手段，以探索和认识客观事物的本质和规律为目的。在实践的三种基本形式中，物质生产劳动实践处于基础的地位，对其他实践形式起着主导的作用，处理社会关系实践和科学实验能够有力促进物质生产劳动实践的发展。三种社会实践形式相互联系，相互促进，共同发展。

（三）社会生活在本质上是实践的

实践是使物质世界分化为自然界与人类社会的历史前提，又是使自然界与人类社会联系起来的现实基础。自然界是人类社会形成的前提，是构成人类社会客观现实性的自然基础。人在实践活动中创造了人类社会，使得人类社会从大自然中分离出来。人类社会的存在和发展，又反过来影响和制约着自然界，不断改变着自然界。自然界和人类社会通过人的实践活动相互影响、相互作用，在人类社会实践活动的基础上共同发展。

实践是人类社会的基础，一切社会现象只有在社会实践中才能找到最后的根源，才能得到最终的科学说明。马克思主义确认社会生活在本质上是实践的，也就是从实践出发去理解社会生活，也就是把社会生活"当作实践去理解"。社会生活的实践性主要体现为三个方面：

第一，实践是社会关系形成的基础。人类社会的各种政治关系、经济关系、生产关系、思想关系、文化关系、阶级关系、民族关系等都是建立在物质生产劳动实践、处理社会关系实践和科学实验等各种社会实践基础之上的。实践以浓缩的形式包含着全部社会关系，成为社会关系的发源地。

第二，实践形成了社会生活的基本领域。社会生活的基本领域不是纯物质的，社会生活中充满着人类的各种主观活动；社会生活的基本领域也不是纯精神的，社会生活中更多的是充满着各种客观活动；社会生活的基本领域实际上是实践的，是人们在主观思想的指导下，认识世界、改造世界的客观活动。人们通过实践活动改造自然、改造社会和改造人自身，形成了社会生活的基本领域，即社会的物质生活、政治生活和精神生活领域。在整个社会生活过程中，物质生产实践具有基础和决定作用。物质生活的生产方式制约着整个社会生活、政治生活和精神生活的全过程。

第三，实践构成了社会发展的动力。社会发展是人的实践活动在时间和空间中展开的过程。人既是历史的"剧中人"，又是历史的"剧作者"。物质生产实践构成了社会发展的根本动力。改造社会的实践推动着社会历史的变迁和进步。在阶级社会里，阶级斗争构成了社会发展的直接动力。

总之，全部社会生活在本质上是实践的。构成社会的人是从事实践活动的人，推动社会运动的力量是千百万人的社会实践活动。社会生活的全部内容就是不断进行的社会实践，实践既是人的自觉能动性的表现，也是人的自觉能动性的根源，更是人的社会生活本质所在。

（四）马克思的唯物主义是实践的唯物主义

实践是人类社会生活的本质，社会生活是建立在实践基础之上的；实践是马克思主义的唯物主义的本质，马克思主义的唯物主义也是建立在实践基础之上的。人们对物质世界的认识和把握是通过实践活动来实现的。物质的基本特性、物质的存在方式、物质和意识的相互关系、世界统一于物质等思想观点，都是人们在实践中形成的。马克思的哲学是实践的哲学，马克思的唯物主义是实践的唯物主义，离开了人类的实践活动，人们就无法理解物质世界。人类社会生活的主体活动、本质性活动是物质生产资料的生产活动，物质生产资料的生产活动是建立在社会实践基础之上的，是带有强烈的物质性的社会实践活动，没有物质生产资料的生产活动，也就不会有人类社会生活的展开，同样也就不会有人们对物质世界的认识和把握。马克思主义的实践观，不仅阐明了实践在人类社会生活中的根本地位和重大作用，而且也揭示出了自然界和社会的物质统一性。

第二节 事物的普遍联系与永恒发展

一、联系和发展的普遍性与多样性

（一）两种根本对立的发展观

联系和发展的问题是有关发展观的问题，发展观是人们关于事物是否发展和怎样发展的基本见解。在发展观上有两种根本对立的观点，即形而上学的发展观和辩证法的发展观。

形而上学发展观有两种基本的表现形式：其一，否认事物的任何运动。其二，把运动仅仅归结为机械运动，即把事物的变化仅仅归结为事物的位置移动和单纯数量的增减，而且认为这种移动和增减的原因是外力推动的结果。

辩证法的发展观是用联系的、全面的、发展的观点看待世界的一种发展观。首先，客观世界是一个相互联系的统一体；其次，客观世界又是不断发展变化的；联系的观点和发展的观点是唯物辩证法的总特征，唯物辩证法认为联系和发展具普遍性和多样性。

由此，唯物辩证法和形而上学两种发展观的根本分歧主要体现在以下几个方面：联系的观点和孤立的观点的分歧；发展的观点和静止的观点的分歧；全面的观点和片面的观点的分歧；是否承认事物内部矛盾性是事物运动发展的根据和决定力量，是唯物辩证法和形而上学最根本的分歧。

（二）事物的普遍联系

联系是指事物内部各要素之间和事物之间相互影响、相互制约和相互作用的关系。联系具有以下特点：

首先，联系具有客观性。事物的联系是事物自身内部所固有的，不是主观臆想的。世界上没有孤立存在的事物，每一种事物都是和其他事物相联系而存在，这是一切事物的客观本性。

其次，联系具有普遍性。事物联系的普遍性有三层含义：第一，任何事物内部的不同部分和要素是相互联系的；第二，任何事物都不能孤立存在，都同其他事物处于一定的相互联系之中；第三，整个世界是相互联系的统一整体。从无机界到有机界，从自然界到人类社会，任何事物都处在普遍联系之中，不存在完全孤立的东西。整个世界是一个相互联系的统一整体；任何事物都是统一的联系之网上的一个网结，并通过这个联系之网体现出联系的普遍性。

最后，联系具有多样性。世界上的事物是多样的，因而事物的联系也是多样的。事物联系的主要方式有：直接联系与间接联系，内部联系与外部联系，本质联系与非本质联系，必然联系与偶然联系等。不同的联系构成事物内部和事物之间不同的存在状态和发展趋势。

马克思主义关于事物普遍联系的原理，要求人们在认识问题、分析问题的方法论上，一定要从眼前对象同其他事物的普遍联系上来认识、把握与处理问题。如经济发展问题，离不开同社会、自然的相互关系，要正确认识和处理好经济发展与社会发展、经济发展与生态环境保护的相互关系，才能实现经济社会自然的协调和持续的发展。

（三）事物的永恒发展

事物的相互联系包含事物的相互作用，而相互作用必然导致事物的运动、变化和发展。事物之间相互作用的结果，会使事物原有的状态和性质发生程度不同的变化。如种子、土壤、阳光、水分相互作用的结果，就会使得种子破土而出，苗壮成长。一定形式的运动都意味着一定的变化：最简单的机械运动会引起物体位置的变化，物理运动是物质分子状态的变化，化学运动是物质化学成分及其结构的变化，生物运动是生物机体的变化，社会运动会引起社会有机体的变化等。运动、变化的基本趋势是发展。

发展是前进的上升的运动，是事物新陈代谢的变化。发展的实质是新事物的产生和旧事物的灭亡。新事物是指合乎历史前进方向、具有远大前途的东西；旧事物是指丧失历史必然性、日趋灭亡的东西。新事物是不可战胜的：第一，新事物代表了事物发展的根本方向和前途，最具有发展的生命力；第二，新事物是在旧事物的"母体"中孕育成熟的，它既否定了旧事物中消极腐朽的东西，又保留了旧事物中合理的、仍然适合新的条件的因素，并添加了新的内容，在本质上比旧事物更加优越；第三，新事物从根本上符合人民群众的利益和要求，能够得到广大人民群众的拥护，因而必然战胜旧事物。

事物的发展是一个过程。恩格斯指出："世界不是既成事物的集合体，而是过程的集合体。"[①] 过程是指事物自身产生、发展和灭亡的历史。过程是世界的存在样态，整个世界就是一个过程的集合体。自然界、人类社会和思维领域中的一切现象都是作为一个过程而向前发展的。一切事物，只有经过一定的过程，才能实现自身的发展。

首先，任何事物的发展都是一个过程。一个过程结束了，新的过程也就开始了。其次，事物作为过程的存在和发展是有条件的，总是在一定的条件下产生，并随着条件的变化而变化，直至灭亡。再次，"世界是过程的集合体"，是绝对运动和相对静止的统一，是变动性

---

① 《马克思恩格斯选集》第 4 卷，人民出版社 1995 年版，第 244 页。

和稳定性的统一。否认具体过程的变动性，把运动、发展着的事物凝固化是错误的；同样，否认具体过程的相对静止性，把事物看成是变化无常的东西，也是违背辩证法的发展观的。总之，世界是过程的集合体，这就要求我们要用具体的历史的观点来看待事物，要从事物之间的联系中去分析它发展的全过程，这样才能准确把握事物发展的本质及其发展的规律性。

现代科学凭借科学仪器所能观察到的自然界的一切事物，都有自己兴衰变化的过程。人类社会的发展也是一个过程。从原始社会发展到奴隶社会，再从奴隶社会发展到封建社会、资本主义社会，有的国家已进入社会主义社会，表现出人类社会发展过程的总趋势。从我国的发展现状来看，我国正处于社会主义初级阶段。社会主义作为过程的集合体，它将经过自身的长期发展，从初级阶段过渡到高级阶段，最后向着共产主义迈进，这是不以人的意志为转移的客观规律。

在联系和发展的关系中，联系是发展中的联系，事物相互之间的联系是在事物的运动、变化和发展中形成的，离开了事物的发展就谈不上事物的联系。事物的发展是处在联系中的发展，事物内部最本质的联系构成事物的发展，事物的发展是在事物相互间的普遍联系中实现的，离开了一事物同其他事物的普遍联系，就没有事物的发展。

世界普遍联系和永恒发展的原理，要求我们用联系的观点和发展的观点看问题，用发展的思路和办法解决实际问题。改革开放以来，我们坚持的对外开放方针，就是建立在发展离不开联系的辩证法原理基础之上的。特别是当代中国的现代化发展，更加需要加强同世界各国在经济、政治、科技、文化、人力资源、生态环境保护等各方面的联系，才能得以实现。

二、对立统一规律是事物发展的根本规律

事物的普遍联系和永恒发展不是杂乱无章的，而是有其客观规律的。认清这些规律，对于正确地认识世界和改造世界具有重要意义。

（一）对立统一规律是唯物辩证法的实质和核心

唯物辩证法是由一系列规律和范畴构成的完整体系。其中，对立统一规律揭示了事物发展的内在动力和事物普遍联系的根本内容，质量互变规律揭示了事物发展的形式或状态，否定之否定规律揭示了事物发展的方向和道路，唯物辩证法的诸多范畴揭示了事物发展过程中的各种联系关系，它们有机地组合在一起，构成了唯物辩证法的科学体系。

在整个体系中，对立统一规律是根本的实质和核心。为什么说对立统一规律是唯物辩证法体系的实质和核心呢？这是因为：第一，对立统一规律揭示了事物普遍联系的根本内容和永恒发展的内在动力，从根本上回答了事物之所以发展的决定性原因在于事物内部的矛盾运动。第二，对立统一规律是贯穿质量互变规律、否定之否定规律及唯物辩证法其他规律和范畴的中心线索，其他规律和范畴都体现了对立统一的基本思想，是对立统一规律的展开，对立统一规律是理解这些规律和范畴的"钥匙"。第三，对立统一规律提供了人们认识世界和改造世界的根本方法——矛盾分析法，矛盾分析法是人们在社会实践中认识问题、分析问题乃至解决问题的根本方法。

（二）矛盾的同一性和斗争性及其在事物发展中的作用

对立统一规律中有一个核心范畴，即矛盾。矛盾是反映事物内部和事物之间对立统一关系的哲学范畴。矛盾有两种基本属性：同一性和斗争性。

矛盾的同一性是指矛盾双方相互依存、相互贯通的性质和趋势。它有两个方面的含义：

一是矛盾着的对立面相互依存，互为存在的前提；二是矛盾着的对立面之间相互贯通，在一定条件下相互转化。矛盾的斗争性是矛盾着的对立面之间相互排斥、相互分离的性质和趋势。矛盾的同一性和矛盾的斗争性是相互联结、相辅相成的，斗争性寓于同一性之中，没有斗争性就没有同一性，没有同一性也就没有斗争性。矛盾的同一性和矛盾的斗争性在事物发展中具有重要作用。

矛盾的同一性在事物发展中的作用表现在：第一，同一性是事物存在和发展的前提，在矛盾双方中，一方的发展以另一方的发展为条件；第二，矛盾双方相互吸取有利于自身的因素，在相互作用中各自得到发展；第三，同一性规定着事物转化的可能和发展的趋势，事物内部矛盾双方相互贯通的关系使得事物有了转化发展的可能，事物转化发展的方向和趋势是有规律地向着自己的对立面转化。

矛盾的斗争性在事物发展中的作用表现在：第一，矛盾双方的斗争促进矛盾双方力量的变化消长，引起事物的量变；第二，矛盾双方的斗争促成旧的矛盾统一体破裂和新的矛盾统一体产生，实现事物的质变。

矛盾的斗争性和矛盾的同一性在事物发展过程中是相互结合、共同发生作用的，"矛盾是事物发展的动力"是体现在矛盾的斗争性和同一性的共同作用上，单靠斗争性或单靠同一性都不能推动事物的发展，必须要靠斗争性和同一性相结合才行。但在不同的条件下，二者所发挥的具体作用会有所不同。

运用矛盾的同一性和矛盾的斗争性推动事物发展原理指导实践，就要正确理解和处理矛盾与和谐的关系。矛盾与和谐，既有不同的含义，不能等同，又具有内在的一致性。和谐侧重于矛盾各方的统一性，包含着矛盾各方的互相联系、互相依存的思想，强调平稳、协调与合作。和谐并不否认矛盾，和谐是在不断解决矛盾中实现的；和谐的本质就在于协调多种因素的差异，化解矛盾，为事物的发展创造条件。

（三）矛盾普遍性和特殊性及其相互关系

在矛盾问题上，还存在着普遍性和特殊性的关系问题。矛盾的普遍性是指矛盾的共性，矛盾无处不在，无时不有。其含义是：矛盾存在于一切事物中，存在于一切事物发展过程的始终。旧的矛盾解决了，新的矛盾又产生，事物始终在矛盾中运动、变化和发展。

矛盾普遍存在，但不同事物的矛盾又是具体的、特殊的。矛盾的特殊性是指矛盾的个性，是指具体事物的矛盾及其每一个侧面各有其特点。矛盾的特殊性有三种情形：一是不同事物的矛盾各有其特点；二是同一事物的矛盾在不同发展过程和发展阶段各有不同特点；三是构成事物的诸多矛盾以及每一矛盾的不同方面各有不同的性质、地位和作用。

在矛盾的特殊性上，还存在着根本矛盾和非根本矛盾、主要矛盾和次要矛盾的区别。根本矛盾贯穿事物发展过程的始终，规定着事物的性质。主要矛盾是在矛盾体系中处于支配地位，对事物发展起决定作用的矛盾；次要矛盾是处于服从地位的矛盾。在每一对矛盾中又有矛盾的主要方面与矛盾的次要方面，矛盾的性质主要是由矛盾的主要方面决定的。认识矛盾的特殊性具有重要意义，具体问题具体分析是马克思主义活的灵魂。

矛盾普遍性与矛盾特殊性是辩证统一的关系。矛盾的普遍性即矛盾的共性，矛盾的特殊性即矛盾的个性。矛盾的普遍性（共性）寓于特殊性（个性）之中，通过特殊性（个性）表现出来，矛盾的特殊性（个性）体现着普遍性（共性）。矛盾的共性是无条件的、绝对的，矛盾的个性是有条件的、相对的，矛盾的共性和个性、绝对和相对的道理，是关于事物矛盾问题的精髓，是正确理解矛盾学说的关键。

矛盾普遍性和特殊性辩证关系的原理是马克思主义的普遍真理同各国的具体实际相结合的哲学基础，也是建设中国特色社会主义的哲学基础。马克思主义的基本原理、社会主义的一般理论体现了矛盾的普遍性，中国的具体实际和特殊国情、中国的特色体现了矛盾的特殊性，矛盾的普遍性和特殊性相结合，就形成了具有中国特色的社会主义发展道路。

对立统一规律的矛盾论原理体现在方法论上，就是矛盾分析方法。矛盾分析法包含广泛而深刻的内容。例如，分析矛盾特殊性的方法，具体问题具体分析的方法，"两点论"与"重点论"相结合的方法，抓关键、看主流的方法，在对立中把握同一与在同一中把握对立的方法，收敛式思维与发散式思维相统一的方法，立体式思维方法，逆向思维方法，批判与继承相统一的方法等，都是矛盾分析方法的具体体现。

三、事物发展的其他规律和范畴

（一）质量互变规律揭示了事物发展的形式或状态

事物联系和发展的基本形式表现为量变和质变两种状态。质是一事物区别于其他事物的内在规定性。世界上的事物之所以千差万别、形形色色，就是因为它们各有自己特殊的质的规定性。质和具体事物的存在是直接同一的，离开具体事物的抽象的质是不存在的。事物的质是多方面的，因为事物的质是由它包含的矛盾个性所决定的。而一般来说，事物包含着多种矛盾，因而就具有多方面的质。例如，人既有自然生理方面的质，又有社会方面的质。

事物的质是通过事物的属性表现出来的。属性就是一事物和其他事物发生联系时表现出来的质。同一种质可以表现为许多属性。质和属性的关系既有区别，又有联系。属性是从一定方面表现出来的质，而质则是各种属性的内在的有机统一。

量是事物的规模、发展程度、发展速度以及它的构成成分在空间上的排列组合等可以用数量表示的规定性。量和质一样，也是客观事物本身所固有的规定，即使是研究空间形式和数量间关系的数学，其量的关系也是从客观现实中抽象出来的。事物的量与事物的存在不是直接同一的。同质的事物可以有不同的量。在一定范围内，量变不改变事物的性质。

事物量的规定性也是多方面的。事物有内涵的量和外延的量。如果说认识事物的质是认识的开始，是认识量的前提，那么，掌握事物的量则是认识事物的深化。在科学研究中，质和量的关系表现为定性研究和定量研究的关系。定性是定量的基础，定量是定性的精确化。只有对事物量的规定性的认识达到精确程度时，才能更好地把握事物的质。

任何事物都是质和量的统一体。体现质和量的统一的就是度。度是事物保持其质的量的限度、幅度、范围。任何度的两端都存在着极限或界限，叫关节点或临界点。度就是两个关节点之间的幅度。在这个范围内，事物的质保持不变；超出这个范围，事物就会发生质变。

要正确认识事物就必须把握它的度。掌握事物的度，才能知道量变在什么限度内不改变事物的质，在什么情况下事物会发生质变。这样，我们就可以根据需要和可能，遵循客观规律，或将量变控制在一定限度内，或加速量变以突破这个限度。"注意分寸"、"掌握火候"、"抓住时机"、"过犹不及"等都是要求人们正确把握事物的度。

事物的质和量不是凝固不变的，而是发展变化的。量变和质变就是事物变化发展的两种形式或两种状态。量变是事物数量的增减和场所的变更，是一种渐进的、不显著的变化。它是事物在一定质的范围内所发生的逐渐变化的过程，因而呈现出相对稳定、相对静止的状态。统一、平衡、团结、静止等，都是事物处在量变中所呈现的面貌。质变是事物根本性质的变化，是事物由一种质态向另一种质态的飞跃，是一种显著的变化。统一体的分解，平衡、静止等状态的打破，都是事物处在质变过程中呈现的面貌。质变、飞跃是旧质转化为新质的决定性环节，也是事物得以在新质的基础上开始新的量变的决定性环节。

量变和质变既有区别，又有联系，两者是辩证统一的关系。

第一，从事物整体来说，量变不是质变，质变不是量变，两者不能混淆。

第二，从事物发展过程看，两者又密切相联，相互包含，并在一定条件下相互转化。一是量变是质变的必要准备，质变是量变的必然结果，并为新的量变开辟道路。没有量变就没有质变，量的积累达到一定程度，必然要突破度的极限，引起质变。质变才是事物根本性质的变化，才能使旧事物灭亡、新事物产生，并为新的量变开辟道路。二是量变和质变相互渗透。一方面，量变中渗透着质变，即总的量变过程中包含着部分质变；另一方面，质变中渗透着量变，即质变过程中包含着量的扩张。三是量变与质变在一定条件下相互转化。事物的变化发展总是从量变开始的，量的增加或减少在一定限度内不会引起质变；一旦超出这个限度，旧质就会向新质转化，发生质变。由质变所产生的新质，又开始新的量变。经过量变的积累，超出一定的限度，又会引起新的质变……由量变到质变，又由质变到新的量变，如此相互转化，构成事物无限发展的过程。

质量互变规律原理具有重要的方法论意义，对于社会主义现代化建设也具有重要的指导意义。当事物的质变条件尚不成熟时，应脚踏实地做事物量的积累工作，既不能守株待兔，亦不能拔苗助长。当事物质变条件成熟时，要抓住时机，促成质变，而不能坐失良机，功败垂成。"千里之行，始于足下"，"合抱之木，生于毫末"，"不积跬步，无以至千里；不积小流，无以成江海"，在社会主义建设中，我们既要遵循事物发展的规律，扎扎实实做好工作，又要看准时机，及时促进事物的发展。

（二）否定之否定规律揭示了事物发展的方向和道路

否定之否定规律揭示了事物发展的方向、道路和基本趋势，它认为由事物内部矛盾决定的事物发展的基本趋势，是沿着肯定——否定——否定之否定的轨迹向前发展的。

事物自身的矛盾性决定了任何事物内部都包含着肯定和否定两个方面。肯定方面是决定事物性质、保持事物存在的方面，否定方面是同事物的性质相排斥、促使事物灭亡的方面。肯定和否定是对立统一的辩证关系。首先，肯定和否定相互排斥；其次，肯定和否定相互包含；再次，肯定和否定在一定条件下相互转化。

唯物辩证法认为，否定是事物自身矛盾发展所引起的，是事物的自我否定，是事物联系和发展的环节，是辩证的否定。辩证否定观的基本思想包括：第一，否定是事物的自我否定。否定是事物内部矛盾运动的结果，否定的根本原因来自于事物自身内部。第二，否定是事物发展的决定性环节。任何事物只有被否定，才能转化为自己的对立面，才能转化为新事物。第三，否定又是事物联系的环节。否定是新事物克服旧事物中消极的因素，保留和改造旧事物中的积极因素，把其作为新事物发展的基础。第四，否定是扬弃。否定不是对旧事物的简单抛弃，而是否定中有肯定，即"扬弃"。扬弃就是既克服、抛弃，又保留、继承、发扬。只有经过扬弃，才能促成事物自身由低级向高级的发展和完善。

与辩证法的否定观相反，形而上学的否定观认为否定不是事物内部矛盾斗争的结果，不是事物的自我否定，而是外力作用的结果；认为肯定和否定是绝对对立的，要么肯定一切，要么否定一切，把否定看做是不包含任何肯定因素的否定，是简单的抛弃。

坚持辩证的否定观就要对任何事物都采取分析的态度，在肯定中看到否定的方面，在否定中看到肯定的方面，反对肯定一切或否定一切的形而上学的思维方法。在社会主义现代化建设中，对待我国的历史文化遗产以及外来的科学文化和发展经验，都要采取辩证的否定态度。

辩证的否定不是一次完成的，而是经历了一个"肯定——否定——否定之否定"的辩证发展过程。事物发展经过两次否定、三个阶段，完成了一个周期。每一个周期的终点又是下一个周期的起点，如此前后相继，循环往复，形成事物发展的螺旋式或波浪式发展链条。事物通过周期性的"周而复始"的发展，体现了事物发展的前进性和曲折性的统一。

事物的否定之否定过程，从内容上看，是自己发展自己、自己完善自己的过程；从形式上看，是螺旋式上升和波浪式前进的过程。在发展方向上，事物的发展总是前进上升的，每一次否定，都是一次扬弃，都生出新的东西，都把事物推向更高的发展阶段，并且为进一步发展创造条件。在否定之否定阶段，既克服了前两个阶段的片面性，又保留了前两个阶段的积极因素，达到肯定和否定的对立统一。在发展的道路上，事物在周期性的发展进程中总是迂回曲折的，有时甚至会出现一时的倒退。但事物发展中的曲折都是暂时的，不会改变事物发展前进的总趋势，新生事物最终是不可战胜的。

否定之否定规律揭示了事物的发展既不是反复循环，也不是直线上升，而是前进性和曲折性的统一，是一个不断反复、循环上升的过程。因此在实际工作中"循环论"和"直线论"的思想观点都是错误的。

否定之否定规律对于人们正确认识事物发展的曲折性和前进性，具有重要的方法论指导意义。事物发展的周期性原理告诉我们，事物发展是一个否定之否定的运动过程，是前进性和曲折性的统一，我们不能奢望什么事情都是直线上升、一帆风顺的，要善于洞察事物发展中的各种可能性，充分估计其困难和曲折，做好应对各种困难情况的准备，这样才能经受困难和曲折的考验，才能坚定信心，知难而上。同时也要把握住事物发展的总趋势，要坚信虽然道路是曲折的，但是前途是光明的，事物最终是要向前发展的，新生事物是不可战胜的。社会的进步是这样，人生的道路也是如此，人生苦难的磨练是一个人成才的宝贵财富。

（三）事物发展与联系中的基本范畴

唯物辩证法的基本范畴主要是揭示事物发展过程中的各种联系关系。如原因与结果、必然性与偶然性、可能性与现实性、现象与本质、内容与形式等。

原因是引起一定现象的现象，结果是由原因所引起的现象。因果联系的特征是：第一，前因后果；第二，两者具有必然联系。原因和结果的辩证关系包括：原因和结果的区分既是确定的，又是不确定的；原因和结果相互依存、相互作用、相互转化；事物的因果联系具有复杂性，具体有一因多果、同因异果、一果多因、同果异因、多果多因、复合因果等。探究事物的因果联系，对于把握事物内在的发展规律具有重要的方法论意义。体现在：第一，可以认清因果关系的客观普遍性；第二，正确把握事物的因果联系是自觉开展实践活动的必要条件。第三，正确认识因果关系，把握规律，可以提高实践活动的预见性。

必然性是事物发展过程中确定不移的趋势，是由事物的根本矛盾决定的，体现事物发展的本质联系和发展前途。偶然性是事物发展过程中不确定的趋势，是由事物的非根本矛盾和外部条件引起的，对事物的发展起加速或延缓作用。两者相联结而存在，必然性寓于偶然性之中，偶然性背后隐藏着必然性，偶然性为必然性开辟道路。所以必须重视事物发展的必然性，把握事物发展的总趋势，但也绝不可忽视偶然性的作用，要善于通过偶然认识掌握必然，在认识必然的基础上，抓住偶然的机遇。特别是在科学研究中，重视并善于利用偶然因素对推进科学技术发展具有重要的方法论意义。

现实性是指已经产生出来的有内在根据的、合乎必然性的存在。可能性是事物发展过程中所包含的预示事物发展前途的种种趋势。现实性和可能性既有区别，又有联系。没有现实就没有可能，反过来，没有可能就没有新的现实。因此，把握这一对范畴的方法论意义，就要求人们立足现实，展望未来，注意分析事物发展的各种可能性，发挥主观能动性，做好应对不利情况的准备，努力争取实现好的可能性。

本质是指事物的根本性质，指组成事物的各个基本要素的内在联系。现象是指事物的表面特征以及这些特征的外部联系，现象有真象和假象之分。现象和本质既有区别也有联系。透过现象认识本质具有重要的方法论的应用。首先，现象是认识事物本质的向导；其次，通过现象认识本质是科学研究的任务；最后，透过现象认识本质是一个不断发展的过程。

内容是事物存在的基础，形式是事物存在和表现的方式。内容决定形式，形式反作用于内容，两者既相互区别又相互依存。在实际工作中，要注重内容和形式辩证统一的方法论的应用。首先，要善于根据内容的变化与发展，适时地、正确地变革旧形式；其次，自觉地运用形式反作用于内容的辩证法，利用多种形式为内容服务；最后，在实际工作中，既要重视内容的决定性作用，反对形式主义，又要重视形式的反作用，反对形式虚无主义。

四、辩证思维方法

辩证思维方法是人们正确进行理性思维的方法。主要有归纳与演绎、分析与综合、抽象与具体、逻辑与历史相统一等。

归纳是从个别事实中概括出一般性结论，是一种由个别性前提过渡到一般性结论的推理形式。演绎是从一般原理走向个别结论的思维方法，是由一般性原则推导个别结论的推理形式。归纳和演绎两种方法处于不可分割的联系之中。一方面，归纳和演绎互为前提；另一方面，归纳和演绎相互补充、相互渗透。

分析与综合是一种比归纳与演绎更为深刻的思维方法。分析就是在思维中把认识对象分解为各个部分、方面、要素，以便分别加以研究的思维。通过分析研究从中找出构成这一认识对象基础的部分、本质的方面。综合通常被看作是在把整体分解为各个因素的基础上，再组合成一个新的有机整体的思维活动。分析是综合的基础，综合是分析的完成，只有把二者结合在一起，才能构成一个完整的、科学的认识。

抽象与具体是辩证思维的高级形式。抽象是指在思维中把对象的某种属性、因素抽取出来而暂时舍弃其他属性、因素的一种逻辑方法。具体有两种含义：一是感性具体，指人们通过感官直接感觉到的具体；二是理性具体，指通过抽象在人的思维中形成的具体规定性的深刻认识。抽象是对感性具体的否定，抽象的成果是形成理性具体。在思维进程中，要运用由感性具体到抽象思维与规定，再由抽象规定到理性具体的辩证思维方法。感性具体——抽象思维与规定——理性具体。对辩证思维而言，重要的是从抽象上升到具体。

历史与逻辑相统 的方法同抽象与具体的方法又有内在关联。历史的方法是指从事物自身的运动变化发展过程考察事物的方法。逻辑的方法是指透过对象自然过程中种种表面、个别的暂时现象，从抽象概括的形态上研究揭示对象本质和规律的思维方法。历史的方法和逻辑的方法是辩证统一的。首先，历史和逻辑在本质上是一致的，历史是逻辑的基础和内容，逻辑是历史的理论再现；其次，逻辑不仅同客观现实的历史相一致，而且同人类认识的历史也相一致；因此，在思维进程中，必须把历史方法和逻辑方法结合起来。

第三节 客观规律性与主观能动性

一、自然规律和社会规律

不管是自然界，还是人类社会和人类思维，都各自有着自身运动发展的客观规律。人们认识世界就是要认识世界的发展规律，并遵循这些客观规律，自觉地改造世界。

（一）规律及其客观性

规律揭示的是事物运动发展中的本质的、必然的、稳定的联系。首先，规律是事物的本质的联系。任何规律都是事物的内在根据和本质联系。例如：万有引力定律揭示了物体之间的本质联系，元素周期律揭示了元素的化学性与原子序数之间的本质联系，生产关系与生产力状况相适应的规律揭示了人类社会生产方式的本质联系。其次，规律是事物的必然联系。任何规律都是体现的事物确定不移的必然发展趋势。如人类社会发展规律体现的是人类社会由低级形态向高级形态发展的必然趋势。再次，规律是事物的稳定联系。任何规律都是同类现象背后的共性，具有稳定性，只要条件具备，某种规律就会重复起作用。

规律是客观的。客观规律不以人的意识为转移而存在，人的意识活动要受规律的支配。唯心主义者否认规律的客观性是错误的。人们不能藐视规律，更不能创造和消灭规律。但人们在客观规律面前也不是完全消极被动、无所作为的。

人们在实践活动中，可以认识或发现客观规律，并利用这种认识指导实践，达到改造自然、改造社会，为人类谋福利的目的。同时，人们还可以改变规律发生作用的条件和形式，使事物朝着有利于人类的方向发展。如滔滔江河水既可能泛滥成灾，也可建成水电站造福人类，这在很大程度上取决于人的作用。我们既要反对藐视规律的主观随意性，又要反对在规律面前无所作为的思想。

（二）自然规律与社会规律的联系与区别

自然规律是自然现象固有的、本质的、必然的、稳定的联系。社会规律是通过人们的社会活动表现出来的社会发展过程内在的、本质的、必然的、稳定的联系。

自然规律与社会规律之间既有联系，也有区别。两者之间的联系主要表现在：第一，自然规律和社会规律都是客观存在的，不是主观臆想的；第二，人类社会可以作用于自然界，在一定程度上调节和控制自然界，使得自然界演化的规律与人类社会发展的规律能够尽可能相一致。两者之间的区别主要表现在：第一，自然规律是作为一种盲目的无意识的力量起作用，社会规律则是通过抱有一定目的和意图的人的活动来实现的；第二，自然规律只要具备了同样的客观物质条件就可以通过完全相同的形式反复出现，社会规律则是历史的，在不同的社会、国家、民族以及不同的历史阶段都有不同的表现形式；第三，认识社会规律比认识自然规律困难得多，社会历史现象的复杂性、社会矛盾的成熟程度以及人们认识的局限性和阶级的局限性影响着人们对社会规律的认识深度和广度。

二、意识的能动作用

恩格斯说，意识是地球上"美丽的花朵"，这是对意识作用的生动描绘。几千年来人类文明发展的巨大成就，充分展现了人类的智慧和创造精神。

（一）意识的作用

辩证唯物主义在坚持物质决定意识，意识依赖于物质的同时，又承认意识有能动作用。意识的能动作用是人的意识所特有的，积极反映世界与改造世界的能力和活动。主要表现在：

第一，意识是能动的，具有目的性和计划性。人是根据一定的目的、要求去认识世界和改造世界。正如马克思所说，人在"劳动过程结束时得到的结果，在这个过程开始时已经在劳动者的表象中存在着，即已经观念地存在着"。①

第二，意识活动具有创造性。人的意识不仅采取感觉、知觉、表象等形式，反映事物的外部现象，而且能够运用概念、判断、推理等形式对感性材料进行加工制作，上升到理性认识，把握事物的本质和规律，能动地创造出新思想。

第三，意识具有指导实践改造客观世界的作用。人的实践活动离不开思想意识的指导，人们是在一定的思想意识的指导下去认识世界和改造世界的。人们通过改造世界，可以创造出世界上所没有的东西，创造出没有人的参与永远也不可能出现的东西。

第四，意识还具有指导、控制人的行为和生理活动的作用。人的生理和病理活动的调节与控制要受到人的意识和心理活动的影响。现代科学和医学实验也证明：意识、心理因素对人的健康状况有着重要影响和作用。

关于意识与人工智能的关系问题。人工智能是特指利用机械和电子装置模拟人脑思维过程的电脑。人工智能可以帮助人完成一部分意识活动，突破了人脑器官的许多自然局限性，对于促进意识的发展和加强意识对实践的指导方面起着积极作用。

但人工智能与人的思维有着本质区别，不能得出人工智能将会取代人的意识的结论。首先，人工智能是对思维的模拟，从根本上说，人工智能仍是思维和实践的产物；其次，人工智能没有社会性，不会考虑到社会后果；最后，人工智能没有能动的创造能力，而人类思维则是随社会实践的发展而不断深化的。

（二）主观能动性与客观规律性的辩证统一

人们要正确发挥好自己的主观能动性，还必须要处理好主观能动性与客观规律性的关系问题。

首先，必须尊重客观规律。发挥人的主观能动性必须以承认规律的客观性为前提。人们只有在认识和掌握客观规律的基础上，才能达到认识世界和改造世界的目的。认识和改造自

① 《马克思恩格斯全集》第44卷，人民出版社2001年版，第208页。

然界，要尊重自然界的规律；认识和改造社会，要尊重社会规律。人们对客观规律的认识越深刻、越正确，就越能有效地发挥主观能动作用。不顾规律和违背规律，最终要受到规律的惩罚。

其次，在尊重客观规律的基础上，要充分发挥主观能动性。承认规律的客观性，并不是说人在规律面前是无能为力的。人们通过自觉活动能够认识规律和利用规律，人的生存和发展正是在对自然和社会的改造中实现的。所以，尊重事物发展的规律与发挥人的主观能动性是辩证统一的。

根据上述原理，人们要正确发挥主观能动作用，应当注意以下几点：

第一，从实际出发，努力认识和把握事物的发展规律，按照事物发展的客观规律来认识世界和改造世界。

第二，实践是发挥人的主观能动作用的基本途径。人的意识是一种精神的力量，要使精神的力量变为物质的力量，就必须通过物质的活动——实践才能达到。只有通过实践，人们才能使主观的东西见之于客观，人们才能能动地认识世界和能动地改造世界。

第三，主观能动作用的发挥，还要依赖于一定的物质条件和物质手段。人们对客观世界的认识程度，同物质技术条件的发展水平密切联系着。一般来说，作为认识器官之延长的科学技术设备越是先进，人们的认识水平也就越高，改造能力也就越强。

（三）社会历史的趋势性与人类主体的选择性

同主观能动性与客观规律性相互关系相关联的另一个问题，是社会历史发展的趋势性与人类主体的选择性的相互关系。所谓社会历史的趋势性属于历史决定论的内容，是指社会历史规律的决定作用。主体选择性是指人类主体在社会发展中的能动性和对历史具体进程的选择性。历史发展的必然性，规定了人们的活动要受规律性的制约，但不否认人在一定历史空间内的选择，人类主体的选择性体现了人的主观能动性。

主体选择是在既定的历史条件下对社会生活未来发展的多种可能的方向、目标、方式的选择。在这当中，社会生活未来发展存在着多种可能性是主体选择的客观前提，主体的利益和需要是选择的内在根据。主体的能动性就体现在选择什么和怎样选择之中。选择的方向、目标和方式是否正确只能由实践来检验。

在社会历史发展的趋势性与人类主体的选择性的相互关系上，社会历史发展的趋势性起着根本性的作用，它决定着人类主体选择性的基本方向、根本目标。人类主体再怎么选择，都只能是在一定历史发展空间和时间范围内的选择。当然，通过历史主体的能动选择，可以使得社会历史进程表现出丰富多彩、形式多样、道路各异的具体状态来。

思考题

1. 马克思主义物质观的基本思想是什么？
2. 为什么社会生活在本质上是实践的？
3. 联系和发展的相互关系及其现实意义何在？
4. 怎样理解矛盾普遍性与特殊性的辩证关系及其重要意义？
5. 辩证否定观及其方法论意义是什么？
6. 主观能动性和客观规律性的辩证关系怎样？

延伸学习阅读材料

中美军乐团首度联袂演出　美方称与乒乓外交有相似之处
——在对立中把握同一与在同一中把握对立

首次访美的中国人民解放军军乐团和美国陆军军乐团"潘兴军乐团"联袂为 2 000 多名观众奉上了一场精彩纷呈的高水平演奏会。

5 月 16 日晚，曾多次见证中美友好交往历史的美国著名艺术殿堂肯尼迪艺术中心，又迎来了一个历史性时刻。

首次访美的中国人民解放军军乐团和美国陆军军乐团"潘兴军乐团"联袂为 2 000 多名观众奉上了一场精彩纷呈的高水平演奏会。这是中美建交以来，两军首次在军乐领域的交流。

正在美国进行正式访问的中央军委委员、中国人民解放军总参谋长陈炳德上将与美军参联会主席马伦海军上将，共同观看了演出。

两个"国宝"级乐团配合默契

中国人民解放军军乐团和美陆军军乐团，都有着辉煌的历史和不凡的纪录。前者是中国唯一一家国家级礼仪乐队，曾为世界各国 600 多万观众举办过 7 000 多场音乐会。后者得名于第一次世界大战期间担任美陆军参谋长、绰号"黑杰克"的潘兴将军，是美军首屈一指的演奏团体，由该乐团组成第一方阵是历届美国总统就职庆典游行的传统。

5 月 16 日晚，这两个同样享誉世界、被美国陆军参谋长邓普西上将誉为两国"国宝"级的军乐团首次相会。演奏会上，两军军乐团分别演奏了中美两国国歌和民歌。讴歌生命、礼赞英雄的交响诗《荣归》、脍炙人口的草原情歌《在那遥远的地方》、歌剧《图兰朵》的著名片断《今夜无人入睡》、美国进行曲之王苏萨创作的《乔治·华盛顿诞辰 200 周年进行曲》等曲目带给观众极大的艺术享受。演出最激动人心的部分，则是两军军乐团联合演奏的《朝天阙》、《饮酒歌》、《牛仔》等名曲。当两军军乐团指挥分别执棒压轴曲目《星条旗永不落》和《歌唱祖国》时，观众击掌相和，演奏会掀起高潮。

无论是中场休息还是演出终场，接受记者采访的观众都赞不绝口——"棒极了！""我爱今晚的演出！"特别是两军联合演出部分，让许多观众难以相信，两军军乐团仅排练了几天，就有了如此默契的配合。

两军文化交流史上的重大举措

联合演奏会的主题为"音乐架起友谊与合作的桥梁"。中美两军的艺术家用他们的热情和才华，共同奏响了和谐的旋律，谱写了友谊的乐章。

陈炳德总参谋长在致辞中表示，中美两国军队艺术家同台演出，是两军文化交流史上具有里程碑意义的重大活动。音乐架起友谊与合作的桥梁，以军乐艺术为纽带，一定能把两国人民、两国军队联系得更加紧密，将对推动建立健康、稳定、可靠的两军关系，建设相互尊重、互利共赢的中美合作伙伴关系起到重要的促进作用。

邓普西上将代表美陆军官兵欢迎中国人民解放军军乐团的来访。他说，今晚的联合演出可以说是两国 30 年准备的结果。在过去 30 年的大多数时间里，美中两国一直都在努力营造和提升包括两军交往在内的相互关系，目的就是使我们能更好地了解彼此的文化和传统。他表示，今晚的演出是美中两国军事交流的一部分，相信这种交流会促进相互信任，增进彼此了解和沟通，有助于建立长期可靠的两军关系。他对美中两个伟大国家之间未来关系的蓝图充满憧憬。

担任当晚演奏会司仪之一的美陆军军乐团军士长大卫·布朗引用了一句中国古语"千里之行，始于足下"，相信美中两军军乐团之间的友谊与合作就始于今晚这场联合音乐会。

美陆军军乐团副团长、副指挥安德鲁·艾斯中校在接受记者采访时说，与中国人民解放军军乐团的合作是一次奇妙的体验。音乐是人类共同的语言，两军艺术家通过这一机会相互了解和交流，非常有意义。他对能参与这一历史性时刻感到非常自豪。

美陆军军乐团指挥约翰·克兰顿中校告诉记者，音乐使人们放松，将人们连结在一起。以音乐为起始，将两国和两军连结在一起，是一个了不起的想法。他认为今晚的联合演奏，与40年前帮助打开美中两国交往大门的"乒乓外交"的意义有相似之处，两国军乐团之间的交往与合作，同样具有"破冰"一般的巨大影响力。当两国艺术家相聚在一起时，双方都强烈地意识到，尽管国别、背景不同，但彼此间有很多共性。

中美两军军乐团的历史性合作，显然给观众带来了极大的快乐。演奏会始终洋溢着热烈欢快的气氛，观众几度长时间起立鼓掌。

演出结束后，陈炳德和马伦到后台会见了两军军乐团艺术家代表。访美期间，解放军军乐团将与美陆军军乐团在华盛顿、费城、纽约举行五场联合演奏会。

——摘自《人民日报》2011年5月18日，作者：马小宁

第二章

认识世界和改造世界

马克思主义揭示了物质世界的客观存在和发展的一般规律，同时又指出人类能够认识客观世界以及改造客观世界。辩证唯物主义把实践观点引入认识论，把辩证法运用于反映论，创立了能动的革命的反映论，实现了人类认识史上的伟大变革，为我们认识世界、改造世界提供了科学的理论指导。

第一节　认识的本质及规律

一、实践是认识的基础

实践观点是马克思主义认识论之首要的和基本的观点。为了正确理解认识的基础和来源，必须首先考察人类的实践活动。

（一）实践的主体与客体

实践活动是以改造客观世界为目的、主体与客体之间通过一定的中介发生相互作用的过程。主体是指具有思维能力、从事社会实践和认识活动的人；客体是指进入主体的认识领域和实践范围的客观事物，是实践和认识活动所指向的对象。中介是指在实践活动中使用的各种工具、手段以及运用、操作这些工具的程序和方法。正是依靠和通过这种中介系统，实践主体和客体才能够相互联系、相互影响和相互作用。

主体和客体的相互关系，从根本上说是认识关系、实践关系和价值关系。在认识过程中，主体的思想意识来源于客体，离不开客体；客体是独立于主体之外而存在；但是客体同样也离不开主体，客体的广度和深度取决于主体的认识能力。辩证唯物主义认识论认为，在主体和客体的关系中，最重要的关系是实践关系，即改造和被改造的关系。主体反映、认识客体的过程，首先是主体改造、变革客体的过程。所谓认识过程，就是人们在改造对象的实践中辩证地反映对象的过程。主体之所以要去认识客体和改造客体，从根本上说，是为了满足自己的价值需要。因此，在实践中，主体和客体之间的关系也是一种创造者与被创造者的关系。主体通过实践来改造客体、创造客体，使之符合主体的需求；客体通过主体的创造和改造，使得自身更加完善和向前发展。

（二）实践在认识中的决定作用

实践是认识的基础，实践既是认识的起点，又是认识的终点，贯穿认识的全过程，在认识中起着决定性作用。实践对认识的决定作用主要表现在以下方面：

1. 实践是认识的源泉

首先，实践产生了认识的需要。人们要改造世界，必须先要认识世界，弄清楚世界的状况和规律，然后按照世界的规律来改造世界，利用规律为人类谋利益。人类的认识活动总是为各个时代社会实践的特定需要服务的，科学研究的任务也总是围绕着社会实践的需要这个中心来确定的。在古代，正是由于游牧业和农耕业以及后来航海业实践的发展，进而产生了天文学；建筑工程、手工业的实践发展，产生了力学；近代资本主义社会化大生产的发展，产生了对新动力的需要，出现了蒸汽机；今天现代科学技术的不断涌现仍然是为了满足不断变化发展的新的社会实践的需求而产生的。对社会的认识也是如此。如公共管理学正是适应当代人类社会管理实践的需要而产生的；中国特色社会主义理论体系的创立，正是当代中国社会主义改革开放实践发展所呼唤的。

其次，人们的知识来源于实践。人们只有通过实践使自己的感觉器官直接地同对象相接触，才能使对象的各种现象反映到头脑中来，形成一定的直接经验，并进而上升到理性认识。人的一切认识都是从直接经验发源的，直接经验是人们亲身实践的产物。除了直接经验外，人们的认识还来源于间接经验。在人们获取知识的途径中，间接经验的作用不容忽视。那种贬低书本知识、轻视教育工作、拒绝向前人和他人学习的做法，是非常错误的。但间接经验归根到底也是从他人的直接经验得来的，并且从他人那里获得的间接经验要真正地发挥作用，还必须要同自己的亲身实践相结合，他人的知识才能转化为自己的知识。所以从根本上说，实践是认识的唯一来源，我们必须高度重视实践经验，并加以总结提高。

2. 实践是认识发展的动力

社会实践的需要始终是推动人类认识发展的强大动力。实践具有历史性、时代性，实践是变化发展的，随着历史时代的变迁，社会实践会不断地提出新的时代课题，需要人们去认识它、解决它，进而推动着认识的不断深入和拓展。20 世纪 90 年代以来，随着冷战时代的结束，和平与发展逐渐成为了时代的主题，人们正是在探索和平与发展的实践中，推动着对资本主义制度和社会主义制度认识的不断深化。正如恩格斯所说："社会一旦有技术上的需要，这种需要就会比十所大学更能把科学推向前进"。①

实践是推动认识发展的动力还体现在实践为认识提供了可能。人类实践活动提出的问题归根结底只能依靠和通过实践来解决。实践创造出必要的物质条件和工具、手段，使人的认识能够不断深化和拓展。如今天人类对微观世界基本粒子的研究，正是依靠现代工业所提供的各种强大的物质手段和物质工具（电子计算机、高能加速器等）来进行，没有这些由科学实践、生产实践提供的工具和手段，要从事现代科学研究是根本不可能的。

3. 实践是认识的目的

人们认识世界的目的，不仅仅在于解释世界，更重要的在于能够根据对世界发展变化的规律性的认识去改造世界。人们之所以去认识某一个对象，正是为了能够改造某一个对象，认识的目的是为了改造，使其能够满足自己的某种需要。如果认识离开了改造世界的目的，认识就既没有产生的可能，也没有存在和发展的必要。但是认识自身并不能直接地改造世界，它只有通过实践活动，转化为现实的物质力量，才能达到改造世界的目的。改造世界就

---

① 《马克思恩格斯选集》第 4 卷，人民出版社 1995 年版，第 732 页。

是实践活动，它体现了人类认识的最终目的。

4. 实践是检验认识真理性的唯一标准

在实践的基础上产生的认识是否正确，还必须回到实践中去才能得到检验和证明。正如马克思说："人的思维是否具有客观的真理性，这不是一个理论的问题，而是一个实践的问题。人应该在实践中证明自己思维的真理性。"①

总之，人的认识是从实践中产生，满足实践需求，为实践服务，随实践发展，又回到实践当中去，并接受实践检验。认识依赖于实践，离开实践的认识是根本不可能的。肯定实践是认识的基础，实践决定着认识的产生和变化，决不意味着认识无足轻重。认识特别是反映客观事物本质和规律性的理性认识，对实践有着巨大的指导作用。理论是认识的高级形式，随着实践的发展和实践水平的提高，理论对实践的指导作用愈加明显。理论具有前瞻性，往往走在实践的前面，指导着实践活动的进程。在社会历史变革时期，革命理论对社会实践的指导作用尤为显著。如邓小平理论在中国改革开放的历史进程中，起到了重要的顶层设计、总体设计的指导作用。

二、认识是主体对客体的能动反映

辩证唯物主义认识论认为：认识是主体在实践基础上对客体的能动反映。这是对认识本质的科学回答，同唯心主义认识论、旧唯物主义认识论有着根本不同。

（一）唯物主义和唯心主义对认识的不同回答

在认识的本质问题上，存在着两条根本对立的认识路线：一条是坚持从物到感觉和思想的唯物主义路线，另一条是坚持从思想和感觉到物的唯心主义路线。

唯物主义哲学从物质第一性、意识第二性的基本观点出发，坚持反映论的立场，认为认识是主体对客体的反映。唯心主义哲学从意识决定物质的基本观点出发，颠倒物质和意识的关系，否认认识是人脑对客观世界的反映，把认识看作是先于物质、先于实践经验的东西，主张"先验论"。主观唯心主义认为人的认识是主观自生的，是"内心反省"的结果，是心灵的自由创造物。客观唯心主义认为人的认识是上帝的启示或绝对精神的产物。虽然两者的说法和表现形式有所不同，但本质上是相一致的，都是否认认识是人脑对客观世界的反映，反对唯物主义的反映论，坚持唯心主义的先验论。

（二）辩证唯物主义和旧唯物主义对认识的不同回答

辩证唯物主义和旧唯物主义作为唯物主义，虽然都坚持反映论，认为认识是主体对客体的反映，但是二者之间又有着性质上的区别。

旧唯物主义的认识论即形而上学唯物主义认识论，把人的认识看成是消极地、被动地反映和接受外界对象，类似于照镜子那样的活动。所以，又称为直观、消极被动的反映论。它有两个严重的缺陷：一是离开实践考察认识问题，因而不了解实践对认识的决定作用；二是离开辩证法来考察认识问题，不了解认识的辩证性质，不能把认识看作是一个不断发展的过程，而认为认识是一次性完成的。这种直观的消极被动的反映论是不科学的。

辩证唯物主义认识论在继承了旧唯物主义反映论的合理前提的同时，又克服了它的严重缺陷。首先，辩证唯物主义认识论把实践的观点引入了认识论，科学地规定了认识的主体和

---

① 《马克思恩格斯选集》第 1 卷，人民出版社 1995 年版，第 55 页。

客体及其相互关系，认为主体与客体的关系首先是一种改造与被改造的实践关系，在此基础上才产生了它们之间的反映与被反映的认识关系。就是说，主体是在改造世界的实践过程中去反映世界、认识世界的，人对世界的反映能力、认识能力也是随着实践的发展而历史地变化发展着的。其次，辩证唯物主义把辩证法应用于反映论，应用于考察认识的发展过程，科学地揭示了认识过程中多方面的辩证关系。例如主观和客观、认识和实践、感性和理性、真理的相对性和绝对性等。更为重要的是，它全面地揭示了认识过程的辩证性质，指出人的认识过程是一个由不知到知、由浅入深、充满矛盾、循环往复、无限发展的能动过程。

以实践观点和辩证观点为特征的辩证唯物主义能动反映论，不仅驳倒了唯心主义先验论和不可知主义怀疑论，而且克服了旧唯物主义直观反映论的缺陷，创立了以科学实践观为基础的能动的革命的反映论，实现了人类认识史上的变革。

辩证唯物主义认识论认为，认识是主体对客体的能动反映。这种能动反映具有两个方面的特点：一方面，反映具有摹写性，即人的认识作为对客观事物的反映，必然要以客观事物为原型，它总是力图在思维中再现客观事物的状态、属性、关系、本质和规律。反映的摹写性决定了反映的客观性。另一方面，反映具有创造性。反映的摹写性绝不是对反映对象的直观描摹或照镜子式的原物映现，而是包含着对反映对象的分析、选择、加工、建构、整理与拓展。反映的创造性决定了反映的能动性。

正因为如此，人不仅能够反映事物的现象，而且还能够进一步揭示事物的内在本质和规律；不仅能够反映事物的现在，而且能够进一步揭示事物的过去历史痕迹和未来发展展望。正如列宁所说，人的意识不仅能够反映世界，而且能够创造世界。这说明，反映具有创造性的特点。创造性从根本上把人的能动反映与动物的本能反应区别开来，创造性是能动反映论的基本标志。

三、认识运动的辩证发展过程

人的认识运动是一个辩证发展过程。这个辩证发展过程有两个无限循环的阶段：第一个阶段是从实践到认识；第二个阶段是从认识到实践；两个阶段结束后又开始下一轮新的循环。认识发展的辩证运动过程就表现为实践、认识、再实践、再认识，不断反复和无限发展。

（一）从实践到认识

认识运动的辩证过程，首先是从实践到认识的第一个阶段，这是认识过程中的第一次能动飞跃。在这个阶段中，认识采取了感性认识和理性认识两种形式，并经历了从感性认识到理性认识的能动飞跃。

感性认识是人们在实践基础上，由感觉器官直接感受到的关于事物的现象、事物的外部联系、事物的各个方面的认识，包括感觉、知觉和表象三种形式。感觉是在实践的基础上反映事物的开始，感觉是人们的大脑通过感觉器官与事物发生联系而直接产生的对事物的个别特性的反映；知觉是在感觉的基础上形成的高一级的感性形式，知觉是在人脑中把关于某一事物的各种感觉综合起来而形成的反映该事物各方面特性的整体的认识形式；表象是关于事物的感觉和知觉在大脑中的再现，是感性认识的最高形式，开始了初步的抽象性。从感觉、知觉到表象，是由个别的特性到完整的形象，由当时感知到的印象到事后回忆的认识过程。感性认识的特点是直接性、形象性和表面性。

感性认识是"生动的直观"，是认识的初级阶段，直接性是其突出的特点。感性认识是用具体的、生动的形象直接反映外部世界，以事物的现象即外部联系为内容，还没有深入到对事物的本质的认识。所以，感性认识虽然具有生动性、形象性的长处，但是它的片面性、表面性的局限性使得感性认识很不深刻，这也就是感性认识必须要上升到理性认识的原因所在。

理性认识是指人们借助抽象思维，在概括整理大量感性材料的基础上，达到关于事物的本质、全体、内部联系和事物自身规律性的认识。理性认识包括概念、判断、推理三种形式。概念是对事物共同的、一般的特性的反映；判断是概念的展开，是对事物内部和事物之间的联系或关系的反映；推理是从已知的判断按照一定的逻辑规则推导出新的判断的反映形式。从概念到判断再到推理，是理性认识由低级到高级的发展。人们在社会实践中，形成概念，作出判断，进行推理，表现为一系列的抽象概括、分析和综合，所以这个阶段就是"抽象的思维"阶段。理性认识是认识的高级阶段，具有抽象性、间接性的特点，它以反映事物的本质为内容，因而是深刻的。

感性认识和理性认识有着密不可分的辩证关系。首先，理性认识依赖于感性认识，理性认识必须以感性认识为基础。坚持理性认识对感性认识的依赖关系，就是坚持了认识论的唯物论。其次，感性认识有待于发展和深化为理性认识。只有使感性认识上升到理性认识，才能把握住事物的本质，满足实践的需要。坚持了这一点，就是坚持了认识论的辩证法。最后，感性认识和理性认识相互渗透，相互包含，感性中有理性，理性中有感性，二者的区分是相对的，人们不应当也不可能把它们截然分开。

辩证唯物主义认为，感性认识和理性认识辩证统一的基础是实践。无论是感性认识还是理性认识，都是在实践中产生的；由感性认识飞跃到理性认识，也是在实践的基础上实现的。如果割裂二者的辩证统一关系，夸大感性认识的作用就会走向经验论，在实际工作中就会犯经验主义的错误；夸大理性认识的作用就会走向唯理论，在实际工作中就会犯教条主义的错误。

实现感性认识向理性认识的飞跃，必须具备两个基本条件：第一，积极实践，深入调查，获取十分丰富和合乎实际的感性材料。这是正确实现由感性认识上升到理性认识的基础。第二，必须经过理性思考的作用，将大量的感性材料加以去粗取精、去伪存真、由此及彼、由表及里地制作加工，才能将感性认识上升为理性认识。也就是说，必须运用辩证思维的科学方法，才能获得真正的认识。

（二）从认识到实践

从认识到实践，是认识过程的第二次能动飞跃。第二次飞跃是第一次飞跃的必然延续，因为认识世界的目的是为了改造世界，第二次飞跃体现了认识的真正目的。要达到这个目的，就需要理论来指导实践，理论是行动的指南，没有正确的理论就没有正确的行动。只有在正确的思想理论指导下，才能自觉地实现改造世界的目的。而思想理论是否正确也必须要靠实践来检验。因此获得理性认识后，理性认识还必须要回到实践当中去。原因在于两个方面：一是理论只有回到实践中去，为群众所掌握，才会变成巨大的物质力量，真正实现对客观世界的改造，实现认识世界的目的；二是理性认识只有回到实践中去，才能得到检验、完善和发展。理性认识是否正确，在从感性认识到理性认识的第一次飞跃中，是解决不了的。只有将已经获得的理论运用到实践中去，通过第二次飞跃的实践检验，才能确证理性认识的正确与错误，才能不断推动理论的修正、完善和发展。

实现由理论向实践的第二次飞跃，同样需要具备一定的条件：第一，必须从实际出发，坚持一般理论和具体实践相结合的原则。只有这样，理论才能真正发挥自己的指导作用，并随着实践的发展而发展；第二，理论要回到实践中去指导实践，还需要转换为路线、方针、政策以及方法等中介环节，理论自身无法直接对实践发生作用，理论只有转化为同实际工作紧密联系的路线、方针、政策以及方法，才能成为实践行动的指南；第三，理论要回到实践中去，还必须为广大群众所掌握，人民群众是实践的主体，理论只有为群众所掌握才能转化为改造社会、改造自然的物质力量。

（三）认识运动的不断反复和无限发展

人的认识过程经历了从实践到认识的第一次能动飞跃和从认识到实践的第二次能动飞跃之后，认识过程并没有完结，而是一个从实践到认识，再从认识到实践，如此实践、认识、再实践、再认识，循环往复以至无穷的过程。这就是认识发展的基本规律。

"实践、认识、再实践、再认识"作为认识发展的总过程、总规律，不只是实践到认识和认识到实践多次飞跃的综合，而且表现了认识过程的反复性和无限性，体现了认识过程的一步步地深化和提高。认识过程的反复性和无限性是指人们的认识过程既不是封闭式的循环，也不是直线式的前进，而是螺旋式的曲折上升运动。这个运动，从形式上看，表现认识和实践认识的反复循环；从内容上看，实践认识之每一循环，都比较地进到了高一级的程度。正是认识运动中实践和认识的这种循环往复和无限发展，体现出了认识发展的基本规律。

人的认识过程之所以具有反复性和无限性，其主要原因在于：

第一，认识的客体本身有一个发展的过程，事物的矛盾有一个暴露的过程，事物的本质也有一个显露的过程，因此人们对它的认识也就随之有一个循环往复和无限发展的过程。第二，人们对事物的认识，由于受到主客观条件的限制，往往不是一次完成的，而是多次反复的。从主观方面说，人们总是受到自己的认识能力、认识水平和实践活动范围的限制；从客观方面说，总是受到科学技术条件的限制，受到认识手段的限制。第三，客观世界是无限发展的，认识的基础实践本身也是不断变化发展的，因此人们的认识也是相应的无限发展，没有止境的。

认识运动的反复性表明人的认识既是有限的又是无限的，是有限性和无限性的统一。认识的有限性，是指完成一个从实践——认识——实践的认识过程，主体对客体的认识只能达到某种层次和某些方面；认识的无限性，是指主体对客体的认识是一个循环往复、永无止境的过程。客观世界是有限和无限的统一，人的认识能力也是有限和无限的统一。无限发展的客观世界不断为人们拓展认识客体的领域和范围，人们对客观世界的认识也就不断地从一个又一个的有限走向永恒"逼近"的无限。

第二节 真 理 观

一、真理的客观性及其属性

真理是人们对于客观事物及其规律的正确认识，是主观思维与客观对象相一致的认识，是客观事物及其规律在人们思维中的正确反映。人类的认识活动从总体上讲是为了获得真理，并用真理指导实践，以取得实践的成功。

（一）真理的客观性

真理具有客观性，凡真理都是客观真理。真理的客观性在于：第一，真理所反映的对象是客观的。真理作为一种主观的思想形式，是把不以人的意志为转移的外部客观世界作为认识对象的。第二，真理的内容是客观的。真理的内容来自于客观的外部世界，真理要求人的思想要与认识对象的本质、规律相一致。人的正确思想之所以被称为真理，其最根本的特征就在于正确思想是对客观事物的本质和规律的正确揭示，是思想与客观事物的本质和规律的一致性。第三，检验真理的标准实践也是客观的。实践是检验真理的唯一标准，凡是能够经得起实践的检验、得到实践的证实、主观同客观相符合，这种认识就是真理。

真理的客观性原理，是唯物主义认识论即反映论的一般原理在真理问题上的贯彻。正如列宁所说，"认为我们的感觉是外部世界的映象；承诺客观真理；坚持唯物主义认识论的观点，——这都是一回事。"① 唯物主义之所以承认真理是客观的，是因为它坚持物质第一性、意识第二性，意识是对物质的反映这个最基本的哲学前提。从这一前提出发，就必须承认人们认识的内容是来自客观世界的，是能够和客观相符合、相一致的，承认了这一点，也就等于承认了客观真理。

在认识真理思想内容客观性的同时，还必须正确认识真理的形式的主观性。真理形式的主观性要求人们必须意识到，真理同它所反映、认识的客观对象之间的区别和联系。我们既不能把真理思想内容的客观性等同于客观对象的客观性，把真理当作客观实在，又要反对唯心主义否认客观真理的错误观点。实用主义所鼓吹的"有用就是真理"，是主观真理论的一个典型。实用主义者把"有用"和"真理"完全等同起来，从根本上否认了客观真理的存在。

真理的客观性决定了真理的一元性。真理的一元性是指对于特定的认识客体来说，真理只有一个，它不因主体认识的差别和变化而改变。在人们的认识活动中，虽然由于主体认识角度和立场、观点、方法等方面的差异，人们关于同一客体的认识结果往往会有所不同，有时甚至截然相反。但是，这并不表明观点不同的每个人都拥有真理。在任何情况下，对于特定实践活动中的特定的认识对象来说，只能有一种认识是与特定的认识客体的状态、本质和规律相一致的，这种认识就是真理。

（二）真理的属性

任何一个真理都同时具有绝对性和相对性两重属性。承认真理是客观的，这是真理问题上的唯物论，就真理的发展过程以及人们对它的认识和掌握程度来说，真理又是绝对的和相对的，这是真理问题上的辩证法。任何真理，既具有客观性，同时又具有绝对性和相对性这两重基本属性。

真理的绝对性即绝对真理，是指真理的无条件性、无限性。首先，任何真理必然包含着同客观对象相符合的客观内容，都是对客观事物的正确认识，都同谬误有原则性的区别，否则，就不能称其为真理，这一点是绝对的、无条件的。在这个意义上，承认了客观真理也就是承认了绝对真理。其次，人类的认识按其本性来说，能够正确认识无限发展着的物质世界，认识每前进一步，都是对无限发展着的物质世界的接近，这一点也是绝对的、无条件

---

① 《列宁选集》第2卷，人民出版社1995年版，第89-90页。

的。在这个意义上，承认世界的可知性，承认人能够获得关于无限发展着的物质世界的正确认识，也就是承认了绝对真理。

真理的相对性即相对真理，是指真理的有条件性、有限性。在一定条件下，人们对事物的客观过程及其发展规律的正确认识总是有局限的、不完全的。首先，真理所反映的对象在广度上是有条件的、有限的。任何真理由于都会受到人类实践水平和范围以及认识能力的限制，它只能是对无限的物质世界发展的某一阶段、某一方面的认识，因而是有限的。其次，真理反映客观对象的正确程度在深度上也是有条件的、有限的。由于条件的限制，任何真理对认识对象的反映，在认识的深刻程度上、精确度上都是有限的，只能是相对正确的或者是近似性的。任何真理都只能是主观对客观事物近似正确即相对正确的反映。

真理是具体的、变化发展的，真理的绝对性和相对性也是辩证统一的。

第一，绝对真理和相对真理是相互渗透和相互包含的。一方面，相对之中有绝对，真理的相对性中包含着绝对性的颗粒，绝对真理寓于相对真理之中；另一方面，绝对之中有相对，真理的绝对性通过相对性表现出来，无数相对真理之总和构成绝对真理。也就是说，从真理的两重性来看，任何真理既是绝对的，又是相对的，是两者的统一。就真理在一定条件下对有限事物的认识来说，它是相对的；就真理在这种条件下，反映客观事物的本质和规律的真实性、正确度来说，是绝对的。

第二，相对真理和绝对真理又是辩证转化的。真理永远处在由相对向绝对的不断转化和发展中，这是真理发展的规律。人类认识是一个不断深化的过程，是从相对真理走向绝对真理、接近绝对真理的过程。任何真理性的认识都是由相对真理向绝对真理转化过程中的一个环节。就此问题，毛泽东曾经生动形象的指出："马克思主义者承认，在绝对的总的宇宙发展过程中，各个具体过程的发展都是相对的，因而在绝对真理的长河中，人们对于在各个一定发展阶段上的具体过程的认识只具有相对的真理性。无数的相对真理之总和，就是绝对的真理。"[①] 绝对真理是一条没有尽头的"长河"，无数相对性真理就是这条"长河"中的"水滴"和"河段"，人类已经取得的任何一项具体真理，都是绝对真理长河中的一个成分，人们向绝对真理的接近是无止境的。

绝对真理和相对真理，从"静态"上看，即从它们的相互渗透上看，任何客观真理都既是绝对的，又是相对的；从"动态"上看，即从真理的发展上看，任何具体真理都是由相对真理向绝对真理无限转化历程中的一个环节。绝对真理和相对真理不是两个真理，而是同一个真理的两种不同属性。在这个问题上，我们必须反对割裂二者辩证关系的绝对主义和相对主义。绝对主义只看到真理的绝对性，否认真理的相对性，实际工作中的教条主义、经验主义，把书本知识、局部经验当做绝对正确的公式，到处生搬硬套，就是绝对主义的表现；相对主义只看到真理的相对性，否认真理的绝对性，实际工作中的怀疑主义怀疑一切、否定一切，就是相对主义的表现。二者都是错误的。

绝对真理和相对真理的辩证统一，是同人的认识能力、思维能力具有至上性和非至上的辩证统一相一致的。人类的思维，按其本性、能力和可能性来说，是能够认识无限发展着的物质世界的，这就是思维的至上性，亦即思维的无限性和绝对性；但是，每一个人乃至每一代人，由于受到客观事物及其本质的显露程度，社会历史（生产状况、科学技术状况、阶

---

① 《毛泽东选集》第 1 卷，人民出版社 1991 年版，第 295 页。

级斗争状况）的实践水平，主观的条件（个人的经历、受教育的程度、立场、观点和思想方法）以及生命的有限性等各方面的限制，他们的思维又是非至上的，亦即有限的和相对的。人的认识能力、思维能力是至上和非至上、无限和有限的对立统一，因此作为认识、思维成果的真理，也是绝对和相对的对立统一。

（三）真理与谬误

真理和谬误相比较而存在，相斗争而发展，这也是真理发展的规律。真理和谬误的根本区别就在于主观是否与客观相符合、相一致。相符合、相一致就是真理，反之就是谬误。

真理与谬误是对立统一的。第一，真理与谬误是对立的。就一定范围、针对特定客观对象来说，真理就是真理、谬误就是谬误，二者有着本质区别，不能颠倒是非，混淆界限。第二，真理与谬误又是相互联系的。真理是与谬误相比较而存在的，没有谬误也就无所谓真理，没有真理也就无所谓谬误。第三，真理的发展也是通过与谬误的斗争来实现的。真理的每一个进步都意味着谬误被推翻，被真理所取代。第四，真理和谬误在一定条件下可以相互转化。一方面，在一定条件下，真理可以转化为谬误。真理和谬误的区别和对立并不是绝对的，任何真理都只是在一定范围、一定条件下才能够成立，如果超出这个范围，失去了特定条件，它就会变成谬误。例如，以阶级斗争为纲在新民主主义革命时期是真理，但是到了社会主义建设时期，如果再搞以阶级斗争为纲就是谬误了。如文化大革命的错误就是如此。正如列宁说："任何真理，如果把它说得'过火'……加以夸大，把它运用到实际适用的范围之外，便可以弄到荒谬绝伦的地步，而且在这种情形下，甚至必然会变成荒谬绝伦的东西。"① 另一方面，谬误也可以在一定条件下转变为真理。错误往往是正确的先导，失败常常是成功之母。"吃一堑，长一智"，对自己所犯的错误进行认真总结，是发现真理的最好办法。如正是中国共产党认真总结和吸取了文化大革命的错误教训，彻底摒弃了"以阶级斗争为纲"的极左思想路线，才带来了我国经济体制改革、政治体制改革和对外开放的兴起，才带来了今天中华民族繁荣昌盛的大好局面。

真理和谬误的辩证关系原理告诉我们，要想做一个彻底的唯物主义者，就必须勇于坚持真理、修正错误，树立终生为真理而奋斗的理想信念。在任何情况下，我们都要坚信，真理最终总是要战胜谬误的。我们党提出的"百花齐放，百家争鸣"的方针，就是一个自觉地运用真理发展的规律，在思想文化和科学领域里通过自由讨论、学术争鸣，而达到探索真理、坚持真理、揭示错误、修正错误的正确方针。

二、真理的检验标准

我们在实践中形成的对外部世界的认识是否正确，是否是真理，还必须要得到检验和鉴别。检验我们的认识是否是真理的唯一标准就是实践。

（一）实践是检验真理的唯一标准

实践之所以能够作为真理的唯一检验标准，这是由真理的本性和实践的特点决定的。

首先，从真理的本性来看，真理是人们对客观事物及其发展规律的正确反映，它的本性就在于主观和客观相符合、相一致。所谓检验真理，就是检验人的主观认识同客观实际是否相符合、是否相一致，以及验证两者相符合、相一致的程度怎样。要做这种检验，就要把主

---

① 《列宁选集》第 4 卷，人民出版社 1995 年版，第 172 页。

观认识同客观实际联系起来加以比较、对照，才能判定它是不是真理。要完成这个任务，在人的主观思维领域内是实现不了的，因为主观认识本身不能自称自己正确，如果用一种认识去检验另一种认识，用一种思想去检验另一种思想，那还是在主观范围内兜圈子，达不到检验思想认识是否符合客观实际的目的。那么，在客观事物范围内能否完成检验认识是否是真理的任务呢？同样不行，因为客观事物本身无所谓正确和错误的问题，单是客观事物自身不能表明人们的认识怎样，它无法作为检验认识真理性的标准。由此可见，检验认识的真理性的标准，既不能是思想理论本身，也不能是单纯的客观事物，而只能是把主观思想和客观实际联系起来的桥梁——社会实践。

其次，从实践的特点看，实践是人们改造世界的客观的物质性活动，具有直接现实性的特点。只有实践才能起到把主观与客观联系起来并加以对照的作用，实践是唯一能把主观和客观联系起来的"桥梁"。人们遵循一定的认识去实践，就可以引出现实的结果，把主观的东西变为客观的东西。一般来说，如果在实践中达到了原来预想的结果，那么人的认识就被证实了，就可以称之为真理性的认识；如果失败了，并且不是由于认识之外其他原因所引起的，而是由于认识的失误造成的，那么就是错误的认识。所以，实践的直接现实性的特点，是作为检验真理标准的最终根源，具有最高的权威。

在实践检验真理的过程中，逻辑证明可以起到重要的补充作用。人的实践活动经过无数次的重复，把实践的规律印入大脑，经过思维的抽象、提炼和概括，内化为思维的逻辑规律，逻辑证明就成为人的逻辑思维的有效工具，并逐步具有了公理的性质。因此，逻辑证明便在一定意义上具有了检验理论的真理性和普遍性的作用，成为对实践标准的一个重要的补充。在实践中，人们常常对所提出的行动方案进行理论论证，以确认其可行性，这就是逻辑证明发挥作用的过程。逻辑证明、理论分析的作用非常重要，但是逻辑证明并不能取代实践单独作为检验认识真理性的标准，逻辑证明在实践检验认识真理性的过程中，只能起到实践的补充作用，已被逻辑证明了的东西，还必须最后经过实践的检验，才能最终被认为是确定无疑的认识，逻辑证明必须服从实践检验的最后结果。真理一定是符合逻辑的，但符合逻辑的不一定是真理。人们的认识是不是真理，最终需要通过实践的检验才能得到权威证明。

（二）实践检验标准的确定性与不确定性

实践作为检验认识真理性的标准，具有确定性和不确定性的特征。确定性即绝对性，是指实践是检验认识真理性的唯一标准，这一点是确定不移的，是绝对的。离开了实践，再也没有另外的标准。可能有些时候，在条件不具备时，实践还暂时鉴定不了某些认识的真伪，但从长时期来看，实践最终一定能鉴别出认识的真理性。这就是实践标准的确定性。只要肯定了实践标准的客观性和唯一性，也就必须要承认实践标准的确定性和绝对性。

实践作为检验认识真理性的标准又具有不确定性即相对性，不确定性是指实践对认识真理性的检验具有一定的条件性。即任何实践都要受到一定具体条件的制约，因而都具有一定的局限性。一定时期、一定条件下的实践只能检验一定时期、一定条件下的真理性问题。这是因为，无论认识的主体与客体，还是已经获得的认识以及实践本身，都是一个不断运动、变化、发展的过程。实践对真理的检验是不可能一次完成的。实践是社会的、历史的实践，总是具体地表现为无数个别的、历史性的实践活动。任何具体的实践活动对于真理的检验作用，都会由于历史条件的种种限制而表现出某种相对性、有限性和不确定性的特点。

因此，我们必须把实践对真理的检验，看作是人类的全部实践活动对真理的检验。实践检验和证明真理是一个过程，这个过程永远不会完结。同真理是绝对性和相对性的统一一样，实践作为检验认识真理性的标准，也是确定性和不确定性、绝对性和相对性的统一。

三、真理与价值的辩证统一

在主体认识客体、改造客体的实践活动中，不仅存在着主观符合客观的真理问题，而且还存在着按照主体的需要认识和改造客观世界的价值问题。

（一）价值及其特性

人们的实践活动总是受着真理尺度和价值尺度的制约。实践的真理尺度，是指人们在实践中所必须遵循的、反映了实践对象的客观规律和本质的真理。人们只有按照真理办事，才能在实践中取得成功。实践的价值尺度，是指人们在实践中所必须遵循的、以满足人们需要为内容的、特定的实践目标。任何实践活动都是在上述真理尺度和价值尺度的共同制约下进行的。因此，任何成功的实践都是必然的真理尺度和价值尺度的统一。

哲学意义上讲的"价值"存在于主体和客体的相互关系中，是指具有特定属性的客体对于主体需要的意义，是指客体能否满足主体的需求以及满足需求的程度。如经济领域中某项活动是否具有经济效益、社会效益以及生态效益；政治生活中某种政权组织形式是否体现了公民的意志，能否受到民众的支持；精神生活中某种信仰或信念是否能给人以精神支撑和精神引导；艺术领域中某件艺术作品是否能给人带来美的享受等，都是主体和客体之间价值关系的丰富多彩的表现形式。当客体能够满足主体需要时，客体对于主体就有价值，满足主体需要的程度越高价值就越大，反之越小。价值具有以下特性：

第一，客观性。价值关系的各个环节都是客观的。首先，主体的需要具有客观性。不论是人的自然需要还是社会需要，物质需要还是精神需要，都是由人的实际生存状态决定的，在本质上都是客观的。其次，客体的存在具有客观性。用来满足人的需要的客体对象能否满足主体的需求，并不是由人们的主观愿望决定的，而是由客体本身客观存在的性质和属性决定的。最后，客体满足主体需要后的结果也具有客观性。主客体相互作用的结果形成后，就会对主体的需要构成意义关系，这种意义关系不是主观臆想的，而是客观存在的。例如某种食物被主体食用后，对人的生存和生长就具有客观的积极意义；某件艺术品完成后，人们欣赏它时就会赏心悦目，这种精神愉悦的心理状态也是客观存在的。

第二，主体性。价值的主体性是指具体价值本身的特点直接同特定主体的特点相联系，价值的特点表现或反映着主体性的内容。由于价值关系的形成是以主体的需要为主导因素的，因此客体对于主体的意义就会因主体及其需要不同而不同。例如，某块石料对于一般的人来讲没有什么价值或价值不大，但对于某些艺术雕刻家来讲，其价值就很不一般了；肥肉对于身体肥胖、营养过剩、需要减肥的人来讲，没有什么价值，但对于处于饥寒交迫的难民来说，就具有直接的价值，这就是价值主体性的突出表现。

第三，社会历史性。价值关系的主体人类社会的发展具有社会性和历史性，因此人们的需要以及需要被满足的形式也表现出了相应的社会性和历史性，这就决定了价值也具有社会历史性的特点。如大米、面粉、木材、石器、石油、天然气、河流、阳光等客体的具体价值，就是随着人类社会主体的历史发展变化而发生相应变化的，这些客体在不同的历史时期，对于人类主体有着不同的价值。

第四，多维性。不同的主体有不同的需求，同一主体的需求也是多方面的，由此每一主体同客体的价值关系也就具有多维性。如同一块木材，相对于主体的不同需求来说，可以构成多维的价值关系。在具体的实践中，人们往往会对价值的多维性进行取舍，或主要实现某一种重点价值，或放弃其他不需要的价值。

（二）价值评价及其特点

价值评价是一种关于价值现象的认识活动，其特点主要在于：

第一，价值评价是以主客体的价值关系为认识对象。评价性的认识与知识性的认识不同，知识性的认识是以客体本身为对象，以获得客体的"真"为目的；评价性的认识是以主体和客体之间的价值关系为认识对象，以获得"善"和"美"为目的。在实际生活和工作中，人们常常要对某些人或事进行评价，从分析评价这些人和事对于社会发展有什么意义中，来确定自己对这些人和事的基本态度。这就是价值评价活动。

第二，价值评价结果直接受评价主体的影响和决定。在价值评价中，评价结果与评价主体直接联系，是依主体的特点而转移的。知识性的认识是人的主观对客观的反映，主体的需要同认识结果之间没有必然联系，认识是不依主体的特点而转移的；而价值评价是对客体与主体之间的价值关系的认识，主体的需求、特点等因素本身就是价值的构成要素，因此评价主体直接影响和决定着评价结果。如对资本主义与社会主义的价值评价，对各种民族关系的价值评价，不同的价值主体看法和结论就不同。

第三，价值评价结果的正确与否具有相对性。正因为价值评价结果直接受评价主体的影响和决定，因此价值评价的结果是否正确是相对而言的，具有相对性。不同的主体有不同的世界观和方法论，有不同的阶级立场和观点，有不同的知识结构、认识水平和认识能力。正是由于这些区别，从而导致了人们对于同一个客体的价值评价，由于主体自身的需求不同，在认识上就会产生分歧，在价值评价上就会出现差异。价值评价的相对性同真理的相对性密切相关。

价值评价虽然受主体的影响很大，但评价并不是一种主观随意性的认识活动，不是"公说公有理，婆说婆有理"，而是具有客观性的认识活动。只有正确地反映了主客体之间价值关系的评价才是正确的评价。实践是检验价值评价结果的最终标准。一般说来，成功的实践既表明人们的认识是正确的，同时也表明价值评价也是正确的，表明价值评价正确地反映了客体对于主体的价值关系。

马克思主义是以绝大多数人的利益作为是非、善恶、美丑的评价标准，是以社会的进步和人类的彻底解放作为价值评价标准。由于人民群众的要求和利益从根本上代表着人类整体的要求和利益，是与历史发展的基本规律或趋势相一致的，因此对于任何价值评价的主体而言，其价值评价的结果只有与广大人民群众、与人类整体的要求或利益相一致，才是正确的价值评价。

（三）价值评价的功能

价值评价在实践中起着激励、制约和导向作用。首先，价值评价作为人们对客观需求的反映，作为对客体提出的要符合主体需要的一种要求，是推动着实践不断实现价值的强大动力；其次，价值评价作为实践的主体尺度，是规范实践活动、制约实践活动的重要因素；最后，价值评价作为实践活动的目标，在实践活动中起着导向作用，它引导着实践活动朝着满足人们日益增长的物质和精神文化需要的方向发展。

价值观是人们对客体（人和事）的评价标准、评价原则和评价方法的综合体系。它与世界观和人生观是一致的。价值观对于人的行为起着规范和导向作用。在价值观上不同的人们，其人生道路的走向、社会行为或个人行为的取舍也会不同。即使从同一个科学认识出发，也可以引出不同的甚至相反的行为取向。比如对于原子能核裂变现象，有的价值观主张只能利用来建造原子能核电站；有的价值观则认为可以用来制造原子弹；而有的价值观不仅反对用来制造原子弹，而且也反对用来建造原子能核电站。可见价值观不同，对于同一个对象，人们的看法和行为也就不同。

正确的价值观是先进的社会集团或阶级在实践中形成的，反映了人民群众的要求，对历史发展和社会进步起着促进作用。社会主义的核心价值观体现了社会主义精神文明所倡导的为中国特色社会主义和共产主义而奋斗的社会政治理想、为人民服务的人生观、社会主义的荣辱观、崇尚科学追求真理的科学观、集体主义的道德观、真善美相统一的积极健康的审美观等。树立社会主义核心价值观，不仅对于我国社会主义事业的健康发展，而且对于当代大学生的健康成长都具有重要意义。只有在正确的世界观、人生观和价值观的指导下，大学生才能在人生道路上经受住磨炼和考验，为祖国和人民作出自己应有的贡献。

（四）价值和真理在实践中的辩证统一

真理和价值在实践基础上是辩证统一的。

首先，成功的实践是以真理和价值的辩证统一为前提的。只有既遵循真理尺度，又符合价值尺度，并将二者有机统一起来的结果才是成功实践的理想结果。遵循真理尺度就是"按科学规律办事"；遵循价值尺度就是"满足人的需要"。无论何种实践，只有把"按科学规律办事"和"满足人的需要"相结合，才能达到目的，获得成功。

其次，价值的形成和实现要以坚持真理为前提，实现价值必须以对相关真理的认识和把握为基础，没有对相关真理的认识和把握，也就不会有成功的实践。同时，任何真理都必然具有价值，因为真理能为实践提供科学的客体尺度和主体尺度，能为实践提供正确的价值目标。因此，一种认识只要是真理，那么，它迟早都会显示出对实践的指导作用，显示出自身的价值来。

最后，真理和价值在实践和认识活动中是相互制约、相互引导、相互促进的。两者的相互制约表现在：一方面，价值的实现有赖于对相关真理的把握，真理的发展水平制约着价值实现的程度；另一方面，真理在实践中被检验评价的过程，则有赖于价值在实践中被实现的状况。两者的相互引导表现在：一方面，实现价值是人们追求真理的目的，满足人们需要的价值追求引导着人们去探索相关真理；另一方面，真理的不断发展也引导着人们进一步提出新的价值追求，真理的发展影响着价值发展的方向和程度。两者的相互促进表现在：一方面，真理的发展促进着价值的实现；另一方面，价值的实现又推动着真理的发展。

坚持真理尺度和价值尺度的辩证统一，要求我们在实践中必须坚持和弘扬科学精神和人文精神。科学精神要求我们必须坚持以科学的实事求是精神去认识世界和改造世界。在认识和实践活动中，必须如实地按照客观事物的本来面目去揭示事物的本质和规律。人文精神要求把"以人为本"看作是一切认识和实践活动的出发点，要从人民群众的根本利益和发展要求出发，把美好的人生追求、社会进步、人的全面发展作为认识和实践活动的终极目标。既崇尚科学理性，又重视人的情感需求，时刻以符合人民群众的根本利益和实现人类社会可持续发展的价值标准来审视一切思想和行动的合理性。

弘扬科学精神和人文精神，对大学生具有重要的意义。大学生正处于世界观、人生观、价值观和人格形成发展的关键时期，大力弘扬科学精神和人文精神，全面提高自身素质，对于把大学生培养成为对人类、对祖国、对社会有用的人才具有重要价值。

第三节　认识与实践的统一

认识与实践的统一，是马克思主义认识的本质规定。在实际工作中运用这一重要原理，就必须做到坚持一切从实际出发，在实践中坚持和发展真理，正确认识世界和改造世界，全面贯彻辩证唯物主义和历史唯物主义的思想路线。

一、一切从实际出发

一切从实际出发，就是要把客观存在的事物作为观察事物、认识问题和处理问题的根本出发点，这是马克思主义认识论的根本要求。从实际出发，就是要从发展变化着的客观实际出发，从特定的社会历史条件出发，按照客观世界的本来面目认识世界和改造世界。从根本上说，就是要从客观事物存在和发展的规律出发，在实践中按照客观规律办事。

从实际出发，关键是要尊重客观事实，从客观事实出发。马克思主义把从客观事实出发看作是唯物主义思想路线的根本点。一切从实际出发，说到底，就是要做到实事求是。实事求是的意思是指从实际存在的状况中找出解决问题的办法来。实事求是是辩证唯物主义和历史唯物主义基本原理的集中体现和高度概括，是马克思主义的精髓。正如邓小平所说："马克思、恩格斯创立了辩证唯物主义和历史唯物主义的思想路线，毛泽东同志用中国语言概括为'实事求是'四个大字。"[①] 在理论上，实事求是深刻体现了彻底的唯物论和彻底的辩证法的统一，在实际工作中，实事求是则是充分体现了马克思主义的科学态度和辩证方法的统一，体现了客观规律性和主观能动性的统一。

一切从实际出发，在当代中国，就是要从中国国情出发来制定我们的路线、方针和政策。当前中国的最大国情就是社会主义初级阶段。一方面，我们建立了社会主义的基本政治制度、基本经济制度以及文化制度；另一方面，我国的生产力还不发达，经济水平还不高，民主政治还不健全，文化生活还不完善。同时，我国经济社会发展极不平衡，区域性差异较大，可用资源不多，环境问题突出，可持续发展能力不强等。一切从实际出发，就是一切要从社会主义初级阶段这个最大的实际出发，就是要从当前中国的这些现实出发，党和政府的全部理论和实践活动只有符合这些实际和现实，才能不断地把改革开放和社会主义现代化建设的伟大事业推向前进。

二、在实践中坚持和发展真理

坚持认识和实践的统一，必须坚持辩证唯物主义的真理观，努力做到以正确的理论为指导，在实践中坚持和发展真理。对待马克思主义，必须坚持解放思想、实事求是、与时俱进、求真务实，不断进行实践创新和理论创新，做到坚持和发展的统一。

---

① 《邓小平文选》第2卷，人民出版社1994年版，第278页。

创新是一个民族进步的灵魂，是一个国家兴旺发达的不竭动力，也是一个政党永葆生机的源泉。实践基础上的理论创新是社会发展和变革的先导。通过理论创新推动制度创新、科技创新、文化创新以及其他各方面的创新，不断在实践中探索前进，是科学的治党治国之道，是坚持和发展马克思主义之道。

理论创新是在继承的基础上，不断吸取新的实践经验、新的思想形成新认识的过程。它源于实践又指导实践。在实践基础上的理论创新，能够在更高层次上引领和推动实践活动的开展。

重视理论创新，是中国共产党的一个根本特点，也是一条重要的政治经验。注重理论创新，是党的事业前进的重要保证。历史经验表明：什么时候我们紧密结合实践不断推进理论创新，党的事业就充满生机和活力；什么时候理论的发展落后于实践，党的事业就会受到损害，甚至发生挫折。理论创新，这是马克思主义认识论的根本要求，是引导社会前进的强大力量。

重视理论创新，必须坚决反对对待马克思主义的教条主义态度。恩格斯多次强调，马克思的整个世界观不是教义，而是方法；它提供的不是现成的教条，而是进一步研究的出发点和供这种研究使用的方法，是行动的指南。列宁强调，我们绝不把马克思的理论看作某种一成不变的东西；恰恰相反，我们深信，它只是给一种科学奠定了基础，我们如果不愿落后于实际生活，就应当在各方面把这门科学向前推进。列宁正是做到了这一点，才能够把马克思主义推进到新的阶段。

马克思主义是客观真理，又是绝对真理和相对真理的统一。对待马克思主义，我们必须做到坚持与创新的统一。马克思主义的生命力在于创新。只有进行创新，才能不断发展。但是创新又是以坚持为前提的。马克思主义是一脉相承的科学体系，这种一脉相承就是既要不断继承、坚持，又要不断创新的发展过程。把继承和创新统一起来，理论才能真正顺应时代和实践的呼唤，体现与时俱进的要求。

在当代中国，我们必须坚持和发展中国特色社会主义理论体系，高举邓小平理论和"三个代表"重要思想的旗帜，全面贯彻落实科学发展观，从理论和实践的结合上不断研究新情况、解决新问题。把理论创新和实践创新统一起来，用发展着的马克思主义指导新的实践。要坚持以广大人民群众建设中国特色社会主义的生动实践为理论创新的源泉，以实现和维护最广大人民的根本利益为理论创新的目的，以顺应时代潮流不断与时俱进的创造精神为理论创新的动力，以研究和解决我们在前进中面临的突出问题为理论创新的着力点，不断打开理论创新的新视野，不断取得马克思主义基本原理同中国具体实际相结合的新进展，深化对共产党执政规律、社会主义建设规律、人类社会发展规律的认识，努力开辟马克思主义发展的新境界。

三、认识世界和改造世界

认识世界和改造世界是人类创造历史的两种基本活动。认识的任务不仅在于解释世界，更重要的在于改造世界。坚持认识与实践的统一，归根结底是要将认识世界和改造世界结合起来。

认识世界和改造世界是相互依赖、相互制约，是辩证统一的。认识世界是为了改造世界；要有效地改造世界，又必须正确地认识世界。认识世界和改造世界的统一，决定了理论与实践必须相结合。马克思主义理论与具体实际相结合，是达到正确地认识世界和有效地改造世界的根本途径。

认识世界和改造世界的过程，既是认识和改造客观世界的过程，也是认识和改造主观世界的过程。改造客观世界包括改造自然界和改造人类社会。改造主观世界就是改造人们自己的认识能力，在改造主观世界和客观世界的关系中，核心是改造主观世界中的世界观，即观察和处理问题的基本立场、观点和方法。改造客观世界和改造主观世界相辅相成、相互促进、缺一不可。

认识世界和改造世界是一个充满矛盾的过程。人类世界是由主观世界和客观世界构成的。人类主体总是受目的性和能动性的驱使，要求外部客观世界满足自身的需要，然而客观世界是按照固有的规律运行的，不可能自动地满足主体的愿望和需要，因而主观和客观就处于矛盾状态之中。主观和客观的矛盾是人类实践活动中最普遍、最根本的矛盾，是人类世界形成和发展的动力。人类只有通过变革现实的实践活动，才能正确解决主观与客观的矛盾，才能科学地认识世界和改造世界，建设一个人与自然、人与社会以及人与人协调统一的和谐世界。

认识世界和改造世界、改造客观世界和改造主观世界的过程，也就是从必然走向自由的过程。自由是对必然的认识和对客观世界的改造。认识必然、争取自由，是人类认识世界和改造世界的根本目标，是一个历史性的过程。由必然到自由表现为人类不断地从必然王国走向自由王国的过程。

必然王国和自由王国是人类在客观世界面前所处的两种不同的社会活动状态。根据马克思的思想，"必然王国"是指人受物支配的社会状态，在必然王国中，人们受着盲目必然性的支配，特别是受着自己创造的社会关系的奴役，人们无法做自然的主人，无法做社会的主人，乃至无法做自己的主人，一切服从于必然性的权威支配。人类历史发展以来，从原始社会开始迄今为止的所有社会形态都是属于必然王国。"自由王国"是指人支配物的社会状态，在自由王国里，人们摆脱了盲目必然性的奴役，成为自然界的主人，成为自己社会关系的主人，从而也成为自己本身的主人。目前对于人类社会来讲，自由王国只是一种理想的追求，只有到了将来的共产主义社会，自由王国才有可能实现。

马克思主义认识论所揭示的人类认识的本质和发展规律的学说，为人类正确认识世界和改造世界指明了现实的道路，为工人阶级及其政党奠定了思想路线的理论基础。在马克思主义思想路线指引下，以辩证唯物主义认识论为武器，正确认识资本主义发展的历史进程，正确认识社会主义发展的历史进程，正确认识我国社会主义改革开放实践带来的社会变革，正确认识当今的国际政治、经济、文化、社会思潮带来的影响和冲击，总之，正确认识人类社会发展的基本规律和世界历史变化的大趋势，是时代提出的重大课题。

思考题

1. 实践在认识中的决定性作用表现在哪些方面？
2. 为什么说认识是对客观世界的能动反映？
3. 为什么人的认识运动具有反复性和无限性？
4. 为什么说实践是检验认识真理性的唯一标准？
5. 如何理解真理和价值、科学精神和人文精神的辩证统一关系？

6. 怎样正确做到一切从实际出发？

新农村建设切忌千村一面
——实事求是 一切从实际出发

目前中国各地新农村建设正在蓬勃展开，这是改变农村落后面貌、优化农村环境的惠民工程。但许多地方建设新农村时，缺乏生态景观理论和技术指导，往往套用一个相同的模式，致使原有村庄的乡土气息消失殆尽。人们呼吁，新农村建设切忌千村一面。

中国长期以来都是自然经济的农业社会，农村群落的形成都有悠久的历史，也有相对的稳定性。不同的村庄有不同的自然环境和人文传统，展现出独特的文化个性。新农村建设是要让农村环境更美，农民生活更好，应是功在当代，利在千秋的好事。但当资本市场进入急需发展经济的乡镇，乡镇规划就会变成弱势一方。新农村建设如果不根据村庄的特点，丰富和发展村庄的个性内涵，那么，不同村庄的历史印记就有可能被斩断，村庄的个性就有可能被埋没。由国土资源部郧文聚研究员和中国农业大学宇振荣教授合作完成的专题研究报告，通过对全国 255 个村庄的人居环境调查及典型案例研究显示：约 60% 乡村景观风貌"一般"或"差"；约 80% 的村庄街道和田间道路绿化不足，居民点绿色覆盖度低；农田沟路林渠破损严重，乡村河流生态功能严重退化，生态景观化驳岸缺失，林网植物群落树种和结构单一，缺乏生态景观化建设。郧文聚说，农村城镇化、工业化、农业现代化、城乡一体化发展已成为中国农村社会经济发展的主导方向。但在这一发展进程中，由于农村土地调整和整治的滞后性，农村的土地利用和生态环境建设出现了种种不协调的现象，诸如农村生态退化、环境污染、土地利用破碎化、乡村景观风貌受损、人居环境质量降低等，已引起社会广泛关注。

专题研究报告中提出中国农村土地整治中的生态景观建设战略，内容包括提高土地整治规划的综合性和科学性、做好土地整治生态景观规划和建设示范、加快土地整治生态景观建设科技支撑、把握不同类型土地整治生态景观关键环节等方面。据悉，在中国 2012—2020 年的全国土地整治规划纲要中，将首次系统、全面地提出农村土地整治生态景观建设战略。

新农村建设的根本目的是造福农民，并不是为了腾出土地大盖高楼大厦搞活地方经济，更不是为了满足房地产商的利益追求。人们热切希望各地政府和新农村建设部门在规划新农村时，考虑村庄的自然环境和人文传统，尊重广大村民的意愿，一切从实际出发，实事求是，因地制宜，因村而异，在新农村建设的历史机遇中，让有深厚中华文化内涵的村庄得到不断丰富和永续发展。

——摘自《澳门日报》2011 年 5 月 28 日社论

第三章

人类社会及其发展规律

历史唯物主义是关于人类社会发展一般规律的科学。同自然界的运动发展一样，人类社会发展和人的活动也有其自身的规律。马克思恩格斯从社会存在与社会意识的辩证关系出发，深刻揭示了生产力与生产关系、经济基础与上层建筑矛盾运动等一系列规律，为人们正确认识人类社会历史及其发展趋势，正确认识资本主义社会和社会主义社会的发展规律，提供了科学的指导原则。

第一节　社会存在与社会意识及其辩证关系

社会存在与社会意识的关系问题，是社会历史观的基本问题，正确认识这一问题是解决其他社会历史观问题的基础和前提。

一、两种根本对立的历史观

在对待社会历史问题上，历来存在着两种根本对立的观点：一种是唯物史观，另一种是唯心史观。唯物史观（历史唯物主义）认为社会存在决定社会意识，唯心史观（历史唯心主义）认为社会意识决定社会存在。

在马克思主义产生之前，唯心史观一直占据统治地位。历史唯心主义的主要缺陷是：第一，至多考察了人们活动的思想动机，而没有进一步考究思想动机背后的物质动因和经济根源，把社会历史看成精神发展史，根本否认社会历史的客观规律；第二，只重视少数人的作用，根本否认人民群众在社会历史发展中的决定作用，认为英雄人物创造历史。

正如达尔文发现了有机界的规律一样，马克思发现了人类社会发展的客观规律，科学地解决了社会存在与社会意识的关系问题，创立了唯物主义历史观。马克思在 1859 年总结自己的理论和实践活动时，明确指出："人们在自己生活的社会生产中发生一定的、必然的、不以他们的意志转移的关系，即同他们的物质生产力的一定发展阶段相适应的生产关系。这些生产关系的总和构成社会的经济结构，即有法律的和政治的上层建筑竖立其上并有一定的社会意识形式与之相适应的现实基础。物质生活的生产方式制约着整个社会生活、政治生活和精神生活的过程，不是人们的意识决定人们的存在，相反，是人们的社会存在决定人们的意识。社会的物质生产力发展到一定阶段，便同它们一直在其中运动的现存生产关系或财产关系（这只是生产关系的法律用语）发生矛盾。于是这些关系便由生产力的发展形式变成生产力的桎梏。那时社会革命的时代就到来了。随着经济基础的变更，全部庞大的上层建筑也或慢或快地发生变革……无论哪一个社会形态，在它所能容纳的全部生产力发挥出来以前，是决不会灭亡的；而新的更高的生产关系，在它的物质存在条件在旧社会的胎胞里成熟以前，是决不会出现的。"① 这一段话深刻地概述了唯物史观的基本思想，是我们考察人类社会历史其发展规律的基本理论依据。

二、社会存在与社会意识

（一）社会物质生活条件

社会存在也称社会物质生活条件，是社会生活的物质方面，主要包括三个方面：地理环境、人口因素、生产方式。其中，物质生活资料的生产即生产方式起着决定性的作用。

地理环境是指人类社会所处的与地理位置相联系的各种自然条件的总和。如地形、气候、土壤、山脉、河流、海洋、矿藏以及动植物等。地理环境是人类社会生存和发展的永恒的、必要的条件，地理环境在社会发展中占据重要地位、起着重要作用。首先，地理环境是人类生存和发展的必要条件；其次，优越的地理环境对社会发展起着积极的推动作用，特别是地理环境提供的劳动对象不断进入人们的物质生产领域；再次，恶劣的地理环境对社会发展起着制约和阻碍作用。

地理环境对社会发展具有重要作用，但不是决定性的作用，地理环境的作用具有局限性。首先，地理环境不能决定社会制度的性质；其次，地理环境不能决定社会制度的变化；再次，地理环境在社会发展中的作用要受社会历史和社会生产力的制约。

我们要正确认识和对待地理环境。首先，要高度重视地理环境的作用，人类社会和自然环境要协调一致，经济、社会、自然、环境要和谐发展；其次，也要反对"地理环境决定论"，不能过分夸大了地理环境的作用。

人口因素是指构成人类社会的有生命的个人的总和。包括人口的数量、质量、构成、密度、增长速度、分布和迁移等。人口因素在社会发展中居于重要地位，对社会发展起着制约和影响的作用。首先，人口是社会物质生产的基础，没有基本的人口，就不会有人类社会的生存和发展；其次，不同的人口状况对社会发展起着不同的作用，如提高人口质量能积极推进社会进步，适度的人口数量有利于社会发展，反之则不利于社会发展。

人口因素对社会发展具有重要作用，但不是决定性的作用，人口因素的作用有着局限性。首先，人口因素不能决定社会制度的性质；其次，人口因素不能决定社会制度的变更；再次，人口因素在社会发展中的作用要受物质生产的制约。

我们要正确对待人口因素，既要重视人口因素的作用，当前尤其要重视计划生育，注重提高人口素质，提高人口质量；又要反对"人口决定论"。

在人们的社会物质生活条件中，生产方式是社会历史发展的决定力量。生产方式是人类借以向自然界谋取物质生活资料的方式，它包括生产力和生产关系两个方面，是特定社会生产力和生产关系的统一。

生产方式在社会历史发展中的决定作用表现在：首先，物质生产及生产方式是人类社会赖以存在和发展的基础，是人类其他一切活动的首要前提；其次，物质生产及生产方式决定

---

① 《马克思恩格斯选集》第2卷，人民出版社1995年版，第32-33页。

着社会的结构、性质和面貌，制约着人们的经济生活、政治生活和精神生活等全部社会生活；最后，物质生产及生产方式的变化发展决定整个社会历史的变化发展，决定社会形态从低级向高级的更替和发展。

（二）社会意识

社会意识是社会生活的精神方面，是社会存在的反映，是一切社会生活的客观过程在人们观念中的反映。

社会意识具有复杂的结构，根据不同角度可以将社会意识划分为不同的类型。从意识的主体角度，社会意识可分为个人意识和群体意识：个人意识是个人独特的社会经历和社会地位的反映，是个人独特的实践的产物；群体意识是一定的人群所构成的社会共同体的共同意识，是对群体共同的社会经历、社会地位和社会条件的反映。从高低不同的层次角度，社会意识可分为社会心理和社会意识形式：社会心理是人们在日常生活和交往中自发形成的、不系统的、不定型的社会意识，具体表现为感情、风俗、习惯、成见和自发的倾向等；社会意识形式是自觉建立起来的、理论化的、系统化的社会意识。从社会意识形式与经济基础的关系来看，可分为属于上层建筑的社会意识形式和不属于上层建筑的其他社会意识形式：属于上层建筑的社会意识形式一般带有阶级性，叫作社会意识形态；不属于上层建筑的其他社会意识形式一般不带阶级性，如自然科学、语言学、逻辑学等。

社会意识形态主要包括艺术、道德、政治法律思想、宗教、哲学等。它们从各自不同方面发挥独特的作用。

艺术是最早出现的社会意识形态之一。它是通过具体生动的形象来把握与反映社会生活。艺术包括绘画、雕塑、音乐、舞蹈、戏剧、文学、建筑等多种具体形式。艺术最主要的特点就是依靠具体、典型的形象的美来表现人们对社会生活的理解、情感、愿望和意志，按照审美的规则来把握和再现社会生活，用美的感染力具体地影响社会生活。因此，艺术具有形象性、审美性和典型性等特点。艺术具有认识功能、教育功能和审美功能。

道德是社会人际关系的准则和伦理原则，是调整人们之间以及个人与社会之间关系的行为规范的总和。道德的基本特点：一是依靠社会舆论、人们的信念、习惯、传统和教育来发挥作用；二是道德与经济基础联系比较密切，能够直接反映和作用于经济基础；三是道德是一个历史范畴，在历史的不同阶段有着不同的道德要求和道德标准，不存在适用于一切时代的永恒道德；四是道德又具有历史继承性，任何道德观念都与以往的道德观念存在着一定的继承关系。道德在社会生活中发挥着重要的作用，它通过一定的道德准则规范着人们的行为，并以此来调节人与人以及个人与社会的关系，从而为巩固和发展自己的经济基础服务。

政治思想和法律思想是随着阶级和国家的出现而产生的社会意识形态。政治思想是人们关于社会的政治制度、政治生活、国家、阶级以及社会集团及其相互关系的观点和理论的总和。法律思想是关于法的关系、规范和设施的观点、理论的总和。政治思想和法律思想是经济基础最直接、最集中的反映，因此，它们直接体现着一定社会阶级的经济利益，是社会意识形态诸形式中阶级性最强的部分。政治思想和法律思想与其他社会意识形态相比较，对一定经济基础的建立、巩固和发展起着更加直接的作用，对其他社会意识形态的内容也起着十分重大的影响作用。

宗教起源于远古人们对各种自然力的崇拜和敬畏，但归根到底是由社会经济状况、经济关系决定的。宗教在本质上是现实世界在人们头脑中虚幻的、颠倒的反映。宗教的特点：第一，它是由对超自然力量即神灵的信仰和崇拜，按照一定的宗教仪式、规则和组织结合而成的精神力量和社会势力；第二，在阶级社会，宗教本质上是剥削阶级从精神上奴役劳动人民、维护自己统治的工具；第三，宗教也可发挥一定的积极作用。

哲学是系统化、理论化的世界观，是人们关于世界及其本质的总的看法和基本观点。哲学具有高度抽象化和理论化的特点，离经济基础较远，它是以高度概括的方式来反映社会本质。哲学的作用主要是从世界观和方法论最一般的原则高度上去指导和影响人们的思想和实践。

上述各种社会意识形态虽然各有区别和特点，但又相互联系、相互渗透、相互作用、相互影响，构成了社会意识形态的体系。在阶级社会中，占统治地位的思想文化，本质上是经济上占统治地位的阶级的意识形态，因而社会形态具有鲜明的阶级属性。

三、社会存在与社会意识的辩证关系

社会存在和社会意识是辩证统一的。社会存在决定社会意识，社会意识是社会存在的反映，并反作用于社会存在。

（一）社会存在决定社会意识

社会意识根源于社会存在，依赖于社会存在，社会存在是社会意识内容的客观来源，社会意识是社会物质生活过程及其条件的主观反映。社会意识产生的基础是人类的社会实践，是对以实践为基础的不断发展变化的现实世界的反映。

社会意识是人们社会物质交往的产物。社会意识同语言一样，是在生产中由于交往活动的需要而产生的。人类最初的意识，是"纯粹动物式的意识"，是"被意识到了的本能"。经过漫长的生产和交往的发展，伴随着脑力劳动和体力劳动的分工，产生了人类最初形式的智者、思想家。

社会存在决定着社会意识的产生、内容和变化发展。随着社会存在的发展，社会意识也相应地或迟或早地发生变化和发展。社会意识是具体的、历史的。每一时代的社会意识都有其独特的内容和特点，具有不断进步的历史趋势，但不管怎样变化、发展，其根源深深地埋藏于物质资料的生产方式之中。例如，在原始社会的部落中，人们只有朴素的公有观念，不知"私有"为何物。随着以生产资料私有制为基础的生产方式的出现和原始社会的瓦解，私有观念以及与此相联系的思想意识相应产生。那种认为人从来就有"自私意识"的观点是没有根据的。

（二）社会意识具有相对独立性

社会意识以理论、观念、心理等形式反映社会存在，这是社会意识对社会存在的依赖性。但社会意识又有其相对独立性，即它在反映社会存在的同时，还有自己特有的发展形式和规律，还会对社会存在发生反作用。主要表现在：

首先，社会意识与社会存在发展具有不平衡性。进步的社会意识可以在一定程度上预见、推断未来，指导人们的实践活动，引领社会发展进步；落后于社会存在的社会意识则对社会发展起到消极作用，阻碍社会发展和进步。不平衡性还表现在：社会经济发展水平较高的国家或地区，社会意识的发展水平未必都是最高的，有的还很落后；某些经济水平相对落后的国家，其社会意识的某些方面却可以领先于经济发达的国家或地区，如中国社会主义精神文明的发展在有些方面可以领先于某些经济水平比我国发达的资本主义国家。

其次，社会意识内部各种形式之间相互影响且各具有其历史的继承性。社会存在、社会

生活的内在联系及其统一性，决定了社会意识诸形式之间也是必然的相互影响、相互作用的。同时，社会意识诸形式均有自成系统、前后相继的历史链条，因而具有历史继承性，有其自身发展的特殊规律，并不是完全受社会存在发展的影响。

最后，社会意识对社会存在具有能动反作用，这是社会意识相对独立性的突出表现。任何社会意识都不会凭空出现，只能是适应一定社会物质生活发展的要求而产生的，因而它必然具有满足这些需求的功能和价值，在一定条件下会转化为物质力量并作用于社会存在、影响历史的发展。先进的社会意识，反映了社会发展的客观规律，对社会发展起着积极的促进作用；落后的社会意识不符合社会发展的规律，对社会发展起着消极的、阻碍的作用。

社会意识的能动作用是通过指导人们的实践活动实现的。思想本身并不能实现什么，要实现思想就要诉诸实践，而社会实践的主体是人民群众。因此，一种社会意识发挥作用的程度及范围大小、时间久暂，同它实际掌握群众的深度和广度密切联系在一起。

（三）社会存在与社会意识辩证关系原理的重要意义

社会存在与社会意识辩证关系的原理具有重要的理论意义。它在人类思想史上第一次正确解决了社会历史观的基本问题。唯物史观对历史观基本问题的科学回答，宣告了唯心史观的彻底破产。依据这一原理，马克思把社会存在决定社会意识当作决定其余一切社会历史关系的最基本的原始关系，进而将一切社会关系归结于经济关系，将经济关系归结于生产关系，将生产关系归结于生产力，立足于生产力起着最终决定作用的基础，将人类社会形态的发展看作是自然历史过程，从而揭示了人类社会发展的客观规律。

社会存在与社会意识辩证关系的原理也具有重要的现实意义。正确而充分地发挥社会意识的能动作用，对于建设社会主义精神文明，建设先进文化，具有重要指导意义。建设社会主义精神文明，就是要努力搞好思想道德建设和科学文化建设。搞好思想道德建设，就是要引导人们树立正确的世界观、人生观和价值观，培育有理想、有道德、有文化、有纪律的社会主义公民，提高全民族的思想道德素质。搞好科学文化建设，就是要提高全民族的科学文化素质和健康素质。在人类历史发展中，先进文化是有效地解决人类社会生存和发展中各种矛盾的精神武器。在现代社会，文化与经济和政治相互交融，在综合国力竞争中的地位和作用越来越突出。在当代中国，加强先进文化建设，充分发挥先进社会意识的能动作用，就要发展和建设中国特色社会主义文化，通过先进文化建设来促进全面小康和现代化发展。在当今全球化、现代化的时代背景下，如何正确发挥社会意识的能动作用，如何搞好社会主义精神文明建设，如何建设好中国特色社会主义文化，既要树立社会主义核心价值观，坚持马克思主义意识形态在各种社会意识中的主导地位，又要实行"百花齐放、百家争鸣"的发展方针，反对一言堂，提倡群言堂，在各种思想的交流碰撞中不断凝聚、升华，在整合各种意见中形成统一意志。

第二节　社会基本矛盾及其运动规律

一、生产力与生产关系矛盾运动的规律

生产力与生产关系矛盾运动的规律，是人类社会发展的基本规律。深刻地理解和掌握这

一规律具有重要的意义。

（一）生产力和生产关系

1. 生产力

人类要生存发展，首先必须解决衣食住行等物质生活资料问题。马克思认为，人类第一历史活动就是生产满足这些需要的物质资料，生产力是人类社会生活和全部历史的基础。

生产力是人类在生产实践中形成的改造和影响自然以使其适合社会需要的物质力量。深入理解生产力范畴，需要把握生产力的水平、性质、状况和发展要求等重要方面。生产力的水平是生产力的量的规定性，表现为生产发展的现实程度；生产力的性质是生产力的质的规定性，它取决于生产的物质技术性质、主要是劳动资料的性质；生产力状况是两者的统一，表现为生产力的运行状态或发展态势。生产力的发展要求与生产力上述三方面的规定性紧密联系在一起，是现实的生产力不断获得解放和发展的基本要求。

生产力具有复杂的系统结构。包括的基本要素主要有：一是劳动者。劳动者是特指具有一定生产经验、劳动技能和知识，能够运用一定劳动资料作用于劳动对象、从事生产实践活动的人。劳动者是生产力的最活跃的因素，是生产力的主体，人类智慧和能力的发展决定着对物质资源开发的深度和广度。劳动资料和劳动对象只有与劳动者的创造活动结合起来，才能获得自身的生产力意义，才能变为现实的生产力。所以，人才资源是第一资源。劳动者一般包括体力劳动者和脑力劳动者。在现代生产中，脑力劳动者的质量和数量日益具有决定性的意义；在高新技术领域内，脑力劳动和体力劳动具有融合同一的趋势。二是劳动资料，也称劳动手段。它是人们在劳动过程中所运用的物质资料和物质条件，其中最重要的是生产工具。人们解决社会同自然矛盾的实际能力如何，主要取决于生产工具的质量和数量；生产工具是区别社会经济时代的客观依据。"各种经济时代的区别，不在于生产什么，而在于怎样生产，用什么劳动资料生产。"[①] 三是劳动对象。一切自然物质都是可能的劳动对象，其中引入生产过程的部分则是现实的劳动对象。现实的劳动对象还包括生产深度加工的对象。劳动对象不同，往往会影响劳动产品的质量和数量。随着生产和科学技术进步，劳动对象将日益扩大并越来越显示出它的重要作用。

生产力中还包含着科学技术。科学技术也是生产力包含两层含义：第一，科学技术是一般意义上的生产力，理论形态的生产力，抽象的生产力；第二，科学技术是现实的生产力。科学技术要成为现实的生产力必须要渗透到生产力的基本的独立要素当中去，即要同劳动者、劳动资料、劳动对象有机相结合，成为生产力基本要素的有机组成部分，才能转化成现实的生产力。

在科学技术向生产力的渗透和应用中，科学技术上的发明创造，会引起劳动者素质、劳动资料和劳动对象的深刻变革和巨大进步。科学技术为劳动者所掌握，可以极大地提高劳动生产率；科学技术应用于生产的组织管理，能够大幅度提高管理效率；科学技术应用于生产工具，可以带来一次又一次的技术革命和产业革命；科学技术应用于劳动对象，可以带来生产对象的深化与拓展，带来材料新技术的发明与革新。在现代，科学技术发展日新月异，应用于生产过程的周期日趋缩短，对于生产发展的作用越来越大，日益成为生产发展的决定性因素。从这个意义上说，科学技术是先进生产力的集中体现和主要标志，

---

① 《马克思恩格斯全集》第44卷，人民出版社2001年版，第210页。

是第一生产力。

2. 生产关系

生产力与生产关系是不可分割相互联系着的。生产关系是人们在物质生产过程中形成的不以人的意志为转移的经济关系。生产关系是社会关系中最基本的关系，政治关系、家庭关系、宗教关系等其他社会关系，都受生产关系的支配和制约。生产关系有狭义和广义之分。狭义的生产关系是指人们在直接生产过程中结成的相互关系。包括生产资料所有制关系、生产中人与人的关系和产品分配关系。广义的生产关系是指人们在再生产的过程中结成的相互关系，包括生产、交换、分配和消费等诸多关系在内的生产关系体系。

在生产关系中，生产资料的所有制关系是最基本的，它是人们进行物质资料生产的前提，生产、交换、分配和消费关系也是由这种前提决定的，所以生产资料所有制是基本的、具有决定意义的方面。它是区分不同生产方式、判定社会经济结构性质的客观依据。当然，生产关系的其他方面对生产资料所有制关系也具有重要的影响和制约作用，表现在：当它们适应所有制性质的要求时，会对生产资料所有制起巩固、发展作用，反之，就会对生产资料所有制起削弱、瓦解作用。

历史上在社会中占统治地位的生产关系，依据生产资料所有关系的性质区分为两种基本类型。一种是以生产资料公有制为基础的生产关系，其根本特征是：生产资料为劳动者共同占有，人们在生产过程中处于平等地位，产品分配上不存在剥削，如原始社会中的生产关系，属于公有制性质的生产关系，将来共产主义社会中的生产关系。另一种是以生产资料私有制为基础的生产关系，其根本特征是：生产资料归少数非劳动者占有，劳动者占有很少或根本没有生产资料并在生产中处于被支配地位，人与人的关系包含剥削关系，如奴隶社会的生产关系，封建社会的生产关系，资本主义社会的生产关系。

（二）生产力与生产关系的矛盾运动及规律

生产力和生产关系是社会生产不可分割的两个方面。在社会生产中，生产力是生产的物质内容，生产关系是生产的社会形式，二者的有机结合和统一，就构成社会的生产方式。生产力与生产关系的相互关系是：生产力决定生产关系，而生产关系又反作用于生产力。

1. 生产力决定生产关系

在生产力和生产关系的矛盾运动中，生产力是居支配地位、起决定作用的方面。首先，生产力状况决定生产关系的性质。历史上的各种生产关系都是适应一定的生产力发展需要而产生的。有什么样的生产力，就会产生什么样的生产关系。马克思说："手推磨产生的是封建主的社会，蒸汽磨产生的是工业资本家的社会。"① 可见，生产力状况是生产关系形成的客观前提和物质基础。其次，生产力的发展决定生产关系的变革。生产关系是生产力发展的产物，只有当它为生产力提供足够的发展空间时才能够存在。随着生产力的发展，原本适合生产力状况的生产关系便由新变旧，走向自己的反面。当生产关系再也不能适应生产力的发展要求时，人们就会变革旧的生产关系，建立新的生产关系，以适应生产力的发展。

2. 生产关系反作用于生产力

生产关系对生产力具有能动的反作用，主要表现为两种情形：当生产关系适合生产力发

① 《马克思恩格斯选集》第1卷，人民出版社1995年版，第142页。

展的客观要求时，它对生产力的发展起推动作用；当生产关系不适合生产力发展的客观要求时，它就会阻碍生产力的发展。生产关系对生产力反作用的实际过程和情形是十分复杂的。新的生产关系总体上基本适合生产力发展，但并不排除它的某些环节或方面不适合生产力发展；旧的生产关系总体上基本不适合生产力发展，但也不排除它的某些环节或方面的调整和改变，能够暂时地、局部地对生产力发展有一定的促进作用。生产关系落后于生产力固然会阻碍其发展；而由于人为的原因使某种生产关系"超越"生产力水平，这种"拔高"了的生产关系也会阻碍生产力的发展。在特定条件下，生产关系对生产力发展的反作用尤为突出，这种条件就是："当不变更生产关系，生产力就不能发展的时候，生产关系的变更就起了主要的决定作用。"[①]

3. 生产关系要适合生产力状况的规律

生产力与生产关系的相互作用是一个过程，表现为二者的矛盾运动。这种矛盾运动中的内在的、本质的、必然的联系，就是生产关系一定要适合生产力状况的规律，亦称生产力与生产关系的矛盾运动规律。这一规律的内容概括了生产力和生产关系相互作用的两个方面：一方面，生产力的状况决定一定的生产关系的产生及其变化发展的方向和形式；另一方面，生产关系反作用于生产力，当生产关系适合生产力的状况时对生产力发展起着促进作用，反之将起着阻碍作用。从过程上看，这一规律表现为生产关系对于生产力总是从基本相适合到基本不相适合，再到基本相适合；与此相适应，生产关系也总是从相对稳定到新旧更替，再到相对稳定。生产力和生产关系矛盾运动的循环往复，不断推动着社会生产发展，进而推动着整个社会逐步从低级走向高级阶段。

生产力与生产关系矛盾运动规律具有极为重要的理论意义和现实意义。首先，这一规律是人类社会历史发展的基本规律，为我们提供了一把考察和探究社会历史发展根源的钥匙。整个人类社会发展历史进程中的政治、经济、文化、思想观念等所有领域的困境和问题，最终都可以从生产力与生产关系的基本矛盾运动中找到答案。其次，这一规律是马克思主义政党制定路线、方针和政策的重要依据。马克思主义政党必须自觉地认识和把握这一规律，把解放生产力、发展生产力，不断扫除生产力发展的障碍作为自己制定路线、方针和政策的出发点和归宿。再次，这一规律是我国经济体制改革的理论基础。20世纪80年代开始的我国经济体制改革是生产力与生产关系矛盾运动的必然结果，我国的经济体制改革正是在唯物史观所揭示的生产关系一定要适合生产力发展状况规律的指导下进行的，这一规律是我国经济体制改革和建立社会主义市场经济体制的理论依据。在当前，学习和运用马克思主义关于生产力与生产关系相互关系的原理，就要敏锐地把握社会先进生产力的发展趋势和要求，坚持以经济建设为中心，积极投身改革开放和现代化建设，不断推进理论创新、制度创新和科技创新，把中国特色社会主义建设事业推向前进。

二、经济基础与上层建筑矛盾运动的规律

经济基础与上层建筑矛盾运动的规律，是人类社会发展的另一个基本规律。深刻地理解和掌握这一规律同样具有重要的意义。

---

① 《毛泽东选集》第1卷，人民出版社1991年版，第325-326页。

（一）经济基础和上层建筑

1. 经济基础

经济基础是指在一定历史阶段同生产力相适应的、占统治地位的生产关系各方面的总和。理解经济基础的内涵，要把握两点：其一，经济基础的实质是社会一定发展阶段上的基本生产关系。社会实际运行过程是复杂的，在一定社会的经济基础中，即存在着前一社会残存的或其他社会的生产关系成分，也会有未来社会的生产关系的萌芽。但决定一个社会性质的是其占支配地位的生产关系。其二，经济基础与经济体制具有内在的联系。经济体制是社会基本经济制度所采取的组织形式和管理形式，是生产关系的具体实现形式。经济体制与生产力发展的关系更为直接、更为具体，在实践中它总是与社会的基本经济制度结合在一起的。因此，经济体制的选择是否得当，对于基本经济制度即生产关系的自我完善和生产力的发展往往起着重要作用。

2. 上层建筑

上层建筑是建立在一定经济基础之上的意识形态以及相应的制度、组织和设施。上层建筑起始于奴隶社会，上层建筑由观念上层建筑和政治上层建筑两部分所构成。观念上层建筑又称为意识形态，包括政治法律思想、道德、艺术、宗教、哲学等思想观点。政治上层建筑包括政治法律设施，如政府机关、军队、警察、法庭、监狱等；政治法律制度，如国家制度、司法制度和社会管理制度等；政治组织，如政党组织和社会组织等。观念上层建筑和政治上层建筑的关系是：首先，政治上层建筑是在一定意识形态指导下建立起来的，是统治阶级意志的体现；其次，政治上层建筑一旦形成，就成为一种现实的力量，影响并制约着人们的思想理论观点。

3. 国家是上层建筑的核心

在整个上层建筑中，政治居主导地位，国家政权是核心。国家不是从来就有的，它是社会发展到一定历史阶段的产物。在原始社会，人们生产和生活的主要组织形式是氏族、胞族和部落，社会秩序依靠传统习惯和氏族首领的威信来维系。国家的产生，主要是由于剩余产品的出现带来了私有制的出现，私有制出现导致了阶级社会的产生，在阶级社会中，由于阶级利益的冲突，出现了各阶级集团之间的阶级斗争。阶级社会和阶级斗争的出现导致了国家的产生。国家是阶级矛盾不可调和的产物，是一个阶级统治另一个阶级的暴力工具。

国家同原始氏族组织不同。它是按照地域来划分国民，不再以血缘关系来划分；它要依靠强制性或暴力手段以及征收赋税来维系。国家是阶级矛盾不可调和的产物。在阶级已经产生且矛盾冲突愈演愈烈的情势下，为了把阶级斗争限制在一定"秩序"之内，国家作为强制性的力量应运而生。国家的实质是一个阶级统治另一个阶级的工具。它是经济上占支配地位的阶级为维护其基本利益而建立起来的强制性的暴力机关，以保障其在政治上也成为统治阶级。

国家的基本职能有对内和对外两个方面。对内职能主要表现在：政治统治职能，经济管理职能，社会调节职能。对外职能主要表现在：维护国家主权，抵御外来侵略；开展对外交往，参与国际事务等，资本主义国家的对外职能还内在地具有对外扩张和侵略的功能。

国家是一个历史范畴，有其产生、发展和消亡的过程。国家的消亡是一个漫长的历史过程，随着阶级消亡，国家才会逐渐消亡。国家消亡大致经历三个阶段：一是政治国家；二是非政治国家；三是国家的自行消亡。

依据国家的性质和政权的组织形式，国家还具有国体和政体的区分。国体是指社会各阶级在国家中的地位，它表明国家政权掌握在哪个阶级手里，哪个阶级是统治阶级，哪个阶级是被统治阶级。政体是指统治阶级实现其阶级统治的具体组织形式，也就是政权构成形式。它表明统治阶级采取什么样的形式去组织自己的政权，实现自己的统治。一般来说，国体决定政体，政体服从于国体；政体为国体服务，并对保证国家的性质起重要作用。在当代，加强民主政治建设是一个极为重要的任务。列宁说："民主是国家形式，是国家形态的一种。"① 社会主义民主是其他任何国家形态的民主都不能比拟的。因为，社会主义民主的本质和核心是人民群众当家做主，是对资产阶级民主的辩证否定，是民主发展的历史性飞跃。从民主的具体形式方面来看，资产阶级民主已有几百年的历史经验，既有许多弊端，但也有不少可供社会主义民主建设借鉴的合理因素。社会主义民主建设的历史不长，仍然面临着不断完善、健全的长期发展任务。

（二）经济基础与上层建筑的矛盾运动及规律

经济基础和上层建筑是相互影响、相互作用、辩证统一的。

第一，经济基础决定上层建筑。首先，经济基础决定上层建筑的产生、存在和发展，任何上层建筑的产生，都能直接或间接地从社会的经济结构中得到说明；其次，经济基础的性质决定上层建筑的性质，有什么样的经济基础就有什么样的上层建筑；最后，经济基础的变更必然引起上层建筑的变革，并决定着变革的基本方向。

第二，上层建筑对经济基础具有反作用。上层建筑对经济基础具有的反作用集中表现在：为自己的经济基础的形成和巩固服务，确立和维护其在社会中的统治地位。统治阶级总是利用和依靠自己政治上、思想上的统治地位，通过国家政权和意识形态的力量，排除异己势力及其思想，力图将社会特别是经济关系控制在"秩序"的范围之内，维护自己经济基础的统治地位和根本利益。上层建筑反作用的后果可能有两种：当它为适合生产力发展要求的经济基础服务时，就成为推动社会发展的进步力量，反之，就会成为阻碍社会发展的消极力量。

经济基础与上层建筑相互作用的矛盾运动规律，就是上层建筑一定要适合经济基础状况的规律。"一定要适合"是指：经济基础状况决定上层建筑的发展方向，决定上层建筑相应的调整或改革，而不允许上层建筑长时期落后于或不适应自己的发展；上层建筑的反作用，也必须取决于和服从于经济基础的性质和客观要求，而不允许上层建筑脱离自己的发展状况和水平。

上层建筑一定要适合经济基础发展状况规律具有重大的理论意义和实践意义。首先，这一规律是人类社会发展的普遍规律，为我们提供了一把考察和探究社会发展根源的钥匙；其次，这一规律是马克思主义政党制定路线、方针、政策的客观依据；再次，这一规律是我国政治体制改革的理论基础，我国政治体制改革是经济基础与上层建筑矛盾运动的必然结果，上层建筑一定要适合经济基础发展状况的规律是我国政治体制改革的理论依据。

在当代中国，深入理解上层建筑一定要适合经济基础状况的规律，必须正确把握经济基础与上层建筑矛盾运动过程中的利益关系，并在深化经济体制改革，完善社会主义经济基础，促进生产力发展的同时，加快上层建筑领域的政治体制改革。通过积极稳妥地推进上层

---

① 《列宁选集》第3卷，人民出版社1995年版，第201页。

建筑领域的改革和发展，使生产关系领域的经济体制改革得到必要的配套改革措施，促进经济体制改革以及其他各领域改革的深化，使人民群众在改革中不断获得切实的经济、政治、文化、教育等各方面的利益。

三、社会形态更替的一般规律及特殊形式

马克思主义揭示的生产力与生产关系矛盾运动的规律和经济基础与上层建筑的矛盾运动规律，是人类社会发展的一般规律。这些规律决定了社会形态的更替和历史发展的基本趋势。但是，由于社会发展的复杂性和曲折性，人类社会发展在遵循一般规律的同时，也会表现出一些特殊的形式。

（一）社会形态的内涵

社会形态是关于社会运动的具体形式、发展阶段和不同质态的范畴，是同生产力发展一定阶段相适应的经济基础与上层建筑的统一体。社会形态包括社会的经济形态、政治形态和意识形态，是三者的历史的、具体的统一。经济形态是社会形态的基础，在经济形态的各种要素中，生产资料所有制关系具有决定性的意义。所以，社会形态又叫社会经济形态。竖立于经济基础之上的上层建筑是社会形态不可分割的组成部分，是一定社会形态的表现。一定的社会形态总要以一定的社会制度形式呈现出来，所以，社会形态也可叫作社会制度。人类社会是不断发展的，社会的根本性变革和进步就是通过社会形态的更替实现的。

（二）社会形态更替的统一性和多样性

马克思依据生产关系的性质，把社会历史划分为五种社会形态：原始社会、奴隶制社会、封建制社会、资本主义社会和共产主义社会（其第一阶段是社会主义社会）。这五种社会形态的依次更替，是社会历史运动的一般过程和一般规律，表现了社会形态更替的统一性。

但是就某一国家或民族的社会发展的历程而言，情况就不一样了。有的国家在发展中经历了几种社会形态由低到高、依次更替的典型过程；也有的国家在发展中超越了一个甚至几个社会形态而跨越式地向前发展；有些国家在历史发展的一定阶段上社会形态性质不够典型，甚至多种社会形态特征交叉渗透；有些国家在一定时期由较为落后的社会形态快速跃迁为先进的社会形态，而有些国家的社会形态则长期陷于停滞状况甚至由先进转为长期落后；即使是同一种社会形态，在不同国家也会显现出不同的历史特点等。所有这些，体现了社会形态更替形式的多样性和复杂性。依据俄国社会变革的实践经验，列宁曾深刻指出："世界历史发展的一般规律，不仅丝毫不排斥个别发展阶段在发展的形式或顺序上表现出特殊性，反而是以此为前提的。"[1] 这是对社会形态更替统一性与多样性辩证关系的符合实际的概括。

（三）社会形态更替的必然性与人们的历史选择性

社会形态发展的统一性与多样性，根源于社会发展的客观必然性与人们的历史选择性。社会形态更替的客观必然性，主要是指社会形态依次更替的过程和规律是客观的，其发展的基本趋势是确定不移的。社会形态更替归根结底是社会基本矛盾运动的结果。其中，生产力的发展具有最终的决定意义。所以，只要把全部社会关系归结于生产关系，把生产关系归结于生产力的高度，就有可靠的根据把社会形态的发展看作自然历史过程，就是说，生产力与

---

① 《列宁选集》第4卷，人民出版社1995年版，第776页。

生产关系矛盾运动的规律性，从根本上规定了社会形态更替的客观必然性。

人类社会发展是一个自然历史过程，其含义是：首先，人类社会同自然界一样，是独立于人们意识之外的客观物质体系；其次，人类社会和自然界一样，是一个运动、变化和发展的辩证过程；再次，人类社会的发展也同自然界的发展一样，具有不依人的意志为转移的客观规律。

但是，如同其他社会规律一样，社会形态更替的规律、自然历史过程的规律也是人们自己的社会行动的规律，社会形态的更替是通过有目的、有思想的人的活动来实现的。自然历史过程规律的客观性并不否定人们历史活动的能动性，并不排斥人们在遵循社会发展规律的基础上，对于某种社会形态的历史选择性。社会形态更替的过程是一个合规律性与合目的性相统一的过程，在社会发展过程中，人们的历史选择活动总要受到自己的目的驱使和制约，如1949年中国人民就选择了倒向社会主义阵营一边，这是由代表中国人民根本利益的中国共产党的奋斗目标所驱动的。

（四）社会形态更替的前进性与曲折性

社会形态的更替，还表现为历史的前进性与曲折性、渐进性与跨越性的统一。社会形态更替的前进性、渐进性主要是指五种社会形态依次演进的基本趋势，其历史过程是一个"扬弃"的过程，但是，社会形态更替的进步性、渐进性并不否认历史发展的曲折性和跨越性。一种新社会制度取代旧社会制度，往往并不是从旧社会制度发展较为充分的典型国家开始，而更易于在旧制度发展很不完善或者很不充分的地方突破。这既体现了社会形态更替过程的曲折性，又为社会形态更替的跨越性提供了条件和历史契机。例如，资本主义制度是在封建制度极不健全的欧洲而并非在封建制度高度完善的中国等东方国家首先取得胜利，社会主义首先是在经济落后的俄国、中国等国家而并非在欧美较发达资本主义国家获得成功，都是明显的例证。封建制取代奴隶制的过程也有某些类似的情况。

在社会进步发展过程中，社会形态更替的反复甚至倒退是时常出现的。从世界历史上看，每一次社会制度的变革，无不经过曲折反复的斗争；每一个新生的社会制度，无不有一个从不成熟到逐步成熟的发展过程。如资本主义社会制度，从建立到巩固大体经历了二三百年时间。社会主义作为人类历史迄今最进步的社会形态，它的产生和发展具有某种跨越性，是合乎规律的。它走向成熟，取得最后胜利，必然要经过曲折复杂的斗争和长期发展的过程，在这个过程中，出现某种重大挫折甚至倒退也是难以避免的。但历史车轮前进的总趋势是不可改变的，它所呈现的"曲折"，必将以社会的巨大进步来补偿。中国特色社会主义发展的巨大成就为世人充分展示了社会主义发展的光辉明天。

第三节　社会历史发展的动力

一、社会基本矛盾是社会发展的根本动力

推动社会历史发展的动力是多方面的。历史唯心主义往往把社会历史发展的动力归结为人们的思想动机或精神力量，而未能揭示社会历史的真正奥秘。历史唯物主义认为物质生产方式是社会发展的基础，在此基础上形成的生产力和生产关系的矛盾、经济基础和上层建筑

的矛盾是社会发展的基本矛盾和根本动力，阶级斗争、社会革命、社会改革、人民群众等要素的作用都根源于社会基本矛盾运动，是社会基本矛盾运动在社会发展中的具体表现。

（一）生产力和生产关系、经济基础和上层建筑的矛盾是社会基本矛盾

矛盾是推动事物发展的动力，在人类社会中也是如此。在社会历史与社会生活中，存在着各种各样的矛盾，其地位和作用各不同，其中最重要的是社会基本矛盾。社会基本矛盾是指贯穿社会发展过程始终，规定着社会发展过程的基本性质和基本趋势，并对社会历史发展起根本的推动作用的矛盾。生产力和生产关系、经济基础和上层建筑的矛盾就是社会基本矛盾。这两对矛盾贯穿于人类社会发展过程的始终，并规定了人类社会发展过程中各种社会形态、社会制度的基本性质，制约着其他社会矛盾的存在和发展，是推动社会历史向前发展的根本动力。

人类社会具有三大基本结构，即经济结构、政治结构和观念结构。经济结构主要指生产方式，包含生产力和生产关系两个方面。政治结构是指建立在经济结构之上的政治上层建筑，即政治法律制度和设施。观念结构主要是指以经济结构为基础，并反映一定经济和政治的社会意识形态，即观念上层建筑。生产力和生产关系、经济基础和上层建筑的矛盾，存在于社会基本结构之间，规定并反映了社会基本结构的性质和基本面貌，囊括了社会基本结构的主要方面。

（二）社会基本矛盾是社会发展的根本动力

社会基本矛盾作为社会发展的根本动力，它在社会发展中的作用主要表现在以下方面：

第一，生产力是社会基本矛盾运动中最基本的动力因素，是人类社会存在和发展的最终决定力量。生产力是人类一切社会历史活动的物质力量和首要前提，生产力决定生产关系的性质，进而决定其他社会关系的基本面貌，决定人类发展的历史进程。随着生产力的发展，人类的活动范围越来越扩大，各民族的交往越来越多，人类历史也就逐渐由低级阶段发展到高级阶段。生产力是衡量社会进步的根本尺度。人类社会是在生产力与生产关系的矛盾运动中前进的。生产力发展既是人类社会物质文明发展的基本内容，也是政治文明、精神文明、生态文明发展的物质基础。只有在生产力发展的基础上，才有可能充分满足人民群众的物质生活和精神生活的需要。

第二，社会基本矛盾，特别是生产力和生产关系的矛盾，是"一切历史冲突的根源"，决定着社会中其他矛盾的存在和发展。在生产力和生产关系、经济基础和上层建筑这一基本矛盾的运动中，生产力和生产关系的矛盾是更为基本的矛盾。生产力和生产关系的矛盾决定着经济基础和上层建筑矛盾的产生和发展。首先是生产力的发展引起经济基础（生产关系）的变革，然后经济基础的变化导致上层建筑的改变。经济基础和上层建筑的矛盾也会影响和制约着生产力和生产关系的矛盾。因为生产力和生产关系矛盾的最终解决还有赖于经济基础和上层建筑矛盾的解决，只有解决了经济基础和上层建筑的矛盾，才能彻底解决生产力和生产关系的矛盾，进而解放生产力、发展生产力。

第三，社会基本矛盾在人类社会历史进程中，是通过各种不同的表现形式和解决方式来具体推动社会发展的。在阶级社会中，社会基本矛盾要通过一定社会的阶层或阶级的矛盾表现出来。社会基本矛盾的尖锐化，会导致代表不同生产力、生产关系、上层建筑的阶级之间的矛盾尖锐化，会引发阶级斗争甚至社会革命，进而促进一定社会形态的变革和发展。在同一社会形态的发展中，社会基本矛盾通常通过改革的方式来解决。通过改革生产关系或上层

建筑中不适应生产力发展的某些方面和环节，从而解放生产力，促进生产力发展。无论是阶级斗争、社会革命，还是社会改革，都根源于社会基本矛盾，是社会基本矛盾运动的必然结果。

二、阶级斗争在阶级社会发展中的作用

阶级斗争是社会基本矛盾在阶级社会中的表现，是推动阶级社会发展的直接动力。人类几千年的文明史，从阶级社会的意义上说，就是阶级斗争的历史。离开了阶级斗争，就无法理解阶级社会的发展。

（一）阶级是人类社会发展到一定历史阶段出现的社会现象

阶级是一个历史范畴，也是一个经济范畴。列宁指出："所谓阶级，就是这样一些大集团，这些集团在历史上一定的社会生产体系中所处的地位不同，同生产资料的关系（这种关系大部分是法律上明文规定了的）不同，在社会劳动组织中所起的作用不同，因而取得归自己支配的那份社会财富的方式和多寡也不同。所谓阶级，就是这样一些集团，由于它们在一定社会经济结构中所处的地位不同，其中一个集团能够占有另一个集团的劳动。"① 阶级产生于原始社会之后的奴隶社会，阶级的产生、存在和发展是同经济发展过程联系在一起的。

出现了阶级，必然会产生阶级斗争。阶级斗争是阶级利益根本冲突的对抗阶级之间的对立和斗争。阶级斗争的根源在于阶级之间经济利益的根本对立，根源于社会经济关系的冲突。一切阶级斗争，归根结底都是围绕着经济利益这个轴心展开的。恩格斯指出："以往的全部历史，除原始状态外，都是阶级斗争的历史；这些互相斗争的社会阶级在任何时候都是生产关系和交换关系的产物，一句话，都是自己时代的经济关系的产物。"② 历史上一切剥削阶级总是凭借他们所占有的生产资料和统治地位，对被剥削阶级实行剥削和压迫。同时，为了维持和加强他们在经济上的地位，又必然对被统治阶级实行政治统治和思想控制。被剥削阶级为了维持自己的生存，摆脱受剥削、受压迫的地位，就不得不起来进行反抗。阶级斗争是阶级社会客观存在的必然现象，并贯穿于阶级社会的全部发展过程。

（二）阶级斗争是阶级对立社会发展的直接动力

在阶级社会中，生产力和生产关系、经济基础和上层建筑的矛盾发展到一定程度时，必然会通过阶级斗争表现出来。阶级斗争主要体现为进步阶级同反动阶级之间的阶级斗争。一般来讲，进步阶级往往代表着先进的社会生产力，反动阶级往往代表着落后的生产关系。先进生产力同落后生产关系的矛盾冲突，就通过进步阶级反对反动阶级的阶级斗争表现出来。

社会发展的经济动因与阶级斗争动力是联系在一起的。阶级斗争的作用首先表现在阶级社会发展的量变过程中，被剥削阶级反对剥削阶级的斗争不同程度地打击了剥削阶级的统治，迫使反动统治阶级做出某些让步，不得不调整某些经济关系和政策，使社会矛盾得到一定程度的缓和，从而或多或少地推动着生产力的发展和社会的进步。阶级斗争对阶级社会发展最突出的推动作用是表现在社会形态的质变中，当社会基本矛盾尖锐化时，即当旧的生产关系不适应生产力的发展，变成生产力发展的桎梏时，维护旧的生产关系的反动阶级，必然

① 《列宁选集》第 4 卷，人民出版社 1995 年版，第 11 页。
② 《马克思恩格斯选集》第 3 卷，人民出版社 1995 年版，第 739 页。

同代表生产力发展要求的先进阶级形成尖锐的对抗。这时，只有通过先进阶级反对反动阶级的革命斗争，推翻反动阶级的统治，才能建立新的社会形态，以解放生产力的发展。

阶级斗争是推动阶级社会发展的直接动力，但阶级斗争的作用要受社会历史条件的制约，我们要立足于历史时代和生产力基础，从客观现实出发，具体问题具体分析，片面否认或夸大阶级斗争的作用都是错误的。历史上的一些阶级斗争，如奴隶反对奴隶主、农民反对封建地主的斗争，虽然不同程度地推动了历史的进步，但是由于它们并不代表新的生产方式，因而具有较大的局限性并最终以失败而告终。

（三）马克思主义的阶级分析方法

马克思主义的阶级分析方法是认识阶级社会的科学方法。坚持阶级分析方法，就是运用马克思主义的阶级和阶级斗争观点去观察和认识阶级社会的社会历史现象。阶级分析方法为我们透过纷繁复杂的阶级社会现象，认识阶级社会的本质和规律，提供了科学的指导。阶级分析方法要求全面地、动态地分析阶级状况，分析各阶级的经济地位、政治立场和意识形态，准确把握各阶级之间的关系和阶级力量的对比，清醒认识各种社会思潮。这是马克思主义政党制定正确路线、方针、政策的重要依据。在认识和处理阶级矛盾时，要严格区分阶级矛盾和非阶级矛盾，区分敌我矛盾和人民内部矛盾。

对我国社会主义初级阶段的阶级和阶级斗争，需要用马克思主义的阶级分析方法，作出符合实际情况的科学判断。在社会主义初级阶段，工人阶级和劳动人民当家作主，共产党代表广大人民群众的利益取得执政地位，剥削阶级作为独立的阶级整体，已不复存在；虽然由于国内的因素和国际的影响，阶级斗争还将在一定范围内长期存在，在某种条件下还有可能激化，但已经不是主要矛盾。在社会主义初级阶段，既要注意区分不同性质的社会矛盾，正确处理人民内部矛盾，注意保持安定团结，建设和谐社会，防止把阶级斗争扩大化；又要对阶级斗争保持警惕，不能掉以轻心、麻痹大意，防止阶级斗争熄灭论。总之，要按照马克思主义的阶级分析方法，正确认识和处理阶级和阶级斗争问题。

三、革命在社会发展中的作用

革命作为历史唯物主义的范畴，特指社会革命，它是阶级斗争的最高形式，是先进的新的社会制度取代落后的旧的社会制度的质变。革命是解决社会基本矛盾的主要方式之一，是推动社会发展特别是社会形态更替的重要动力。

（一）社会革命的实质和根源

阶级斗争发展到一定程度，必然导致革命。社会革命的实质是革命阶级推翻反动阶级的统治，用先进的新的社会制度代替落后的旧的社会制度，解放生产力，推动社会发展。国家政权从反动阶级手里转移到革命阶级手里，是实现社会革命的首要的、基本的标志。历史上曾经出现过的社会革命主要有推翻奴隶制的新兴地主阶级革命，推翻封建制的新兴资产阶级革命，以及推翻资本主义制度的无产阶级的社会主义革命。

社会革命的根源在于社会基本矛盾的尖锐化。生产力的发展和旧的生产关系、经济基础的发展和旧的上层建筑之间出现的矛盾冲突，是社会革命爆发的根本原因。马克思指出："社会的物质生产力发展到一定阶段，便同它们一直在其中运动的现存生产关系或财产关系（这只是生产关系的法律用语）发生矛盾。于是这些关系便由生产力的发展形式变成生产力的桎梏。那时社会革命的时代就到来了。随着经济基础的变更，全部庞大的上层建筑也或慢或快地发生变革。"① 社会革命是在一定的革命形势下发生的。它的爆发既要具备一定的客观条件，如经济条件和政治条件，又要具备一定的主观条件，如革命阶级的觉悟程度、组织程度和群众的发动程度等。

（二）革命是推动历史发展的火车头

"革命是历史的火车头"②。社会革命在社会发展中的重要作用表现在：首先，社会革命是实现社会形态更替的重要手段和决定性环节。当旧的生产关系严重阻碍生产力的发展，旧的上层建筑又极力维护旧的经济基础时，则必须通过社会革命的手段来摧毁旧的经济制度和旧的政治制度，把生产力从落后的生产关系和落后的上层建筑的束缚下解放出来。其次，社会革命能充分调动和发挥广大人民群众创造历史的积极性和伟大作用。由于社会革命代表了人民群众的根本利益，所以能够充分激发他们的革命热情和聪明才智。

马克思主义重视社会革命的伟大作用，同时也不否认改良作为革命的一种补充手段，在推进社会历史发展的进程中也能起到一定的积极作用。如资本主义国家工人群众的罢工斗争，能够为争取劳动者境况的改善起到一定作用。马克思主义不拒绝改良，但反对改良主义。因为改良主义主张改良代替社会革命，不触及社会主要矛盾，因而不可能从根本上扫除社会发展的障碍。

四、改革在社会发展中的作用

改革是推动社会发展的又一重要动力。社会基本矛盾运动及其规律作用的结果，不仅表现为通过社会革命实现一种新的社会制度取代旧的社会制度，而且还表现为通过社会改革实现社会的自我调整和自我完善，即实现在社会基本制度不变的前提下对旧的社会体制进行相应变革。改革是同一种社会形态发展过程中的量变，是统治阶级为了巩固和完善自己的社会制度而在社会相关领域采取的革新举措。

改革在社会历史发展中的重要作用集中表现在，它是在社会发展量变的程度上解决社会基本矛盾，促进生产力发展，推动社会进步的有效途径和手段。在一定社会形态的量变过程中，当社会基本矛盾对立冲突到一定程度但又尚未激化到引起质变、发生社会革命的时候，就需要依靠改革的途径或手段，来改变与生产力发展不相适应的生产关系的某些方面和环节，来改变与经济基础发展不相适应的上层建筑的某些方面和环节。社会改革所涉及的领域是多方面的，包括经济改革、政治改革、文化改革、教育改革、科技改革等。一般来讲，社会革命适用于解决现存的社会基本制度问题，把生产力从已不能容纳它的旧的生产关系中解放出来；而社会改革则适用于解决旧的社会体制，在不改变社会基本制度的情况下，对生产关系和上层建筑的某些方面和环节进行变革，从而促进生产力发展和社会进步。

社会主义社会照样要进行改革。恩格斯指出："所谓社会主义社会不是一种不变的东西，而应当和任何其他社会制度一样，把它看成是经常变化和改革的社会。"③ 社会主义改革是社会主义制度的自我完善、自我发展，是为了解放生产力，发展生产力，促进社会全面进步。社会主义改革是在坚持社会主义根本制度不变的前提下，用新体制取代旧体制，使生

---

① 《马克思恩格斯选集》第 2 卷，人民出版社 1995 年版，第 32 - 33 页。
② 《马克思恩格斯选集》第 1 卷，人民出版社 1995 年版，第 456 页。
③ 《马克思恩格斯选集》第 4 卷，人民出版社 1995 年版，第 693 页。

产关系适应生产力的发展，使上层建筑适应经济基础的发展。从用新体制代替旧体制并解放生产力这个意义上说，改革也是一场革命。我国经过 30 多年的改革，不断破除了束缚经济社会发展的旧观念和旧体制，初步建立起社会主义市场经济体制，推动了我国经济社会的全面进步和人的全面发展，使中国特色社会主义事业充满了生机和活力。

五、科学技术在社会发展中的作用

科学技术是生产力的关键要素，对于推动社会发展有着非常重要的作用。科学是指对客观世界的认识，是反映客观事实和客观规律的知识体系及其相关的活动，技术是指人类改造自然、进行生产的方法与手段。科学活动主要是一种认识活动或精神活动，技术活动主要是一种生产性、实践性活动。科学和技术是辩证统一的整体，在当代社会，科学与技术的联系越来越紧密，日益融为一体。

（一）科学技术革命是推动经济和社会发展的强大杠杆

科学技术革命是"在历史上起推动作用的革命力量。"马克思认为科学是"历史的有力杠杆"，是"最高意义上的革命力量"①。中国古代的四大发明推动了人类的历史进程，马克思把火药、指南针和印刷术称为预告资本主义社会到来的三大发明。

近代以来，曾经发生过四次科学技术革命。第一次科技革命发生在 18 世纪 70 年代，以蒸汽机的发明为主要标志，推动了欧洲国家的第一次产业革命，使资本主义生产发展到机器大工业，为资本主义生产方式的建立奠定了物质基础。第二次科技革命发生在 19 世纪末 20 世纪初，以电力的发明为标志。电力取代蒸汽机成为新的动力，使社会生产力又一次得到迅猛发展。第三次科技革命发生在 20 世纪 50 年代，以原子能、电子计算机、空间技术为主要标志，极大地加速了工业化进程。第四次科技革命出现在 20 世纪 80 年代，以信息技术、新材料、新能源、生物工程、海洋工程等高科技为标志，推动了人类社会由工业经济形态向信息社会或知识经济形态的过渡。每一次科学技术革命，都不同程度地引起生产方式、生活方式和思维方式的深刻变化，推动着人类社会的巨大进步。

首先，科技革命对社会生产力产生了深刻影响。科技革命改变了社会生产力的构成要素，迅速提高了劳动者的智能和素质。科技革命改变了人们的劳动形式，减轻了劳动强度，改善了劳动环境。科技革命还改变了社会的经济结构，引起产业结构发生变革和优化。新的技术革命推动着传统产业的现代化，使第三产业在国民经济中所占的比重日益提高。科技革命推动着生产规模的扩大，促进着社会分工和协作的深入发展，从而使得生产社会化的程度进一步提高，最终导致生产关系发生相应的变革。

其次，科技革命对人们的生活方式产生了巨大影响。现代科技革命把人们带入了信息时代。"知识经济"的快速发展要求人们不断更新和充实知识，以适应时代发展的需要，学习已日益成为人们从小到老生活中的一项重要内容。现代信息技术为人们提供了处理、储存和传递信息的手段，给学习、工作和生活带来了极大便利。现代化的交通、通讯等手段，为人们的自由全面发展创造了更多的条件和机会，使人们能更多地从事科学、艺术、文化、教育等事业的创造性活动。

最后，科技革命促进了人们思维方式的变革。科技革命通过改变社会环境，通过提升实

---

① 《马克思恩格斯全集》第 19 卷，人民出版社 1963 年版，第 372 页。

践的广度和深度，来促使思维方式发生变革，如扩大了人们的交往，交流沟通了学术思想，开阔了人们的视野，打开了世人的眼界等。现代科技革命对人的思维方式产生的重要影响，主要表现在新的科学理论和技术手段通过影响思维主体、思维客体和思维工具，进而引起思维方式的变革。

总之，科学技术是推动社会发展的重要动力。当代世界科学技术发展突飞猛进，一个国家、一个民族若能在科学技术上不断进取，就有可能实现经济社会的跨越式发展。当前我国制定并实施的"科教兴国"战略，正是促进科学技术事业和社会主义建设事业蓬勃发展的战略决策。

（二）科学技术的社会作用具有两重性

科学技术极大地推动了人类文明的发展，但是，科学技术是一把双刃剑，它既能通过促进经济和社会发展造福于人类，同时也可能因应用不当而在一定条件下对人类的生存和发展带来消极后果。主要表现在：科学技术带来的工业化的发展可能会给人类的外在环境带来恶化，科学技术的盲目发展可能会给人类带来直接损害，科学技术的异化可能会扭曲人的内在素质，高新技术发展与传统伦理道德也时有冲突等。如在发展现代工业的过程中，违反自然规律，破坏生态平衡，造成环境污染，在农业生产中滥用农药、化肥导致土壤板结，原子能开发利用不当带来严重后果等，都是对人类的生存和发展造成的危害。世界上的霸权主义和恐怖主义利用现代科技发展武器，入侵他国，造成大量生命财产的损失，更是科学技术双刃剑负面作用的表现。

在当代，科学技术发展在造福人类的同时，"全球性问题"日益引起人们的关注。人口增长过快、粮食短缺、能源和资源枯竭、环境污染和生态破坏等问题日益突出。"全球性问题"的出现，深刻地反映了人类与自然的矛盾，从一定程度上说，这些问题是由于科学技术广泛应用于自然而又失去控制所引起的。解决"全球性问题"有赖于多方面的努力，关键要用科学的自然观、科技观、发展观指导人们与自然和谐相处，要树立可持续发展理念，克服眼前利益和局部利益的狭隘视野，通过正确发挥和运用科学技术的作用，为人类摆脱困境创造新的物质条件。

（三）正确评价科学技术的价值原则

科学技术是人类社会实践的产物，立足于历史唯物主义的基本立场、观点和方法，正确评价科学技术的价值原则包括以下方面：

第一，科学技术是人类认识自然和改造自然的工具、手段，其基本作用在于满足人类实践活动的需要以及造福于人类。

第二，科学技术是社会实践的产物，因此科学技术作用的实现要受到一定客观条件的制约，如生产力水平、社会制度等因素的影响；同时也要受到一定主观条件的制约，如人们的思想观念和认识水平的影响等，科学技术的作用是有限的，不是万能的。

第三，科学技术究竟是给人类带来幸福还是带来灾难，完全取决于人自己，而不取决于工具。

第四，要限制和克服科学技术带来的消极后果，首先要依靠科学技术本身的继续发展来解决问题，靠科学技术本身的积极成果来解决科学技术的消极后果。

第五，在全球化的现代社会，只有通过人类协调一致的行动，制定统一的价值评价标准，健全和完善科技开发机制和评价机制，引导科学技术沿着正确的方向发展，才能使科学技术的消极后果在社会进步的进程中得到最大程度的限制，使科学技术的积极作用得到最大程度的发挥。

第四节 人民群众在历史发展中的作用

社会历史的创造者是谁？怎样看待人民群众和个人在历史上的作用？这是在历史观上长期困扰人们的难题。历史唯物主义科学地解决了这些问题，正确回答了人民群众和个人在社会历史发展中的作用。

一、两种历史观在历史创造者问题上的对立

在历史唯物主义产生以前，占统治地位的历史观是唯心史观。唯心史观从社会意识决定社会存在的基本前提出发，否认物质资料生产方式是社会发展的决定力量，否认人民群众创造历史的决定作用，宣扬少数英雄人物创造历史，因此也被称为英雄史观。

历史唯心主义的英雄史观的产生有其深刻的认识根源、社会历史根源和阶级根源。从认识根源看，英雄史观主要是停留于历史现象的表面，他们只看到在历史进程中少数英雄人物叱咤风云的关键作用，并把其夸大，而没有看到广大人民群众在历史发展中的主体性、基础性作用，而把其贬低。从社会历史根源看，英雄史观的出现同广大人民群众在私有制社会中受剥削、受压迫，处于无权地位，少数剥削阶级的思想家从事政治统治、垄断精神文化生活，处于统治地位，似乎可以为所欲为地主宰历史有关。从阶级根源看，剥削阶级的思想家为了维护本阶级的利益，出于阶级偏见，不敢承认广大人民群众的历史作用，而需要用英雄史观来为自己服务。这三方面的根源就是英雄史观得以产生并长期占据统治地位的重要原因。

与唯心史观相反，唯物史观从社会存在决定社会意识出发，认为只有人民群众才是社会历史的真正创造者。为什么从社会存在决定社会意识出发，能够得出这个结论呢？因为社会存在中的决定性因素是生产方式，生产方式决定着人类社会历史发展的全过程；生产方式由生产力和生产关系所构成，其中生产力决定生产关系，生产力是生产方式中的决定性因素；在构成生产力的三大基本要素中，劳动者是生产力中最活跃的要素，是生产力第一位的主体性要素，劳动者支配着劳动资料和劳动对象；而劳动者就是广大的人民群众，正因为劳动者是生产力中的决定性要素，所以我们可以合符逻辑的必然得出人民群众在创造历史的进程中起着决定性作用。

二、人民群众是历史的创造者

（一）人民群众在创造历史过程中的决定性作用

人民群众是一个历史的范畴。人民群众从质上说是指一切对社会历史发展起推动作用的人们，从量上说是指社会人口中的绝大多数。在不同的历史时期，人民群众有着不同的内容，包含着不同的阶级、阶层和集团。人民群众中最稳定的主体部分始终是从事物资料生产的劳动群众及其知识分子。

在社会历史发展过程中，人民群众起着决定性的作用，人民群众是历史的创造者。在人

民群众创造历史的过程中，人民群众是顺应生产力发展要求的社会力量，是主张变革旧的社会制度和旧的思想观念的社会力量，人民群众的总体意愿和行动代表了历史的发展方向，人民群众的社会实践最终决定历史的结局。

首先，人民群众是社会物质财富的创造者。人类社会赖以存在和发展的基础是物质资料的生产方式。物质资料生产活动的主体是广大劳动群众。作为物质生产承担者和社会生产力主体的劳动群众，创造了人们吃穿住行等必需的生活资料和从事政治、科学、文化艺术等活动所需的物质前提。包括知识分子在内的劳动群众在生产过程中不断地积累和传播生产经验，不断地改进和发明生产工具，促进了社会生产力的发展。随着生产过程的现代化和知识经济的到来，从事科学技术活动的知识分子的脑力劳动将日益成为创造社会财富的重要生产活动。在当代，科学技术在生产力发展中的地位愈来愈重要，从事科学技术工作的广大知识分子在推动社会生产力进步、创造社会物质财富过程中所起的作用日益突出。

其次，人民群众是社会精神财富的创造者。物质生产活动的主体是人民群众，精神生产活动的主体也是人民群众。劳动人民通过物质生产实践为创造精神财富提供了必要的物质条件和设施，如印刷书本的工厂、文艺演出的剧院等；人民群众的生活、实践活动是一切精神财富、精神产品形成和发展的源泉，一切科学理论，一切有价值的文学艺术，都来源于人民群众的生活实践，如中国古代社会的"四大发明"、"四大名著"，当代中国的"长征组歌"、"邓小平理论"等都来源于广大群众的社会实践；人民群众还直接参加了社会精神财富的创造，在劳动群众中也直接产生了不少伟大的科学家、思想家和艺术家，如俄国文学巨匠高尔基、中国民族音乐家瞎子阿炳等人都是来自于社会下层。劳动群众中的知识分子在社会精神财富的创造或精神生产过程中起到了非常突出的作用。

最后，人民群众是社会变革的决定力量。人民群众在创造社会财富、精神财富的同时，也创造并改造着社会关系。生产关系的变革，社会制度的更替，最终取决于生产力的发展，但却不会随生产力的发展自发地实现，必须借助于人民群众的力量来完成。人民群众是社会变革的主力军，任何一场社会革命或社会改革，都必须要有广大人民群众参加。要真正得到广大人民群众的拥护、支持和投入，才会取得预期结果，否则只能以失败而告终，"人民，只有人民，人是创造世界历史的动力。"① 这是一条颠扑不破的真理。

（二）人民群众创造历史过程中的历史局限性

人民群众创造历史的活动要受到一定社会历史条件的制约。经济条件对于人民群众的创造活动有着首要的、决定性的影响。一定历史阶段所达到的生产力水平，是人民群众创造活动的物质基础和前提。在不同的生产关系或经济制度中，人民群众的经济地位、经济利益和在生产过程中的作用是不同的。人民群众只能在既定的生产力和生产关系的基础上来创造历史，而不能随心所欲地超越社会历史发展规律。政治条件对人民群众的创造活动也具有直接影响。在不同的政治制度下，在不同的政治环境中，人民群众的政治地位和享受到的政治权利不同，由此他们创造历史作用的发挥程度也不相同。开明的政治制度和政治环境有利于调动和发挥人民群众的积极性，专制的政治制度和政治环境压制着人民群众的应有作用。精神文化条件也是制约人民群众创造活动的因素。一定历史时期的人们总是自觉或不自觉地受着一定社会的思想文化传统和意识形态的影响。消极落后的文化意识会削弱人民群众创造历史

---

① 《毛泽东选集》第 3 卷，人民出版社 1991 年版，第 1031 页。

的作用，而先进的科学文化和思想道德则对人民群众的创造活动起积极的促进作用。

我国的社会主义制度为人民群众创造历史的活动提供了极为有利的经济、政治和精神文化等方面的条件，但也存在着许多有待完善和改进的方面。我国的生产力水平还不够高，经济体制和政治体制还有不完善之处，科学文化还比较落后。这就要求我们必须坚持社会主义改革，加强物质文明、精神文明和政治文明建设，进一步调动和发挥人民群众的积极性和创造性。

（三）群众观点和群众路线

历史唯物主义关于人民群众是历史创造者的原理，是无产阶级政党的群众观点和群众路线的理论基础。群众观点就是坚信人民群众自己解放自己的观点，全心全意为人民服务的观点，一切向人民群众负责的观点，以及虚心向群众学习的观点。群众路线是在群众观点的指导下形成的，是群众观点在实际工作中的贯彻运用。在我国的民主革命时期，以毛泽东为主要代表的中国共产党人，依据马克思主义的群众史观，创造性地提出了党的群众路线，即一切为了群众，一切依靠群众，从群众中来，到群众中去的路线。群众路线是无产阶级政党的根本路线，是我们党在民主革命时期战胜敌人的重要"法宝"之一。

邓小平在社会主义新的历史时期进一步强调了群众观点和群众路线。他尊重群众，热爱人民，总是时刻关注最广大人民群众的利益和愿望，把"人民拥护不拥护"、"人民赞成不赞成"、"人民高兴不高兴"、"人民答应不答应"作为制定各项方针政策的出发点和归宿，从而为我们树立了坚持群众观点和群众路线的光辉典范。"三个代表"重要思想强调要代表最广大人民的根本利益，以是否代表了广大人民群众的根本利益，作为检验各级党组织和政府制定路线、方针、政策是否正确的重要依据。科学发展主张以人为本，建设和谐社会，都进一步坚持和发展了人民群众创造历史的观点。在建设中国特色社会主义的伟大实践中，我们要牢固树立群众观点，坚持群众路线，自觉地依靠人民群众，把人民群众的根本利益摆在首位，想群众之所想，急群众之所急，谋群众之所求，解群众之所忧，始终坚持全心全意为人民服务的宗旨。

三、个人在社会历史中的作用

主张人民群众是历史的创造者，并不否认个人在历史上的作用。唯物史观从人民群众创造历史这一基本路线出发，科学地说明了个人在历史上的作用。

（一）社会历史发展是无数个人合力作用的结果

每个人尽管在历史上发挥作用的性质和程度各有不同，但都会在历史上留下自己的印记，社会历史发展是无数个人合力作用的结果。离开了每一个个人的作用，也就不可能有人民群众的作用。

唯物史观主张在考察个人的历史作用时，要具体分析个人作用的性质和作用的大小。个人是指社会群体中单个的成员，是社会的一个"分子"。个人在历史上的作用存在着差别。有的人在历史发展中的作用大些，有的人在历史发展中的作用小些；有的人对历史发展起促进作用，有的人对历史发展起阻碍作用。在分析或评价个人在历史上的作用时，要坚持历史的、具体的观点，不应简单化。

（二）历史人物在历史的发展过程中起着特殊作用

历史人物是历史事件的当事者，对历史事件有深刻影响，甚至有时能够决定个别历史事件，从而导致历史发展发生这样或那样的重大变化，历史人物是实现一定历史任务的主要倡导者、发起人、组织者和领导者。历史人物按其发挥作用的性质，可分为杰出人物和反面人物。在历史发展进程中，新的历史任务往往是由一些杰出人物首先发现或提出来的。他们比一般人站得高、看得远，解决历史任务的愿望比别人强烈。先进阶级的政治代表人物所提出的思想能够成为社会变革的先导，他们为群众指明斗争的方向，在社会变革中起着领导核心的作用，对历史发展起着重大的促进作用。杰出的科学家、思想家、艺术家、教育家等的创造性活动，对于人类科学文化的发展和社会进步，有着巨大的推动作用。

但是，必须明确，不管什么样的历史人物，包括杰出人物，在历史上发挥什么样的作用，都要受到社会发展客观规律的制约，都要受到社会历史条件的制约，而不能决定和改变历史发展的总进程和总方向。

历史人物作用的性质取决于他们的思想、行为是否符合社会规律，是否符合人民群众的意愿。只有顺应历史发展的要求和人民群众的意愿，历史人物才能起到推运社会前进的积极作用；否则，如果违背了社会历史发展的规律性或必然性，历史人物也会走向反面。

（三）评价历史人物必须坚持科学方法

时势造英雄，任何历史人物都是一定历史时代的产物。历史人物的出现具有历史的必然性，任何历史人物都必然带有时代的特性和历史局限性。阶级社会中的历史人物不可避免地要受到特定阶级关系的制约，要反映或代表一定阶级的利益和愿望。根据历史人物所具有的历史特征和阶级特点，唯物史观主张评价历史人物时，应该坚持历史分析方法和阶级分析方法。

历史分析方法要求从特定的历史背景出发，根据当时的历史条件，对历史人物的是非功过进行具体的、全面的考察。判断历史人物的历史功绩，一定要尊重历史事实，如实反映历史人物与当时社会历史条件的关系，如实反映历史人物的历史作用和历史地位。由于历史时代的变迁和历史条件的变化，历史人物本身也是发展变化的，应当从发展的观点给予如实的评价。同一个历史人物，在不同的历史时期可能会有不同的历史作用，有时甚至会有性质相反的历史作用。比如有的杰出人物也会有违背社会规律的时候，出现历史错误；有的反面人物也会有顺应历史潮流的时候，提出正确的政治主张。脱离具体的历史条件，用现代人的标准苛求前人，是不可取的。

在阶级社会中，贯彻历史分析与阶级分析的方法是一致的。因为在阶级社会中具体地考察历史人物的历史关系，必然要包含分析历史人物的特定阶级关系，因为特定阶级关系是阶级社会中最主要的历史关系。阶级分析方法要求把历史人物置于一定的阶级关系中，同他所属的阶级联系起来加以考察和评价。任何历史人物总是代表一定阶级利益的，历史人物的作用总要受到阶级的制约；历史人物的命运也同他所属阶级的兴衰息息相关。在阶级社会中，特定阶级的局限性决定了代表其利益的历史人物的局限性。离开了一定的阶级背景，就难以理解历史人物的产生、作用及其性质。

无产阶级领袖不同于以往历史上的杰出人物，因为他们所代表的是历史上最革命、最先进的阶级，他们在革命和建设中发挥了重大作用。但无产阶级领袖是人而不是神，同样要受到一定历史条件的限制，有时在思想上也会产生一些违背社会历史规律的认识，在实践中出现这样或那样的失误。评价无产阶级领袖人物，同样应该坚持历史分析方法和阶级分析方法。对于他们的功绩和失误，应放到特定的历史条件下来认识，作出实事求是的评价。

要正确评价无产阶级领袖人物，还必须正确认识领袖与群众、阶级和政党之间的关系。列宁指出："群众是划分为阶级的……，阶级是由政党来领导的；政党通常是由最有威信、最有影响、最有经验的、被选出担任最重要职务而称为领袖的人们所组成的比较稳定的集团来主持的。"① 无产阶级领袖具有以往任何阶级的杰出代表所不可比拟的优秀品质和伟大作用。一方面，群众、阶级、政党必须要有自己的领袖来领导和指挥；另一方面，领袖必须服从人民群众的意志和利益，服从党的组织，保持与广大人民群众的密切联系。无产阶级领袖在历史上发挥作用的大小，取决于他们对历史发展规律的认识程度以及同人民群众的结合程度。无产阶级领袖在发动社会革命、指引社会改革、促进社会进步中作出了巨大贡献，在人民群众中享有崇高的威望，深受群众爱戴。在社会主义新的历史条件下，仍然需要尊敬领袖，发挥领袖的作用。但不能夸大个人的作用，搞个人崇拜。神化领袖，使领袖脱离群众的个人崇拜，不仅损害了领袖的形象，更加损害了社会主义革命的建设事业。

思考题

1. 为什么生产方式是社会历史发展的决定力量？

2. 我国经济体制改革与政治体制改革的哲学理论基础是什么？

3. 马克思认为："火药、指南针、印刷术——这是预告资产阶级社会到来的三大发明。火药把骑士阶级层炸得粉碎，指南针打开了世界市场并建立了殖民地，而印刷术则变成新教工具，总的来说变成科学复兴的手段，变成对精神发展创造必要前提的最强大的杠杆。"（《马克思恩格斯全集》第47卷，人民出版社1979年版，第427页）这段话包含着历史唯物主义的什么原理？对于今天来说，有什么现实意义？

4. 社会革命与社会改革的联系和区别表现在哪些方面？

5. 以人为本与人民群众是历史的创造者是什么关系？

6. "国家兴亡，匹夫有责"的唯物史观基础在哪里？

延伸学习阅读材料 ▶▶

苏南模式的历史演变
——生产力决定生产关系 生产关系反作用于生产力

苏南模式是由著名社会学家费孝通最早提出，指的是在20世纪80年代，苏州、无锡、常州等苏南地区通过发展乡镇企业进行非农化经济发展的方式路径。改革开放刚开始时，为了把生产力从传统计划经济体制束缚下解放出来，苏南地区以创办乡镇企业为发端，以发展商品经济为突破口，开始了农村经济社会发展的全面变革。这场变革冲破了一大二公的计划经济的束缚，通过大力发展商品经济，走农村工业化道路，带来了苏南地区城乡面貌的巨大变化和人民生活的繁荣昌盛，其经验被概括为苏南模式。在苏南模式的各种创新举措中，尤以"三为主、两协调、一共同"为基本特征。"三为主"是以集体所有制为主，乡镇企业为

---

① 《列宁选集》第4卷，人民出版社1995年版，第151页。

主，基层政府行政推动为主；"两协调"是城乡协调，经济与社会协调；"一共同"是以先富带后富，实现共同富裕。

苏南乡镇企业过去长期地坚持以集体为主的所有制结构，无论从其初始兴起时看，还是从其蓬勃发展时看，都是和那时双轨并存的体制条件和市场供求状态相适应的。但随着市场化改革的逐步推进和国内外经济形势的变化，乡镇企业产权制度的缺陷越来越突出，生产关系某些方面的不足再一次成为了生产力发展的障碍。到了90年代后期，苏南模式的困境终于促使素有改革创新传统的苏南乡镇企业以思想的进一步解放，突破了集体为主的所有制限制，放手实施产权制度的大面积改革改制，逐步从乡村经济走向股份制经济，走向现代企业制度，农村工业逐步结束"小、散、乱"的空间布局和结构状态，向城镇、园区集聚，使城乡工业从分块发展逐步走向联动发展。苏南模式新的变革再次带来了苏南地区率先建成全面小康、率先迈向基本现代化的大好局面。

进入21世纪以来，苏南在经济全球化的趋势中重新确立了发展目标和发展路径，开始了苏南模式新的创新。逐步形成了以科学发展观为统领，实现地方政府主导和世界市场调节共同作用，外来经济和本土经济双轮驱动，股份制经济、民营经济、外资经济齐头并进，经济与社会、城市与农村、人与自然协调发展的新局面，初步走上了一条工业新型化、农业都市化、农村城市化、城市现代化、区域生态化的科学发展之路。

——摘自《2007年无锡经济社会报告书》，中央文献出版社2008年版，第349页

第四章

商品经济的基本原理

马克思在其哲学理论的基础上，从商品出发剖析了资本主义社会，继而发现了剩余价值产生的秘密，不仅揭示了资本主义社会为社会主义社会所代替的历史必然性，也揭示了商品经济和社会化大生产的一般规律。这些为我们了解资本主义的历史和现状提供了强大的理论武器，也为中国特色社会主义的建设和发展提供了有益的理论借鉴。

第一节　商品及其内在矛盾

在商品经济条件下，物质资料生产采取的是商品生产的形式，体现在生产和交换中的生产关系是商品经济中最基本的生产关系。同样，商品也是资本主义社会中最大量和最简单的经济细胞，资本主义生产方式就是建立在发达的商品经济基础上的，对商品的分析和解剖有助于我们更好地理解资本主义的内在矛盾。马克思主义政治经济学对资本主义经济制度的分析就是从商品开始，并由此建立了科学的理论体系。

一、商品经济产生的历史条件

商品是用来交换的劳动产品，不是从来就有的，而是社会生产力发展到一定阶段之后，伴随着一定经济条件的出现而产生的，并随着相应经济条件的发展而发展。商品经济是以交换为目的的经济形式，是在自然经济基础上产生的，作为自然经济的对立物发展起来的。

商品经济是人类社会发展到一定历史条件下的产物，其产生有两个历史条件：一是社会分工的出现；二是生产资料和劳动产品属于不同的所有者。

所谓社会分工，对个体而言是指每个人从事各不相同而又相互关联的工作，从社会角度来说就是指社会劳动划分和独立化为不同的部门和行业。在原始社会，由于生产力极低，人们的劳动成果只能维持自身生存所必需的最低限度，几乎没有剩余，因而没有交换，也没有商品生产。到了原始社会后期，原始部落中出现了产品剩余，就出现了偶然的物物交换。原始社会末期之后所出现的三次社会大分工，不仅推动了社会生产力的发展，使产品剩余成为一种普遍现象，而且出现了以交换为目的的生产方式。随着社会分工的产生和发展，形成了专门生产各种不同产品的生产者。各行各业的生产者为了满足自身在生产和生活方面的多种需要，都要求互通有无，以取得对方产品作为生产资料或者消费资料，因而产生了相互交换产品的要求。恩格斯指出："随着生产分为农业和手工业这两大主要部门，便出现了直接以交换为目的的生产，即商品生产"。① 这样，商品经济逐步形成并不断发展。

商品经济产生的另一个重要条件是生产资料和劳动产品属于不同的所有者。社会分工产生后，出现了一个矛盾：即生产的单一性和需求多样化的矛盾。人类到目前为止只发现了两种解决这种矛盾的方式，一是通过等价交换，二是有一个社会中心来统一分配产品。而在私有制下，生产资料和劳动产品归私人占有，若想解决上述矛盾，一个人能得到别人的产品以满足自己的需要，就只有进行交换，用自己所生产的产品来交换自己不生产而又需要的产品。为了维护自身的利益，在相互交换产品时，要求遵循等价交换原则，因而劳动产品便必然采取商品的形式，产品的生产和交换便必然采取商品生产和商品交换的形式，这种形式就是商品经济。

在人类社会的发展历史上，原始社会、奴隶社会和封建社会的生产水平都很低，社会分工极不发达，商品生产都处于从属地位，自然经济是这些社会形态的基本经济形式。这个漫长历史时期的商品生产形态属于以生产资料私有制和个体劳动为基础的商品生产。到了资本主义社会，商品生产就由从属地位上升为统治地位，成为了资本主义经济的一般形式。因此，商品经济的发展可分为两个阶段：简单商品经济和发达商品经济。前者是商品经济的初始形式，是以生产资料的个体私有制和个体劳动为基础，以手工劳动为技术特征的。简单商品经济存在于不同的社会形态中，在原始社会、奴隶社会和封建社会，自然经济占主导地位，商品经济是居于附属地位的经济形式。发展到发达商品经济阶段后，市场成为资源配置的主要手段，价值规律成为支配社会经济发展的基本规律，市场机制成为调节全社会资源配置的基础性机制，由此，发达商品经济又称为市场经济。

商品经济内在具有的强大动力推动了社会生产力的巨大进步。商品生产在不断提高效率创造财富的同时，也在开辟国内市场和国际市场，随着国际分工和国际市场的形成，商品生产已经成为当今世界普遍采用的最有效的经济形式。

二、商品二因素：价值和使用价值

商品是用来交换的能满足人们某种需要的劳动产品。作为商品，首先必须是劳动产品，空气、阳光等非劳动产品尽管是人们生存必不可少的，但由于没有人类劳动耗费在里面，人们无须通过交换就可以随意享用，因此不是商品。而劳动产品又并非一定是商品，只有通过交换进入消费过程的劳动产品才是商品。商品包含使用价值和价值两个因素，是使用价值和价值的矛盾统一体。

（一）使用价值

从商品的含义中我们可以看出，在劳动产品和交换中，交换更为重要，一个商品之所以能够交换成功，其前提是能够满足交换对方的某种需要。商品首先表现为靠自己的有用性来满足人的某种需要的物。使用价值就是物的有用性，即商品能满足人们某种需要的属性或效用。

商品的使用价值是由它的自然属性决定的。不同的商品，由于其自然属性不同，使用价值也不同，有的可以满足人们的生活需要，有的可以满足生产需要，还有的可以满足精神生活的需要。另一方面，同一种商品由于具有多种自然属性，也会具有多种使用价值，人类对

---

① 《马克思恩格斯选集》第 4 卷，人民出版社 1995 年版，第 163 页。

石油资源效用的不断开发就是很好的例子。最初石油只是作为燃料，而现今已经是重要的工业原料，从中我们提炼出了众多的产品满足我们的需要。物品多方面的使用价值，是随着科学技术的发展和人类生产和生活经验的丰富而逐步被发现的。当然，具有使用价值的物品并不都是商品，作为商品的使用价值必须具有社会性，商品的使用价值不是用来满足生产者自身需要的，其有用性必须是针对社会其他成员而言的，是一种社会使用价值，而且必须通过交换让渡给他人才能进入消费，因此商品的使用价值是交换价值的物质承担者。

商品的使用价值，是商品的自然属性，构成了社会财富的物质内容。马克思指出："不论财富的社会形式如何，使用价值总是构成财富的物质的内容。"①。它反映的是人与自然之间的物质关系，不是社会生产关系。某种物品所具有的使用价值，并不随社会生产关系的变化而变化。因此，就使用价值本身来说，它的用途、性质的考察属于商品学的研究对象，而不是政治经济学的研究范围。但是在商品经济中，商品的使用价值同时又是交换价值的物质承担者，所以需要从商品的使用价值和交换价值的对立统一中去揭示商品的内在矛盾及其运动规律。

（二）价值和交换价值

具有使用价值的物品一旦进入市场交换，就具有了交换价值。交换价值首先表现为交换过程中不同商品之间量的比例。"交换价值首先表现为一种使用价值同另一种使用价值相交换的量的关系或比例，这个比例随着时间和地点的不同而不断改变。"② 比如，在古代物物交换的集市上，一只绵羊可以换到不同数量的其他商品，这些一定数量的其他商品就是一只绵羊的不同交换价值，可见，一种商品在与其他多种商品相交换时，会形成不同的数量关系，从而具有多种交换价值。

对于商品生产者来说，总是希望自己商品的交换价值越高越好，那么，商品的交换价值究竟是由什么决定的呢？显然，使用价值决定了商品可以交换，但交换比例不是由使用价值决定的，因为不同的商品其效用是不同的，即不同商品的质是不同的，常识告诉我们不同质的东西是不能比较数量的，只有同质的东西才能在量上加以比较。比如，一件衣服可以换到10斤粮食，御寒的衣物和充饥的食物，谁的使用价值更大呢？能说这件衣服的效用是一斤粮食的10倍吗？所以，我们必须找到不同商品中存在的同质的东西。撇开商品的使用价值属性，就会发现商品还有一个属性，即都是劳动产品，都是人们劳动的成果，生产者在生产产品时都耗费了劳动。可见千差万别的商品后面共同的东西就是无差别的一般人类劳动。把商品的不同使用价值舍去，商品就是无差别的一般人类劳动的凝结。决定商品交换的比例的，不是商品的使用价值，而是价值。价值是凝结在商品中的无差别的人类劳动，即人类脑力和体力的耗费。两种不同的使用价值之所以能够按照一定比例进行交换，就是因为交换双方的商品价值是相等的。

价值是商品的社会属性，体现了商品生产者之间相互交换劳动的社会关系。任何有用物品都具有使用价值，但只有这种有用物品是劳动产品并作为商品时，它才具有价值。而且产品是否具有价值是在交换中体现出来的，价值的大小也只能通过其他商品的数量予以体现。所以，使用价值也是价值的物质承担者。商品的价值是内在、抽象的，只有通过与另一商品

---

① 《马克思恩格斯文集》第5卷，人民出版社2009年版，第49页。

② 《资本论》第1卷，人民出版社2004年版，第49页。

交换才能获得表现。交换价值则是外在、具体的表现形式。因此，价值是交换价值的基础，交换价值是价值的表现形式。

（三）商品是使用价值和价值的统一

商品是使用价值和价值的对立统一体。其统一性表现在：作为商品，必须同时具有使用价值和价值两个因素，二因素共存于商品体中，互为依存、互为条件，缺一不可。价值的存在以使用价值为前提，一种物品如果没有使用价值，就是无用之物，即使人们为它付出了大量的劳动，也不能形成价值，因而不是商品。反之，一种物品尽管具有使用价值，但如果不是劳动产品，由于其中没有劳动的凝结，没有价值，也不是商品。二者的对立性表现在：商品的使用价值和价值是相互排斥的，二者不能同时存在于生产者或消费者手中。要获得商品的价值，就必须放弃商品的使用价值，要得到商品的使用价值，就不能得到商品的价值。商品经济中，对于生产者而言，生产商品并不是为了取得使用价值，而是为了取得价值（即交换别人的劳动）。而要取得商品的价值，就必须将商品的使用价值让渡给商品购买者。同样，商品的购买者要获得商品的使用价值，就必须支付商品的价值。在交换过程中，使用价值和价值进行着相反的运动。任何人不能同时占有商品的二因素，只有通过交换，商品二因素的矛盾才能得到解决。一旦交换失败，使用价值无法转让，价值不能实现，商品生产者就会陷入困境。

三、生产商品的劳动二重性：具体劳动和抽象劳动

商品是劳动创造的。商品作为使用价值和价值的统一体，可以由生产商品的劳动二重性来说明。生产商品的同一劳动可以从具体形态和抽象形态两个方面进行考察，区分为具体劳动和抽象劳动。商品的使用价值和价值是由生产商品的具体劳动和抽象劳动决定的。

（一）具体劳动

具体劳动是指在一定具体形式下进行的劳动，马克思也称之为有用劳动。从劳动的具体形态考察，生产不同商品的劳动在劳动目的、劳动对象、劳动方法、劳动工具、劳动成果上各不相同。这是商品生产者劳动的一个方面。

具体劳动创造商品的使用价值。现实生活中，使用价值的丰富形态除了其构成的物质要素各有其特殊的自然属性之外，还因为生产它们的劳动各有特殊的具体形式。各种不同的具体劳动生产不同的使用价值，具体劳动的多样性即表现为社会分工。各种不同的使用价值是具体劳动和生产资料这两种要素的结合。马克思指出："劳动并不是它所生产的使用价值即物质财富的唯一源泉。正像威廉·配第所说，劳动是财富之父，土地是财富之母。"[①] 具体劳动反映了人与自然之间的关系，与社会形态无关。具体劳动的种类和形式随着社会生产力的发展、科学技术的进步和人们需要的改变相应地发生变化，从而社会分工也不断深化。

（二）抽象劳动

抽象劳动是指撇开一切具体形式的、无差别的一般人类劳动。从劳动的抽象形态考察，所有劳动都是人的脑力和体力的支出，不管是什么行业的商品生产者，在劳动过程中，都要消耗自己的脑力和体力。这是商品生产者劳动的另一个方面。

不同商品生产者的抽象劳动是同质的，形成商品的价值。生产任何一种商品，都必须耗

① 《马克思恩格斯文集》第 5 卷，人民出版社 2009 年版，第 56 – 67 页。

费一定量的人类劳动。人类劳动的质的同一性，决定了抽象劳动在商品交换中进行量上比较的可能性。作为价值实体的抽象劳动凝结在商品内，只有在商品交换中才能体现出来，并且只有在交换价值上才能得到独立的体现。所以，抽象劳动体现商品生产者之间相互交换劳动的社会关系，是商品经济特有的范畴。

（三）劳动二重性的对立统一关系

具体劳动和抽象劳动是对立统一的。一方面，二者是统一的。生产者在从事具体劳动的同时，也就支出了抽象劳动。二者是生产商品的同一劳动不可分割的两个方面，不是两次劳动，更不是两种劳动。无论在时间上还是空间上，都是不可分的。另一方面，二者又是有差别和矛盾的。它们的性质各不相同，具体劳动是从劳动的具体形式这一角度考察的，而抽象劳动则是抽掉了劳动的具体形式，单纯从劳动是人们的体力和脑力支出这一角度考察的。具体劳动所反映的是人与自然的关系，是劳动的自然属性；抽象劳动所反映的是商品生产者的社会关系，体现了劳动的社会属性。

劳动二重性决定了商品的二因素。性质不同的具体劳动生产出性质不同的使用价值；性质相同的抽象劳动形成性质相同的价值。

劳动二重性学说是马克思首先揭示并进行论证的，是马克思对政治经济学理论的重大贡献，也是"理解政治经济学的枢纽"[1]。在此基础上揭示了剩余价值的真正来源。同时，为资本有机构成理论、资本积累理论、资本主义再生产理论等奠定了基础，从而建立了马克思主义政治经济学的科学体系。而马克思以前的资产阶级古典经济学家虽然最早提出了劳动价值理论，但由于他们没有把创造使用价值和价值的劳动区别开来，从而无法科学地说明使用价值和价值的关系，也就无法科学地说明剩余价值的真正源泉。

四、商品的价值量

商品的价值不仅有质的规定性，还有量的规定性。价值的质的规定回答的是价值的实体是什么，而价值的量的规定则回答价值的大小由什么决定和怎样决定。商品的价值是由劳动创造的，所以价值量是由生产商品所耗费的劳动量决定的。而劳动量是用劳动时间来计量的，从而，价值量也就由一定的劳动时间决定。

（一）社会必要劳动时间

现实生活中，同一种商品有众多的生产者，由于各种条件的差异，在单位商品上所花费的劳动时间也是不同的。既然价值是商品的社会属性，价值量是社会所共同承认的包含在商品中的一般人类劳动量，那么商品的价值量就不可能是由生产者各自的个别劳动时间决定，一定有一个社会的标准，这就是社会必要劳动时间。所谓"社会必要劳动时间是在现有的社会正常的生产条件下，在社会平均的劳动熟练程度和劳动强度下制造某种使用价值所需要的劳动时间。"[2] 在这里，社会正常的生产条件是指的同一部门中多数生产者的生产条件，主要是劳动工具，它不是过去和将来的，而是现有的。平均的劳动熟练程度和劳动强度也是指的大多数生产者所具有的。因此，不是商品生产者生产商品的时间越长其商品的价值量就越大，商品的价值量不是由个别劳动时间决定的。每个生产者都面临着其个别劳动时间和社

---

① 《马克思恩格斯文集》第 5 卷，人民出版社 2009 年版，第 55 页。
② 《马克思恩格斯文集》第 5 卷，人民出版社 2009 年版，第 52 页。

会必要劳动时间的矛盾，无论其个别劳动时间长短如何，在交换商品时的价值量都以社会必要劳动时间为基础来衡量，所以每个商品生产者必须尽可能地使个别劳动时间不长于社会必要劳动时间，从而在市场竞争中处于有利地位。当然，社会必要劳动时间是在商品生产者背后通过市场上无数次交换而逐渐形成的。

（二）价值量与劳动生产率

决定商品价值量的社会必要劳动时间，是随着劳动生产率的变化而变化的。劳动生产率指的是劳动者在一定时间内生产使用价值的能力。它的高低可用单位时间内生产的产品数量来表示；也可用单位产品中所耗费的劳动时间来表示。用公式表示为：

$$劳动生产率 = 产品量/劳动时间$$
$$劳动生产率 = 劳动时间/产品量$$

影响劳动生产率的因素有很多，主要有：劳动者的平均熟练程度，科学技术的发展程度及其在生产中的应用，生产过程的社会结合形式，生产资料的规模和效能以及自然条件等。

劳动生产率是具体劳动的生产率。劳动生产率越高，单位时间内生产的商品数量越多，生产单位商品所需要的社会必要劳动时间就越少，单位商品的价值量就越小，反之，就越大。所以，商品的价值量与生产商品所耗费的劳动时间成正比，与劳动生产率成反比。

必须指出的是，一般而言，讲到价值量是指的单位商品的价值量。同一劳动时间内所创造的价值量是不变的，但由于这一时间内生产的使用价值的数量增加了，因此分摊到单位商品上的价值量就减少了。还有，就个别生产者来说，其生产率提高后并不会降低商品的价值量，因为商品的价值量是由社会共同决定的，但是个别生产者生产率高于社会平均水平的话，其商品的个别价值就会体现为更多的社会价值。当然，从长远趋势来看，每个生产者的生产率都提高的话，最终社会生产率也会提高，商品的价值量就会逐步降低。

（三）简单劳动与复杂劳动

衡量价值量的社会必要劳动时间尺度只能在同类生产者之间进行，不同商品之间比较和计量商品价值还必须区分简单劳动和复杂劳动。

简单劳动是指不需要经过训练和学习，一般劳动者都能从事的劳动。复杂劳动是指需要经过专门训练和培养，具有一定文化知识和技术专长的劳动者所从事的劳动。

形成商品价值的劳动，是以简单劳动为尺度的。不同复杂程度的劳动在同一时间内创造的价值是不相同的，复杂劳动在同一时间内创造的价值量可以多倍于简单劳动，即复杂劳动是简单劳动的倍加。"比较复杂的劳动只是自乘的或不如说多倍的简单劳动，因此，少量的复杂劳动等于多量的简单劳动"①。

在商品经济条件下，复杂劳动转化为简单劳动的比例，不是商品生产者自觉计算出来的，而是在商品交换过程中自发形成的。简单劳动和复杂劳动的区别主要是由社会分工和科技发展水平决定的。随着科学技术的发展和文化教育水平的提高，劳动者技能的普遍提升，过去的复杂劳动可能变成现在的简单劳动，现在的复杂劳动可能是未来的简单劳动。二者的区别是会因时、因地而变化，它们的衡量标准也是相对的。简单劳动和复杂劳动在价值形成上的这种差别反映到劳动者的收入上就必然会表现为复杂劳动的报酬要比简单劳动的报酬高。

---

① 《马克思恩格斯文集》第 5 卷，人民出版社 2009 年版，第 58 页。

五、商品经济的基本矛盾：私人劳动和社会劳动

商品的使用价值和价值的矛盾、具体劳动和抽象劳动的矛盾、个别劳动时间和社会必要劳动时间的矛盾，根源于私人劳动和社会劳动的矛盾。私人劳动和社会劳动的矛盾是商品经济的基本矛盾，这一矛盾贯穿于商品经济发展过程的始终，决定着商品经济的各种内在矛盾及其发展趋势。

在商品经济中，商品生产者的劳动还具有两方面的属性；既是具有私人性质的私人劳动，又是具有社会性质的社会劳动。由于生产资料归不同生产者所有，每个生产者都独立地进行商品生产活动，生产过程是生产者自己的私人事情，任何人不能干涉，劳动产品也归生产者自己占有和支配。因此，生产商品的劳动具有私人性，表现为私人劳动。同时，在社会分工条件下，每个商品生产者在社会分工体系中从事的是某一种商品的生产，商品生产者之间相互联系、相互依赖，每个人都是在为社会生产，每个商品生产的劳动都是社会总劳动的一部分，彼此交换所生产的商品。因此，生产商品的劳动又具有社会性，表现为社会劳动。

在商品经济条件下，每个生产者的劳动本身是私人劳动，但必须转化为社会劳动，被社会所承认，否则，其产品就不能转化为商品，在市场竞争中就会被淘汰。对于商品生产者来说，商品进入市场并被市场所接受，具有决定性的意义。因为这使得其私人劳动获得了社会承认，成为社会劳动的一个部分。如果私人劳动的产品，全部或者部分不被市场所接受，那么商品生产者的劳动就不能或不能全部为社会所承认，使用价值不能让渡，私人劳动就无法转化为社会劳动。一旦这种情况出现，再生产过程就无法继续进行，商品生产者会因此而破产。

私人劳动和社会劳动的矛盾存在于商品经济发展的一切阶段。私人性上升为社会性，二者矛盾解决，意味着商品生产者的产品被市场接受，交换能够成功。而交换的成功，正是商品中其他矛盾解决的关键，因此私人劳动和社会劳动的矛盾是商品各种内在矛盾的根源，决定着商品经济的本质及其发展过程，决定着商品生产者的命运，是商品经济的基本矛盾。在资本主义制度下，私人劳动和社会劳动的矛盾进一步发展成为资本主义的基本矛盾，即生产资料的私人占有和生产社会化之间的矛盾，这是资本主义一切矛盾的总根源。

第二节　货币及其职能

商品是个历史范畴，随着商品交换的发展，商品的价值形式也经历了一系列的变化，最终出现了货币形式。货币也是个历史范畴，它的产生是商品生产发展的必然结果，是商品经济内在矛盾发展的产物。货币本质上是充当一般等价物的特殊商品，其一旦产生后在人类社会经济中发挥了巨大的作用，在分析了商品内在矛盾之后，有必要进一步分析货币的起源、本质和职能等问题。

一、货币的起源和本质

在商品的二因素中，使用价值是自然属性，通过商品的自然形式表现出来。而价值作为社会属性，只能通过交换价值，也就是一定量的其他商品来表现，这就是价值的表现形式，

即价值形式。商品价值形式的发展经历了简单的或偶然的价值形式、总和的或扩大的价值形式、一般价值形式和货币形式四个阶段。

（一）简单的或偶然的价值形式

简单的或偶然的价值形式是指一种商品的价值偶然地表现在另一种商品上。它产生于原始社会末期部落之间偶然进行的剩余产品的交换。用公式表示：

$$1 只绵羊 = 2 把斧子$$

显然，此时的交换所体现的是一种简单、个别、偶然的价值形式。说它简单，是因为只是某一种产品与另一种产品的交换，交换形式非常单一。说它个别，绵羊只与斧子交换，绵羊不能交换别的产品，斧子也不能交换别的产品，这种交换是唯一的，因而也就只能是偶然发生的。这个阶段生产的目的并不是为了交换，并不存在以交换为目的的商品生产。严格意义上说，此时的产品只是进入了交换之后才具有了商品性，生产者并不是将其作为商品来生产的，发生的只是产品交换，不是真正的商品交换，虽然已经具有了商品交换的形式。

这种价值形式表面上简单，其中隐藏着一切价值形式的秘密，包含了一切价值形式的本质规定。公式中等式两端的商品处于不同的地位，起着不同的作用。等式左边的绵羊处于相对价值的形式上，它处于价值被表现的地位，其价值通过等式右边的斧子相对地表现出来；等式右边的斧子处于等价形式，它用自己作为价值的表现材料，体现等式左边绵羊的价值量，起着等价物的作用。

一切价值形式都是由相对价值形式和等价形式这两个既对立又统一的方面构成的。相对价值形式和等价形式是价值的两极，二者相互依存，互为条件。两种产品之所以能够按照一定比例进行交换，是因为它们凝结了抽象劳动这种共同的价值内容，因此，这种交换本质上体现一种价值关系。没有等价形式就没有相对价值形式，绵羊离开了斧子就不能表现自己的价值。同样，没有相对价值形式也就无所谓等价形式，斧子离开了绵羊就不能成为表现价值的材料。它们又是相互对立、相互排斥的，同一种商品在同一个价值表现中，不能同时处于相对价值形式和等价形式上，只能居于其中一极。

从相对价值形式的特点看，首先，绵羊之所以能同斧子交换，是因为绵羊本身具有使用价值。其次，之所以能够换2把斧子，是因为绵羊是劳动的产物，具有一定的价值量。绵羊的价值及其数量只能在与斧子的交换中才能体现出来，而且这种对社会必要劳动时间的表现是相对的表现。等式两边商品的价值量不是固定不变的，无论哪一方的价值量发生变化，二者的交换比例也就是绵羊的交换价值都会发生变化。这表明一种商品的内在价值量，在与另一种商品的交换中只是得到相对的表现，而不是绝对的表现。进一步分析的话，可以发现相对价值形式和等价形式上的两种商品交换比例的变化规律中已经隐含着货币出现之后价格的变化规律。

从等价形式的特点看，斧子之所以能和绵羊交换，也是因为它有使用价值。但是在与绵羊的交换关系中，斧子只是作为等价物来发生作用的。等价形式有三个特点：第一，使用价值成为价值的表现形式。处于等价形式上的斧子用它的自然形态把绵羊的内在价值表现为外在的、看得见摸得着的物，而且把绵羊的价值量也明确表现了出来。第二，具体劳动成为抽象劳动的表现形式。斧子本身是具体劳动的产物，但由于处在等价形式上，交换时成为表现绵羊价值的物品，生产斧子的具体劳动也就成为抽象劳动的表现形式。第三，私人劳动成为社会劳动的表现形式。斧子本身是私人劳动的产物，在和绵羊交换时，斧子就作为直接的社会劳动的产物发生作用，生产斧子的私人劳动在与它相交换的绵羊面前直接就是社会劳动的化身。

上述分析表明，在商品的价值形式中，隐含在商品中的价值和使用价值的内部对立，通过外部对立即两个商品的交换关系表现出来。

简单的价值形式存在于偶然的交换中，由于交换具有偶然性，简单价值形式在价值的表现上，无论是质的方面还是量的方面都是很不充分的。从质的角度考察，两种商品之间的偶然交换，没有把价值作为无差别的人类劳动凝结这一质的同一性充分表现出来；从量的角度分析，商品交换的偶然性说明商品交换的比例也具有偶然性，商品交换的比例受价值量调节的客观规律性也未充分表现出来。随着社会生产力的发展和第一次社会大分工的出现，剩余产品增加了，商品交换的种类和范围都得到了扩展，逐渐地，一种商品可以同多种产品交换了。这时交换已不是偶然的行为而是比较经常的行为了，于是简单的偶然的价值形式便发展为总和的或扩大的价值形式。

（二）总和的或扩大的价值形式

总和的或扩大的价值形式，是指一种商品的价值表现在一系列商品上。用公式表示：

$$1\text{只绵羊}\begin{cases}=2\text{把斧子}\\=30\text{斤粮食}\\=5\text{匹布}\\=1\text{克黄金}\\=\text{一定量其他商品}\end{cases}$$

在总和的或扩大的价值形式中，绵羊的价值已经不是偶然地表现在另一种商品上，而是经常地表现在一系列商品上。等价形式已经不是一种商品，而是一系列商品。从质上看，处于相对价值形式的商品，其价值表现在众多的商品上，表明生产该商品的劳动与生产其他商品的劳动是同质的。这样，商品的价值就能够比较充分地表现为无差别的人类劳动的凝结。从量上看，偶然性也消除了，各种商品交换的比例和它们所包含的劳动量的比例也比较接近，商品的价值量也得到了更为充分的表现。

相比简单的或偶然的价值形式，总和的或扩大的价值形式的价值表现更为充分，范围也更广，促进了商品交换的发展，推进了社会分工。对于生产者而言，交换不再是偶然的、可有可无的，商品生产开始出现，交换变得重要了，但同时交换也变得更为困难了。扩大的价值形式存在着自身难以克服的缺陷和矛盾，这就是商品价值量的表现缺乏一个共同的标准，这种情况在实践中会给交换带来困难。商品交换要求交易双方以需求的双重耦合为前提，而在实际交换中并不能经常实现。在商品交换的发展进程中，人们找到了解决上述交换困难的方法，这就是一般价值形式。

（三）一般价值形式

一般价值形式就是一切商品的价值都表现在某一种商品上，这种商品就具有了一般等价物的地位。用公式表示：

$$\left.\begin{array}{l}2\text{把斧子}=\\30\text{斤粮食}=\\5\text{匹布}=\\1\text{克黄金}=\\\text{一定量其他商品}=\end{array}\right\}1\text{只绵羊}$$

一般价值形式的出现，是价值形式发展的一个重要阶段。从公式上看，一般价值形式和扩大的价值形式正好左右颠倒，但含义完全不同。在一般价值形式中，一切商品的价值都通过一种商品来表现，商品价值的表现是统一的，表明价值形式发生了质的飞跃。商品的交换方式已经由物物交换转变为以一般等价物为媒介的商品交换。商品生产者只要把自己的产品换成一般等价物，他的劳动就得到了社会的承认，就可以用一般等价物来换取所需要的任何商品。实际上，充当一般等价物的商品已经在一定程度上已经起到了货币的作用。

一般价值形式也有它的缺点：在人类历史上，牲畜、贝壳、兽皮等许多商品都充当过一般等价物，不同民族、不同地区在不同时期充当一般等价物的商品往往不同，一般等价物并没有完全地由某一种商品来充当，致使交换的扩大和延续发生了诸多的不便。随着交换的发展，在一般等价物的选择上，人类找到了一种特殊的商品来固定地充当一般等价物，一旦某种商品充当一般等价物的地位稳定后，就出现了货币形式。

（四）货币形式

货币形式，指当一种商品固定地充当一般等价物的地位时的价值形式，这种商品就是货币。货币形式是一般价值形式的进一步发展，是价值形式的完成形态。用公式表示：

$$\left.\begin{array}{r} 2\ 把斧子 = \\ 30\ 斤粮食 = \\ 5\ 匹布 = \\ 1\ 只绵羊 = \\ 一定量其他商品 = \end{array}\right\} 1\ 克黄金$$

货币形式和一般价值形式并没用本质区别，等价形式都是一种商品，唯一不同在于一般等价物固定在金银等贵金属商品上。

随着社会生产力和商品经济的发展，尤其是第二次社会大分工的出现，真正意义上的以交换为目的的商品生产产生了。商品生产的出现，进一步推动了商品交换，进入交换的产品范围和地区范围都大大扩展了，商品交换在人类经济生活中的地位越来越重要，这就要求发挥一般等价物作用的商品具有通用性和稳定性。于是，一般等价物最终固定在某种商品上，这种商品就成为货币。

可见，货币出现的根本原因是为了解决商品交换中的矛盾，是商品生产发展到一定阶段的自然结果，并不是人类的发明或是协商的产物。而贵金属中的黄金和白银的自然属性最适合充当货币材料，使得金银在很长的历史时期内充当了真正意义上的货币。金银充当货币材料的自然属性有：第一，体积小、价值大，便于携带；第二，不易变质，便于长期保存和收藏；第三，硬度小，质地均匀，适合分割和合并。所以，马克思说："金银天然不是货币，货币天然是金银。"①

货币的出现有利于解决交换扩大中的矛盾，促进了商品经济的发展。同时，使得商品世界分裂为对立的两极：一极是各种各样的具体商品，它们分别代表不同的使用价值；一极是单一的货币，只代表价值，作为所有商品价值的化身存在。这样就使商品内在的使用价值和价值的矛盾发展成为外在的商品和货币的矛盾。若商品生产者在市场上交换成功，把商品转换成货币，商品的内在矛盾就得到了解决，价值实现了，个别劳动也就得到了社会的承认。

---

① 《马克思恩格斯文集》第 5 卷，人民出版社 2009 年版，第 108 页。

反之，商品的内在矛盾就不能得到解决，商品生产者的生产就不可能继续。因此，货币的出现并没有也不可能解决商品经济的基本矛盾，即私人劳动和社会劳动的矛盾，只不过是使矛盾取得了新的表现形式，甚至反而使矛盾更加扩大和加深了。所以，马克思把商品转换成货币，称为"商品的惊险的跳跃"，"这个跳跃如果不成功，摔坏的不是商品，但一定是商品占有者"。[①]

通过以上对价值形式发展的分析，我们不仅了解了货币的起源和产生的真正原因，也看出了货币的本质：货币是在商品交换过程中从商品世界中游离出来的固定地充当一般等价物的特殊商品，体现了商品生产者之间的社会生产关系。货币产生后，由于其是一般等价物，具有与所有商品相交换的能力，因而也成为了社会财富的一般代表。

二、货币的职能

货币的本质是通过它的职能来实现的，而货币的职能又是由货币的本质决定的，并随着商品经济的发展而不断发展变化着。在发达的商品经济中，货币具有价值尺度、流能手段、贮藏手段、支付手段和世界货币五种职能。其中价值尺度和流通手段是基本职能，货币首先是作为这两个职能的统一而出现并发挥作用的。

（一）价值尺度

价值尺度是货币的首要职能，是指以货币为尺度表现、衡量所有商品的价值量。货币之所以能够起到价值尺度的作用，是因为货币本身也有价值，凝结着一般人类劳动。正如砝码可以称重，是因为砝码自身也有重量。

货币执行价值尺度的职能后，商品价值就表现为价格。所谓价格，就是价值的货币表现，即用货币数量来表现商品价值的大小。商品价值是价格的基础，价格是商品价值的货币表现。商品价格是商品价值和货币价值的比率，与商品自身的价值变化成正比，与货币价值成反比。

货币执行价值尺度的职能时，只是表现价值，不是实现价值，因而只需想象的或观念上的货币，无需现实的货币。

货币本身的计量单位及其等分，称为价格标准。为了能够衡量各种商品的价值量，也为了交换的方便，必须确定货币本身的计量单位，在技术上把某一标准固定下来作为货币单位，并把这一单位再划分为若干等分。最初的价格标准就是货币的重量单位。比如，中国古代货币的计量单位是"两"，英国的是英镑，都是重量单位。后来，货币制度逐渐演化，国际贸易中各国的货币相互流通，出现了价格标准上的不一致。于是，价格标准和货币的实际重量逐渐分离开来，货币单位的名称脱离了重量单位。比如，我国的货币单位由"圆"取代了"两"，规定每枚银圆重 7.2 钱，成色为 9 成，含银 6.48 钱。"圆"下面又分成"角、分、厘、毫"。因此，价格标准不是货币本身独立的职能，而是为执行价值尺度人为的技术规定。有了价格标准后，价值尺度的执行上就更方便了。

价格既然是商品价值的货币表现，它的变化就会受到商品和货币两个方面价值变化的影响。所以，价格的高低既取决于商品价值的变化，又取决于货币价值的变动。商品价格与商品价值成正比，与货币价值成反比。显然，某种程度上说，货币价值的变动比商品价值的变

---

① 《马克思恩格斯文集》第 5 卷，人民出版社 2009 年版，第 127 页。

动更重要，商品价值的变化只会影响自身的价格，而货币价值的变化会影响到所有商品的价格。

现实生活中，商品的价格与价值可能发生背离，这反映了价格形式本身包含的矛盾。首先，商品价值量不变而货币价值量发生变化，可能导致商品的价格偏离价值。其次，市场供求关系也会使价格发生波动，导致价格偏离价值。再次，价格与价值在质上也可能偏离，没有价值的物品可能进入交换，有了价格，具有商品的形式。"价格可以完全不是价值的表现"，"没有价值的东西在形式上可以具有价格"①。比如未开垦的土地、名誉、良心等。不是人们劳动的成果，没有价值，但也可以出卖，这时的价格就不再是商品价值的货币表现。这种现象值得我们进一步研究。

（二）流通手段

流通手段，指的是货币在商品交换中起媒介作用。这种作用也是商品交换中要求货币存在的最重要的因素。这时，货币不能只是想象上或是观念上的，必须是现实的货币，作为等价物支付给对方。

流通手段的出现，使商品的直接物物交换，发展成为商品流通。商品流通就是以货币为媒介的商品交换。货币的中介作用使得商品买卖分开为两个相互联系又互相分离的过程，价值首先由商品形态转化为货币形态，再由货币形态转化为商品形态。用公式表示就是：W—G—W（W 代表商品，G 代表货币）。商品流通打破了物物交换在时间和空间上的限制，促进了商品经济的发展，同时又加深了商品经济的内在矛盾。

流通手段的存在，改变了商品交换的形式。货币出现之前，商品的买和卖就是同一个过程，二者在时间和空间上是同一的，买就是卖，卖就是买。发展到商品流通后，这种一致性被打破了，买卖过程分离为两个不同的阶段和环节。现实中，有的生产者卖了商品持有货币后，可能不马上买商品，或是在本地卖了商品后，持有货币到外地去买。这就隐含了商品流通中断、发生经济危机的可能性。马克思指出：买和卖的对立"包含着危机的可能性，但仅仅是可能性。这种可能性要发展为现实，必须有整整一系列的关系，从简单商品流通的观点看，这些关系还根本不存在"②。商品流通发展到现代大生产和市场经济阶段后，这种可能性就有了现实性。现实中，有许多生产者就是因为商品卖不出去而出现亏损甚至破产的现象。可见，商品流通中，商品的出卖即 W—G 的实现对于商品所有者来说具有决定性的意义。

在商品流通中，商品被出卖之后就进入了消费领域而退出了流通。货币则不然，它不断地作为购买手段实现商品的价值，在买者和卖者手中转移，始终在流通领域中不断重复地运动，构成了货币流通。商品流通是货币流通的基础，货币流通则是商品流通的表现和结果。

货币在执行流通手段时，流通中的货币需要量不是任意规定的，有其内在规律。货币流通是为商品流通服务的，货币流通规律的基本要求是，流通中的货币量必须满足商品流通的需要，所以货币流通规律即货币流通同商品流通相适应的规律。

货币流通规律，就是指一定时期内流通中所需要的货币量的规律。"流通手段量决定于

---

① 《马克思恩格斯文集》第 5 卷，人民出版社 2009 年版，第 123 页。
② 《马克思恩格斯文集》第 5 卷，人民出版社 2009 年版，第 135 - 136 页。

流通商品的价格总额和货币流通的平均速度这一规律"①。可见，货币需要量取决于三个因素：待售商品数量，商品的价格水平，货币流通速度。商品价格总额由流通中商品数量和商品价格水平两个因素决定。市场上待售的商品越多，价格越高，流通所需要的货币量就越多，反之，则越少。货币流通速度是指一定时间内同一货币单位的平均周转次数。货币流通速度越快，媒介同量商品所需的货币量就越少，反之，则越多。货币流通量规律可以用以下公式表示：

$$货币需要量 = \frac{商品价格总额（待售商品总量 \times 商品价格）}{同一货币单位的流通速度（次数）}$$

显然，一定时期内流通中所需要的货币量，同商品的价格总额成正比例，同货币流通速度成反比例。

必须指出的是，马克思这里分析的对货币的需求量仅仅包括流通手段而已，而且是金属货币的流通规律。

随着货币形式的发展，纸币代替足值的金属货币逐步出现了。纸币是由国家发行并强制流通的价值符号，是不足值货币，其所代表的价值远远大于其自身的价值。纸币流通规律是以金属货币流通规律为基础的，"纸币流通的特殊规律只能从纸币是金的代表这种关系中产生。这一规律简单来说就是：纸币的发行限于它象征地代表的金（或银）的实际流通的数量"②。就是说，纸币的流通总量必须以流通中所需要的金属货币量为基础，与它所代表的金属货币流通量大致相等。可用以下公式表示：

$$单位纸币所代表的金属货币量 = \frac{流通中所必要的金属货币量}{流通中的纸币总额}$$

纸币与金属货币不同，不具有储藏手段职能，市场不具备对货币量的自我调节能力。纸币所代表的价值同它的发行数量成反比。纸币发行的原则是纸币发行量必须限于流通中所需要的金属货币量。如果纸币发行量与流通中所需要的金属货币量相等，则单位纸币就能代表单位金属货币。如果纸币发行量超过了流通中所需要的金属货币量，那么单位纸币所代表的金属货币量减少，表明纸币供给量大于纸币需求量，纸币贬值，商品价格就会普遍上涨，从而出现通货膨胀。如果纸币发行量小于流通中所需要的金属货币量，则单位纸币代表的金属货币量增加，纸币供给量小于纸币需求量，纸币就会升值，商品价格就会下降，从而出现通货紧缩。因此，通货膨胀和通货紧缩都是与货币相关的经济现象。

（三）储藏手段

储藏手段，是指货币退出流通领域作为独立的价值形态和社会财富的一般代表而被保存起来。货币之所以具有这种职能，是因为金属货币本身有价值，而且是一般等价物，是财富的化身和象征。

货币的储藏手段职能是由商品经济的发展而产生的，商品流通的不断扩展使得货币直接转化成任何商品的权力不断增强，商品拜物教就演化成了货币拜物教，越发促使人们尽可能地储藏货币。

在金属货币条件下，由于货币自身是足值的，货币的储藏手段能够自发调节货币流通

① 《马克思恩格斯文集》第 5 卷，人民出版社 2009 年版，第 145 页。
② 《马克思恩格斯文集》第 5 卷，人民出版社 2009 年版，第 150 页。

量。当流通中的货币过多的时候，多余的货币会暂时退出流通，成为财富的代表储藏起来；相反，当流通中货币不足的时候，储藏的货币就会回流到流通之中。因此，货币的储藏手段使得货币具有调节货币流通量的"蓄水池"的作用。

充当储藏手段的货币，不能是观念上的，也不能是作为价值符号的纸币，必须是足值的金属货币。纸币制度下，纸币本身几乎没有价值，其购买力是由其发行量决定的，若纸币发行量过大导致纸币贬值，纸币不仅不能储藏，反而会充斥于市场。所以，货币的储藏手段职能在纸币制度下被大大弱化了。

（四）支付手段

支付手段，是指货币用来清偿债务或支付赋税、租金、工资、利息等的职能。货币的支付手段起源于商业信用中的赊购赊销。在商品生产中，由于各种原因逐渐出现了卖方先交货、买方后付款的信用交易方式，商品让渡和货款支付在时间和空间上都分离了。当买方履行承诺支付货款的时候，商品交易已经完成，此时，货币实际行使的是支付手段的职能，是货币的单方面的转移。支付手段的职能最初只是发生在商业信用中，后来逐步扩大到商品流通之外。现代社会中，更是被不断地强化。

货币作为支付手段发挥作用，必须具有一定条件：第一，货币的购买力必须稳定。若货币存在贬值趋势的话，卖方往往就不愿赊销商品了，支付手段的作用程度就会受到限制。第二，买方一般应支付利息。赊销行为中实际上是买方为卖方提供了一定的资金，是融资行为，买方作为债务人必须承担一定的利息。否则，支付手段难以充分发挥作用。第三，确保到期偿还债务。若买方缺乏偿还债务的能力或不守信用而违约的话，支付手段的职能也就难以发挥了。

货币的支付手段出现后，流通中的货币需要量也发生了变化。因为在一定时期内，商品交换的规模和货币支付量会发生一定程度的不一致。因此，人们把握货币流通规律就更困难了。用公式表示：

$$货币需要量 = \frac{\dfrac{待售商品}{价格总额} - \dfrac{赊销商品}{价格总额} + \dfrac{到期支付}{总额} - \dfrac{相互抵消的}{支付总额}}{单位货币的流通速度（次数）}$$

货币支付手段的产生，一方面促进了商品经济的发展，因为解决了部分生产者暂时缺乏货币的困难，而且有些债务可以相互抵消，节约了流通中所需要的货币量，使商品的实际交易在一定时期内突破了货币数量的局限；另一方面，又扩大了商品经济的内在矛盾，这是因为随着支付关系的发展，商品生产者之间可能形成一长串的债权债务链。如果链条上某一环节的债务人不能如期偿还债务，就会产生连锁反应，支付链条就有可能中断，整个债权债务关系就会陷入混乱，出现支付危机，导致商品生产无法顺利进行。"这种矛盾在生产危机和商业危机中称为货币危机的那一时刻暴露得特别明显。"① 所以，货币支付手段的出现使得流通手段中隐含危机的可能性扩大了。

（五）世界货币

世界货币，指的是一国货币越出国界在世界市场上发挥一般等价物的职能。世界货币的职能是在前几个职能的基础上发展起来的，是国际贸易发展的结果，表现为货币的国内职能

---

① 《马克思恩格斯文集》第5卷，人民出版社2009年版，第161-162页。

在国际范围的延伸。

作为世界货币，在国际范围中其首要职能是充当支付手段，即用来支付国际收支的差额，平衡国际贸易。其次，在世界市场上也可以作为购买手段，用于从国外购买商品和劳务。最后，还可以作为社会财富的代表，在国与国之间转移，如对他国的援助、支付战争赔款、向外国借款以及转移财产等。

货币执行世界货币职能时，必须以足值的金银充当。第二次世界大战后，贵金属先后退出了各国货币领域，各国先后放弃了金本位，不再规定本国货币和黄金挂钩。国际贸易的差额也不再用黄金支付，而是按照协议商定的硬通货支付。美元、欧元、日元等货币在一定范围和一定程度上起着世界货币的作用。与金本位时代的国际货币制度相比，信用货币制度下的国际货币体系极不稳定。主要货币之间的兑换比例随着各国经济实力的消长、国际资本的流动、国际货币市场短期供求变化而不断波动，给世界经济带来了诸多困扰，妨碍了世界经济的平稳发展。

总的来说，货币的五个职能从不同方面反映和实现了货币作为一般等价物的本质。五个职能之间存在着有机联系，价值尺度和流通手段是货币的基本职能，是随着一般价值形式转变为货币形式时同时形成的，在此基础上又陆续出现了储藏手段、支付手段和世界货币等派生职能。货币的五种职能是随着商品经济的发展而逐步出现的，它们反映着商品经济发展的不同阶段。

三、货币形式的发展

货币出现后，在形式上先后出现了金属货币、代用货币和信用货币三种形式，三种形式归属于两种货币制度，即金属货币制度和信用货币制度。

（一）金属货币

金属货币，也是货币最初的形式，是用贵金属充当货币材料。金属货币显然是足值货币，即其所代表的价值和自身价值是相等的。

货币产生后，最初是以生产出来的自然形态也就是条块的形式，每次交换都要查成色、称重量，很不方便。为了交换的方便，人们便将金银铸成具有一定重量、成色和标记的铸币。最早的铸币是私人铸币，但受到私人信用的局限，流通中有很多限制。之后发展到由国家铸造，以国家信用为担保，按一定的成色和重量把自然条块金属货币铸成一定形状，即由国家的印记证明其重量和成色的金属货币。例如，我国早在周代就已经出现了铜铸币，主要有三种形制："布"，即铲形农具的缩影；"刀"，为刀的缩影；铜贝。

在铸币流通阶段，为解决交易额小于铸币面值的情况，还出现了用耐磨损的价值量较小的贱金属铸造的不足值货币，以满足小额或零星交易的需要。这种货币即为辅币。

金属货币进一步发展后，还出现了代用货币的形式。最早的代用货币是金匠铺发出的作为黄金保管的金匠券，之后出现的比较普遍的形式则是银行券。从货币的流通手段和支付手段职能看，商品转化为货币或是货币用于支付只是转瞬即逝的过程，只要货币能够继续执行职能，货币本身是否具有足量的价值并不重要，重要的是其所代表的价值量是否被普遍认同。在现实流通中，被多次使用已经发生磨损的金属铸币和全新的铸币在媒介交换上的能力并没有不同。因此，货币不断被转手的过程中，单有货币的象征就足够了。而且银行券的发行者承诺持有人随时可以向发行银行兑换相应的金属货币。由于银行券的可兑换性和银行信用的保证，使得其在流通中被人们普遍接受，发挥了货币的职能。

银行券虽然是采用纸质的形式，但由于其背后有黄金做支撑，实质上还是金属货币制度。最初，银行券一般银行都可发行，19世纪后逐步集中到中央银行手中。第一次世界大战后，资本主义国家的金本位制大大削弱，进而银行券的兑现也受到削弱。20世纪30年代全球性的大危机爆发，之后各国先后停止了银行券与金属货币的可兑换性，银行券不再能兑换黄金，即银行券纸币化了，成为信用货币的主要形式，金属货币退出历史舞台。

（二）信用货币

信用货币流通的基础是代替贵金属充当一般等价物的职能，其产生是在银行券纸币化的过程中。信用货币与金属货币不同，它是不足值货币，其所代表的价值远远大于其自身的价值。

信用货币的形式主要有纸币（银行券）、存款货币以及电子货币等。

纸币是由国家发行并依靠国家权力强制发挥货币职能的纸制货币符号，它的出现在历史上是银行券和黄金脱钩的结果，其与银行券的不同在于不可兑换性。纸币自身的价值可以忽略不计，之所以能够成为货币符号并被社会所接受，凭借的是国家的强制力量和信誉。

存款货币是信用货币的另一种重要形式，是指能够通过银行签发的支票办理转账结算的活期存款。存款货币通过银行的存款账户之间存款的转移来完成支付行为，快捷、安全、方便，提高了交易效率。在现代商品经济社会中，商品交易支付已经大量地由存款货币代替了现金，事实上现金被使用的空间已经被大大压缩了。

在电子信息技术迅猛发展、金融创新不断深化的当代，还出现了电子货币。电子货币是指应用计算机和网络进行贮存、转账、购买和支付。支付时，无须现金和支票，使用电子卡通过计算机程序进行处理就可以完成。电子货币是一种虚拟货币，其背后还是以银行存款账户为依托的。电子货币迅速简便，还能够节省大量的交易费用，随着银行计算机网络化的形成，存款货币会逐步被电子货币所取代。随着互联网的普遍运用，又进一步出现了网络货币，也是一种电子货币。网络货币是指存在于互联网中可以直接在网络上使用的货币。在互联网中购买商品时，可以先向发行机构购买网络货币，再用网络货币购买商品。严格地说，电子货币只是传统货币电子化的存在形式，本身并不是一种新的货币，货币的形式发生了变化，但货币的本质和基本功能没有改变。可以预见的是，电子货币在人类经济生活中的作用范围将更加广泛。某种程度上说，货币将"从无到有，也将从有到无"。

第三节　商品经济的基本规律——价值规律

商品经济的发展离不开一定的社会历史条件，无论是商品的出现还是货币的产生都是如此，归根到底，还是由生产力的发展水平所决定。商品经济的发展经历了简单商品经济和发达商品经济两个阶段。当商品经济关系发展到全社会，市场机制已经成为资源配置的基础性调节机制时，这种商品经济就是市场经济。市场经济中的基本规律则是价值规律。

一、价值规律的内容和表现形式

商品价值是商品的社会属性，它必须有外在的表现形式。货币出现后，商品的价值是由一定数量的货币表现出来的，因此，商品就有了价格。在商品市场上，不同的商品有不同的价格，同一种商品的价格也处于经常波动之中。在价格背后有一个规律在起着支配作用，它通过供求关系、生产者之间的竞争关系等一系列中介机制，左右着价格变动，调节着资源配置和社会生产。这个规律就是价值规律。

价值规律的主要内容是：商品价值量由生产商品的社会必要劳动时间决定；商品交换以价值量为基础，按照等价交换的原则进行。从价值规律的内容可以看出，价值规律既是价值决定的规律，又是价值实现的规律。价值规律是贯穿于整个商品经济的一般规律，它既支配商品生产，又支配商品流通。正如马克思所指出的："在私人劳动产品的偶然的不断变动的交换比例中，生产这些产品的社会必要劳动时间作为起调节作用的自然规律强制地为自己开辟道路，就像房屋倒在人的头上时重力定律强制地为自己开辟道路一样。因此，价值量由劳动时间决定是一个隐藏在商品相对价值的表面运动后面的秘密。"[1]

在商品经济中，价值规律的表现形式是，商品的价格围绕商品价值上下波动。价格作为商品价值的货币表现，是以价值为基础的。但是由于价格是以商品和货币交换的量的比例来相对地反映商品价值的，商品供求关系必然会对价格产生影响。因此，价格有可能偏离商品价值。现实的商品交换中，由于供求关系变动的影响，商品价格总是不断波动的，价格与价值一致只是偶然现象，不一致才是常态。商品供不应求时，价格会涨到价值之上；供大于求时，价格又会跌到价值之下。商品的供求是不断地动态变化的，导致价格也在不断波动之中，但是这种波动始终围绕着一个重心，这个重心便是价值。从较长时间来看，价格高于价值的部分和价格低于价值部分能够相抵，商品的平均价格与价值是相一致的。正如马克思所说："价格和价值量之间的不一致的可能性，或者价格偏离价值量的可能性，已经包含在价格形式身中。但这并不是这种形式的缺点，相反地，却使这种形式成为这样一种生产方式的适当形式，在这种生产方式下，规则只能作为没有规则性的盲目起作用的平均数规律来为自己开辟道路。"[2] 所以，价格与价值经常的背离并不意味着否定价值规律，价值轴心对价格的波动存在一个回拉作用。价格以价值为中心的上下波动，正是价值规律存在和发生作用的表现形式。

二、价值规律的作用

价值规律是在市场配置资源的过程中体现它的客观要求和作用的，价格围绕价值上下波动表现自己的过程，就是其发挥作用的过程。商品经济中，价值规律的作用主要表现在对社会资源配置、生产力发展和社会分配三个层面，而且对这三个层面的作用各有积极和消极两个方面。

（一）配置生产资料和劳动力等要素

价值规律是通过价格的波动来发挥调节作用的。在商品经济中，市场价格不仅传递、反馈经济信息，而且其水平高低直接关系到商品生产者的切身利益。市场各方就是通过商品的价格水平和结构来决定自己的生产和消费行为的，价格涨落代表的是各个行业和生产部门稀缺状态的变化，价格引导着商品生产者的行为，市场这只"看不见的手"通过生产要素在

---

① 《马克思恩格斯文集》第 5 卷，人民出版社 2009 年版，第 92 页。
② 《马克思恩格斯文集》第 5 卷，人民出版社 2009 年版，第 123 页。

不同生产部门间的流动和转移自发地调节社会资源的配置。

但是，必须注意的是价值规律对资源配置的调节具有自发性和事后性的特点。只有当供求关系已经发生变化才会反映到价格信号上，尤其是某个行业或经济整体配置过剩的情况下，价格大幅下跌后社会才会发现，为时已经过晚，已经造成了资源的错配和社会劳动的浪费。所以价值规律对资源的合理配置，必然伴随着商品供求平衡关系的不断破坏，并不能自发地保证社会生产平衡进行。

（二）引导社会生产力的发展

在商品经济条件下，商品是按照由社会必要劳动时间所决定的社会价值进行交换的。那些劳动生产率较高、个别劳动时间低于社会必要劳动时间，从而商品的个别价值低于社会价值的生产者，就可以获得较多的收入，在竞争中就处于有利地位。反之，只能获得较少的收入，在竞争中处于不利地位。因此，这必然会刺激商品生产者不断改进技术，提高经营管理水平，从而提高了劳动生产率，推动生产力的发展。

但是，这种刺激作用在生产竞争中也会受到一定的限制。作为行业或部门的领先者来说，为了保持其在竞争中的既得优势，可能会人为地限制先进技术等传播，阻碍了新技术的推广，使得社会生产效率不能更快地提高，这自然不利于社会生产力的发展。

（三）调节社会收入分配

商品价值是由社会必要劳动时间决定的。在实际的生产活动中，生产同种商品的各个生产者，由于生产条件、管理水平、技术水平和劳动生产率各不相同，有的生产者在生产中实际耗费较少，仍按照较高的社会价值出卖，因而可以获得较多的收入，因而越来越富裕；相反，有的生产同种商品的个别劳动耗费较大，但还要按照社会价值出卖，所以不仅无利可图，甚至可能亏本或破产。这样，价值规律就调节了社会收入在不同商品生产者之间的分配。

价值规律的这个层面的作用和前面两个一样，也是各有积极和消极两方面的作用。作为积极层面，正因为有被淘汰的压力，生产者才会不断进取，从而推动了社会生产力的发展；作为消极方面，客观上即使生产者非常努力，但由于客观条件和劳动能力的差异，总有生产者会被市场淘汰，价值规律作用下的富者愈富、贫者愈贫的"马太效应"难免会存在，从而引起商品生产者的两极分化。

正因为价值规律的调节作用存在着缺陷，商品经济发展的事实也验证了单纯依靠市场调节不能保障市场经济的正常运行。因此，在充分发挥市场对于资源配置基础性作用的同时，国家对经济的调节和管理成为市场经济健康发展的内在要求。

三、价值规律是商品经济的基本规律

基本经济规律是指在一定社会形态中起支配作用的经济规律。价值规律是商品经济的基本经济规律。

首先，价值规律支配着商品经济中的其他规律。除了价值规律之外，商品经济中还存在着供求规律、竞争规律、货币流通规律等许多规律，它们共同构成了商品经济的规律体系。它们之间相互联系、相互制约。其中，价值规律居于核心地位，发挥着支配其他规律的作用。其他规律发生作用都是建立在价值规律基础之上的，都离不开价值决定和价值实现问题。

其次，价值规律体现了商品经济的平等互利的本质特点。商品经济是具有独立经济利益的商品生产者通过平等互利的商品交换来实现自身利益的社会经济形式。价值规律的主要内容是价值量的决定中存在着一个社会平均尺度，生产者之间平等竞争，不能操纵市场，体现了生产者之间在生产领域的平等性。等价交换的原则也体现了生产者在流通领域的平等性。所以，价值规律是调节商品生产者之间经济利益的规律。

最后，价值规律存在于商品经济的各个发展阶段。商品经济发展经历了漫长的发展历程，不管是初始阶段，还是发达的市场经济阶段，价值规律都发挥着或大或小的作用。只要是为社会的生产，生产什么、怎样生产、生产多少这些基本问题的解决都要受到价值决定和价值实现的制约，即受价值规律的支配。因此，价值规律存在于商品经济发展的各个阶段，是商品经济中最基本、最一般、最普遍的规律。

思考题

1. 马克思是如何利用矛盾分析方法揭示商品的本质的？
2. 如何理解私人劳动和社会劳动是商品经济的基本矛盾？
3. 试从商品价值形式的发展认识货币的本质。
4. 如何从积极和消极两个方面来把握价值规律的一般作用？
5. 为什么说价格的波动恰恰是价值规律的表现方式而不是对价值规律的否定？

延伸学习阅读材料

南京冠生园的命运

——使用价值是交换价值的基础和物质承担者

〈一〉

2001年9月3日央视播出的一条"南京冠生园大量使用霉变及退回馅料生产月饼"的报道，给新世纪的第一个中秋节市场投下了一颗"重磅炸弹"，央视记者以新闻工作者特有的敬业精神，为消费者翔实记录了"南京冠生园"利用去年回收的陈馅今年再做月饼的过程始末，这条报道不容置疑的新闻真实性着实让消费者上了一课，这一事件发展的最终结果是南京冠生园食品有限公司的解散和当年整个节日月饼市场的萧条。当年，各地冠以"冠生园"的企业更深受连累，减产量均在50%以上。其中，上海冠生园所受影响最大。

报道期间，给记者留下深刻印象的一件事是："在南京，我们采访了为冠生园存放月饼馅的冷库，在他们的登记卡上，清清楚楚、明明白白地写着冷藏物品的名称、时间，而且冷库的工人也表示，他们自己不会去买冠生园的月饼，但他们也不会向有关部门反映——这种淡漠，真的令我们很难过。"

新华网南京2002年3月22日电　因"陈馅月饼"震惊全国的南京冠生园日前以"经营不善，管理混乱，资不抵债"为由向南京市中级法院申请宣告破产，法院受理此案后，目前已正式启动破产程序。

日前，在南京进行了对南京冠生园食品有限公司房产和部分生产资料的拍卖，江苏皇朝置业有限公司最终以812万元的价格拿下此标。这个历经百年沧桑的食品生产企业，这个国内第一个因月饼陈馅问题被央视曝光而致"命"的食品生产企业易主。

〈二〉

质检唯一不合格　南京冠生园又栽在月饼上

经历月饼"陈馅事件"后破产，今年5月刚刚"重出江湖"的南京冠生园又上黑榜。10月28日，江苏省卫生厅公布了2005年健康相关产品省级抽检结果，共有12个产品不符合国家标准，其中知名品牌南京冠生园因为月饼菌数超标，再次被曝光，这也是江苏在所有抽检的月饼中唯一不合格的产品。

据了解，此次南京冠生园"榜上有名"的是其8月17日生产的"老南京麻伍仁月饼"（每只100克），因菌落总数、大肠菌群及霉菌超标，被列为抽检不合格产品。

据悉，江苏省将依法对不合格产品生产经营单位进行查处。昨日，记者在家乐福、美廉美、物美等超市并未发现相关产品。各个卖场的工作人员均表示，目前没有任何品牌的月饼售卖。

"我们这只有上海冠生园的蜂蜜卖，没有南京冠生园的蜂蜜、茶点"，美廉美的销售人员告诉记者，而记者在家乐福、物美等卖场也看到，市场上只有"上海冠生园"生产的蜂蜜、大白兔奶糖等产品。

据了解，"南京冠生园"曾是上海冠生园的分店，由"月饼大王"冼冠生创办。冠生园始创于1918年，经营月饼、茶点等。1956年，冠生园公私合营，各地分店企业隶属地方。

2001年9月，"南京冠生园用霉变及退回馅料生产月饼"的消息被央视曝光，之后，其市场销售急剧萎缩，次年3月，便宣告破产，被称为国内"失信破产第一案"。

2004年，换了新东家的南京冠生园食品厂有限公司成立。

2005年5月25日，其12家连锁门店试营业，曾引起全国数家媒体的关注。但仅时隔5个月，南京冠生园再次陷入月饼危机。而至今，南京冠生园并未就此事发表任何声音，不由让人感慨其当初重组时的承诺"做一家有良心的企业"，似乎很难。

——摘自《竞报》2005年10月31日

第五章

资本主义经济制度的本质

资本主义经济制度是在商品货币关系有了较大发展、封建制度逐步解体的过程中产生的。马克思在揭示了商品经济内在矛盾的基础上，从资本主义生产过程着手分析了自由竞争阶段资本主义的经济制度，着重从资本主义生产的剩余价值本质和资本运行两个方面揭示了资本主义的基本矛盾，指出资本主义不是人类社会进程中的终结形态，势必要向更高的社会形态转变。

第一节　资本主义生产

物质资料生产是人类生存和发展的基础，生产活动是一切人类社会财富的源泉，生产关系首先体现在人们的生产活动中。马克思对资本主义经济制度的分析也是从资本主义的生产过程着手，揭示了剩余价值的形成原因和产生过程。

一、资本主义经济制度的形成

资本主义经济制度是以资本家占有生产资料和以雇佣劳动为基础的经济制度，其主要特点是劳动力和生产资料相分离以及二者通过雇佣劳动方式的被动结合。同人类历史上以往的社会更替一样，资本主义社会取代封建社会，也是生产力与生产关系、经济基础与上层建筑矛盾发展的必然结果。

"资本主义社会的经济结构是从封建社会的经济结构中产生的。后者的解体使前者的要素得到解放。"① 资本主义生产关系的出现，必须在经济上具备两个条件：一是失去生产资料的并具有人身自由的劳动者，二是少数人手中积累了为组织资本主义生产所必需的货币财富，即雇佣劳动者和资本。封建社会初期，封建生产关系同生产力基本上是适应的。随着社会生产力的增长特别是封建社会后期商品货币经济的迅速发展，封建生产关系越来越成为生产力发展的障碍。生产关系同生产力的矛盾，导致城乡资本主义生产关系的产生。在商品经济的冲击下，自给自足的自然经济被逐步打破。价值规律的作用造成小生产者中出现分化，一些小生产者破产，失去了生产资料，成为雇佣工人。而在市场竞争中胜出的少数生产者则成为资本家。同时，商人通过各种形式控制和剥削小生产者，定期向小生产者收购商品，而

---

① 《马克思恩格斯文集》第 5 卷，人民出版社 2009 年版，第 822 页。

从商人那里获得原料甚至生产工具的小生产者，按照规定生产出商品后获得工资收入，也逐步变成雇佣工人。在农村，出现了雇工进行耕种的富农和经营地主，以及租地经营的农业资本家。这样，资本主义生产关系开始萌芽。

资本主义生产关系产生之后，从其萌芽到制度的确立是一个缓慢的过程。封建制度严重阻碍着资本主义生产关系的发展。"这种方法的蜗牛爬行的进度，无论如何也不能适应15世纪末各种大发现所造成的新的世界市场的贸易需要。"① 资本主义制度的产生需要一种大的历史变革。马克思指出："为资本主义生产方式奠定基础的变革的序幕，是在15世纪最后30多年和16世纪最初几十年演出的。"② 这种变革的序幕就是资本原始积累过程。

所谓资本原始积累，就是通过暴力手段迫使生产者与生产资料相分离，货币资本迅速集中于少数人手中的历史过程。15世纪末美洲和通往印度航道的新发现，世界市场迅速扩大，要求商品生产以更大的规模和更快的速度发展，这一任务只能靠资本主义大生产来实现。新兴资产阶级便开始进行资本的原始积累，利用暴力手段为资本主义的迅速发展创造条件。在西欧，资本原始积累主要是在15—16世纪，通过两个途径进行的：一是用暴力手段掠夺农民的土地；二是用暴力手段掠夺货币财富。资本原始积累的实质是用暴力手段为资本主义的发展创造历史条件，"这种剥夺的历史是用血和火的历史载入人类编年史的"③。原始积累的过程中，一方面使大量的社会财富迅速集中在少数人手中并转化为资本；另一方面使大批的直接生产者被剥夺了生产资料而变成一无所有的雇佣劳动者，原始积累催生了资本主义生产关系。

资本主义生产关系取代封建生产关系还需要相应的政治条件，即资本主义政治制度。17世纪中期和18世纪后半期，英法等西欧国家先后兴起了资产阶级革命，推翻了封建制度，确立了资产阶级的政治统治，实行了一系列有利于资本主义发展的经济、政治、法律、文化等措施，为资本主义生产关系的发展扫清了道路。在资产阶级政权的帮助下，从18世纪60年代开始一直到19世纪30年代，主要资本主义国家先后实现了产业革命，机器大工业为主体的工厂制度代替了以手工技术为基础的手工工场制度，社会生产因此发生了巨大变革。工业革命不仅引发生产技术的革新，促进生产力的空前发展，开创了人类物质文明发展的新时代，而且引发了生产关系上的重大变革，最终使资本主义制度得以确立。

二、货币转化为资本

商品交换内在矛盾的发展导致了货币的出现，而货币在一定条件下则转变成资本。货币是资本的最初表现形式，但货币本身不是资本，作为资本的货币与作为商品流通媒介的货币是有区别的。

（一）资本总公式及其矛盾

资本最初是以货币形式出现的，但是货币不是资本，从作为交易中介的商品流通公式和作为资本的流通公式中可以看出二者运动过程中的明显区别。

商品流通公式是：商品—货币—商品（W—G—W）。公式中，货币是单纯作为流通媒

---

① 《马克思恩格斯文集》第5卷，人民出版社2009年版，第860页。
② 《马克思恩格斯文集》第5卷，人民出版社2009年版，第825页。
③ 《马克思恩格斯文集》第5卷，人民出版社2009年版，第822页。

介存在的。资本流通公式是：货币—商品—货币（G—W—G′）。公式中，资本家买进商品的目的是为了重新获得货币。

这两种流通，都是买和卖两个阶段的统一，每一阶段都有商品和货币的交换，但形式和目的上的区别是明显的。从形式上看，商品流通是先卖后买，处在公式两端的两种商品的价值量是相等的，货币存在的目的是满足不同生产者之间交换使用价值，商品流通的使命在于使不同的商品完成交换。而资本流通在形式上是先卖后买，目的是要得到增殖的价值。当资本在运动中发生了价值增殖，货币就转化资本。公式中的 G′ = G + ΔG，ΔG 是运动过程中的价值增殖额，马克思把它称为剩余价值。

在资本流通中，货币在运动中能够带来剩余价值，发生了价值增殖，这时资本已经不是普通的货币，而是转化为资本，成为资本的存在形式。所以，资本是带来剩余价值的价值。G—W—G′这个公式，反映了所有资本最一般的运动形式，对一切形式的资本都适用。不仅直接反映了商业资本的运动形式，而且产业资本和借贷资本的运动过程也是在此基础上做了补充或简化。最重要的是这一公式体现了资本的本质属性——增殖性。因此，马克思称其为资本的总公式。

资本总公式表明，资本在运动、流通中发生了价值的增殖。但是从形式上看，其与价值规律是相矛盾的。价值规律要求商品交换遵循等价交换原则，因而交换的结果只会使价值的表现形式发生变化，而价值量不会发生变化。如此，资本流通中产生的价值增殖就同价值规律的要求不相符。这就是资本总公式的矛盾。

在资本总公式中，剩余价值表现为流通的结果。但是剩余价值是不可能从流通中产生的。在商品流通中，无论是等价交换还是不等价交换，都不能产生剩余价值。如果是等价交换自然不会发生价值增殖；如果是不等价交换，作为个体贱买贵卖，可能会获得更多价值，但是也不能说明剩余价值的真正来源，因为某个人多得的正是别人失去的，流通中的价值总量并没有变化。而事实上大多数资本家在现实中都是获利的。同样，价值增殖又不能离开流通而产生。如果没有流通过程，货币所有者把货币贮存起来，不同其他商品生产者发生联系，价值和剩余价值既无从产生，也无法实现。可见，商品生产者在流通领域之外，不同其他商品所有者接触，也不能使价值增殖。因此，解决资本总公式矛盾的条件是：剩余价值既不在流通中产生，又不能离开流通而产生，它必须以流通过程为媒介。

那么，这个矛盾如何解决呢？价值增殖究竟是从哪里发生的呢？按照解决矛盾的条件，显然在两个流通阶段都不能发生价值增殖，那么解决矛盾的关键一定是在 G—W 阶段的商品上，而且是发生在所购买的商品的使用价值上，即在这个阶段，货币所有者必须购买到一种特殊商品，这种商品具有特殊的使用价值，通过对它的使用能创造价值，特别是能够创造比这种商品自身价值更大的价值。这种特殊商品就是劳动力，劳动是一切价值的源泉所在。劳动力成为商品是货币转化为资本的前提，是解决资本总公式的关键所在。

（二）劳动力成为商品

劳动力是指人的劳动能力，是人的体力和脑力的总和。劳动力的使用即劳动。在任何社会，人的劳动都是社会生产的基本要素，没有劳动就不可能有人类社会的生存与发展。但只有在一定的社会条件下，劳动力才会成为商品。劳动力成为商品，要具备两个基本条件：第一，劳动者有人身自由，是自己劳动力的所有者，能够把自己的劳动力按商品来支配；第二，劳动者除了自己的劳动力之外，没有任何生产资料，也没有其他生活资料来源，自由得一无所有，只能靠出卖自身的劳动力来维持生活。劳动力成为商品的两个条件，并不是自古以来就有的，而是在封建社会后期的资本原始积累过程中逐渐形成的。劳动力成为商品，标志着简单商品生产发展到资本主义商品生产的新阶段。在这一阶段，资本家与工人的关系，形式上是"自由"、"平等"的买卖关系，而实质上是资本主义的雇佣劳动关系。马克思说，"罗马的奴隶是由锁链，雇佣工人则由看不见的线系在自己的所有者手里"①。

劳动力作为一种特殊商品，与其他商品一样，也具有价值和使用价值。但是，作为特殊的商品，其二因素有着不同于普通商品的特点。

劳动力商品的价值，与其他商品一样，也是由生产这种商品的社会必要劳动时间决定的。由于劳动力的生产以劳动者的正常生存为前提，因此，生产和再生产劳动力的社会必要劳动时间可以还原为生产维持劳动者生存所必需的生活资料的社会必要劳动时间，或者说其价值就是维持劳动力生存所需要的生活资料的价值。"劳动力的价值，是由生产、发展、维持和延续劳动力所需的生活必需品的价值决定的"②。劳动力的价值包括三个部分：在正常状况下维持劳动者本人生活所必需的生活资料的价值；维持劳动者家属生活所必需的生活资料的价值；劳动者接受教育和培训所支出的费用。由于劳动力价值的构成包含着历史的和道德的因素，在不同的国家或同一国家的不同历史时期，劳动者所必需的生活资料的数量和构成也是有区别的。随着社会经济和文化的发展，必要生活资料的种类和数量会增加，质量和结构也会发生变化，再生产劳动力所需物质资料的内容会不断扩大。不过，在一个国家的一定时期内，劳动者所需要的生活资料的范围和数量是可以确定的。劳动力价值的最低界限，是由生活上不可缺少的生活资料的价值决定的。

劳动力商品的特殊性，更主要表现在它的使用价值上。普通商品在被使用或消费时，随着使用价值的消失，其价值也消失或转移到新产品中去。而劳动力商品的使用，就是劳动，能够生产商品和创造价值。所以，其使用价值的特殊性在于不仅能够生产新的使用价值，而且能够创造出大于其自身价值的更大价值。正是由于这一特点，货币所有者购买到劳动力以后，在消费它的过程中，不仅能够收回他在购买这种商品支付的价值，还能得到一个增殖的价值即剩余价值。而一旦货币购买的劳动力带来剩余价值，货币也就变成了资本。

在资本主义条件下，资本家购买的是雇佣工人的劳动力而不是劳动。劳动是劳动力商品的使用价值，它本身并不是商品。劳动力商品具有能创造比自身价值大的价值的特点，这也是资本价值得以增殖的秘密所在。

三、剩余价值的生产

资本所有者在流通领域购买到劳动力后，生产资料和劳动力相结合，资本主义生产过程便开始了。剩余价值是在资本主义的生产过程中生产出来的。

（一）劳动过程和价值增值过程

资本主义的生产过程具有两重性，一方面是物质资料的生产过程；另一方面是剩余价值的生产过程，即价值增殖过程。资本主义生产过程是劳动过程和价值增殖过程的统一。

作为劳动过程，包括三个基本要素：有目的的活动即劳动本身、劳动对象和劳动资料。

---

① 《马克思恩格斯文集》第5卷，人民出版社2009年版，第662页。
② 《马克思恩格斯选集》第2卷，人民出版社1995年版，第76-77页。

劳动过程就是劳动者运用劳动资料对劳动对象进行加工，生产出新产品的过程，也是人与自然之间的物质变换过程。这一点对所有的社会都是一样的。但是在不同的所有制关系下，劳动过程又具有不同的特点和内容。由于资本主义劳动过程的要素都被资本家所占有，由此决定了资本主义劳动过程的两个特点：其一，工人在资本家的监督下劳动，他们的劳动隶属于资本家；其二，劳动的成果或产品全部归资本家所有。

价值增殖过程是剩余价值的生产过程，这是资本主义生产过程的主要方面。所谓价值增殖过程，是超过劳动力价值补偿的一定点而延长了的价值形成过程。如果劳动者创造的价值刚好补偿资本家所预付的劳动力价值，那就是单纯的价值形成过程；如果价值形成过程超过了这个一定点，就变成了价值增殖过程。马克思指出："作为劳动过程和价值形成过程的统一，生产过程是商品生产过程；作为劳动过程和价值增殖过程的统一，生产过程是资本主义生产过程，是商品生产的资本主义形式。"[1] 雇佣工人的劳动时间可以分为两部分：一部分是必要劳动时间，用于再生产劳动力的价值；另一部分是剩余劳动时间，用于无偿地为资本家生产剩余价值。显然，劳动者的劳动时间一般都会长于必要劳动时间。资本家购买的劳动力在生产过程中创造的价值超过了补偿劳动力的价值，从而形成了剩余价值，是价值形成过程转变为价值增殖过程的关键。

因此，剩余价值是雇佣工人所创造的并被资本家无偿占有的超过劳动力价值的那部分价值，它是雇佣工人在剩余劳动时间创造的价值，体现了资本家与雇佣工人之间剥削与被剥削的关系。

（二）不变资本和可变资本

资本在生产过程中采取生产资料和劳动力两种形态，马克思根据这两部分资本在剩余价值生产中所起的不同作用，将资本区分为不变资本与可变资本。

不变资本是以生产资料形态存在的资本，它在生产过程中被消耗，生产出新的产品。生产资料的价值通过工人的具体劳动被转移到新产品中，其转移的价值量不会大于它原有的价值量。尽管转移的形式不同，有的是在一次生产过程中全部转移，有的是在多次生产过程中逐渐转移，但转移的总是生产资料原有的价值量。以生产资料形式存在的资本只是作为创造新价值的必要的物质条件和手段，在生产过程中只转变自己的物质形态而不改变自己的价值量，不发生增殖，所以被称为不变资本（C）。

可变资本是用来购买劳动力的那部分资本。可变资本的价值在生产过程中并不转移到新产品中去，而是由工人的劳动再生产出来。劳动力在生产过程中发挥作用的结果，不仅再生产出劳动力价值，而且生产出剩余价值。可见，以劳动力形式存在的这部分资本价值，在生产过程中发生了价值增殖，是一个可变的量，所以被称为可变资本（V）。

资本被区分为不变资本和可变资本，进一步揭示了剩余价值产生的源泉和资本的本质。剩余价值不是由全部资本产生的，也不是由不变资本产生的，而是由可变资本产生的，雇佣工人的剩余劳动是剩余价值产生的唯一源泉。这种划分也为确定资本家对雇佣劳动者的剥削程度提供了科学依据。

（三）剩余价值率和剩余价值量

正确反映资本家对工人剥削程度的是剩余价值率。既然剩余价值不是由全部资本带来

---

[1] 《马克思恩格斯文集》第5卷，人民出版社2009年版，第229-230页。

的，而仅仅是可变资本带来的，因此，要确定资本家对工人的剥削程度，就可以拿剩余价值量和可变资本相比。用公式表示：

$$m' = m/v$$

在该公式中，m' 为剩余价值率，m 为剩余价值量，v 为可变资本。由于工人的必要劳动是用来生产劳动力价值或可变资本的价值的，剩余劳动则是生产剩余价值的，因此，剩余价值率还可以用剩余劳动与必要劳动的比率，或者剩余劳动时间与必要劳动时间的比率来表示：

$$m' = 剩余劳动/必要劳动 = 剩余劳动时间/必要劳动时间$$

这两个公式是以不同的形式表示同一个关系。前者是以物化劳动的形式表示资本家对工人的剥削程度，而后者则是以活劳动的形式来表示。剩余价值率表示在工人新创造的价值中劳资双方各占的份额，是工人受剥削程度的准确表现，因此，就是剥削率。

剩余价值率只是相对量，不能反映资本家获得的剩余价值的绝对量。剩余价值量的公式：

$$m = m' \times v$$

从以上公式可以看到剩余价值率的多少，取决于两个因素：一个是剩余价值率的高低；另一个是可变资本的多少。也就是说，要获得更多的剩余价值，可以通过两条途径，提高剩余价值率和增加可变资本的数量。其中，提高剩余价值率有两种基本方法：绝对剩余价值生产和相对剩余价值生产的方法。

（四）剩余价值生产的两种基本方法

资本主义生产的直接目的是获取尽可能多的剩余价值，这样一种不以人的意志为转移的客观必然性，就是剩余价值规律。马克思指出："生产剩余价值或赚钱，是这个生产方式的绝对规律"[①]。资本家提高对工人剥削程度的方法概括起来有两种，即绝对剩余价值生产和相对剩余价值生产。

1. 绝对剩余价值生产

绝对剩余价值生产是指在必要劳动时间不变的条件下，通过延长工作日（或提高劳动强度）增加剩余劳动时间来增加剩余价值量的方法。工人的日劳动时间包括必要劳动时间和剩余劳动时间两个部分，在必要劳动时间既定的条件下，延长工作日则必然延长剩余劳动时间，剩余价值量增加，从而剩余价值率提高。工作日劳动时间的最低界限不能少于必要劳动时间。最高界限受两个因素制约：一是劳动者生理上的限制，工人每天必须有一部分时间用于休息、睡眠、吃饭等，以满足生理上的需要和恢复体力；二是社会道德方面的限制，作为社会成员之一的劳动者必然要进行一定的社会活动，这种需要的范围和数量是由社会经济和文化发展的状况决定的。现实生活中，劳动者的实际工作时间在上下界限之间波动，决定性因素还是无产阶级和资产阶级之间的力量对比。

在资本主义发展的早期阶段，技术进步对经济的推动力量还不显著，加之无产阶级还没有成长为一支自觉的政治力量，难以同资产阶级相抗衡，所以资本家能够凭借经济关系的强制力和国家法律的支持来延长劳动日。在 17 世纪和 18 世纪直至 19 世纪的英国，工作日时间长达 14～16 小时，甚至 18 小时。从 19 世纪初开始，各国工人阶级为争取缩短工作日进行了不屈不挠的斗争，最终在第一次大战后实现了 8 小时工作制。第二次世界大战后，由于

---

① 《马克思恩格斯文集》第 5 卷，人民出版社 2009 年版，第 714 页。

工人阶级政治力量的增强和新科技革命提高了劳动生产率，西方国家的工作日进一步缩短。但是，工作日劳动时间总是由必要劳动时间和剩余劳动时间构成的，只有在为资本家提供剩余劳动的条件下，工人才有工作的权利。

2. 相对剩余价值生产

相对剩余价值生产是指在工作日长度一定的条件下，通过缩短必要劳动时间从而相对延长剩余劳动时间的办法来增加剩余价值。绝对剩余价值的生产方法受到工作日时间长度的限制，也容易引起工人的对抗。工作日不能延长，资本家就在调整工作日的时间结构上做文章，缩短必要劳动时间，相对延长剩余劳动时间，从而增加剩余价值量，提高剩余价值率。

相对剩余价值的生产必须以缩短必要劳动时间为前提，而必要劳动时间的缩短就要降低劳动力的价值，要使劳动力价值降低就降低再生产劳动力所需要生活资料的价值。要降低生活资料的价值，就必须提高整个社会生活资料部门和生产资料部门的劳动生产率。所以，相对剩余价值的生产是以全社会劳动生产率的普遍提高为前提的。以上的分析就是相对剩余价值生产得以进行的实现机制。而全社会生产力的提高，又在个别资本家追逐超额剩余价值的竞争过程中实现。

3. 超额剩余价值

超额剩余价值是指个别企业由于提高劳动生产率而使商品的个别价值低于社会价值，而商品又按社会价值出售所获得的剩余价值。全社会劳动生产率的提高是资本家追逐超额剩余价值的结果。

在现实的经济运行中，社会生产率的提高总是从单个企业开始的。由于商品的价值是由社会决定的，单个企业提高生产率并不能获得相对剩余价值，但由于其个别生产率高于社会平均的生产率，个别价值也就低于社会价值，就会产生超额剩余价值。所以，单个资本家改进技术、改善管理的主观动机是追求超额剩余价值，但其客观后果则是整个社会劳动生产率的普遍提高，随着全社会的生产率的逐步提高，整个资本家阶级普遍获得相对剩余价值。但是，超额剩余价值只是一种暂时的现象，当其他企业的生产率提高之后也就消失了。可见，相对剩余价值的生产，是资本家追逐超额剩余价值的结果，追求超额剩余价值才是个别企业提高生产率的直接动机，超额剩余价值是一种特殊形态的相对剩余价值。

绝对剩余价值和相对剩余价值生产在资本主义发展的不同阶段起着不同的作用。在资本主义发展的初期，资本家主要依靠绝对剩余价值生产来提高剥削程度。随着生产技术条件的不断改进和工人阶级整体力量的增强，相对剩余价值生产的作用就日益突出了。

四、工资的本质和形式

资本主义工资是劳动力价值的货币表现，但其形式上给人以假象，似乎表现为工人劳动的全部报酬，多劳多得，少劳少得，劳动与资本之间进行了平等的交换。

（一）资本主义工资的本质

在资本主义制度下，工人的工资是劳动力的价值或价格，这是资本主义工资的本质。资本家购买工人的劳动力是以货币工资形式支付的，工人为资本家劳动，资本家付给工人工资，工资在形式上表现为"劳动的价格"，或工人全部劳动的报酬，模糊了工人必要劳动和剩余劳动的界限，掩盖了资本主义的剥削关系。

在资本家同工人的买卖关系中，工人出卖的是劳动力，而不是劳动，劳动不能成为商品，这是因为：

首先，劳动是构成商品价值的实体，它本身没有价值。如果说劳动是商品，有价值，而价值大小又由劳动时间衡量，就等于说劳动的价值由劳动来衡量，是毫无意义的同义反复。

其次，劳动不是独立存在的实体，不能作为商品出卖。如果说劳动是商品，在交换之前就已经存在，但劳动是一个过程，只有在工人出卖了劳动力进入工厂后劳动过程方才开始，而此时，劳动已经不属于工人了，也不能再被工人出卖了。

第三，把劳动看成商品，或是违背了价值规律，或是违背剩余价值规律。如果劳动是商品，资本家用货币与作为商品的活劳动直接交换，只有两种可能：一是要获得剩余价值，只能是不等价交换，这就违反了价值规律的要求；二是等价交换，这样资本家就得不到剩余价值，否定了剩余价值规律。

因此，劳动不是商品，没有价值或价格，工人出卖的只能是自己的劳动力，工资只能是劳动力的价值或价格，虽然在表面上表现为劳动的价值或价格。

（二）资本主义工资的基本形式

资本主义工资的形式多种多样，但其基本形式主要有两种，计时工资和计件工资。

计时工资是按照劳动时间支付工资的形式，如小时工资、日工资、周工资、月工资，年工资等。它表现为活劳动的报酬，实质是不同时间长度中劳动力价值的转化形式。考察计时工资，不能只看工资额的多少，必须同工作日长度、劳动强度等联系起来考虑。

计件工资是按照劳动成果的数量支付工资的形式。这种工资形式更容易掩盖工资的本质，但其与计时工资没有本质区别，二者都是以劳动力价值为基础的。实行计件工资时每件产品的工资单价，就是根据日计时工资额和平均产量或工作量计算出来的。计件工资是变相的计时工资。

（三）资本主义工资数量的变动趋势

现实经济生活中，工资采用的是货币形式，工人的收入就存在着名义工资和实际工资的差异问题。名义工资就是货币工资，指工人出卖劳动力所得到的货币数量。实际工资是指用货币工资所能买到的生活资料和服务的数量。实际生活中，实际工资是用名义工资扣除物价变动因素来衡量的。

名义工资和实际工资在量上的变化有联系，也有差别。在其他条件不变的情况下，两者的变动是一致的。但两者也会发生不一致的变化，这主要指物价水平和结构波动的前提下，若是物价上涨，即使名义工资上涨，实际工资也可能降低。可见，体现工人真实收入水平的是实际工资。有了名义工资和实际工资的概念后，我们就能更好地比较分析不同国家之间和同一国家在不同发展阶段上劳动者收入水平的状况。

在当代资本主义国家，随着社会生产力的发展、科学技术的进步、劳动过程的复杂化和脑力劳动作用的加强，工人的名义工资和实际工资都呈现不断提高的趋势，主要表现在随着生活水平的提高，基本生活资料增加了；社会发展对劳动者接受教育程度的不断增强，使得劳动力价值中教育培训的费用提高了；工人有组织的斗争，也迫使资本家提高工资水平等。但是与工人创造的剩余价值的增长幅度相比，实际工资提高的幅度还是较小的。只要资本雇佣劳动的基本经济关系不变，资本主义工资的本质就不会发生根本变化。

第二节 资本循环和周转

剩余价值是在生产过程中由雇佣工人创造的，但是其产生离不开两个流通过程。资本不仅在生产过程内运动，而且也在流通过程内运动，要深刻认识资本价值增殖的秘密和规律，还必须考察资本的流通领域。马克思在分析资本主义流通过程中，详尽地分析了个别资本的运动，即资本的循环和周转过程，揭示了资本的循环周转规律。

一、资本的循环

在资本主义经济中，独立的资本形态有产业资本、商业资本和借贷资本。产业资本是指投放在工业、农业、建筑业等物质资料生产部门的资本。在各种资本中，只有产业资本经过生产过程，具有生产职能和流通职能。因此，分析资本在运动中增殖的过程，应以产业资本为研究对象。

（一）产业资本循环的三个阶段

产业资本在运动过程中，要依次经过购买、生产和销售三个不同的阶段，与此相联系的是资本依次执行货币资本、生产资本、商品资本三种不同的职能。

$$G - W \begin{cases} Pm \\ \\ A \end{cases} \cdots P \cdots W' - G'$$

上述公式是资本总公式的展开式：G 代表货币，W 代表商品，Pm 代表生产资料，A 代表劳动力，P 代表生产过程，横线表示流通过程，虚线表示流通的中断。

产业资本循环的三个阶段和三种职能形式

资本运动的阶段	资本的职能形式	资本的职能
购买阶段 G—W	货币资本 G	为剩余价值生产准备条件
生产阶段 W…P…W'	生产资本 P	生产剩余价值
销售阶段 W'—G'	商品资本 W'	实现剩余价值

从上面的列表可以看出：

第一阶段：是购买阶段，即生产资料与劳动力的购买阶段。它属于商品的流通过程。在这一阶段，产业资本执行的是货币资本的职能。用公式表示：

$$G - W \begin{cases} Pm \\ \\ A \end{cases}$$

在这个阶段，产业资本以货币的形式出现，与普通货币一样执行着购买手段或支付手段的职能，遵循等价交换的原则，但又因为它购买的不是普通的消费品，而是生产资料和劳动力，因此，货币资本的职能和第一阶段的作用是为剩余价值的生产准备条件。

购买阶段完成后，资本价值在数量上没有发生变化，但在形态上发生了变化，由货币形式的资本转化为实物形式的生产资料和劳动力，货币资本 G 转化为了生产资本 W。

第二阶段：是生产阶段，即生产资料与劳动力按比例结合在一起从事商品生产的阶段。在这一阶段，产业资本执行的是生产资本的职能。用公式表示：

$$W \cdots P \cdots W'$$

在这个阶段，从物质产品的生产来看，就是两种要素的结合生产出新的产品，同其他社会的物质生产没有什么不同。但是从资本生产的角度看，不仅是新的使用价值生产的过程，还是生产剩余价值的过程，这里的生产资料和劳动力执行着资本的职能，生产出来的不仅是新的产品，其中还必须包含着价值增值，因此在符号上不是 W，而是 W'，和第一阶段开始时的 W 在形态上不同，价值量也更大了。所以，生产资本的职能和第二阶段的作用是生产剩余价值。

生产阶段是资本循环过程中的决定性阶段，生产阶段完成后，资本在数量上和形态上都发生了变化，资本完成了增殖，生产资本 W 就转化为商品资本 W'。

第三阶段：是售卖阶段，即资本家在市场上销售产品的阶段，通过商品买卖实现商品的价值，满足人们的需要。在此阶段产业资本所执行的是商品资本的职能。用公式表示：

$$W' - G'$$

从形式上看，这也是等价交换的一般商品流通过程，但是从实质上看，是资本循环的一个特定阶段。资本家销售的商品，是资本主义生产过程的结果，不仅是一般商品，而是资本商品，其包含着预付资本的价值和剩余价值，是作为已经增殖的资本价值的存在形式。售卖阶段不仅是商品价值形式变化的一般商品销售过程，而且是资本价值和剩余价值的实现过程。因此，商品资本的职能和第三阶段的作用是实现剩余价值。

经过售卖阶段，资本的价值量并未发生变化，只是在形态上发生了变化，由实物形态回到了货币形态，商品的价值和剩余价值都得到了实现。价值增殖的使命完成了，资本循环回到原点，商品资本 W' 就转化为货币资本 G。

由此可见，产业资本依次经过三个阶段、变换三种职能形式，实现价值增殖，最后回到出发点的运动过程，就是资本的循环。

从产业资本循环的全过程可以看出，货币资本、生产资本、商品资本不是三种独立的资本形态，而是同一个产业资本在运动过程中所采取的三种不同形态，并通过这些不同形态完成不同的具体职能，最终实现价值增殖。这个循环过程，也是生产过程和流通过程的有机统一。其中生产过程起着决定性的作用。但是资本循环也不能离开流通运动，否则资本家既无法购买到生产资料和劳动力，也无法实现包含在商品中的价值和剩余价值，就不能达到获取剩余价值的目的。

（二）产业资本循环的三种形式

资本的生命在于运动，只有在不断的运动中才能保存价值并得到增殖。产业资本的运动并非完成一次循环后就停顿下来，而是连续性、无止境的运动过程。

$$G—W \cdots P \cdots W'—G' \cdot G—W \cdots P \cdots W'—G' \cdot \cdots\cdots$$

资本循环从其连续进行的过程看，三种职能形式都是从自己特定的出发点出发，经过三个阶段的循环，再回到原来的出发点。所以，产业资本的循环是三种职能形式的统一，且每种循环中都包含着另外两种循环。三种循环形态从不同侧面反映了资本运动的不同特征，同时又给人们造成一定的错觉。

货币资本循环（$G—W \cdots P \cdots W'—G'$）直接表明了资本运动的目的就是价值增殖，但是又造成一种假象，似乎货币本身就能生出更多的货币，把剩余价值的真正来源掩盖了。

生产资本循环（P…W′—G′·G—W…P）表明，资本的运动是一个不断的再生产过程，剩余价值产生于生产阶段。但是造成资本主义生产的目的就是为了生产的假象，从而把剩余价值的动机掩盖了。

商品资本循环（W′—G′·G—W…P…W′）表明，资本的运动是商品不断被消费和不断再生产出来的过程，流通环节对于价值增殖的重要作用。但是又造成一种假象，好像资本运动的目的就是为了生产商品，为了满足社会的消费需要，从而歪曲了资本的实际目的。

所以，从任何一种孤立的形态看待资本的运动都是片面的，只有把三种循环形态统一起来考察，才能全面地认识资本循环的本质和规律。

（三）产业资本正常循环的条件

资本循环的关键在于保持资本运动的连续性。为了保证能够连续不断地获得剩余价值，资本必须连续不断地循环。而要实现连续循环，必须具备两个条件：

第一，产业资本的三种职能形式必须在空间上同时并存。产业资本要保持总体上的连续运动，必须把资本分成三部分按照一定比例同时并存于货币资本、生产资本和商品资本三种形式中。三种形态在价值上各占多大的比重，取决于企业的具体情况。如果不能保证资本同时存在于三种形态上，或者三部分的比例不适当，都会造成资本循环不畅，从而影响资本的价值增殖。

第二，产业资本的三种职能形式必须在时间上相继转化。要保持资本在总体上的连续运动，它的每一部分都必须连续不断地相继通过循环的三个阶段，依次从一种形态转化为另一种形态，实现各自的循环。否则资本的任何一种循环发生停顿，资本的三种职能形式就不可能同时并存，单个资本的总循环就会发生停滞。

产业资本循环过程中三种职能形式在空间上的并存性和时间上的继起性，是互为条件、互为前提的。只有资本的不同部分能够依次从一个阶段转化到另一个阶段，才能保证资本总体在空间上的并存；同样，只有资本总体分为不同的部分，同时又处在三种不同的形态上，才能使资本的三种形态之间的相继转化保持连续性。

产业资本的三种形式的循环在空间上的并存性与时间上的继起性表明，"产业资本的连续进行的现实循环，不仅是流通过程和生产过程的统一，而且是它的所有三个循环形式的统一"。① 然而，资本正常循环的条件在资本主义制度下并不总是能够经常具备。由于资本主义的各种矛盾的存在，特别是基本矛盾的存在，周期性爆发的经济危机和波动，使得资本连续和高速运动的条件经常遭到破坏。

二、资本的周转

资本是在运动中增殖的，资本必须不断地、周而复始地循环，才能不断地增殖。这种周而复始、不断重复的资本循环，就是资本周转。资本周转和循环都是考察资本的运动过程，但分析的侧重和目的不同。循环是从资本运动的连续性角度进行分析，是分析资本运动所经过的阶段、采取的职能形式及揭示保持连续循环的条件，而周转是侧重分析资本运动的速度，分析哪些因素影响资本周转的速度以及速度快慢对剩余价值生产的影响。

----

① 《马克思恩格斯选集》第2卷，人民出版社1995年版，第291页。

（一）资本周转时间和次数

资本周转速度也就是资本运动的快慢，可以用两个指标来衡量，一是周转时间，即预付资本周转一次需要的时间；二是周转次数，即一定时间内（通常为一年）预付资本周转的次数。

资本周转一次的时间，就是资本循环一个周期所经历的时间，从资本循环的阶段可以看出，周转一次要经过两个流通过程和一个生产过程，所以周转时间也是流通时间和生产时间之和。流通时间包括生产要素购买时间和商品销售时间。生产时间主要包括：生产资料的储备时间，即生产资料购买以后虽然已经进入生产过程，但还未进入使用过程的这段时间；劳动时间，即劳动者实际使用生产资料生产产品的时间；自然作用时间，某些行业需要自然力发生作用的时间，等等。所以，劳动时间与生产时间并不是一致的，不同行业的特点不同，使得劳动时间与生产时间的长短关系会不相同。无论是哪个行业，资本家若想缩短周转时间的话，无非是在上述的生产时间和流通时间上做文章。

显然，周转时间越长，资本周转速度就越慢；周转时间越短，周转速度就越快。周转速度和资本周转时间成反比。

资本周转次数是指在一定时间内资本价值周转的次数。用公式表示：

$$n = U/u$$

其中：n 代表资本周转的次数，U 代表年，u 代表一定数量资本周转一次所需要的时间。

周转公式表明，周转时间越短，资本周转次数越多，周转速度就越快；反之，周转速度就越慢。即周转速度与资本周转次数成正比。

（二）固定资本和流动资本

影响资本周转速度的因素，除了周转时间外，还有一个更重要的因素就是生产资本的构成，即与固定资本和流动资本的构成比例有关。生产资本的不同构成部分，按其价值周转方式的不同，可以分为固定资本和流动资本两个部分。

固定资本是指以厂房、机器、设备、工具等劳动资料形式存在的生产资本。这部分资本从实物形态上看，在多次生产过程中发挥作用，其使用价值并不随着一次生产过程的结束就全部丧失；从价值形态上看，其价值是随着使用过程中的磨损程度逐步转移到新产品中去的，并随着商品的销售逐步回收，要经过多次生产过程，价值才全部转移完毕并回收回来。正因为以上的两个特点，把体现为劳动资料的生产资本叫作固定资本。

流动资本是指以原材料、燃料、辅助材料等劳动对象和劳动力形式存在的那部分生产资本。这部分资本从实物形态上看，一次全部投入生产过程，并在一次生产过程中全部消耗掉，使用价值也全部丧失了；从价值形态上看，它们的价值也在一次生产过程中全部周转到新产品中，并随着商品的销售全部收回。必须指出的是其中的劳动力资本价值并不是转移到新产品中的，而是由工人再创造出来的，而且还为资本家创造了剩余价值，但是从价值周转方式上看与劳动对象部分是一样的。因此，根据这些资本在价值流通和价值周转上的特点，把它们叫作流动资本。

固定资本和流动资本的区别不仅在于价值流通和周转方式的不同，而且在周转时间和物质更新方式上也是不同的。从周转时间上看，固定资本显然比流动资本要长，固定资本的周转要经历若干次生产过程，而流动资本的周转时间与一次生产过程是一致的。从物质更新方式来说，固定资本的物质要素在其有效期内可以不断使用，并不需要更新，而流动资本则在每一个生产过程中被全部消费掉，因而需要不断更新。

生产资本划分为固定资本和流动资本，与不变资本和可变资本的划分是不同的，不能混淆。首先，划分的依据不同，前者是依据资本价值周转方式的不同来划分的，后者是依据它们在剩余价值生产过程所起的不同作用。其次，二者的内容不同，固定资本只包括不变资本中的劳动资料部分，而流动资本不仅包括不变资本中的劳动对象部分，还包括劳动力资本也就是可变资本部分。最后，划分的目的不同，前者的划分是为了考察资本的周转速度对剩余价值生产的影响，后者的划分是为了揭示剩余价值的真正来源。

（三）预付资本的总周转

由于固定资本和流动资本的周转方式和周转时间不同，因此在现实经济中简单地用周转时间来衡量周转次数就显得不可行了。在考察单个资本的周转速度时，必须考虑固定资本和流动资本在周转方式上的差异，从周转的价值量角度衡量资本的周转速度更具现实性。用公式表示：

$$预付资本的总周转次数 = \frac{固定资本年周转价值额 + 流动资本年周转价值额}{预付资本总额}$$

从公式中可以看出，影响预付资本总周转次数的主要因素有两个：固定资本和流动资本在生产资本中的比例，固定资本和流动资本各自的周转速度。一般来说，在固定资本和流动资本周转速度一定的条件下，固定资本的比重越大，预付资本的总周转速度就越慢；反之，则越快。在固定资本和流动资本比例一定的条件下，总周转速度与固定资本和流动资本的周转速度同方向变化。

（四）提高资本周转速度的意义

资本周转速度的快慢对剩余价值的生产和实现有着重大的影响，对于资本具有重要的意义。

一方面，资本周转加快意味着资本的使用效率提高，资本回收速度加快，同等生产规模下可减少预付资本的数量。这样不仅可以减少或避免固定资本的无形磨损，而且可以节省预付的流动资本。

另一方面，资本周转速度会影响到一定量的资本在一年中生产剩余价值量的多少，即周转加快可以提高年剩余价值量和年剩余价值率。年剩余价值量就是资本在一年中获得的剩余价值总量。可变资本是剩余价值的源泉，可变资本的周转速度快，意味着同一数量的可变资本在一年中发挥作用的次数多，从而能带来更多的剩余价值量。年剩余价值率是年剩余价值量和预付可变资本的比率：

$$年\ m' = 年\ m/v$$

年剩余价值率与剩余价值率的含义不同，并不直接反映资本的剥削程度，其反映的是预付可变资本在一年中的增殖程度。

上述分析表明，资本周转速度的快慢不仅会影响预付资本量的大小，而且也会直接影响剩余价值的生产。因此，加快资本周转是每一个资本家的现实选择，为了节约资本，获取更多的剩余价值，资本家会采取各种办法来加速资本周转。

第三节　剩余价值的分配

马克思认为，剩余价值是由雇佣工人在生产领域中创造的。但是生产过程中所形成的剩余价值要在各种具体形式之间进行分配。商业利润、利息、地租等剩余价值的表现形式是对剩余价值的分割，是剩余价值的转化形式。

一、利润和平均利润

在所有的产业资本中，对资本家而言，他们的价值增殖被看做是利润，利润实质上是剩余价值的转化，这种转化中，生产成本的概念非常重要。随着部门之间竞争的展开，利润又进一步转化为平均利润。

（一）生产成本

商品的价值由三部分组成：$W = c + v + m$，在生产商品的过程中，不仅消耗了各种生产资料 c，还耗费了工人的活劳动 $v + m$。但对于资本家而言，生产商品所耗费的只是资本价值 $c + v$，只要最终商品销售值大于 $c + v$，他就获利了。因此，资本家把生产过程中其所消耗的不变资本和可变资本作为一个整体，称之为生产成本，用 k 表示，即 $k = c + v$。这样，商品价值就等于生产成本与剩余价值之和，即 $W = k + m$。显然，价值大于生产成本，两者之间的差额就是剩余价值。

因此，商品生产中实际耗费的劳动量和资本家耗费的费用是两个不同的量。对于资本家来说，生产商品所耗费的只是他的资本价值 $c + v$，超出生产成本之外的剩余价值 m 是资本家无偿获得的，是预付资本的增殖部分。

生产成本的范畴对资本主义生产有着重大影响。首先，生产成本的补偿是资本主义再生产的条件。若是作为资本耗费的生产成本不能收回的话，企业的再生产就无法继续。其次，生产成本也是资本家经营企业盈亏的分界线。出售商品的价格只有高于生产成本资本家才可能获利，因此生产成本是商品销售价格的最低界限。再次，生产成本也是资本家竞争成败的关键。生产成本越低意味着企业在竞争中的价格优势越明显，从而在竞争中就越处于有利地位。

生产成本的范畴出现后，不变资本和可变资本的区别就被抹杀了，它们在价值增殖过程中的作用也被掩盖了，剩余价值不再表现为可变资本的产物，从而掩盖了资本家剥削的秘密。

（二）剩余价值转化为利润

生产成本范畴的出现，使得剩余价值不再表现为是可变资本的产物，而被看成是全部资本带来的，这时，剩余价值就转化为了利润。所以，利润是剩余价值的转化形式，是剩余价值在观念上被看成是全部预付资本所带来的产物。用 P 代表利润，则这时 $W = k + P$。

事实上，利润和剩余价值本来是同一个东西，二者在数量上也是一致的。不同之处在于，剩余价值是相对于可变资本而言的，利润是对全部预付资本而言的。所以，剩余价值是利润的本质，利润是剩余价值的转化形态或现象形态。剩余价值转化为利润后，歪曲了剩余价值的来源，似乎剩余价值不是由雇佣工人创造的，而是由资本自行创造出来的，资本家对工人的剥削关系被掩盖了。

剩余价值一旦转化为利润，剩余价值率就转化为利润率。利润率是剩余价值与全部预付资本的比率。用公式表示：

$$P' = m/c + v$$

利润率与剩余价值率是两个完全不同的范畴，剩余价值率揭示的是资本家对工人的剥削程度，而利润率则表示全部预付资本的增殖程度。由于全部预付资本总是大于可变资本，因此利润率在数量上总是小于剩余价值率。

影响利润率变动的主要因素有：剩余价值率，在其他条件不变的前提下，利润率与剩余价值率呈正比例变化；资本有机构成，资本有机构成指不变资本与可变资本的比例（c∶v），利润率与资本有机构成呈反方向变化；资本周转速度，其他条件不变时，周转速度越快，年利润率也就越高；不变资本的节约，不变资本越节省，利润率就越高。利润率是衡量资本增殖程度的重要指标，预期利润率的高低决定了资本的投资行为和投资规模。马克思有段名言：“资本害怕没有利润或利润太少，就像自然界害怕真空一样。一旦有适当的利润，资本就胆大起来。如果有 10% 的利润，它就保证到处被使用；有 20% 的利润，它就活跃起来；有 50% 的利润，它就铤而走险；为了 100% 的利润，它就敢践踏一切人间法律；有 300% 的利润，它就敢犯任何罪行，甚至冒绞首的危险。”[①]

（三）利润转化为平均利润

正如前面所分析的，由于不同资本的有机构成和周转速度不同，不同企业尤其是不同行业之间的利润率应该存在着差异。然而在现实的资本主义经济运行中，可以发现，各部门的资本家所获得的利润率并没有太大的差异，资本家无论把资本投入哪个行业都希望得到大体上等量的利润，即平均利润。

平均利润现象的关键在于利润率的平均化，即平均利润率。在实际生活中，平均利润率的形成是部门之间竞争的结果。部门内部的竞争是围绕市场份额展开的，其结果是形成了同类商品的社会价值。而部门之间的竞争是围绕着更高利润率展开的，资本为了争夺有利的投资场所进行部门间的资本转移，存量和增量资本都会自觉地进入利润率高的部门。这样，原先利润率高的部门由于大量资本涌入，商品会供过于求，价格就会下降，利润率也相应下降；而原先利润率低的部门由于大量资本撤出，则商品供不应求，价格回升，利润率会相应提高。不同生产部门之间这种以资本转移为特点的竞争引起供求关系的变化，导致价值和价格的偏离，并最终使不同部门之间的利润率大致相当。可见，平均利润率的形成过程，是不同部门的资本家通过竞争重新瓜分剩余价值的过程。

在利润率平均化的条件下，各部门资本家根据平均利润率获得的与其预付资本量大小相适应的利润就是平均利润：

$$平均利润 = 预付资本 \times 平均利润率$$

平均利润率的高低取决于两个因素：一是各部门利润率的水平，社会整体的利润率高则平均利润率也高；二是各部门资本在社会总资本中所占比重的大小，若利润率高的部门资本比重高的话则平均利润率水平较高。随着社会生产力的发展，社会资本平均有机构成会提高，因此平均利润率一般会趋于下降。

① 《马克思恩格斯文集》第 5 卷，人民出版社 2009 年版，第 871 页。

必须强调的是，利润率的平均化只是一种趋势，并不是利润率绝对的平均。在平均利润率起作用的条件下，各个部门的利润率仍然会存在差别。这是因为在现实经济生活中，资本跨部门的转移是存在许多障碍的，而且资本转移也是有成本的，资本转移并非是非常充分的，这些都阻碍着利润率平均化的进程。不过，从一个较长的时期看，各个部门的利润率还是存在着平均化的趋势。

平均利润率的形成也不排斥各个部门内少数先进企业仍可以得到超额利润。超额利润是超额剩余价值的转化，每个部门内部的企业之间在资本周转和生产条件上还是存在差别的，利润率也会有高有低，先进企业仍旧可以获得高于平均利润率的更高利润。利润率平均化的过程中，自始至终都存在着部门内部资本家之间为了获得超额利润的激烈竞争。

利润转化为平均利润，进一步掩盖了资本主义的剥削关系。利润的出现已经掩盖了剩余价值的真正来源，但利润量与剩余价值量还是一致的。而平均利润出现后，许多部门的利润量与剩余价值量不一致了，利润和剩余价值在量上的关系被割断了。等量资本获取等量利润，似乎利润的多少只和投入的资本量有关，这就彻底掩盖了利润的本质和来源。

（四）价值转化为生产价格

利润转化为平均利润，价值就转化为生产价格。生产价格由生产成本和平均利润构成：

$$生产价格 = 生产成本 + 平均利润$$

生产价格的形成以平均利润的形成为前提，平均利润的形成过程就是生产价格的形成过程。价值转化为生产价格后，价值规律作用的形式便发生了变化。市场价格的变动不再以价值为中心，而是围绕生产价格上下波动了。市场价格围绕生产价格上下波动不是对价值规律的违背，而只是价值规律发生作用的形式发生了变化。这是因为：第一，虽然从个别部门来看，资本家获得的平均利润总额与本部门工人创造的剩余价值不一致，但从全社会来看，整个资本家阶级获得的利润总额与工人创造的剩余价值总额还是相等的；第二，从个别部门来看，商品的生产价格同价值不一致，但从全社会来看，商品的生产价格总额和价值总额是相等的；第三，生产价格是以价值为基础的，生产价格是随着商品价值的变动而变动的。所以，价值规律现在是通过生产价格在起作用。

等量资本获得等量利润，是剩余价值在各生产部门资本家之间重新分配的结果。其实现过程表明，整个资本主义经济如同一个庞大的股份公司，所有的资本家都是这个公司的股东。各个部门工人所创造的剩余价值汇集在一起按照各自所占股份进行分配。所以，在资本主义社会中，工人不仅受本企业资本家的剥削，而且还受整个资产阶级的剥削。

二、商业资本和商业利润

（一）商业资本的本质和作用

商业资本是从产业资本职能中分离出来的、独立地在流通领域中发生作用的资本。资本主义发展初期，产业资本的三种职能形式是结合在一起，由一个资本单独完成的。随着资本主义生产的发展，商品销售也就是商品资本的职能逐渐从产业资本中分离出来，成为由商业资本专门执行的职能。商业资本执行着商品资本的职能，即销售商品，实现价值和剩余价值。

商品资本的职能转化为独立的商业资本的职能，需要具备两个基本条件：一是在产业资本家和专门从事商品流通的商人之间形成分工，商品销售成为商人的独立业务，不再由产业资本家兼任。二是商业资本家必须有自己独立的投资，他们必须预付一定数量的货币资本购买产业资本家的商品，然后再通过商品销售，最终完成产业资本的循环。

商业资本成为一种独立的资本形式，对于产业资本和整个社会经济运行起着重要的作用。主要表现在：商业资本的活动，可以加速产业资本的周转；有利于产业资本提高经济效益；有利于节省流通资本；可以缩短流通时间。同时，商业资本的存在也有着不利于资本主义经济发展的消极方面。当产业资本家把商品卖给商业资本家时，商品并未最终进入消费领域，而是仍然停留在流通领域，很容易形成虚假的市场需求，造成产业资本盲目地扩大生产，从而使商品经济中生产和消费的矛盾被掩盖并累积起来，促使这一矛盾更加尖锐，加速危机的到来，加剧经济危机的破坏性。

（二）商业利润

商业利润是商业资本家从事商业经营活动所获得的利润。商业利润来自于商品销售价格和购买价格之间的差额，但其并非从流通领域中产生。流通领域中纯粹的买卖活动不会产生商业利润，商业利润实际上是产业资本家让渡给商业资本家的一部分剩余价值，商业利润的真正来源是产业部门工人创造的剩余价值。具体来说，产业资本家按照低于生产价格的价格把商品销售给商业资本家，商业资本家再按照生产价格销售商品。这样，商业资本家就获得了产业资本家转让给他的那部分剩余价值。产业资本家之所以这么做，是因为由于商业资本的存在，使得产业资本的资本周转速度加快，用于流通的资本减少，用于生产的资本就增加了，这么做远比他自己兼营商业更为有利。

作为一种与产业资本并列的独立的资本形式，商业资本也要和产业资本一样获得平均利润。商业利润的多少，同样受平均利润率规律的支配，取决于商业资本家和产业资本家之间的竞争，最终在商业资本家和产业资本家之间形成统一的平均利润率。所以，商业利润和产业利润一样也具有平均利润的性质。

三、借贷资本和利息

（一）借贷资本

借贷资本是从职能资本（包括产业资本和商业资本）运动中分离出来的独立的资本形式。借贷资本的形成与资本主义再生产过程中的资本循环有着密切的关系。在资本循环过程中，一些职能资本往往会有暂时闲置的货币资本，而有的资本家又需要补充货币资本。因此，拥有暂时闲置货币资本的资本家，就可以把这些货币资本贷给需要货币的资本家使用。而取得贷款的资本家在一定时期后归还贷款时，必须将获取的剩余价值的一部分以利息形式作为报酬支付货币的提供者。所以，从职能资本运动中暂时游离出来的货币资本，为获取利息而借贷出去时，就转化为借贷资本。借贷资本就是借贷资本家为了取得利息而暂时贷给职能资本家的货币资本，但不是货币资本的独立化形态。

（二）利息和利息率

利息就是职能资本家使用借贷资本而让渡给借贷资本家的一部分剩余价值。职能资本家在使用借贷的货币资本从事生产活动时，其所得到的平均利润不能由其独占，而是分割为两个部分：一部分是支付给借贷资本家的利息，另一部分才是自己所得到的企业利润。企业利润在数量上是平均利润和利息的差额。可见，利息是平均利润的一部分，也是剩余价值的转化形式。利息既体现了借贷资本家和职能资本家共同剥削雇佣工人的经济关系，又体现了借贷资本家和职能资本家之间共同瓜分剩余价值的经济关系。

平均利润分割为利息和企业利润后，进一步掩盖了资本和雇佣劳动的对立关系。利息被单纯地表现为资本自身带来的成果，企业利润也被单纯地表现为资本家管理和经营企业的报酬。在利息和企业利润的形式上，它们都是剩余价值的转化形态这个共同的本质就被掩盖了。

利息率是利息的相对量指标，是指一定时期内利息与借贷资本的比率。用公式表示：

$$利息率 = 利息 / 借贷资本总额$$

利息率通常是在平均利润率和零之间波动的。若高于平均利润率，职能资本家就不会借贷，若利率过低的话，借贷资本家就不会对外放贷。一定时期利息率的高低主要受平均利润率的高低和借贷资本供求状况的影响。此外，法律和社会习惯、预期价格变动、国家的财政货币政策、风险大小、借贷时间长短等因素也会影响利息率的高低。

（三）银行和银行利润

随着货币资本的借贷成为专门的业务活动，专门经营借贷业务的银行资本家就出现了，银行资本也随之产生。银行是专门经营货币资本的企业。通过负债业务借入资金，资产业务贷出资金。银行掌握的资本即银行资本，由两个部分构成：银行资本家自己投入的资本，即自有资本；二是银行吸收的存款，即借入资本，它占银行资本的大部分。

银行资本家投资于银行业，也要获取平均利润。银行利润主要来源于存贷款利息的差额。向外贷款所收取的利息和吸收存款所支付的利息的差额，再减去业务费用，就是银行利润。显然，银行利润也来源于生产部门的工人所创造的剩余价值，银行资本家也参与了对剩余价值的瓜分。

四、地租及其形式

（一）资本主义地租的本质

在资本主义制度下，土地归私人所有者占有。资本主义土地私有制反映着土地所有者、农业资本家和农业工人三个阶级之间的关系。土地所有者手中掌握着大量的土地，一般不直接从事农业生产经营，而是把土地租给农业资本家。农业资本家雇佣农业工人，采取雇佣劳动的方式从事农业生产，并把剥削雇佣劳动者的剩余价值的一部分，即超额利润，以地租形式缴纳给土地所有者。

资本主义地租是农业资本家租种地主的土地而向地主缴纳的地租，它是农业工人所创造的超过平均利润以上的那一部分剩余价值，即超额利润。资本主义地租的形态有级差地租和绝对地租，它们是由不同的原因和条件引起的。

（二）级差地租

资本主义农业领域中不同地块的土地在肥沃程度、地理位置等方面的差别，形成了不同等级的土地。农业资本家租种不同等级的土地，所缴纳的地租也是有差别的。级差地租就是与土地的不同等级相联系的地租，它是由农产品的个别生产价格低于社会生产价格的超额利润所构成的。

级差地租形成的条件是土地在肥沃程度、地理位置等方面的差别。由于土地的等级存在着差别，同量资本投入不同等级的土地其收益是不同的。投入条件好的土地，生产率高，农产品的个别生产价格就较低。反之，则较高。在资本主义农业领域，与工业领域不同，农产品必须按照条件较差的劣等地生产的农产品的个别生产价格所决定的社会生产价格出售。只有这样，租种劣等地的农业资本家才能获得平均利润，劣等地才可能被租种出去。投资于条件较好土地的农业资本家其个别生产价格低于社会生产价格，所获得的差额利润被作为级差地租缴纳给土地所有者，自己获得平均利润，而租种劣等地是不缴纳级差地租的。

级差地租产生的原因是土地的有限性所引起的对土地经营权的垄断。由于农业经营中土地的有限性，尤其是较优土地的数量的有限，引起的经营权的垄断，使经营较优土地的资本家能够比较稳定地获得超额利润，形成级差地租。在这里，土地所有权只是把超额利润以级差地租形式从农业资本家手中转给土地所有者的原因，而不是级差地租产生的原因。

级差地租的源泉来自农业工人创造的剩余价值。土地等级的优劣，只是为超额利润的产生提供了自然基础，土地本身不能创造价值和超额利润。同工业中的超额利润一样，农业中的超额利润也是来自雇佣劳动者创造的剩余价值。

级差地租由于形成的具体条件不同而有两种形态。级差地租Ⅰ，包括两个条件，一是土地肥沃程度的差别，二是不同地块地理位置的差别。级差地租Ⅱ，指的是在同一地块上连续追加投资而造成更高生产率所产生的超额利润。

（三）绝对地租

绝对地租就是租种任何土地包括劣等地都必须缴纳的地租，是土地所有权在经济上的实现。

应该如何理解绝对地租形成的条件呢？任何等级土地的所有者都必须得到绝对地租，而农业资本家又必须得到平均利润，那么，只有一种可能，就是农产品以高于社会生产价格的价格出售，这样，农业资本家才能在获得平均利润后还有一个利润余额作为绝对地租交给土地所有者。而农产品可以高于社会生产价格出售，原因在于很长时期内农业领域的技术水平落后，农业资本的有机构成低于社会平均有机构成，这样使得农业领域的剩余价值较高，从而农产品的价值高于其社会生产价格。可见，农产品按照高于其社会生产价格的价格出售，实际上是按照价值在出售。这样，农产品价值高于社会生产价格而产生的超额利润，就形成了绝对地租。因此，绝对地租形成的条件，是农业的资本有机构成低于社会平均资本有机构成。

绝对地租形成的原因是资本主义土地私有权的垄断。农产品能够按照高于生产价格的价值出售，价值高于生产价格的差额能够不参加全社会的利润平均化过程并能保留在农业部门形成绝对地租，就是因为农业领域土地私有权的垄断，阻碍和排斥了资本向农业的自由转移。利润平均化必须以资本的自由转移为前提，而农业部门不具备这个条件，因此使得农产品由于资本有机构成较低而形成的价值高于生产价格的差额部分留在农业领域形成了绝对地租。

绝对地租不仅租种劣等地要缴纳，租种较优土地的农业资本家在缴纳级差地租的同时也要缴纳。绝对地租是农产品价值的一部分，和级差地租一样来源于农业工人所创造的剩余价值，是剩余价值的转化形式，体现了农业资本家和土地所有者共同剥削农业工人的关系。

以上分析可见，剩余价值是资本增殖的本质所在，现实的资本运行中会外化为各种转化形式，只有通过对这些转化形式的分析，才能更好地理解剩余价值的产生及其资本主义生产的实质。

第四节　资本主义再生产和经济危机

资本主义生产是一个不断循环、不断重复的过程，通过对资本主义再生产的分析，可以更加深刻地理解资本主义的本质和基本矛盾，剖析其经济运行机制的局限性和社会制度的过渡性。

一、资本主义再生产

任何一个社会的生产都是再生产过程。就其内容来说，是物质资料再生产和生产关系再生产的统一。人们在不断创造物质资料满足生产和生活需要的同时，生产关系也在不断地得到维持和发展。从再生产的规模看，可以分为简单再生产和扩大再生产。简单再生产是指在原有规模上重复进行的再生产；扩大再生产则是在不断扩大的规模上重复进行的再生产。

资本主义再生产的特点是扩大再生产，但是考察资本再生产必须从简单再生产开始，简单再生产是扩大再生产的基础和出发点。

（一）简单再生产

资本主义简单再生产条件下，工人创造的剩余价值全部被资本家用于个人消费，再生产只是在原有规模上重复进行。从再生产的角度，可以发现一次生产过程所不能看到的资本主义生产的某些重要特点。

首先，就一次生产过程来看，是资本家预付给工人工资，似乎是资本家养活了工人。但是从再生产的角度看，资本家付给工人的工资不过是上一次生产过程中生产出来的产品价值的一部分，而且，工人不仅不断地再生产出自己的价值即可变资本，而且还为资本家提供了剩余价值。

其次，从再生产角度看，不仅是可变资本，包括不变资本在内的全部资本都是由工人创造的。因为不管资本家的最初资本来源如何，经过一定的时期，都会被他们自己消费掉。"如果资本家把自己预付资本的等价物消费掉，那么这些资本的价值不过只代表他无偿占有的剩余价值的总额。他的原有资本的任何一个价值原子都不复存在了。"[①]

最后，对再生产的进一步分析表明，工人的个人消费也是从属于资本的，是资本再生产的必要条件。孤立地考察一次生产过程，似乎工人的个人消费是在生产过程之外进行的，与资本的生产过程无关。但是从再生产角度看，工人的个人消费实际上是劳动力的再生产过程，是为了再生产出在生产过程中消耗掉的劳动力，并不断补充新的劳动力，从而保证资本再生产的需要。

在再生产过程中，工人不仅生产出商品和剩余价值，而且再生产出了全部资本和劳动者自身，这些都表明，资本主义再生产是物质资料再生产和资本主义生产关系再生产的统一。

（二）扩大再生产和资本积累

资本家把剩余价值的一部分作为资本追加到生产上，用以购买追加的生产资料和劳动力，使生产在扩大的规模上进行，就是资本主义的扩大再生产。而把剩余价值转化为资本，

---

① 《资本论》第1卷，人民出版社2004年版，第627页。

或者说是剩余价值的资本化，叫作资本积累。

剩余价值是资本积累的唯一源泉，资本积累又是资本扩大再生产的重要源泉。在扩大再生产条件下，生产规模扩大，剩余价值量也会不断增加。所以，资本积累的实质是资本家利用占有的剩余价值作为资本，不断占有更多的剩余价值。因此，资本积累不仅是资本家剥削工人的结果，而且是资本家扩大剥削的手段。由资本积累而实现的资本主义扩大再生产也是资本主义生产关系的扩大再生产。

资本积累是每个资本自觉的行为，其动因在于追求剩余价值的内在动力和竞争的外在压力。影响资本积累的因素有：剩余价值率的高低；社会劳动生产率的水平；所用资本和所费资本的差额；预付资本量的大小等。

二、资本积累及其社会经济后果

在资本积累的过程中，不仅资本数量增大，而且由于生产技术水平也在提高，资本在构成上会发生变化，这种变化还直接引起了资本主义社会的失业现象等一系列社会经济后果。

（一）资本有机构成及其提高趋势

资本的构成可以从两方面考察。从自然形式上看，总是由一定数量的生产资料和劳动力构成的，它们之间存在着一定比例，这个比例取决于生产技术的发展水平。生产技术水平越高，每个劳动力所推动的生产资料的数量就越多。这种由生产的技术水平所决定的生产资料和劳动力之间的比例，叫作资本的技术构成。从价值形式上看，资本可分为不变资本和可变资本，它们之间的比例，叫作资本的价值构成。资本的技术构成和价值构成之间存在着密切的联系。一般来说，技术构成决定价值构成，技术构成的变化往往会引起价值构成相应变化，而价值构成的变化通常反映着技术构成的变化。这种由资本的技术构成决定并反映技术构成的资本价值构成，叫作资本的有机构成，通常用 c: v 来表示。

从资本积累的规律看，资本有机构成具有不断提高的趋势，这是由资本的本性决定的。资本主义生产的唯一动机和直接目的是追求剩余价值。为了达到这个目的，资本家便尽可能改进技术，提高劳动生产率，加快资本积累，扩大生产规模。在生产技术水平不断提高的条件下，随着资本积累的增长和资本总额的扩大，在自然形式上，每个劳动力所推动的生产资料的数量增加；在价值形式上，不变资本部分日益增多，可变资本在资本总额中所占的比重日益下降，从而资本有机构成得以不断提高。

（二）资本积累的社会经济后果

伴随资本积累的资本的不断扩张和技术进步，其对资本主义经济产生了重大影响，集中体现在以下两个方面：

1. 相对过剩人口和失业现象

所谓相对过剩人口是指相对于资本对劳动力的需求而言表现为过剩的劳动人口，即劳动力供给超过了资本对它的需要。这种过剩人口之所以是相对的，是因为它并不是社会生产发展所绝对不需要的，而是由于他们不为资本价值增殖所需要。在资本积累的过程中，资本有机构成不断提高，可变资本的相对量减少，从而使资本对劳动力的需求也日益相对减少，其结果，就不可避免地造成大批工人失业，形成相对过剩人口。在资本主义的发展过程中，相对过剩人口基本上有三种形式：流动的过剩人口；潜伏的过剩人口；停滞的过剩人口。经常性的庞大失业人口的存在，是资本主义制度的不治之症，资产阶级政府通过各种干预措施可能在一定程度上缓解失业，但是不可能彻底消灭失业。

2. 平均利润率下降趋势

资本积累一方面导致了相对人口过剩和贫富两极分化，另一方面导致了平均利润率的下降趋势。在其他条件相同的情况下，资本积累过程中劳动生产率的提高和资本有机构成的提高，是在所有部门发生的，社会平均利润率就必然表现为不断下降的趋势。

（三）资本积累的一般趋势

随着资本积累的不断增长，一方面社会财富日益集中到少数资本家手中；另一方面社会财富的直接创造者——无产阶级则只占有少部分社会财富。也就是说，资本积累包含着两极相反的积累：一级是财富的积累，另一级是贫困的积累，这就是资本积累的一般规律。这一规律必然会导致资产阶级与无产阶级在财富占有上的两极分化。

马克思关于资本积累的学说是剩余价值理论的重要组成部分，它一方面揭露了资本主义制度下贫富两极分化和失业现象的真正原因；另一方面，也深刻地阐明了资本主义制度必然走向灭亡的历史命运。

资本主义积累的历史趋势是资本主义制度的必然灭亡和社会主义制度的必然胜利。随着资本积累的增长，一方面，资本主义生产越来越具有社会性，社会分工不断扩大，生产的范围从一个企业扩展到一个国家，甚至扩展到全球，整个社会的经济活动密切地联结成一个整体。另一方面，资本越来越集中于少数资本家中，生产活动完全服从于资本家追逐剩余价值的目的，并按照他们的私利来进行交换和分配。随着资本积累的不断增长，生产的社会性和资本主义的私人占有形式之间的矛盾便日益加剧，这是资本主义被新的、更能够适应社会化大生产要求的社会形态所取代的根本原因。

三、社会总资本的再生产

在对个别资本的再生产和流通的规律性进行分析的基础上，马克思对社会资本的再生产过程进行了深入分析，阐明了社会资本再生产规律性，进一步揭露了资本主义经济所包含的对抗性矛盾。

（一）社会总资本与社会总产品

在资本主义经济的运行中，个别资本并不是独立的，每个资本都必须和其他资本在流通环节中发生买卖关系。社会总资本就是互相联系、互相依存的个别资本的总和。个别资本在不断的循环周转中所形成的相互交错、互为条件的资本运动，就是社会总资本的运动。

考察社会资本运动的核心问题是社会总产品的实现或补偿问题。所谓社会总产品就是指社会各个物质生产部门在一定时期内所生产出来的全部物质产品的总和。而社会总产品的实现是指社会商品资本到货币资本的转化，也就是社会总产品在价值上的补偿和实物上的替换问题——价值补偿，社会总产品各个部分的价值通过商品出售以货币形式收回，用于补偿在生产中预付的不变资本和可变资本，并且取得剩余价值；实物替换，社会总产品转化为货币后，必须进一步转化为所需要的物质产品，资本家购买生产资料和自己所需要的生活资料，工人购买自己的消费资料。用公式表示：

$$W' - \begin{cases} G-W\cdots P\cdots W' \\ g-w \end{cases}$$

公式中：g 为普通货币，w 为生活资料。

只有上述两个方面都解决了，社会总产品全部销售出去，产品没有过剩，并且下一个阶段的生产的物质基础也准备完毕，整个社会资本的再生产才能不断延续。因此，社会总产品的实现问题是社会资本再生产的核心问题。

（二）研究社会资本再生产的理论前提

社会总产品的实现包括实物和价值两个方面，需要从使用价值和价值两个方面来分析社会资本再生产问题。

从使用价值形态上看，社会总产品在最终用途上可分为生产资料和生活资料两大部分。与此对应，可以把社会的物质生产部门分成两大类，一类是生产生产资料的部类，其产品进入生产领域，称为第一部类，用"Ⅰ"表示；另一类是生产生活资料的部类，其产品进入生活消费领域，称为第二部类，用"Ⅱ"表示。

从价值形态上看，社会总产品是由生产资料的转移价值、凝结在产品中的由工人必要劳动创造的价值以及凝结在产品中的由工人在剩余劳动时间里创造的价值构成，即包括了 c、v、m 三个部分。

把这两个方面的划分结合在一起，可得到以下模型：

$$社会总产品\begin{cases} Ⅰ = c + v + m \\ Ⅱ = c + v + m \end{cases}$$

这个模型表明：社会总产品可以由一定价值的生产资料和一定价值的生活资料构成。

把社会生产划分为两大部类和社会总产品由 c、v、m 三个部分构成的原理，是马克思研究社会资本再生产的两个基本前提。前者揭示了社会总产品的基本用途和实现条件，后者则揭示了社会总价值中各个部分的性质和实现的途径。同时，这两个方面的划分还指明了价值补偿和实物替换的相互联系及其制约的关系，为最终揭示社会资本再生产的规律奠定了理论基础。

（三）社会总产品的实现条件

由于两大部类的产品有着明显不同的最终用途，两大部类之间包括部类内部存在着社会分工，因此社会总产品在价值上实现补偿，在实物上得到替换，客观上就要求两大部类内部各个产业部门之间和两大部类保持一定的比例关系。生产资料的生产和生活资料的生产既要保证简单再生产实现，更要保证扩大再生产的实现。生产资料的生产既要满足本部类对消耗掉的生产资料的补偿，也要保证两大部类扩大生产规模后对追加生产资料的需求。生活资料的生产则既要满足两大部类劳动者的个人消费和社会消费，也要满足扩大生产规模后对追加生活资料的需求。上述比例不只是总量上的比例，还包括结构上的比例。只有两大部类的生产不仅在规模上，而且在结构上保持一定的比例，社会总产品的价值补偿和实物替换才能正常实现，社会再生产才能顺利进行。

在资本主义发展的相当长时期内，由于生产资料的私有制和雇佣劳动制度所决定，两大部类的生产都是在价值规律和剩余价值规律的作用下自发进行的，具有严重的盲目性，这就导致了两大部类生产在规模上和结构上经常处于失衡和脱节状态。这种失衡和脱节经常表现为生产过剩，以至于社会总产品的实现，即价值补偿和实物替换难以顺利进行，最严重的就是引发经济危机。经济危机的发生，实际上是资本主义条件下以强制的方式解决社会再生产的实现问题的途径，这种解决方式虽然最终也能够使社会再生产由失衡逐渐转变为平衡，却是以社会经济生活的严重混乱和瘫痪以及社会资源和财富的极大浪费为代价的。

四、资本主义经济危机

(一) 资本主义基本矛盾

资本主义私人占有的生产关系与社会化生产力之间的矛盾，是资本主义的基本矛盾。

在资本主义条件下，随着技术进步和社会生产力的不断发展，资本主义生产不断社会化。但是，在资本家私人占有生产资料和剥削雇佣劳动的生产关系中，社会化的生产力却变成资本的生产力，变成生产剩余价值、实现价值增殖的能力。这样，已经社会化的、由劳动者共同使用的生产资料，却被少数资本家占有；已经社会化了的生产过程，本应由社会按照社会需要进行管理、调节和控制，却分别由少数资本家按照各自追求最大限度利润的私人利益进行管理；共同劳动生产的社会化产品，本应由劳动者共同占有，用于满足社会需求，却被少数资本家私人占有、支配，成为他们的私有财产。这就形成了资本主义所特有的生产社会化和资本主义私人占有形式之间的矛盾。这是生产力和生产关系之间的矛盾在资本主义社会的具体体现。资本主义越发展，科学技术以至社会生产力越发展，生产社会化的程度越高，不断发展的社会生产力就越是成为资本的生产力，资本、生产资料、劳动产品就越来越集中在少数资本家的手里，资本主义矛盾尖锐化就越是不可避免。

(二) 资本主义经济危机

资本主义经济危机，就是指在资本主义再生产过程中，由资本主义经济制度因素引发的周期性生产过剩危机。资本主义发展到一定阶段，就会发生以生产过剩为基本特征的经济危机。当经济危机发生时，大量商品积压，大批企业减产或停工倒闭，大量工人失业陷入绝对贫困的境地，整个社会经济生活一片混乱。生产过剩是资本主义经济危机的本质特征，但是这种过剩是相对过剩，即相对于劳动人民有支付能力的需求来说社会生产的商品显得过剩，而不是与劳动人民的实际需要相比的绝对过剩。

经济危机的一般可能性首先是由货币作为流通手段和支付手段引起的。以货币为媒介的商品买卖在时间上分为了两个相互独立的行为，如果某些商品生产者在出卖商品后不接着购买，就会有另一些商品生产者的商品卖不出去。同时，在商品买卖更多地采取赊购赊销的方式的情况下，如果某些债务人在债务到期时不能支付，就会使整个信用关系遭到破坏。但是，这仅仅是危机形式上的可能性。资本主义经济危机爆发的根本原因在于资本主义的基本矛盾，这种基本矛盾具体表现在以下两个方面：第一，表现为生产无限扩大的趋势与劳动人民有支付能力的需求相对狭小之间的矛盾。第二，表现为个别企业内部生产的有组织性和整个社会生产的无政府状态之间的矛盾。正如马克思所说："一切现实的危机的最后原因，总是群众的贫穷和他们的消费受到限制。"① 资本主义经济危机是资本主义经济制度的必然产物，经济危机暴露了资本主义的一切病症，体现了资本主义的历史局限。

资本主义经济危机是资本主义基本矛盾的集中体现和强制性的暂时缓解，危机具有周期性的特点，这是由资本主义基本矛盾运动的阶段性决定的。当资本主义基本矛盾达到尖锐化程度时，社会生产结构严重失调，引发了经济危机。而经济危机的爆发，使企业纷纷倒闭，生产大大下降，从而使供求矛盾得到缓解，逐步渡过经济危机。但是，经济危机只能暂时缓

---

① 《马克思恩格斯文集》第 7 卷，人民出版社 2009 年版，第 548 页。

解而不能根除资本主义基本矛盾。随着资本主义经济的恢复和高涨，资本主义基本矛盾又重新激化，必然导致再一次经济危机的爆发。只要存在资本主义制度，经济危机就是不可避免的。

资本主义经济危机的周期爆发的特点，使社会资本再生产也呈现了周期性的特点，从一次危机开始到另一次危机的爆发，就是再生产的一个周期。社会资本再生产的周期一般包括四个阶段，即危机、萧条、复苏和高涨。资本主义再生产周期的四个阶段是相互联系的，其中危机阶段是周期的基本阶段或决定阶段，它既是上一周期的结束点，又是新周期的起点。

从1788年英国发生第一次局部性生产过剩危机到现在的二百多年中，资本主义世界反复发生经济危机。特别是1929—1933年的大危机，波及了整个资本主义世界，促使资本主义在制度和实践层面有了一定的变化。第二次世界大战后，资本主义国家对经济的干预力度大大加强，在诸多领域进行了结构性调整。伴随经济全球化的进程，经济危机及其周期性变化也呈现出了一些新特点。2008年发轫于美国席卷全球的金融危机，值得我们深入研究。

思考题

1. 剩余价值是如何产生的？
2. 比较分析资本循环和周转的异同点。
3. 在对资本主义经济制度的分析中，马克思运用劳动二重性理论分析了哪些范畴？
4. 利润是如何转化为平均利润的？剩余价值的转化形式中哪些具有平均利润的性质？
5. 应怎样认识资本主义的基本矛盾和基本经济规律？

延伸学习阅读材料

沃尔玛成功的秘诀
——加快资本周转的成功案例

沃尔玛由山姆·沃顿创办于1945年，最初是一个家族企业。1962年，山姆·沃顿模仿当时美国最大的折扣零售商凯马特开办了自己的第一家折扣商店。1972年组建成公众持股公司，并于同年在纽约证券交易所挂牌上市。在20世纪70年代，沃尔玛不过是活在凯马特这个有着70多年历史的老字号的阴影里。

20世纪80年代后，沃尔玛飞速发展，到了1990年，沃尔玛追上凯马特，二者年度销售额都在320多亿美元，势均力敌。而到了2000年年底，沃尔玛的销售额高达1 900亿美元，纯利63亿，而凯马特的总销售额是370亿美元，亏损2.44亿美元。过去的十年里，扣除通货膨胀因素，沃尔玛的真实销售额增长了4.5倍，而按照1990年的不变价格计算，凯马特的真实销售额在2000年缩减为276亿美元。

要知道，凯马特可是现代超市型零售企业的鼻祖。凯马特之于零售业，正如福特之于汽车业。综合性零售企业的行业标准一度是由凯马特创立的，世界最大的连锁超市、世界最大的零售企业、世界首家使用了现代超市收款系统等，这些曾经都是凯马特值得骄傲的地方。

那么，沃尔玛何以能从一家小型的零售店，迅速发展成为大型零售集团，并反超凯马特成为全球第一零售品牌？其原因是，沃尔玛提出了"帮顾客省每一分钱"的宗旨，并在资本运行的各环节贯彻这一宗旨。

所有的大型连锁超市都采取低价经营策略，沃尔玛与众不同之处在于，它想尽一切办法从进货渠道、分销方式以及营销费用、行政开支等各方面节省资金，提出了"天天平价、始终如一"的口号，并努力实现价格比其他商号更便宜的承诺。严谨的采购态度、完善的发货系统和先进的存货管理是促成沃尔玛做到成本最低、价格最便宜的关键因素。

沃尔玛一般是直接从工厂以最低的进货价采购商品。一旦交易达成，总部便会通知厂商把货品发送到沃尔玛发货中心。沃尔玛在美国拥有16个发货中心，都设在离网店不到一天路程的地方。它所拥有的6 000多辆货车，平均每天要发货19万箱。1987年，公司建立起全美最大的私人卫星通信系统，以便节省总部与分支机构的沟通费用，加快决策传达以及信息反馈的速度，提高整个公司的运作效率。总部的高速电脑与16个发货中心以及1 000多家的商店连接。通过商店付款台激光扫描器售出的每一件货物，都会自动记入电脑。当某一货品库存减少到一定数量时，电脑就会发出信号，提醒商店及时向总部要求进货。总部在安排货源后将货物送往离商店最近的一个发货中心，再由发货中心的电脑安排发送时间和路线。在商店发出订单后36小时内，所需货品就会出现在仓库的货架上。沃尔玛还采用仓储式经营，因而在商品销售成本上更充分体现出规模效益。例如，尽量利用所有的货架空间储存、陈列商品；价格不是标在每件商品上，而是统一标于货架；商品多以大包出售，以减低单独包装的成本。

如此一来，沃尔玛的库存周转加速，每年是7.3次，而凯马特则是每年3.6次，这一指标折算成营运指标相当于在每1美元的销售额里提出2美分，作为把新商品补充到货架上的费用，同样的事情凯马特要支付每10美分才能够做到，仅此一项费用的节约，就使得沃尔玛能够以比凯马特低3%的价格出售同样的商品。

此外，沃尔玛为了减少经营开支，选择了压缩广告费用的策略。美国一般大型百货公司每年在电视或报纸上要做50～100次广告，而沃尔玛只有12次。

——摘自"知识社会重塑资本市场系列之一"，《财经》2002.9

第六章

资本主义发展的历史进程

同人类以往任何社会形态一样，资本主义社会经历了萌芽、产生、发展的过程，也必将有一个逐步衰亡、为新的社会所代替的过程。这是由不以人的意志为转移的社会发展规律所决定的。但是，第二次世界大战后资本主义又发生了一些新变化。如何认识资本主义的新变化、如何面对资本主义的新变化、把握资本主义发展的历史趋势，这是马克思主义必须作出科学回答的新问题。

第一节　垄断资本的形成及其实质

资本主义的发展经历了两个历史阶段：自由竞争资本主义和垄断资本主义。19 世纪 70 年代以前，资本主义处于自由竞争阶段。从 19 世纪 70 年代开始，自由竞争资本主义逐步向垄断资本主义过渡。19 世纪末 20 世纪初，垄断代替自由竞争并占据统治地位，主要资本主义国家全面进入了垄断阶段，垄断资本主义得以形成。这一时期垄断资本主义主要以私人垄断资本为基础，所以又叫私人垄断资本主义。

一、生产集中与垄断的形成

从资本主义制度确立到 19 世纪 70 年代，是资本主义发展的自由竞争阶段。这一阶段，不同生产者之间为争夺有利的生产和销售条件而进行比较充分的竞争。除了土地私有权之外，没有人为的或自然的垄断障碍。竞争的主要手段是改进技术和扩大生产规模，来提高劳动生产率和降低商品成本。国家通过法律等手段维护资本主义经济秩序，为资本主义经济的发展提供社会条件，一般不干预经济的运行过程。这种自由竞争的资本主义体制，使资本主义经济制度的优越性得到极大的发挥，社会经济发展取得了巨大的成果。但是，自由竞争资本主义是建立在单个人的私有制基础上的，众多的小资本和小企业规模有限，难以形成规模经济效益。同时，自由竞争资本主义以无限制的竞争为特征，不可避免地出现社会供给和社会需求的不均衡，并进而导致严重的经济危机，社会生产力遭到严重破坏，自由竞争资本主义与生产社会化的矛盾日益尖锐。

19 世纪 70 年代，自由竞争资本主义发展到顶峰，开始向垄断资本主义过渡。19 世纪最后 30 年，主要资本主义国家发生第二次工业革命，电力、化学、钢铁等新兴工业迅速发展，推动生产规模进一步扩大和生产社会化程度进一步提高，成为生产和资本集中的物质基础。

同时，资本主义经济危机频频爆发，大批中小企业破产或被大企业吞并，而大企业为了保持竞争优势，纷纷联合和合并，加剧了生产和资本的集中。垄断渐渐形成，并成为资本主义新的重要特征。

自由竞争引起生产集中和资本集中，生产集中和资本集中发展到一定阶段必然引起垄断，这是资本主义发展的客观规律。

在资本主义生产发展和生产规模不断扩大的过程中，伴随着生产和资本的不断集中。所谓生产集中是指社会生产日益集中于少数大企业的过程，其结果是大企业在同类生产中所占的比重不断增加。在资本主义条件下，生产集中表现为资本集中，即社会总资本日益集中在少数资本家手中，越来越多的资本为少数大资本家所支配。生产集中和资本集中是资本家追求剩余价值的结果。资本主义经济制度确立的初期，处于以自由竞争为特征的商品经济发展阶段。资本家为了追求更多的剩余价值，展开你死我活的竞争，为了在竞争中获胜，除了加强对雇佣劳动者的剥削外，还必须不断积累资本，扩大生产规模。马克思指出："竞争斗争是通过使商品便宜来进行的。在其他条件不变时，商品的便宜取决于劳动生产率，而劳动生产率又取决于生产规模。"[1] 一般而言，在竞争中总是大企业战胜中小企业，使生产和资本进一步集中。随着 19 世纪下半叶以后信用制度的发展，银行对于大企业的融资支持，股份制度对于大企业的推动，又加速了生产和资本的集中。

"集中发展到一定阶段，可以说就自然而然地走到垄断。"[2] 所谓垄断，是指在生产集中和资本集中高度发展的基础上，少数资本主义大企业为了获得高额利润，通过相互协议或联合，对某些部门商品的生产、销售和价格，进行操纵和控制。垄断的出现既是生产力发展和生产集中化的产物，也是资本主义经济关系发展的必然结果。生产和资本的集中为垄断的形成提供了技术上的可能性和利益上的必要性。首先，当生产集中达到相当高的程度就产生了垄断的可能性。一方面，当一个部门的大部分生产被少数几个企业控制时，彼此之间容易达成协定；另一方面，此时不仅原有的中小企业无力抗衡，而且使得与之匹敌的新企业也难以产生，一定程度上阻碍了竞争。其次，生产和资本集中到相当程度后，也有了联合起来进行垄断的必要。一方面，生产集中使大企业的生产能力极度膨胀，会使市场问题更加尖锐，为了保证稳定的利润，它们有必要结成某种联合，瓜分市场；另一方面，各个大企业的实力雄厚，势均力敌，互不相让的竞争与可能造成两败俱伤，也有必要寻求妥协，达成垄断协定。

垄断是通过各种各样的组织形式实现的。垄断组织是指在一个经济部门或几个经济部门中，占据垄断地位的大企业联合。垄断组织的形式多种多样，因垄断的程度和内容不同而各异，而且在各个国家、各个时期也不尽相同。最初的垄断组织形式是短期价格协定，只是一种销售协议，存续时间较短。1873 年经济危机的爆发，标志着自由竞争资本主义的结束和垄断资本主义的开始，之后集中和垄断趋势大大加强，各个部门都出现了一些垄断企业。先后出现了卡特尔、辛迪加、托拉斯和康采恩等组织形式。当代还出现了混合联合公司。尽管垄断组织的形式多种多样，且不断发展变化，但是它们的实质是一样的，即都是通过对生产和市场的控制，独占和瓜分商品生产和销售市场，保证垄断资本家获得高额垄断利润。

① 《马克思恩格斯文集》第 5 卷，人民出版社 2009 年版，第 722 页。
② 《列宁选集》第 2 卷，人民出版社 1995 年版，第 585 页。

二、垄断条件下竞争的特点

垄断是从自由竞争中形成的，是作为自由竞争的对立面产生的，但是，垄断的出现并没有消除竞争，而只是改变了市场竞争的条件和形式，垄断与竞争共存，反而使竞争变得更加复杂和剧烈。

第一，垄断没有消除产生竞争的经济条件。竞争是商品交换关系存在和发展的基本条件，资本主义依托于高度发达的商品交换关系，它不可能从根本上消灭竞争。第二，现实中任何部门的垄断格局都不可能达到"完全垄断"的程度，即使是垄断程度极高的部门，也不可能只存在一个垄断组织。垄断组织内部、垄断组织之间、垄断组织和非垄断企业之间都存在着激烈的市场竞争关系。第三，社会生产是复杂多样的，任何垄断组织都不可能把包罗万象的社会生产都包下来。实际上，在大垄断企业之外，还存在着为数众多的中小企业。这些非垄断的企业之间也存在着竞争。因此，垄断资本主义阶段不但存在着竞争，而且竞争的主体、形式、内容和激烈程度，都较之自由竞争资本主义阶段有新的发展。

垄断条件下的竞争同自由竞争相比，具有一些新特点。自由竞争主要是获得更多的利润或超额利润，不断扩大资本的积累，而垄断竞争则是获取高额垄断利润，并不断巩固和扩大自己的垄断地位和统治权力。在竞争的手段上，自由竞争主要运用经济手段，如通过改进技术、提高劳动生产率、降低产品成本等，以战胜对手，而垄断组织的竞争，除了采取各种形式的经济手段外，还采取非经济的手段，使竞争变得更加复杂、更加激烈。在竞争范围上，自由竞争时，竞争主要是在经济领域，而且主要是在国内市场上进行的，而在垄断时期，国际市场上的竞争越来越激烈，不仅经济领域的竞争多种多样，而且还扩大到经济领域以外进行竞争。总之，垄断条件下的竞争，不仅规模大、时间长、手段残酷、程度更加激烈，而且具有更大的破坏性。

三、垄断利润和垄断价格

垄断的目的是为了通过垄断，保证获得巨额稳定的收入，即获取垄断利润，垄断利润是垄断资本家凭借其在社会生产和流通中的垄断地位而获得的超过平均利润的高额利润。垄断利润从性质上看，是凭借垄断地位而占有的；从数量上说，是获得的全部利润中超过平均利润以上的那部分利润。垄断利润的形成，关键在于垄断组织在经济生活中起了决定作用，从而阻碍了资本在各部门之间的自由转移，限制了利润平均化的趋势。

垄断利润主要是通过垄断价格来实现的。垄断价格是垄断组织在销售或购买商品时，凭借其垄断地位规定的、旨在保证获取最大限度利润的商品价格。垄断价格包括垄断高价和垄断低价两种形式。垄断高价是指垄断组织出售商品时规定的高于生产价格的价格；垄断低价是指垄断组织在购买非垄断企业所生产的原材料等生产资料时规定的低于生产价格的价格。垄断组织操纵价格带来的结果抑制了市场上价格的自由波动，垄断价格长期背离生产价格和价值。但是，从全社会看，整个社会商品的价值，仍然是由生产它们的社会必要劳动时间创造的，垄断价格既不能增加也不能减少整个社会所生产的价值总量，它只是对商品价值和剩余价值作了有利于垄断资本的再分配。从社会角度看，商品的价格总额仍然等于商品的价值总额。所以，垄断价格的产生没有否定价值规律，它是价值规律在垄断资本主义阶段作用的具体体现。

从本质上说，垄断利润的来源仍然是雇佣工人在劳动过程中所创造的剩余价值，是剩余价值的转化形式。同时，还包括其他劳动者所创造的一部分剩余价值。具体来说，垄断利润的来源大致有以下几个方面：垄断企业内部工人所创造的剩余价值；非垄断企业工人创造的一部分剩余价值和小生产者创造的一部分价值的转移；通过对外扩张、掠夺殖民地、附属国和其他落后国家人民创造的一部分价值；通过国家财政进行有利于垄断资本家的再分配。

四、金融资本的统治

金融资本是由工业垄断资本和银行垄断资本融合在一起而形成的一种垄断资本。在工业垄断资本形成的基础上，银行垄断资本也迅速发展起来，银行的作用也相应地发生了变化，开始由普通借贷中介人变成了控制工业融资活动乃至整个国民经济的万能垄断者。工业垄断资本对银行的依赖增强，大银行和大企业之间逐渐形成了较为固定的金融关系。银行垄断资本和工业垄断资本，通过金融联系、资本参与和人事参与，密切地融合在一起，产生了一种新型的垄断资本，即金融资本。

在金融资本形成的过程中，主要资本主义国家都产生了少数同时控制银行和工业的大资本家和资本家集团，即金融寡头。他们支配了大量的社会财富，控制了整个国家的经济命脉和上层建筑，是垄断资本主义国家事实上的统治者。金融寡头在经济领域中的统治主要是通过"参与制"实现的，即金融寡头通过掌握一定数量的股票控制额来层层控制企业，并进而控制整个国民经济。金融寡头还在政治上进一步控制上层建筑，利用政权的力量来加强其统治地位。金融寡头对国家机器的控制，主要通过同政府的"个人联合"来实现，即由金融寡头或其代理人担任政府要职，或把卸任的军政官员聘请到企业担任要职，从而控制整个国家机器，使资产阶级政府成为其实行政治统治的工具。

五、垄断资本主义的实质

列宁根据 19 世纪末 20 世纪初世界的政治经济情况，阐明了垄断资本主义的基本特征，即垄断资本主义就是帝国主义，具有五个方面的特征："（1）生产和资本的集中发展到这样高的程度，以致造就了在经济生活中起决定作用的垄断组织；（2）银行垄断资本和工业垄断资本已经融合起来形成金融资本，并在此基础上形成了金融寡头；（3）与商品输出不同的资本输出有了特别重要的意义；（4）瓜分世界的资本家国际垄断同盟已经形成；（5）最大资本主义列强已把世界上的领土分割完毕。"① 这五个方面是内在联系的，其中垄断是帝国主义的经济基础，金融资本的统治是帝国主义的突出特点，资本的输出、国际垄断同盟的形成和列强分割世界是垄断资本向外扩张的必然结果。

这些特征集中体现了帝国主义的实质，即垄断资本凭借垄断地位，获取高额垄断利润。19 世纪末 20 世纪初，帝国主义列强把世界瓜分完毕后，由垄断资本的本性和资本主义经济和政治发展不平衡规律所决定，后起的垄断资本主义国家必然提出重新瓜分世界的要求，两次世界大战都是因为帝国主义国家争夺世界霸权和重新瓜分世界而引起的。第二次世界大战以来，老殖民主义体系已经瓦解，垄断资本主义对世界的统治也由旧殖民主义转为新殖民主义。当代垄断资本主义国家更多地采取比较缓和和隐蔽的手法，打着所谓援助的旗号实现其

---

① 参见《列宁选集》第 2 卷，人民出版社 1995 年版，第 651 页。

对发展中国家的剥削和控制。但是，出于维护垄断资本既得利益和扩张势力范围的需要，垄断资本主义国家在对外关系中依然推行霸权主义和强权政治，维护国际政治经济旧秩序，不尊重他国主权和独立，甚至寻找种种借口对他国进行赤裸裸的军事侵略和武装占领，暴露出垄断资本主义的扩张主义本性。因此，虽然列宁指出的垄断资本主义的基本经济特征在表现形式上发生了一些变化，但基本内容及其实质并没有发生根本变化，仍然是我们认识当代资本主义的重要理论武器。

所以，垄断的出现是资本主义生产力发展的必然结果，适应了生产力进一步发展的客观要求，但并没有改变资本主义生产关系的性质，获取剩余价值的生产目的也还决定着资本主义的全部生产过程，剩余价值规律依旧是资本主义的基本经济规律。

第二节　垄断资本主义的发展

从自由竞争到垄断，再从私人垄断发展为国家垄断，是资本主义制度发展的历史轨迹。资本主义由自由竞争进入垄断阶段后，随着科学技术的进步和生产社会化程度的进一步提高，私人垄断资本与社会化大生产之间的矛盾日益尖锐，以致严重阻碍生产力的进一步发展。这在客观上必然要求生产资料在全社会范围内集中。在这样的背景下，国家垄断资本主义应运而生。

一、国家垄断资本的形成及原因

国家垄断资本主义是资本主义国家政权和私人垄断资本融合在一起而形成的垄断资本主义。垄断由私人垄断向国家垄断的发展是资本主义基本矛盾发展的必然结果。国家垄断资本主义的产生，是垄断资本主义生产关系在自身范围内的部分质变，标志着资本主义发展进入了新的阶段。

资本主义产生以来，直到20世纪三四十年代以前，政府在社会中都是作为"守夜人"出现的，一般不干预社会经济活动，而是由市场自发调节，奉行自由放任主义。1929—1933年的席卷世界的资本主义经济大危机，是有史以来资本主义世界最严重的经济危机，沉重打击了资本主义经济，深刻动摇了资本主义经济体制的根基，危及资本主义的生存。人们认识到自由放任的政策已经不能适应经济发展需要，国家对经济的干预应运而生。在理论上，英国经济学家凯恩斯于1936年发表《就业、利息和货币通论》，提出资本主义经济危机的原因在于有效需求不足，主张国家通过财政和货币政策创造需求，保证资本主义经济的稳定运行。在实践上，1933年美国总统罗斯福实施"新政"，政府通过大规模投入资金来挽救金融体系，恢复工商业和农业，救济贫民和失业者。大危机标志着资本主义自由市场经济的终结和国家垄断资本主义的产生。第二次世界大战期间，帝国主义各国都建立了战时经济管理体制，国家对整个国民经济和社会生活实行全面统治，国家垄断资本主义得到进一步发展。第二次世界大战后，在所有发达资本主义国家，国家垄断资本主义无论在广度上还是在深度上，都有了更迅速、更普遍的发展，国家干预深入到资本主义的生产、流通、分配和消费的各个环节，并且制度化、常态化、系统化了，国家垄断资本主义作为一种新的垄断资本主义生产关系体系最终得以形成。

国家垄断资本主义的形成和发展不是偶然的，它是科技进步和生产社会化程度进一步提高的产物，是资本主义基本矛盾进一步尖锐化的必然结果。首先，社会生产力的发展，要求生产资料在更大范围内被支配，从而促进了国家垄断资本主义的产生。科技革命的推动，使社会分工迅速扩大，生产社会化程度进一步提高，私人垄断资本往往无力承担巨额的资本投入。随着经济社会的发展，对公共设施的需求越来越大，出于利益所限，私人资本也不愿投资。同时，私人垄断资本一般也不愿意涉足重大的科学研究和技术开发。这些客观上都要求通过国家的力量来为整个社会经济发展承担责任，为私人垄断资本提供服务。其次，经济波动和经济危机的深化，要求国家垄断资本主义的产生。在垄断资本主义阶段，新兴产业不断涌现，社会生产力迅速提高，物质财富生产的规模不断扩大，导致资本主义基本矛盾不断激化，并使资本主义社会经常为经济的剧烈波动乃至经济危机所困扰。私人垄断资本对这些矛盾无力解决，难以应付，这就要求借助国家的力量，借助政府的各种反危机措施，对市场进行干预和调节，消除危机带来的影响。最后，缓和社会矛盾，协调利益关系，要求国家垄断资本主义的产生。财富占有的两极分化是资本主义制度固有的矛盾，垄断资本的出现加剧了这种矛盾，必然导致社会的不稳定，乃至威胁资本主义国家政权的稳固。这就要求政府介入国民收入的再分配领域，调节收入分配关系，缓和阶级矛盾。

从以上分析可以看出，垄断的国家化有其特定的历史条件和根源。国家和私人垄断资本的紧密结合，在一定程度上突破了私人垄断资本的局限性，缓和了生产社会化的发展和私人垄断资本不相适应的矛盾，使国家垄断资本主义得以广泛地、高速地发展。

二、国家垄断资本的形式和作用

根据国家和私人垄断资本结合的不同情况，大致可以将国家垄断资本主义的形式分为四种。第一种，国家所有并直接经营企业，国家资本和垄断资本融合为一体。其形成的途径可以是国家通过财政拨款直接投资兴办，也可以是通过国有化政策收归国有。国有资本主要集中在基础设施和基础产业部门、公共产品和服务部门以及自然垄断部门。第二种，国家与私人共有、合营企业。包括国有企业将一部分股份出售给私人，国家和私人共同投资开办合营企业，国有企业和私人企业合并，国有企业对私人企业进行参股和国有企业转由私人租赁或承包经营等形式。第三种，国家通过多种形式参与私人垄断资本的再生产过程，包括国家作为商品和劳务的采购者，向私人垄断企业订货；国家通过各种形式的津贴和补助，直接、间接地资助私人垄断企业等。第四种，宏观调节和微观规制。宏观调节主要是国家运用财政政策、货币政策等经济手段，对社会总供给和总需求进行调节，以实现经济快速增长、充分就业、物价稳定和国际收支平衡的基本目标。微观规制则主要是国家运用法律手段规范市场秩序，限制垄断，保护竞争，维护社会公众的合法权益。这些规制旨在克服垄断资本主义自身发展所固有的矛盾和消极后果，促进经济和社会稳定、健康和持续发展。

国家垄断资本的产生和发展，一方面对经济生活中的各种矛盾在一定程度上起到缓和作用，从而促进生产力的发展。另一方面，国家垄断资本主义毕竟是资本利用国家机器获取高额利润的一种形式，私人垄断资本狭隘的利益追求又会使社会经济生活中的固有矛盾进一步加深。这两方面决定了国家垄断资本对经济发展既具有一定的积极作用，又具有一定的消极作用和局限性。

国家垄断资本对社会经济的促进作用主要表现在：首先，国家垄断资本主义的出现为社会生产力的发展创造了基础性的条件，在一定程度上有利于社会生产力的发展。资本主义国家的政府运用掌握的巨额资本投入社会再生产过程，发展高新科技、兴办公共设施、投资私人资本无力承担的巨大新兴工业企业，从而部分地克服了社会化大生产与私人垄断资本之间的矛盾。其次，资产阶级国家凌驾于私人垄断资本之上，代表整个垄断资产阶级的利益，调节经济过程和经济活动，在一定范围内突破了私人垄断资本的狭隘界限。国家对经济的干预在一定程度上适应了社会化大生产的要求，有利于缓解资本主义生产的无政府状态，促进社会经济较为协调地发展。再次，通过国家的收入再分配手段，建立社会保障制度，对社会财富进行再分配，客观上缓解了社会贫富不均和两极分化的矛盾，有利于社会的稳定和经济的发展。

但是，国家垄断资本的出现并没有根本改变垄断资本主义的性质。国家垄断资本主义在本质上是资产阶级国家力量同垄断组织力量结合在一起的垄断资本主义，它在一定程度上促进生产力发展的同时，也加强了对劳动人民的剥削和掠夺，更好地保证垄断资产阶级获得高额垄断利润，更有利于维护资本主义制度。国家垄断资本主义的出现是资本主义经济制度内的经济关系调整，并没有从根本上消除资本主义的基本矛盾。国家垄断资本主义有各种不同的具体形式，其实质都是私人垄断资本利用国家机器来为其发展服务的手段，是私人垄断资本为了维护垄断统治和获取高额垄断利润，而和国家政权相结合的一种垄断资本主义形式，是资产阶级国家在直接参与社会资本的再生产过程中，代表资产阶级总利益并凌驾于个别垄断资本之上，对社会经济进行调节的一种形式。

三、垄断资本的国际化和经济全球化

垄断资本在国内建立了垄断统治后，必然要把其统治势力扩展到国外，建立国际垄断统治。垄断资本在世界范围的扩展，反映了资本主义发展的必然逻辑，也反映了资本主义发展的本质。第二次世界大战后，尤其是 20 世纪 80 年代以来，伴随"冷战"的结束，随着直接生产过程在不同国家和地区间的延伸，资本国化化和经济全球化成为当代垄断资本的显著特征。

（一）垄断资本在世界范围的扩张

垄断出现之初，就有着向海外扩展的趋势，列宁在 20 世纪初对商品输出的分析就是垄断资本对外扩张的方式。垄断资本国际化的基础是国际分工，第二次世界大战后，国际分工的深化极大推动了垄断资本国际化的进程。

所谓国际分工是指社会分工越出国界而形成的不同国家和地区间的生产专业化，它是资本国化化的基础和前提。早期的国际分工在资本主义社会的前期就有萌芽，真正意义上的国际分工，是伴随着资本主义生产方式的产生和发展而逐步形成的。第二次世界大战后，由于第三次科技革命的推动，国际分工进一步深化，主要表现在：传统意义上的垂直式分工向水平式分工转化，发达国家之间的资本转移大大增加；国际分工的广度和深度上大大拓展，产业部门间的分工向生产部门内部的融会贯通生产过渡，企业内部的分工外化为国家之间的分工；由于发达国家的科技水平在许多领域中处于领先地位，它们不仅是资本的输出者也是技术的输出方，国家之间的产业转移呈波浪式的发展。这些都使得"垂直"国家和"水平"国家之间以及"水平"国家之间的直接投资大大增加，加之"冷战"结束后东西方经济交往的加深，垄断资本在世界范围内的扩张达到了以往从未有过的高度。

垄断资本向世界范围扩展的主要经济动因有以下几个方面。首先，争夺商品销售市场，

缓解国内市场需求不足的矛盾。其次，将国内过剩的资本输出，以便在国外谋求高额利润。再次，将部分非要害的技术转移到国外，以取得在别国的垄断优势，攫取高额垄断利润。最后，确保原材料和能源的可靠来源。这些经济上的动因与垄断资本主义政治上、文化上、外交上的利益紧密联系在一起，交织发挥作用，共同促进了垄断资本主义向世界范围的扩展。

资本国际化实际上就是资本的运动由本国之内扩展到国际范围。由于产业资本在运动的不同阶段分别以货币资本、生产资本和商品资本的形式存在，因此资本国家化也就表现为货币资本国际化、生产资本国际化和商品资本国际化。具体来看，垄断资本向世界范围扩展的基本形式有三种：第一种是借贷资本输出，即由资本主义国家的政府、银行、企业把资本贷给其他国家的政府、银行或企业；第二种是生产资本输出，即在国外投资独资或合资兴办企业；第三种是商品资本的输出，在海外市场销售商品。三种形式中，商品资本的输出在自由竞争资本主义阶段占主导地位，借贷资本和生产资本的输出则在垄断资本主义阶段占主导地位。第二次世界大战后，世界范围内直接投资的大幅增加表明生产资本国际化的重要性更加突出了。

生产资本国际化的重要载体是跨国公司。跨国公司是国际垄断同盟的重要形式之一。跨国公司也叫多国公司、国际公司，是指以本国为基地，通过对外直接投资在国外设立子公司或分支机构，进行国际间的生产、销售和金融投资等各种经营活动，以获取高额垄断利润的大型垄断企业。第二次世界大战后跨国公司飞速发展，对于当代世界经济和政治有着不可忽视的作用和影响。

国家垄断资本主义的国际联盟，是国际垄断同盟的高级形式。它主要是由一些资本主义国家的政府出面缔结协定所组成的国际经济集团。国家垄断资本主义的国际联盟使各国经济的一体化程度大大增强，在一定程度上促进了生产和资本的集中，刺激了生产的发展，使各国间有可能保持和平与稳定的关系。

除了通过跨国公司和国家垄断资本主义的国际联盟增强垄断资本的国际竞争力，谋求高额垄断利润以外，为了加强对各国垄断资本的协调和制约，防止彼此之间的激烈竞争可能引起的剧烈经济动荡，在协商和合作的基础上，国际垄断资本还建立起国际经济调节机制。国际经济协调的具体形式包括各种国际经济组织、国际经济协议以及地区性的经济组织和集团等。各国的垄断资本通过这些组织的活动参与竞争，往往能够大大增强垄断资本在世界市场上的竞争力，增强一体化经济组织和区域集团内各国的竞争力。第二次世界大战以来，从事国际经济协调，维护国际经济秩序的国际性协调组织主要有三个，即国际货币基金组织、世界银行和世界贸易组织。

毫无疑问，垄断资本国际化条件下各种形式的国际垄断组织，国际垄断同盟和国际经济协调机构的发展，加快了资本、技术等生产要素在国际间的流动，推动了商品和服务贸易额的迅速增大，加强了各国之间的经济联系，促进了经济全球化的发展，在一定程度上缓和了国际经济领域的矛盾和危机。但是国际垄断组织和国际垄断同盟以及国际协调机构进行的国际经济调节，从根本上说是为维护资产阶级的利益、为他们攫取高额垄断利润服务的。国际垄断组织和国际垄断同盟及其协调机构不仅维护本国垄断资产阶级的利益，而且对资本主义世界的经济关系进行协调和调整，从而维护了整个资本主义制度和各国垄断资产阶级的共同利益。

垄断资本向世界范围的扩展，势必会产生一系列的社会经济后果。

对于资本输出国，资本输出为其带来了巨额利润，加速了资本积累，增强了垄断资本的实力；带动和扩大了商品输出，巩固和扩大了垄断资本的销售市场和投资场所，大大改善了国际收支状况；对发展中国家的经济命脉形成控制，进一步巩固和扩大了垄断优势地位。当然在资本输出过程中，某些国家也可能出现产业"空洞化"，与发展中国家和发达国家之间的矛盾加深等现象，但是这些都不能改变垄断资本通过资本输出攫取了巨大利益和扩大了垄断实力的实质。对于资本输入国（主要是发展中国家），资本的输入对其经济和社会发展产生了一定的积极作用。吸收了经济发展所需的资金，为经济发展提供了条件；引进了比较先进的机器设备和工艺技术，同时培训了一批适应现代化生产需要的技术人员、熟练工人和企业管理干部；利用外资和技术，建立一批现代工业，改造老企业和旧设备，优化了产业结构；利用外资扩大生产，增加产品产量，提高了产品质量，扩大出口，促进了对外贸易的发展；经济的发展增加了就业机会，提高了收入水平。但资本输入也给发展中国家带来了一定的不利影响，主要是：付出了较大的经济代价以及环境污染、能源和资源消耗的代价；产业调整和布局有可能受制于外资的投资战略；外来资本和跨国公司投资增加，冲击本国的民族工业，并影响到国民经济的控制权；债务负担加重，影响经济的持续稳定发展；对国际资本的依赖性增强，容易受到国际经济波动的影响等。

（二）经济全球化及其后果

垄断资本国际化的进程，也体现在经济全球化的趋势上。经济全球化是指在生产不断发展、科技加速进步、国际分工不断深化、生产的社会化和国际化程度不断提高的情况下，世界各国、各地区的经济活动越来越超出一国和地区的范围而相互联系、相互依赖的趋势。在自由竞争资本主义阶段，一些主要资本主义国家的生产经营活动实际上就开始在全球范围内进行组织，这意味着经济全球化的趋势已经萌芽。正如马克思恩格斯所说，"资产阶级，由于开拓了世界市场，使一切国家的生产和消费都成为世界性的了"[①]。到 20 世纪 80 年代后，经济全球化的进程则大大加快了。

经济全球化有诸多表现。一是生产的全球化。在经济全球化过程中，国际水平分工逐渐取代国际垂直分工成为居主导地位的分工形式，这种分工以资本、技术、管理技能等生产要素的跨国流动为前提，以跨国界组织生产为核心，以全球化生产体系的形成和建立为标志，它使世界各国的生产活动不再孤立地进行，而是成为全球生产体系的有机组成部分，整个地球俨然是一个大工厂。二是贸易的全球化。在经济全球化过程中，国际贸易迅速扩大，服务贸易发展迅速，参与贸易的国家急剧增加。三是金融的全球化。基于生产和贸易全球化，金融全球化的进程也在大大加快。四是企业经营的全球化。企业经营全球化的重要标志是跨国公司成为世界经济的主体。据统计，目前全球跨国公司母公司约有 6.5 万家，拥有约 85 万家国外分支机构。2001 年全球外国直接投资存量达到将近 7 万亿美元，跨国公司创造的增加值约为 3.5 万亿美元，总销售额约 19 万亿美元，是同期全球出口额的两倍多。

经济全球化从 20 世纪 50 年代开始，80 年代中期以后迅猛发展，原因主要有三点。

首先是各国经济体制的变革，市场经济国家的普遍化消除了经济全球化发展的体制障碍。20 世纪 90 年代以来，传统的计划经济国家纷纷放弃计划经济体制，转而向市场经济过渡。苏联和东欧国家经济体制发生了变化，走上了发展市场经济的道路。我国从 1978 年开

---

① 《马克思恩格斯选集》第 1 卷，人民出版社 1995 年版，第 276 页。

始，进行以市场为导向的经济体制改革，并最终确立了市场经济的改革目标。同时，发达资本主义国家为了摆脱经济滞胀而减弱了国家对经济的控制，更加强调市场机制的自发调节作用。在国际范围内，随着世界贸易组织的成立，其成员国对本国市场的控制大大放松，贸易自由化和投资便利化的进程不断加快。所有这些都为国际资本的流动、国际贸易的扩大、国际生产的大规模进行提供了适宜的体制环境和政策条件，促进了经济全球化的发展。

其次是科学技术的进步和生产力的发展，为经济全球化提供了坚实的物质技术基础。特别是 20 世纪 80 年代以来以互联网为代表的信息技术革命，不仅加快了信息传送的速度，大大降低了信息传送的成本，还打破了种种地域乃至国家的限制，世界经济活动的空间距离几近于消失，整个世界空前地联系在一起，推动了经济全球化的迅速发展。

第三是跨国公司的发展。跨国公司为经济全球化提供了适宜的企业组织形式。跨国公司的全球化战略使得其在全球范围内利用各地的优势组织生产，将商品、服务、人员、资本等在全球范围内重组和配置，大大地促进了各种生产要素在全球的流动和国际间分工，并由此加速了经济全球化的进程。

经济全球化本身就是生产社会化程度不断提高的过程。在经济全球化进程中，社会分工得已在更大的范围内进行，资金、技术等生产要素可以在国际社会流动和优化配置，由此可以带来巨大的分工利益，推动世界生产力的发展。由于发达资本主义国家在经济全球化进程中占据优势地位，在制定贸易和竞争规则方面具有更大的发言权，所以发达资本主义国家是经济全球化的主要受益者。经济全球化对发展中国家也具有积极的影响。经济全球化使资源在全球范围加速流动，发展中国家可以利用这一机会引进先进技术和管理经验，以实现产业结构的升级，增强经济的竞争力，缩短与发达国家的差距；发展中国家可以通过吸引外资，扩大就业，使劳动力资源的优势得以充分发挥；发展中国家也可以利用不断扩大的国际市场解决产品销售问题，以对外贸易带动本国经济的发展；发展中国家还可以借助投资自由化和比较优势组建大型跨国公司、积极参与经济全球化进程，以便从经济全球化中获取更大的利益。

但是，经济全球化是一把"双刃剑"，又是一个充满矛盾的进程，在促进世界经济发展的同时，也给各国带来了一定的负面影响，尤其是对不发达国家而言，负面效应可能更大。发达国家和落后国家之间的经济差距可能进一步扩大，贫富差距更加悬殊。由于发达国家的先发优势明显，而不发达国家在资本、技术和管理等方面与发达国家相比有较大的差距，因而在国际竞争中处于弱势地位，民族工业的发展可能受到冲击。发展中国家在经济全球化进程中获益很少，有的甚至有被边缘化的危险，发展资金匮乏、债务负担沉重、贸易条件恶化、金融风险增加以及技术水平的落后，使得民族工业发展的空间日益收缩。此外，对所有国家而言，在经济增长中忽视社会进步，环境恶化与经济全球化有可能同时发生。各国特别是相对落后国家原有的体制、政府领导能力、社会设施、政策体系、价值观念和文化都面临着全球化的冲击。国家内部和国际社会都会出现不同程度的治理危机。经济全球化使各国之间的经济联系越来越密切，相互依赖越来越强，而有效的全球性经济协调机制尚未建立，使得爆发全球经济危机的风险不断增大。经济全球化所带来的消极后果，还会制约甚至破坏全球生产力的发展，对全球经济持续稳定健康地发展带来严重影响。因此，如何使经济全球化成为世界各国"共赢"的经济全球化、世界各国平等的经济全球化、世界各国公平的经济全球化和世界各国共存的经济全球化，是国际社会共同面临的重大课题。

四、当代资本主义的新变化

与第二次世界大战前的资本主义相比，当代资本主义除了垄断的国家化与国际化的新特征外，在政治经济等许多方面也在发生着变化。认识这些新变化的表现和特点，对于在新的历史条件下深刻认识资本主义的本质，具有十分重要的意义。

从经济和政治层面看，当代资本主义的新变化主要体现在以下方面。

生产资料所有制有所变化，国家所有制形成并发挥重要作用，法人资本所有制崛起并成为居主导地位的资本所有制形式。国有制在资本主义经济中所占的比重并不大，但是由于其主要在于基础设施和公共事业部门，所以对整个社会经济的发展有着重要的影响。法人资本所有制是法人股东化的产物。法人资本所有制的基本特点是：各类法人取代个人或家族股东成为企业的主要出资人，企业的股票高度集中于少数法人股东之手，法人股东凭借手中集中化的控股权干预甚至直接参与公司治理，监督和制约管理阶层的经营行为，使公司资本的所有权与控制权重新趋于合一。法人资本所有制主要存在于居支配地位的巨型公司中。资本主义所有制经过这些形式的演变，资本占有的社会化程度大大提高。

劳资关系和分配关系发生了一定变化，缓和劳资关系的举措和福利政策相继出台。随着科学技术的进步和社会生产力的发展，特别是工会组织力量的增强，资本家在企业内部开始采取一些缓和劳资关系的激励制度，具体有雇员参与制度、终身雇佣、雇员持股制度等。此外，第二次世界大战后，随着经济的恢复和发展，资本主义国家为了缓和矛盾，避免社会剧烈冲突和动乱，保持社会的稳定，建立并实施了普及化、全民化的社会福利制度，在一定程度上满足劳动者的安全和保障需求，保证劳动者维持最低生活水平，改善劳动者的社会状况。工人工资水平也有所提高，当代西方国家在分配领域的这些变化，是资本主义发展到国家垄断资本主义阶段对于其分配关系的新调整，资本主义国家工人阶级的生活状况由此得到了一定的改善。

社会阶级、阶层结构发生了变化，管理和技术的因素越发体现在经济关系层面上了。一是资本家的地位和作用发生很大的变化，随着生产社会化程度的不断提高，大公司资本的所有权与控制权发生分离，拥有所有权的资本家一般不再直接经营和管理企业。二是高级职业经理成为大公司经营活动的实际控制者。出现了所谓"内部人"集团，大公司的高级管理人员在企业中控制企业决策，组织和指挥生产，控制人事调动，处理劳资纠纷，具有了控制企业的实际权力。三是知识型和服务型劳动者的数量不断增强，劳动方式发生了新变化。随着科学技术革命的不断深入，工人阶级的受教育水平和科技文化素质显著提高。在工业和农业等物质生产部门就业的人数相对减少，为生产和生活服务的各类服务业的就业人数大幅度上升。随着工业中自动化服务和新工艺的广泛采用，从事体力劳动的蓝领工人越来越少，而从事脑力劳动的白领工人不断增强，越来越多的工人在生产过程中从事监督者、调节者和操作者的工作，实现了从传统劳动方式向现代劳动方式的转变。

经济调节机制的重大变化，对资本主义的生产方式产生了深刻影响。随着国家垄断资本主义的形成和发展，虽然市场机制依然在资源配置过程中发挥着基础性调节作用，但它已不是唯一的经济调节机制，国家对经济的干预不断加强。国家已经承担起了提供财产保护、增强国家竞争力、实现经济增长和充分就业、保持经济稳定、提高社会福利水平以及维护竞争秩序等重要职能。它与市场机制相辅相成，共同推动资本主义经济的运行和发展。

经济危机形态有所变化，危机的扩散效应增强，危机的制度根源仍在。在经济调节机制变化的同时，经济危机形态也发生了变化，表现在：经济周期的频率和波动幅度较以前逐渐变小；经济危机四个阶段之间的差别缩小，各阶段的交替过程不如过去那样明显；虚拟经济与实体经济的脱离使得区域性和全球性的金融危机频繁发生，并且具有明显的全球性特征，对整个世界经济的影响大大增强。1997 年的亚洲金融危机，2007 年由美国次贷危机引发的全球金融危机，都是由金融领域扩散到实体经济领域，对全球经济产生了重大影响。

政治制度的变化，也是令人关注的。首先，国家行政机构的权限不断加强，资产阶级政府在社会经济生活中的地位和作用不断加强，国家权力日益集中于首脑。其次，政治制度出现多元化的趋势，公民权利有所扩大。公民在法制范围内较广泛地通过个人的政治、法律行为，或以团体、组织、政党为单位，通过集体的政治、法律行为影响国家政策的制定和执行，以谋求自身利益。再次，重视并加强法制建设。战后资本主义国家普遍加强了法制建设，以便维护社会各阶级、阶层之间利益的协调，缓和矛盾和冲突，更好地发挥对经济生活的干预作用。最后，改良主义政党在政治舞台上的影响日益扩大，成为战后西方资本主义国家政治生活中非常引人注目的现象。

当代资本主义的新变化是客观事实，我们必须正视这些新的变化，深刻分析这些变化的实质，对于我们正确认识资本主义的本质，把握资本主义发展的趋势，具有重要意义。首先，必须看到，当代资本主义发生的变化从根本上说是人类社会发展一般规律和资本主义经济规律作用的结果。科学技术的不断进步和生产社会化程度的不断提高，必然要求调整和变革那些旧的生产关系，新的适应生产社会化要求的生产关系必然将不断出现和发展。所以说资本主义生产关系的变化和发展，实际上就是资本主义生产方式为适应生产力发展要求而作出的自我调节的结果。其次，必须认识到，当代资本主义发生的变化是在资本主义制度基本框架内的变化，并不意味着资本主义生产关系的根本性质发生了变化。只要生产资料私有制和雇佣劳动还存在，只要生产剩余价值的规律还发生作用，资本主义生产关系的根本性质就不会发生变化。从当代资本主义发展的实际情况看，资本占有的社会性提高并没有改变资本在社会经济关系中的支配地位，社会福利制度缓和了资本主义分配关系的矛盾，但是并没有改变导致财富占有两极分化的制度基础，周期性经济危机也还是当代资本主义发展的基本经济特征。

第三节 资本主义的历史地位和发展趋势

资本主义制度顺应了市场的力量，它的出现打破了以小生产为基础的封闭狭隘的封建生产关系，推动了生产力的巨大发展和社会进步。但是资本主义经济制度所包含的内在矛盾，在一定条件下又成为社会化大生产进一步发展的巨大障碍。随着资本积累的不断发展，资本主义的基本矛盾也在不断深化，资本主义的发展最终为一种新的社会制度——社会主义制度的产生提供了物质基础。

一、资本主义的历史地位

资本主义社会，同历史上其他社会经济制度一样，其产生、发展及最终为另一种更高级社会经济制度所代替，都是由人类社会发展的一般规律决定的，是客观的不以人的意志为转移的自然历史过程。生产力与生产关系的矛盾运动，是推动人类社会进步的根本动力。在资本主义社会，生产力与生产关系这一基本矛盾集中表现为生产社会化和生产资料私人占有之间的矛盾。资本主义的历史地位是由资本主义固有的基本矛盾决定的。资本主义制度的产生，一方面打破了封建社会对生产力发展的束缚，推动了历史的进步，为一个新的更高级的社会的产生奠定了基础；另一方面，随着资本主义的发展，资本主义基本矛盾不断激化，成为社会化生产进一步发展的障碍，使社会主义制度的产生成为必然。同此前的其他社会经济制度相比，资本主义制度更有利于生产力的发展，空前地提高了社会生产力，具有一定的历史进步性，但从人类历史发展的总趋势看，资本主义制度又具有明显的历史局限性。

资本主义制度的历史进步性主要体现在以下方面。

推动了商品关系的普遍化，促进了生产的社会化。商品经济是在资本主义制度下才真正获得长足发展的，商品关系的发展打破了自然经济和封建等级制度对人类社会发展的严重束缚，形成了人与人之间的全面的相互依赖和广泛的社会交往，促进了分工、协作、生产的集中及劳动和自然科学的结合，推动了生产资料和劳动过程的社会化，冲破了各民族之间的封闭状态，把人类的历史变成了真正的"世界历史"。"资产阶级，由于开拓了世界市场，使一切国家的生产和消费都成为世界性的了……过去那种地方的和民族的自给自足和闭关自守状态，被各民族的各方面的互相往来和各方面的互相依赖所代替了。物质的生产是如此，精神的生产也是如此"①。

资本追求剩余价值的内在动力和竞争的外在压力推动了社会生产力的迅速发展，资本主义社会具有了前所未有的创新动力。在资本主义生产方式下，作为资本人格化的资本家生存的意义，就是无止境地追求剩余价值，因而必然想尽一切办法来增大剩余价值的生产。除去资本主义追求剩余价值的内在动力外，还由于竞争的外部压力，迫使资本家不断扩大生产规模、改进生产技术、改善经营管理、提高劳动生产率。对此，马克思、恩格斯在《共产党宣言》中指出："资产阶级在它的不到一百年的阶级统治中所创造的生产力，比过去一切世代创造的全部生产力还要多，还要大"。② 在马克思、恩格斯作出上述论断后的一百多年里，资本主义社会在创造和发展生产力方面又取得了新的进展，先后发生了以电力革命和信息革命为代表的新技术革命，劳动生产率大幅提高，体现了资本主义生产关系在推动生产力发展中的作用。

劳动力的商品化，使劳动者摆脱了资本主义之前的社会形态中对统治阶级的人身依附，表面上实现了法律上的平等和自由。资本主义民主制是与资本主义生产方式相适应而发展起来的。随着资本主义生产方式的发展，资产阶级在反对封建专制主义的斗争中提出了符合自身利益和要求的"主权在民"、"天赋人权"、"分权制衡"、"社会契约论"、"自由、平等、博爱"等政治思想，并在这些思想的指导下建立起了资本主义民主制的国家。这种法律上的平等和人身自由的获得，无疑是人类社会政治生活上的一大进步，有利于发挥生产者的积极性和创造性。

但是，资本主义制度取代封建制度毕竟是用一种私有制取代另一种私有制，用一种剥削

---

① 《马克思恩格斯文集》第 2 卷，2009 年版，第 35 页。
② 《马克思恩格斯文集》第 2 卷，2009 年版，第 36 页。

方式取代另一种剥削方式，存在着不可克服的根本矛盾和严重弊端，有着其历史局限性。资本主义制度从诞生时起就充满了激烈的矛盾和对抗。正如马克思所说的"资本来到世间，从头到脚，每个毛孔都滴着血和肮脏的东西"。① 即使在资本主义进入了比较成熟阶段，其发展过程也伴随着经济危机、两极分化、阶级对立、社会动荡乃至战争。随着资本积累和资本主义发展，生产社会化和生产资料资本主义私人占有之间的矛盾不断加深，经济危机的不断发生，暴露出资本主义经济制度在驾驭现代社会化大生产上面临新的更大困难。虽然资本主义国家通过各种形式在所有制结构、宏观政策、收入分配、国际政策等许多方面进行自我调整，客观上适应了生产力发展的要求，在一定程度上也缓和了资本主义的基本矛盾，推动了社会生产力的发展，但这些调整是被迫的、局部的、有限的，并没有改变资本主义经济制度，因而也不可能从根本上克服资本主义的固有矛盾。随着生产力的发展，这些矛盾还将不断深化并以各种新的方式表现出来，资本主义生产关系必将被一种新的生产关系所代替，从历史的长河看，资本主义终究要被社会主义所取代，这是历史发展的基本趋势。

二、资本主义发展的历史趋势

资本主义基本矛盾是支配资本主义经济运动过程和发展趋势的主线。资本主义的基本矛盾随着资本主义经济的发展而不断发展，其发展的最终结果必然是社会主义代替资本主义。

1. 资本主义被社会主义代替的必然性

从理论上看，马克思的理论发现为社会主义代替资本主义奠定了科学基础。

恩格斯指出，马克思一生有两个伟大发现，"这两个伟大的发现——唯物主义历史观和通过剩余价值揭开资本主义生产的秘密，都应当归功于马克思。由于这两个发现，社会主义变成了科学"。② 唯物史观揭示了人类历史的一般规律，正是在这一客观规律的支配下，人类不同社会形态的更替表现为一种自然历史过程。资本主义被社会主义所代替的历史趋势归根到底也是这一客观规律决定的。一方面，资本主义创造了高度发达的生产力；另一方面，资本主义的生产关系和上层建筑无力继续驾驭和容纳这种生产力。只有被更高的社会形态——社会主义所取代，才能从根本上解决资本主义社会生产力和生产关系、经济基础和上层建筑的矛盾。同时，马克思运用唯物史观研究资本主义社会，揭示了资本主义所特有的运动规律，创立了剩余价值理论。马克思以劳动二重性理论为枢纽，指出货币转化为资本的前提是劳动力成为商品，揭示了剩余价值的真正来源和资本主义剥削的秘密，并进一步揭示了资本主义积累的一般规律和其内在的对抗性质。资本主义积累所产生的贫富两极分化不仅反映在资本主义国家内部，而且反映在发达资本主义国家与广大发展中国家之间。资本主义积累的对抗性质表现为无产阶级和资产阶级的对立，从而为资本主义造就了掘墓人。

从实践上看，资本积累和生产社会化的发展为社会主义代替资本主义提供了物质条件。

在资本主义社会，科学技术的不断进步，生产力的不断发展，资本积累的不断扩大，使得资本主义生产社会化的程度不断提高，从而为社会主义代替资本主义提供了物质条件。马克思指出："在资产阶级社会的胎胞里发展的生产力，同时又创造着解决这种对抗的物质条

---

① 《马克思恩格斯文集》第5卷，人民出版社2009年版，第871页。

② 《马克思恩格斯文集》第3卷，人民出版社2009年版，第545－546页。

件。"① 生产社会化的发展主要表现在生产资料使用的社会化、生产过程的社会化、劳动产品的社会化、生产组织的社会化、生产管理的社会化等诸多方面。生产社会化的发展要求在事实上承认生产力的社会性质，要求生产资料占有的社会化，这在资本主义制度内是无法根本解决的。因为，在资本主义制度下，社会化的生产力变成了资本的生产力，成为了剥削剩余价值和进行资本积累的能力；社会化的、由劳动者共同使用的生产资料，却被少数资本家私人所占有；严密分工、广泛合作的社会化生产过程，却被资本家按照追求剩余价值原则进行管理；共同劳动生产的社会化产品，却被资本家私人占有和支配；资本所有权与管理权的分离使资产所有者在社会再生产过程中成为多余，但他们仍掌握着生产资料的所有权。显而易见，生产社会化的发展客观上要求由社会来共同占有社会化的生产资料，有组织地管理社会化的生产过程，共同占有社会化的劳动成果。马克思指出："生产资料的集中和劳动的社会化，达到了同它们的资本主义外壳不能相容的地步。这个外壳就要炸毁了。资本主义私有制的丧钟就要响了。剥夺者就要被剥夺了。"②

总之，当资本主义基本矛盾及其派生的各种矛盾在资本积累中不断发展、激化到资本主义制度自身无法使之释放时，公有制取代私有制、社会主义取代资本主义就将成为不可避免的结果。这是资本主义积累过程所具有的客观历史趋势。

2. 社会主义代替资本主义的长期性

人类社会发展的历史证明，一种新的社会形态代替一种旧的社会形态，往往需要经历漫长的历史过程。"无论哪一个社会形态，在它所能容纳的全部生产力发挥出来以前，是绝不会灭亡的；而新的更高的生产关系，在它的物质存在条件在旧社会的胎胞里成熟以前，是绝不会出现的。"③ 同样，资本主义必然为社会主义所代替，并不意味着资本主义社会将短期内自行消亡。生产社会化的发展虽然会逐步提供新的社会制度所需要的物质条件，但并不是说资本主义制度会自动退出历史舞台。

首先，任何社会形态的存在都有相对稳定性，从产生到衰亡都要经过相当长的时间跨度。从历史上看，社会形态的交替往往需要较长的时期才能完成。奴隶制取代原始公社制，从世界范围整体看经历了约 3 000 年的时间；封建制度取代奴隶制度，从世界整体看经历了约 500 年的时间；西欧的封建经济从开始出现到基本消亡经历了一千多年的漫长岁月。这些社会交替大多是一种私有制代替另一种私有制，一种剥削制度代替另一种剥削制度。社会主义代替资本主义是对剥削制度的废除，所以不能期望在短时期内完成，而需要一个长期的过程。

其次，资本主义发展不平衡性决定了过渡的长期性。资本主义各国间经济政治的发展是不平衡的，社会主义革命有可能在资本主义链条中的某些薄弱环节，在一国或数国首先发生，而另外一些资本主义国家则可能继续存在和发展。不发达的资本主义国家若没有特殊的矛盾和革命形势，则要经过资本主义发展的较长历程，才能逐步为社会主义准备物质基础。因此，从世界范围来看，资本主义向社会主义过渡必将是一个从个别国家逐步向更多国家扩展的相当长的历史过程。

① 《马克思恩格斯文集》第 2 卷，人民出版社 2009 年版，第 592 页。
② 《马克思恩格斯文集》第 5 卷，人民出版社 2009 年版，第 874 页。
③ 《马克思恩格斯文集》第 2 卷，人民出版社 2009 年版，第 592 页。

最后，资本主义制度目前还能为生产力的发展提供一定的空间，其自身还在不断地对生产关系进行自我调整。当代资本主义的发展，还显示出生产关系对生产力容纳的空间，目前发达资本主义国家还处于科技发达、经济相对繁荣的时期，它们在科技、经济、军事等方面具有显著的优势，各主要垄断资本主义国家的经济和政治合作有所加强，以跨国公司和垄断资本的国际联盟为代表的国际垄断资本势力不断扩大。资本主义国家在其制度范围内尽可能地调整生产关系以适应生产社会化的要求，加之作为统治阶级，也必然会采取各种手段维护自己的统治地位，维护资本主义制度。因而资本主义向社会主义的过渡必然是一个复杂的、长期的历史过程。

更为重要的是，一种新的社会制度要彻底战胜旧的社会制度，归根到底要求新的社会制度比旧的社会制度创造出更高的劳动生产力。20世纪以来，建立社会主义制度的国家都不是资本主义高度发达的国家，而是经济发展相对落后的国家。这些国家需要一个比较长的时间来巩固和完善社会主义制度，逐步创造出高于资本主义的劳动生产力。因此，社会主义取代资本主义是一个充满曲折的长期历史过程。

尽管资本主义在全世界被社会主义所取代是一个相当长的历史过程，尽管这个过程可能出现这样那样的曲折，但资本主义为社会主义所取代的总趋势，则是必然的历史走向。

思考题

1. 为什么说垄断的出现是资本主义发展的必然现象？
2. 在垄断资本主义阶段，如何理解垄断与竞争的关系？
3. 私人垄断和国家垄断对于资本主义生产关系意味着什么？
4. 我们应如何看待当代资本主义的新变化？
5. 如何理解社会主义取代资本主义的必然性和长期性？

延伸学习阅读材料

当代资本主义的新变化

许志功、姜鲁鸣2001年在《学习时报》撰文，谈到当代资本主义的新变化。他们认为：当代资本主义的发展变化，主要表现在生产力、生产关系、上层建筑三个方面。

1. 生产力方面的变化

一是经济加速发展。战后各主要西方国家经济都取得了较快的发展，扣除物价上涨因素，1980年美国国内生产总值比1870年增长了42倍，同期德国增长了23倍，日本增长了55.5倍。20世纪90年代后仍保持了很强的增长势头。

二是发展的波动性越来越小。现在资本主义经济发展已经很少有20世纪二三十年代以前经济产值下降近一半那样大起大落，经济衰退主要是增长型的衰退。

三是产业结构产生了深刻变化。主要表现在国民经济第一、二、三产业所占比重的变化上。目前，西方发达国家第一产业的比重已不到3%，美国只有2%。第二产业的比重在不断下降。而第三产业的比重一般都在60%以上。

2. 生产关系方面的变化

一是产权关系。当代资本主义在坚持私有制不变的前提下，对财产所有形式进行了调整，出现了所谓资本社会化的趋势。资本的社会化是通过两种渠道来实现的：一是根据经济形势的需要建立和发展一定比重的国有经济。二是企业股权分散化，这是资本社会化的最主要形式。股权的分散化、社会化，意味着资本所有权与使用权的分离，传统的资本家开始从生产领域中退出来。新型经理资本家的人数和作用随之迅速增加，形成了所谓的"专家集团"、"经理阶层"。

二是劳资关系。当代资本主义国家在坚持不损害资产阶级根本利益的前提下，采取包括允许部分工人参加企业管理等多种形式改善劳资关系，缓和阶级矛盾。

三是分配关系。当代资本主义国家在坚持以剥削为特征的按资分配的前提下对收入分配政策进行调整，在一定程度上缓和了社会矛盾。战后，资本主义国家开始通过初次分配和再分配全面介入个人收入分配。在企业层面的初次分配上，很多国家都积极调和资方与工方的矛盾。同时，加大了国民收入二次分配调节的力度。发达国家的工人和贫困人口的生活费用中，来自财政收入再分配的比重越来越大。

3. 上层建筑方面的变化

在坚持资产阶级统治不变的情况下，对上层建筑的若干重要环节进行了调整。这突出地表现在：

第一，实现了政治制度与法制的有效结合。"二战"以后西方政治制度的运行已经实现了法律化。资本主义国家通过宪法和法律，使国家权力的构成、权力结构中各权力主体的关系和活动，官员的任免、提升、奖励和监督等，都纳入法制化的轨道。

第二，国家管理经济和社会的职能增强。对经济和社会各领域活动的渗透空前增强，国家开始承担起越来越多的社会公共事务。与此相应，国家在调节社会各阶层矛盾方面的作用也越发突出。

第三，资产阶级的民主形式进一步扩大。在消除选举的种族、性别歧视并实现较为完整意义上的普选制的基础上，西方国家公民权利的内涵与外延又有新的拓展，公民权利相应地得到扩大。

第四，意识形态中左翼与右翼的分歧逐渐减弱。资产阶级政党党纲的差别日趋缩小，主流意识形态的地位虽然未变，但多元化的价值取向却更加鲜明。

这表明资本主义发展到国家垄断资本主义阶段，已经建立起比较成熟的政治制度和法制制度。这些制度在实际生活中发挥了协调资产阶级内部关系及其与无产阶级矛盾的作用。

——摘自《党建文汇：下半月版》2001.1

下篇

马克思主义中国化

第七章

马克思主义中国化的历史进程和理论成果

马克思主义中国化的过程，就是中国共产党把马克思主义基本原理同中国具体实际相结合的过程。推进马克思主义中国化的历史原因，马克思主义中国化经历的历史过程，在这个过程中产生的重大理论成果，马克思主义中国化理论成果的精髓等问题是我们了解毛泽东思想和中国特色社会主义理论体系首先要解决的基本问题。

第一节　马克思主义中国化的科学内涵与历史进程

一、马克思主义中国化的科学内涵

马克思主义中国化，就是将马克思主义的基本原理和中国革命与建设的具体实际相结合，从而得出适合中国国情的革命和建设的正确道路。具体地说，就是把马克思主义的基本原理和中国实践、中国历史、中国文化结合起来，使马克思主义在中国实现民族化和具体化。

1938 年 10 月，毛泽东在中共六届六中全会的政治报告《论新阶段》中明确提出了马克思主义中国化的概念，他指出："离开中国特点来谈马克思主义，只是抽象的空洞的马克思主义。因此，马克思主义的中国化，使之在每一表现中带着必须有的中国的特性，即是说，按照中国的特点去应用它，成为全党亟待了解并亟待解决的问题。"①1942 年，毛泽东又在一次讲话中说道："我们要把马、恩、列、斯的方法用到中国来，在中国创造出一些新的东西。只有一般的理论，不用于中国的实际，打不得敌人。但如果把理论用到实际上去，用马克思主义的立场、方法来解决中国问题，创造些新的东西，这样就用得了。"② 在这里，通过把握中国的特点去"解决中国问题"和"创造些新的东西"，是马克思主义中国化的两个相互关联、相互一致的目标。

马克思主义基本原理同中国具体实际相结合的过程，一方面是在实践中学习和运用理论，用理论指导中国革命和建设实践的过程；另一方面又是在总结实践经验的基础上深化对理论的认识并丰富和发展理论的过程。具体来说，马克思主义中国化的科学内涵包含着三个

---

① 《中共中央文件选集》第 11 册，中共中央党校出版社 1991 年版，第 658－659 页。
② 《毛泽东文集》第 2 卷，人民出版社 1993 年版，第 408 页。

层面的内容。

第一，马克思主义中国化就是运用马克思主义解决中国革命、建设和改革的实际问题。旧中国是一个半殖民地半封建的东方大国，农民占人口的绝大多数，经济和文化都比较落后。在这样的条件下进行革命，必然遇到许多特殊的复杂问题，靠背诵马克思主义一般原理和照搬外国经验，不可能解决这些问题。同样地，在中国进行社会主义建设和改革，也不能把马克思主义当做教条，更无法照抄别人的经验。要真正运用马克思主义来指导中国革命建设和改革，必须紧密结合中国国情和时代条件，寻找适合中国实际的道路，制定正确的方略。

第二，马克思主义中国化就是把中国革命建设和改革的实践经验和历史经验升华为理论。马克思主义中国化不是关起门来搞纯粹的理论工作，而是运用马克思主义的立场、观点和方法来解决中国的实际问题，它的基础是中国人民的实践。在解决中国实际问题的过程中，必然会产生许多具有独创性的实践经验，通过对这些经验的总结和提炼，就会创造出新的东西，从而丰富和发展马克思主义，也就是毛泽东强调的"使中国革命丰富的实际马克思主义化"①。马克思主义中国化还包括要运用马克思主义的立场、观点和方法去总结中国的历史经验。中国是一个有着几千年文明历史的大国，积淀着丰富的历史经验，在马克思主义的指导下，把这些历史经验加以认真地概括和提炼，为马克思主义理论宝库增加了新的内容。要实现马克思主义中国化，应该了解和懂得中国的历史状况和社会状况、中国的特点、中国社会的发展规律，达到对马克思主义的理论和中国的实践完整的、统一的、深入的理解和把握。

第三，马克思主义中国化就是把马克思主义植根于中国的优秀文化之中。这也就是毛泽东强调的要使马克思主义"和民族的特点相结合，经过一定的民族形式"②表现出来。马克思主义作为一种外来思想文化传入中国，要使它能为中国人民广泛接受，并在实践中发挥指导作用，必须寻找到一种为中国人民所能理解和接受的民族形式。马克思主义中国化既不是对马克思主义的照搬，也不是对中国文化的复制，而是将马克思主义的基本原理同中国文化中的优秀成分结合进而达到融合。在这个过程中，以马克思主义为指导，对中国文化进行辩证的扬弃，认真的清理，剔除其糟粕，吸收其精华，用中国优秀文化的表达方式和中国老百姓所喜闻乐见的语言形式来深入浅出地阐明马克思主义的基本原理。这样做的结果，就使马克思主义植根于中国优秀文化的土壤之中得以生长和繁荣。

概括地说，马克思主义中国化就是用马克思主义来解决中国的问题，同时又使中国丰富的实践经验上升为理论，并且同中国的历史传统、中国的优秀文化相结合，以形成具有中国特性、中国作风和中国气派的中国化的马克思主义理论。

二、马克思主义中国化的重要意义

马克思主义中国化对于中国革命和建设具有十分重要的理论意义和实践价值。

第一，马克思主义中国化的理论成果指引着党和人民的伟大事业不断取得胜利。没有革命的理论就没有革命的实践。在毛泽东思想的指引下，中国共产党领导全国各族人民，经过

---

① 《毛泽东文集》第2卷，人民出版社1993年版，第374页。
② 《毛泽东选集》第2卷，人民出版社1991年版，第707页。

长期的反对帝国主义、封建主义、官僚资本主义的革命斗争，取得了新民主主义革命的胜利，建立了中华人民共和国。新中国成立以后，成功地进行了社会主义改造，完成了从新民主主义到社会主义的过渡，确立了社会主义基本制度，发展了社会主义的经济、政治和文化。在毛泽东思想、邓小平理论、"三个代表"重要思想和科学发展观重要思想的指引下，我国不断推进了中国特色社会主义建设和改革的进程，国民经济持续快速健康发展，改革开放取得丰硕成果，社会主义民主政治和精神文明建设成效显著，祖国统一大业取得新进展，人民生活总体上达到小康水平。

第二，马克思主义中国化的理论成果提供了凝聚全党和全国各族人民的强大精神支柱。无论是在新民主主义时期的中国还是在当代中国，中国化的马克思主义理论始终是全党和全国各族人民的精神支柱。马克思主义中国化的各个理论成果，代表着中国最广大人民在不同历史时期的意志和愿望，是中华民族优秀文化和伟大智慧的结晶，是凝聚党心民心的强大精神力量，是一定历史条件下中华民族智慧的最高表现和理论上的最高概括。特别是在世界多极化和经济全球化的今天，我们面临着很多的困难和极大的挑战，更需要用中国化的马克思主义来统一思想、凝聚人心、凝聚力量。只有这样，中华民族才能以崭新的面貌自立于世界民族之林。

第三，马克思主义中国化倡导和体现了对待马克思主义的科学态度和优良学风，不断开拓着马克思主义在中国发展的新境界。马克思主义中国化进程中形成的理论成果，是马克思主义与中国不同时期实践相结合的产物，体现了理论与实际的统一，坚持与发展的统一。它们为马克思主义的理论宝库增添了许多新的内容。它们的形成和发展，既反映了马克思主义基本理论在中国的传承，又体现了马克思主义是一个不断发展的、开放的、动态的科学体系。它们不但以新的形态发展了马克思主义，而且展示了马克思主义所固有的强大生命力。

三、马克思主义中国化的历史进程

（一）马克思主义中国化的提出

中国共产党是一个以马克思列宁主义为指导思想的党。然而，找到马克思列宁主义这个崭新的思想武器，并不意味着就能够自然而然地解决中国革命所面临的问题，必须把马克思主义的基本原理同中国的具体实际结合起来，实现马克思主义的中国化。

党的早期领导人李大钊等都曾经提出过要把马克思列宁主义应用到中国的实践当中去的思想，但在党的幼年时期，对于这个问题还没有形成深刻的、完整的、统一的认识。党的中央领导真正认识到这个问题的重要性是在 1935 年遵义会议以后，而就全党来讲，则是在延安整风以后。

1938 年，毛泽东在党的六届六中全会上作的题为《论新阶段》的政治报告中最先提出了"马克思主义中国化"这个命题。他指出："没有抽象的马克思主义，只有具体的马克思主义。所谓具体的马克思主义，就是通过民族形式的马克思主义，把马克思主义应用到中国具体环境的具体斗争中去，而不是抽象地应用它。离开中国特点来谈马克思主义，只是抽象的空洞的马克思主义。因此，马克思主义的中国化，使之在其每一表现中带着中国的特性，即是说，按照中国的特点去应用它，成为全党亟待了解并亟须解决的问题。"①

---

① 《中共中央文件选集》第 11 册，中共中央党校出版社 1991 年版，第 658－659 页。

经过延安整风，马克思主义中国化的思想成为全党的共识。刘少奇代表党中央在党的七大上作的关于修改党章的报告中，对"马克思主义中国化"从理论上作了进一步的阐述。七大通过的《中国共产党章程》在总纲中确定，以马克思列宁主义的理论与中国革命的实践之统一的思想——毛泽东思想，作为我们党一切工作的指针。毛泽东思想，就是马克思主义中国化的第一个重大理论成果，是"中国化的马克思主义"。

（二）马克思主义中国化提出的理论和实践基础

首先，从理论上说，马克思主义中国化的提出是马克思主义自身的理论品质所决定的。恩格斯曾明确指出："马克思的整个世界观不是教义，而是方法。它提供的不是现成的教条，而是进一步研究的出发点和供这种研究使用的方法"①。"这些原理的实际运用，正如《共产党宣言》中所说的，随时随地都要以当时的历史条件为转移"。② 也就是说，马克思主义一旦走出书斋，落脚现实世界，成为一个民族的无产阶级的理论思想和行动纲领，就必须回答和解决当时当地的实际问题。各国的马克思主义者的任务就是结合各个国家不同时期的具体实际，将马克思主义加以民族化、具体化。马克思主义要在中国发挥指导作用，就必须将其同中国的具体实际相结合，实现马克思主义的中国化；与此同时，中国化的马克思主义也为马克思主义理论宝库增添了新的内容。马克思主义也只有在同各国具体实际相结合的过程中，才能开辟自身的发展道路，这是马克思主义发展的题中应有之义。所以，马克思主义中国化既最大限度地发挥了马克思主义对中国革命和建设的指导作用，又丰富和发展了马克思主义的理论本身，使之成为放之四海而皆准的革命理论。

其次，从实践上说，马克思主义中国化的提出是总结中国共产党的历史经验和教训后得出的郑重结论。中国共产党成立以后，在怎样学习实践马克思列宁主义这个重大的基本问题上，曾经有过两种截然不同的态度，一种是教条主义的态度，一种是实事求是的态度。教条主义态度将马克思主义经典作家的著作当作语录，当作《圣经》，开口闭口"拿本本来"。只注意他们的具体结论，而忽视了引出结论具体的历史背景和过程。没有看到马克思主义经典作家的许多观点，是根据欧洲无产阶级革命实践的经验总结而来的，生搬硬套地将它用到中国这样经济文化比较落后的东方社会。这样做，看起来取到了马克思主义的"真经"，但实际上抛弃了马克思主义具体问题具体分析这一活的灵魂；看起来思想无比革命，实际上思维却十分保守。采用这种思想来指导实践，很容易给社会主义革命和建设带来严重的损失。与之相对应的就是实事求是的态度，用毛泽东的话讲就是用马列主义这根"矢"，去射中国革命实践这个"的"，理论科学，目标明确，这才叫作"有的放矢"。

回顾党和世界共产主义运动的历史，我们都可以清楚地看到，坚持了马克思主义本国化的原则，革命和建设事业就一帆风顺。反之，违背了这一原则，形而上学地、僵化地、保守地、片面地坚持马克思主义，革命和建设事业就遭到严重的挫败。中国革命进程中正反两个方面的实践经验和教训正好说明了这一点。在第一、二次国内革命战争时期，中国共产党经历过两次胜利和两次失败。特别是第二次国内革命战争时期，党创造性地把马克思主义的革命学说应用于中国实际，创建了工农红军，建立了农村革命根据地和工农政府，实行工农武装割据，连续击退国民党军队的多次"围剿"，在国民党统治区，在十分艰苦的条件下，发

---

① 《马克思恩格斯选集》第 4 卷，人民出版社 1995 年版，第 742－743 页。
② 《马克思恩格斯选集》第 1 卷，第 248 页。

展了党和其他革命组织，展开了群众革命斗争。这一切都是由于从中国实际出发运用马克思主义的结果。但也就在这一时期内，党对把马克思主义同中国实际相结合还不够自觉，特别是从1931年开始，在党内占统治地位的"左"倾路线，把马克思主义教条化，把共产国际决议和苏联经验神圣化，使中国革命遭受严重挫折，几乎陷入绝境。直到遵义会议确立了毛泽东在全党的实际领导地位后，才开始从理论上系统地总结中国革命的历史经验，为中国革命提供合乎实际的完整的理论、路线、方针和政策。

（三）马克思主义中国化的发展历程

马克思主义中国化是一个历史过程，即马克思主义的基本原理同中国的具体实际逐渐结合的过程。在一定意义上，中国共产党的历史就是一部提出和探索马克思主义中国化，并在实践中不断推进马克思主义中国化的历史。

从总体上讲，党在幼年时期，由于理论准备和实践经验都不足，对于中国的历史和社会状况、中国革命的特点和规律不甚了解，还不善于将马克思列宁主义的理论同中国革命的实践相结合，使中国革命走了一些弯路，出现了严重的曲折。毛泽东思想是马克思主义中国化最早的理论成果，就其实质而言，它的存在比这一概念的明确提出要早得多。毛泽东从理论的高度上认识马克思主义中国化是在1930年5月，他在《反对本本主义》的小册子中提出了反对本本主义，一切从实际出发，强调"马克思主义的'本本'是要学习的，但必须同我国的实际情况相结合。"也就是"中国革命斗争的胜利要靠中国同志了解中国情况。"①遵义会议以后，党的理论和实践逐步走上了正确的轨道。在领导中国革命和建设的过程中，以毛泽东为主要代表的中国共产党人，把马克思列宁主义的基本原理同中国革命和建设的具体实际结合起来，创立了毛泽东思想，第一次实现了马克思主义的中国化。

在毛泽东思想指引下，中国共产党领导全国各族人民，取得了新民主主义革命的胜利，建立了中华人民共和国；进行了社会主义改造，确立了社会主义基本制度；发展了社会主义的经济、政治和文化，初步探索了社会主义建设的道路。党的十一届三中全会以来，以邓小平为主要代表的中国共产党人，在总结国内外社会主义建设的历史经验特别是改革开放以来的新鲜经验的基础上，以搞清楚"什么是社会主义、怎样建设社会主义"为首要的基本理论问题，逐步形成了建设中国特色社会主义的路线、方针、政策，阐明了在中国建设社会主义、巩固和发展社会主义的基本问题，创立了邓小平理论，开辟了建设中国特色社会主义的正确道路，推进了马克思主义的中国化。

党的十三届四中全会以后，以江泽民为主要代表的中国共产党人，根据国内外形势和党的历史方位的新变化，进一步回答了什么是社会主义、怎样建设社会主义的问题，创造性地回答了建设什么样的党、怎样建设党的问题，深化了对中国特色社会主义的认识，创立了"三个代表"重要思想，实现了党的指导思想的又一次与时俱进，从而进一步推进了马克思主义的中国化。

党的十六大以来，以胡锦涛为总书记的党中央紧密结合新世纪新阶段国际国内形势的发展变化，提出了树立和落实科学发展观、构建社会主义和谐社会、建设社会主义新农村、建设创新型国家、树立社会主义荣辱观、推动建设和谐世界、加强党的先进性建设等重大战略思想和战略任务，继续推进马克思主义中国化的发展进程。

---

① 《毛泽东选集》第一卷，人民出版社1991年第二版，第111－112，115页。

马克思主义中国化的各个理论成果，既一脉相承，又与时俱进，是一个统一的科学思想体系，它们辩证统一于中国革命、建设和改革的伟大历史实践中，不断开拓着马克思主义在中国发展的新境界。这个进程还在继续之中，它将随着中国特色社会主义实践的发展而进一步发展。

第二节　马克思主义中国化的理论成果

马克思主义中国化的理论成果是不断发展的，迄今为止可以概括为毛泽东思想、邓小平理论、三个代表重要思想和科学发展观等四大成果。其中邓小平理论、"三个代表"重要思想和科学发展观均包括在中国特色社会主义理论体系之中。

一、毛泽东思想

马克思主义中国化的第一个重大理论成果是毛泽东思想。它是马克思列宁主义在中国的运用和发展，是被实践证明了的关于中国革命和建设的正确的理论原则和经验总结，是中国共产党集体智慧的结晶。

（一）毛泽东思想的形成和发展

毛泽东思想是在我国新民主主义革命、社会主义革命和社会主义建设的实践过程中，在总结我国革命和建设正反两方面历史经验的基础上，逐步形成和发展起来的。

1. 毛泽东思想形成的历史条件

毛泽东思想是在 20 世纪上半叶近代半殖民地半封建中国的特定历史条件下产生的。帝国主义战争与无产阶级革命的时代主题，是毛泽东思想形成的时代背景。中国共产党领导的革命和建设的实践，是毛泽东思想形成的实践基础。中国共产党在领导人民进行新民主主义革命的奋斗历程中，既积累了成功的经验，也有失败的惨痛教训。毛泽东思想就是在对这些革命经验教训进行深刻总结之后形成的理论概括。正是在同各种错误思想的斗争中，党和人民选择了毛泽东思想作为自己的指导思想。

2. 毛泽东思想形成和发展的过程

马克思主义同中国革命实际相结合的历史过程，同时也是毛泽东思想形成和发展的过程。毛泽东思想的形成和发展大体经历了萌芽、形成、成熟和发展等四个循序渐进的阶段。

毛泽东思想萌芽于中国共产党成立前后。马克思主义开始在中国传播，为毛泽东思想提供了思想之源。在这一时期，具有初步马克思主义思想的知识分子几乎是在没有系统理论准备的情况下，将马克思主义运用到中国革命的实践中去的。他们主张以阶级斗争的手段改造中国社会，认定走社会主义道路是历史的必然，建立共产党组织是领导中国革命的前提。建党之后他们明确提出了反帝反军阀的政治纲领。虽然这个时候马克思主义和中国实际的结合无论在理论上还是实践中都处在初步探索的时期，但却对党的新民主主义革命的基本思想提供了宝贵的经验和教训。随着首次国共合作、北伐战争的历史进程，中国社会的特殊矛盾逐渐展开，李大钊、陈独秀、以毛泽东等为代表的中国共产党人对中国社会和革命规律的认识有了飞跃发展，提出了新民主主义革命的基本思想。毛泽东《中国社会各阶级的分析》为代表的一系列文章的发表，标志着毛泽东思想的萌芽。

第一次国内革命战争时期，毛泽东以马克思主义为指导，通过调查研究，深刻论证了中国社会各阶级在革命中的地位和作用。土地革命战争时期，以毛泽东为代表的中国共产党人成功地开辟了以井冈山为根据地的农村包围城市、武装夺取政权的道路。毛泽东同党内一度盛行的把马克思主义教条化、把共产国际决议和苏联经验神圣化的错误倾向进行了斗争，在理论上论证了中国革命的新道路，强调马克思主义必须同中国实际相结合。这标志着毛泽东思想开始形成。

遵义会议以后，直至抗日战争时期，毛泽东在理论上系统地总结了中国革命的经验，分析和批判了教条主义的错误，并及时吸取抗日战争的新经验，形成了比较系统的哲学思想、军事思想、统一战线思想和党的建设思想，特别是系统地阐述了中国新民主主义革命的基本理论、基本路线和基本纲领，精辟地论证了党在民主革命时期的政策和策略。这标志着毛泽东思想走向成熟。1945 年党的七大，把毛泽东思想确立为党的指导思想。

解放战争时期和新中国成立以后，毛泽东进一步提出了人民民主专政理论、社会主义改造和建立社会主义制度的基本方略，提出了要把马克思列宁主义的基本原理同中国革命和建设的具体实际"进行第二次结合，找出在中国怎样建设社会主义的道路"的任务。这是毛泽东思想的继续发展。

（二）毛泽东思想的科学体系和主要内容

毛泽东思想作为马克思列宁主义同中国实际相结合的第一次历史性飞跃的理论成果，不是在个别方面，而是在许多方面以其独创性的理论丰富和发展了马克思列宁主义，构成一个博大精深的科学思想体系。它有着坚实的中国化马克思主义哲学思想的理论基础。它紧紧围绕着中国革命和建设这个主题，提出了一系列相互关联的重要理论观点。毛泽东思想的科学体系包含着丰富的内容。

1. 新民主主义革命的理论

毛泽东从中国的历史状况和社会条件出发，深刻研究中国革命的特点和规律，创立了无产阶级领导的，以工农联盟为基础的，人民大众的，反对帝国主义、封建主义和官僚资本主义的新民主主义革命的理论。

其基本观点包括：第一，农民不仅是无产阶级在新民主主义革命中最忠实最可靠的同盟者，而且是这个革命的主力军。只有广泛深入地发动农民，彻底解决农民的土地问题，和农民阶级结成巩固的联盟，才能掌握民主革命的领导权，战胜强大的敌人。第二，中国资产阶级分为两个部分，一部分是依附于帝国主义的大资产阶级（即买办资产阶级、官僚资产阶级），另一部分是既有革命要求又有动摇性的民族资产阶级。无产阶级领导的统一战线要争取民族资产阶级参加，并且在特殊条件下把一部分大资产阶级也包括在内，以求最大限度地孤立最主要的敌人。在同资产阶级结成统一战线时，要保持无产阶级的独立性；在被迫同资产阶级、主要是同大资产阶级分裂时，要敢于并善于同大资产阶级进行坚决的武装斗争。同时要继续争取民族资产阶级的同情或中立。第三，中国革命只能以长期的武装斗争为主要形式，土地革命是中国革命的主要内容，农村根据地是中国革命的战略基地，农村包围城市武装夺取政权是中国革命取得胜利的唯一正确的道路。新民主主义革命理论，是毛泽东思想达到成熟的主要标志。

2. 社会主义革命和社会主义建设的理论

以毛泽东为代表的中国共产党人，在运用马克思列宁主义指导中国社会主义革命和建设的实践中，虽然经历过曲折和挫折，但仍创造性地提出了许多正确的理论原则，丰富和发展了毛泽东思想。其主要内容包括：关于社会主义时期人民民主专政的理论；过渡时期总路线和社会主义改造的理论；严格区分和正确处理社会主义社会两类不同性质矛盾的学说，特别是正确处理人民内部矛盾的理论和一系列正确方针；关于社会主义经济建设的战略思想。

3. 革命军队建设、军事战略和国防建设的理论

以毛泽东为代表的中国共产党人总结了长期革命战争中积累起来的极为丰富的经验，创立了具有完整理论形态和科学体系的军事思想。其主要内容包括：建设新型人民军队的思想；人民战争的思想和一系列人民战争的战略战术原则；加强国防、建设现代化革命武装力量（包括海军、空军及其他技术兵种）和发展现代化国防技术（包括用于自卫的核武器）等重要思想。

4. 政策和策略的理论

毛泽东思想中政策和策略的理论，是马克思主义唯物论和辩证法思想在中国革命和建设实践中灵活运用的典范，是对辩证唯物主义方法论的极大丰富和发展。第一，毛泽东精辟地论证了政策和策略的极端重要性，指出政策和策略是党的生命，是革命政党一切行动的出发点和归宿，必须根据政治形势、阶级关系和实际情况及其变化制定党的政策，把政策的原则性和策略的灵活性结合起来。第二，毛泽东在对敌斗争和统一战线等方面，提出了许多重要的政策和策略思想。

5. 思想政治工作和文化工作的理论

毛泽东高度重视意识形态领域的工作，阐明了文化和政治、经济的辩证关系，提出了许多重要思想：第一，一定的文化（当作观念形态的文化）是一定社会的政治和经济的反映，又给予一定社会的政治和经济以伟大的影响和作用；经济是基础，政治则是经济的集中表现。第二，思想政治工作是经济工作和其他一切工作的生命线，要实行政治工作和经济工作的统一，政治和技术的统一的原则；思想政治工作的一个重要任务是帮助人们树立正确的立场、观点、方法，提高人们认识世界和改造世界的能力；思想政治工作必须采取说服教育的方法。第三，在文化工作方面，强调发展民族的科学的大众的文化；实行百花齐放、百家争鸣、古为今用、洋为中用的方针。第四，强调知识分子在革命和建设中具有重要作用，指出知识分子已经是工人阶级和劳动人民的一部分，号召知识分子要同工农相结合，走又红又专的道路，通过学习马克思列宁主义、进行社会和工作实践，树立无产阶级世界观。

6. 党的建设的理论

毛泽东成功地解决了中国无产阶级人数少、农民和小资产阶级占人口大多数这样的条件下建设无产阶级政党的问题。毛泽东提出：第一，特别着重于从思想上建设党。提出党员不但要在组织上入党，而且要在思想上入党，经常注意用无产阶级思想改造和克服各种非无产阶级思想。第二，总结了党的三大优良作风，指出理论联系实际、密切联系群众、批评与自我批评是中国共产党区别于其他政党的显著标志。第三，针对历史上党内斗争中存在过"残酷斗争、无情打击"的"左"倾错误，提出"惩前毖后、治病救人"的方针，强调既要弄清思想又要团结同志，创造了通过批评与自我批评进行马克思主义思想教育的整风形式。第四，提出要加强执政党建设，反复告诫全党必须保持谦虚谨慎、戒骄戒躁、艰苦奋斗的作风，要警惕资产阶级腐朽思想的侵蚀，反对脱离群众的官僚主义。

除了上面讲的这几个方面外，毛泽东思想体系中还有关于国际战略和外交工作思想方法

和工作方法的理论等内容。毛泽东的哲学著作和其他许多包含着丰富哲学思想的著作，在总结中国革命和建设的经验教训中，深刻地论述和丰富了马克思主义的认识论、辩证法和历史观。这些都是建设中国特色社会主义的宝贵精神财富。

7. 毛泽东思想活的灵魂

毛泽东思想活的灵魂，是贯串于上述各个理论的立场、观点和方法。它们有三个基本方面，即实事求是，群众路线，独立自主。实事求是，就是一切从实际出发，理论联系实际，不断地深化对中国国情的认识，找出适合中国情况的革命和建设道路，确定我们党领导人民改造中国、建设中国的战略策略，实现推动历史前进的目标。群众路线，就是把马克思列宁主义关于人民群众是历史创造者的原理，系统地运用在党的全部活动中，形成的党的根本工作路线，就是一切为了群众，一切依靠群众，从群众中来，到群众中去。独立自主，就是坚持独立思考，走自己的路，就是坚定不移地维护民族独立、捍卫国家主权，把立足点放在依靠自己力量的基础上，同时积极争取外援，开展国际经济文化交流，学习外国一切对我们有益的先进事物。

毛泽东把辩证唯物主义和历史唯物主义运用于党的全部工作，在中国革命和建设的长期艰苦奋斗中形成了具有中国共产党人特色的这些立场、观点和方法，丰富和发展了马克思列宁主义。

（三）毛泽东思想的历史地位和指导意义

毛泽东思想是中国共产党和中华民族宝贵的精神财富，它将长期指导中国的革命和建设。

1. 马克思主义中国化第一次历史性飞跃的理论成果

在中国共产党的历史上，毛泽东在认真总结历史经验的基础上，第一个提出了"马克思主义中国化"的科学命题。提出了马克思主义同中国实际相结合，即实现马克思主义中国化的任务，深刻论证了马克思主义中国化的必要性和极端重要性，系统阐述了马克思主义中国化的科学内涵和实现马克思主义中国化的正确途径，开辟了马克思主义在中国发展的道路，为党沿着正确的方向发展奠定了坚实的基础。毛泽东思想是马克思主义中国化的第一个理论形态，实现了马克思主义中国化的第一次历史性飞跃。毛泽东思想所确立的马克思主义中国化的奋斗方向、基本原则和基本方法，指导着党不断地把马克思主义中国化的进程推向前进。

2. 中国革命和建设的科学指南

在毛泽东思想的指引下，中国共产党领导全国人民，找到了一条新民主主义革命的正确道路，完成了反对帝国主义、封建主义、官僚资本主义的任务，结束了中国半殖民地半封建社会的历史，建立了中华人民共和国；找到了一条从新民主主义向社会主义过渡的道路，确立了社会主义基本制度，实现了中国历史上最深刻最伟大的社会变革。在此基础上，毛泽东又对适合中国国情的社会主义道路进行了艰苦探索，并取得了重要的理论成果，提出了许多很有启发性的论断。他不仅领导我们建立起独立的比较完整的工业体系和国民经济体系，为社会主义现代化建设奠定了重要的物质技术基础，而且积累了在中国这样的社会生产力水平十分落后的东方大国进行社会主义建设的重要经验。

3. 中国共产党和中国人民宝贵的精神财富

毛泽东思想形成和发展的历史条件，与我们今天面临的形势和任务有着很大的不同，但这丝毫没有减弱和降低毛泽东思想的科学价值。毛泽东思想包含的许多基本原理、原则和科学方法，具有普遍的意义。毛泽东追求和倡导的中华民族重新自立于世界民族之林的远大理想、实事求是的思想路线、全心全意为人民服务的奋斗宗旨，自力更生、艰苦奋斗的革命精神等，是中国人民不断奋进的强大精神动力，将长期激励和指导我们前进。

4. 科学评价毛泽东和毛泽东思想

正确认识毛泽东思想的历史地位和指导意义，有一个怎样科学评价毛泽东和毛泽东思想的问题。这个问题的解决，关系到怎样看待党和国家过去几十年奋斗的成就，关系到党的团结、国家的安定，也关系到党和国家未来的发展前途，不仅有重要的历史意义，而且有重要的现实意义。

"文化大革命"结束后，在对毛泽东和毛泽东思想的认识问题上，存在过两种错误倾向：一种是认为凡是毛泽东作出的一切决策、指示，都必须坚决维护、始终遵循；另一种是借口毛泽东晚年犯了严重错误，全面否定毛泽东的历史地位与毛泽东思想的科学价值和指导作用。这两种态度都是没有把经过长期历史考验形成为科学理论的毛泽东思想，同毛泽东晚年所犯的错误区别开来。毛泽东晚年的错误是由于违反了他自己主张的实事求是原则。邓小平在领导全党拨乱反正中，用极大的精力来解决如何正确评价毛泽东和毛泽东思想的问题。在他的主持下，1981 年党的十一届六中全会作出的《关于建国以来党的若干历史问题的决议》，对毛泽东和毛泽东思想的历史地位作出了科学的、实事求是的评价。

毛泽东是伟大的马克思主义者、伟大的无产阶级革命家、战略家和理论家。他为中国共产党和中国人民解放军的创立和发展，为中国各族人民解放事业的胜利，为中华人民共和国的缔造和社会主义事业的发展，建立了不可磨灭的功勋，为世界被压迫民族的解放和人类进步事业作出了重大贡献。

由于在中国建设社会主义是一项崭新的实践，人们对如何走出一条适合中国国情的社会主义道路还缺少规律性认识，加上当时复杂严峻的国际环境的影响，我们党在社会主义建设道路的探索中发生过曲折。毛泽东晚年特别是在"文化大革命"中的确犯有严重错误。但是就他的一生来看，他的功绩远远大于他的过失。他的功绩是第一位的，错误是第二位的。他的错误是一个伟大的革命家、一个伟大的马克思主义者所犯的错误。将毛泽东晚年所犯的错误同经过长期历史考验形成为科学理论的毛泽东思想区别开来，为我们完整准确地理解毛泽东思想、坚持和发展毛泽东思想指明了方向。正如邓小平所指出的："没有毛主席，至少我们中国人民还要在黑暗中摸索更长的时间。"[①] 我们应该珍视在中国革命和建设过程中，把马克思主义基本原理同中国具体实际相结合所形成的科学理论成果，并在新的实践中运用和发展。

二、邓小平理论

邓小平理论是马克思主义中国化的第二个重大理论成果。它是马克思列宁主义的基本原理同当代中国实践和时代特征相结合的产物，是毛泽东思想在新的历史条件下的继承和发展，是马克思主义在中国发展的新阶段，是当代中国的马克思主义，是中国共产党集体智慧的结晶。

---

① 《邓小平文选》第 2 卷，人民出版社 1994 年版，第 345 页。

（一）邓小平理论的形成和发展

邓小平理论是在和平与发展成为时代主题的历史条件下，在我国改革开放和现代化建设的实践中，在总结我国社会主义胜利和挫折的历史经验并借鉴其他社会主义国家兴衰成败的历史经验的基础上，逐步形成和发展起来的。

1. 邓小平理论形成的历史条件

邓小平理论的形成是时代发展的要求。第二次世界大战结束以后，资本主义进入了相对稳定的发展年代，这一时期，尽管世界局部地区的战争仍有发生，但第二次世界大战之后持续30多年的紧张国际局势，还是出现了趋于缓和的迹象，时代主题由战争与革命转变为和平与发展。在时代主题发生转换的同时，战后逐步兴起的新技术革命浪潮，使当代世界发生了深刻的变化。科学技术成为推动生产力发展的首要因素，深刻地改变了当代社会生活的面貌。世界各国都在利用新技术革命提供的良好契机，寻求适合本国和本民族的社会经济发展之路。时代主题的转换，为我国一心一意搞社会主义现代化建设，实行改革开放，借鉴和吸收人类社会创造的一切文明成果提供了良好机遇。

社会主义制度确立以后，我国开展了大规模的社会主义建设，取得了很大的成绩。但由于党的工作在指导方针上有过严重失误，社会主义事业经历了曲折的发展过程，发生了"文化大革命"那样全局性、长时间的"左"的错误。以邓小平为核心的党的第二代中央领导集体科学地分析了失误产生的原因，果断地停止使用"以阶级斗争为纲"这个不适用于社会主义社会的口号，坚持以经济建设为中心，大力推进改革开放，坚持四项基本原则，使生产力获得新的解放和巨大发展。邓小平领导党深刻总结国内外社会主义建设成功的经验和失败的教训，揭示了我国社会主义现代化建设的规律，把马克思主义关于建设社会主义的理论推向前进。社会主义建设正反两方面的历史经验和我国改革开放以来社会主义现代化建设新的实践，是邓小平理论形成和发展的历史和现实根据。

2. 邓小平理论的发展历程

邓小平理论是在我国改革开放和社会主义现代化建设的进程中逐步形成和发展起来的。

1976年，粉碎"四人帮"后，邓小平领导了拨乱反正。1978年12月，他在中央工作会议上作了重要讲话，强调全党要解放思想、实事求是、团结一致向前看。随后召开的党的十一届三中全会，重新确立了实事求是的思想路线，作出了把党和国家的工作重点转移到社会主义现代化建设上来和实行改革开放的战略决策，由此开创了我国历史发展的新时期。

十一届三中全会结束后，党领导人民在各条战线上拨乱反正，有步骤地解决新中国成立以来遗留的很多历史问题；认真总结历史经验，科学地阐述了许多从实践中提出的有关建设中国特色社会主义的理论和政策。1982年，在党的十二大上，邓小平第一次提出了"建设有中国特色的社会主义"的重要命题。

党的十二大以后，伴随着我国改革开放和现代化建设实践的全面展开，邓小平紧紧围绕着"什么是社会主义、怎样建设社会主义"这一根本问题进行了深入的理论思考，提出了关于中国社会主义建设的许多重要的新论断。

1987年党的十三大第一次比较系统地论述了社会主义初级阶段的理论，制定了党在社会主义初级阶段的"一个中心，两个基本点"的基本路线，概括了邓小平自十一届三中全会以来对社会主义的再认识，包括哲学、政治经济学和科学社会主义等方面发挥和发展的一系列科学理论观点。这些观点构成了邓小平"建设有中国特色的社会主义理论"的轮廓。

党的十三大以后，全党和全国人民经受住了国内政治风波和苏东剧变的严峻挑战，保证了中国特色社会主义沿着党的十一届三中全会确定的正确方向不断发展。1992年年初，邓小平在视察南方的谈话中，从理论上深刻回答了长期困扰和束缚人们思想的许多重大问题，把改革开放和现代化建设推向了新阶段。同年10月，党的十四大对"建设有中国特色社会主义理论"的主要内容作了系统概括，指出这个理论第一次比较系统地回答了在中国这样的经济文化比较落后的国家如何建设社会主义、如何巩固和发展社会主义的一系列基本问题，用新的思想、观点，继承和发展了马克思主义。

为了把建设中国特色社会主义事业全面推向21世纪，1997年9月召开的党的十五大正式提出"邓小平理论"这一科学概念，科学阐述了邓小平理论的历史地位和指导意义，强调指出邓小平理论是当代中国的马克思主义，是马克思主义在中国发展的新阶段。十五大郑重地把邓小平理论同马克思列宁主义、毛泽东思想一起，确定为党在一切工作中的指导思想并写入党章，翌年又载入宪法。

（二）邓小平理论的科学体系和主要内容

邓小平理论是马克思主义中国化第二次历史性飞跃的理论成果。围绕"什么是社会主义、怎样建设社会主义"这个首要的基本理论问题，邓小平提出了一系列互相联系的基本观点，第一次比较系统地回答了中国社会主义的发展道路、发展阶段、根本任务、发展动力、外部条件、政治保证、战略步骤、领导力量和依靠力量、祖国统一等一系列基本问题，指导我们党制定了在社会主义初级阶段的基本路线。邓小平理论贯通哲学、政治经济学、科学社会主义等领域，涵盖经济、政治、文化、党的建设等方面，既是比较完备的科学体系，又是需要从各个方面进一步丰富发展的科学体系。邓小平理论的科学体系包含着丰富的内容。

1. 社会主义本质理论

什么是社会主义、怎样建设社会主义，是邓小平在领导改革开放和现代化建设中，不断提出和反复思考的首要的基本的理论问题。邓小平根据马克思主义的基本原理和社会主义的实践经验，对这个问题进行了不懈的探索。他指出："社会主义的本质，是解放生产力，发展生产力，消灭剥削，消除两极分化，最终达到共同富裕。"[①]这一科学概括，反映了社会主义社会发展的基本规律，反映了人民的利益和时代的要求，把对社会主义的认识提高到新的科学水平。

2. 社会主义初级阶段理论

邓小平指出，我国还处在社会主义初级阶段，这是一个至少上百年的历史阶段，制定一切方针政策都必须以这个基本国情为依据，不能脱离实际，超越阶段。我国处在社会主义初级阶段，是邓小平和党对当代中国基本国情的科学判断。这个科学判断，使我们对社会主义建设的长期性、紧迫性、复杂性、艰巨性有了更加清醒的思想准备。

3. 改革开放理论

邓小平强调改革也是一场革命，也是解放生产力，是中国现代化的必由之路，僵化停滞

---

① 《邓小平文选》第3卷，人民出版社1993年版，第373页。

是没有出路的。对外开放是建设中国特色社会主义的一项基本国策，是改革和建设所必不可少的，应该吸收和利用世界各国包括资本主义发达国家所创造的一切先进文明成果来发展社会主义，封闭只能导致落后。党的十一届三中全会以来制定了一系列新的方针政策，这些方针政策概括起来就是改革开放。改革开放是决定中国命运的重大决策，是新时期中国最鲜明的特点。

4. 社会主义市场经济理论

邓小平提出的计划经济不等于社会主义，市场经济不等于资本主义，从根本上解除了把计划经济和市场经济看作属于社会基本制度范畴的思想束缚。在坚持公有制和按劳分配为主体，其他经济成分和分配方式为补充的基础上，把市场经济配置资源的长处和社会主义制度的优越性结合起来，建立和完善社会主义市场经济体制，为我们坚持社会主义经济制度找到了一种新的实现形式，这是我们党的一个伟大创举。

除了上面指出的几个方面外，邓小平理论体系中还包括社会主义现代化发展战略、社会主义民主政治建设、社会主义精神文明建设、统一战线、军队和国防建设、社会主义国家外交战略、祖国完全统一、党的建设等理论。

(三) 邓小平理论的历史地位和指导意义

邓小平理论集中反映了中国共产党对中国社会主义建设规律的认识，具有鲜明的时代精神和民族精神，是中华民族振兴和发展的强大精神支柱。

1. 马克思主义中国化第二次历史性飞跃的理论成果

作为毛泽东思想继承和发展的邓小平理论，是马克思主义在中国发展的新阶段。它坚持解放思想、实事求是，开拓了马克思主义的新境界；它坚持科学社会主义理论和实践的基本成果，深刻地揭示了社会主义的本质，把对社会主义的认识提高到新的科学水平；它坚持用马克思主义的宽广眼界观察世界，对当今时代特征和总体国际形势进行正确分析，作出了新的科学判断。总起来说，邓小平理论是建设中国特色社会主义的新的科学理论体系。

2. 改革开放和社会主义现代化建设的科学指南

党的十一届三中全会以来，邓小平理论指引我们进行拨乱反正和全面改革，逐步实现了从"以阶级斗争为纲"到以经济建设为中心、从封闭半封闭到改革开放、从计划经济到社会主义市场经济等一系列重大转变，成功地走出了一条具有中国特色的社会主义新道路。改革开放以来，在邓小平理论的指导下，我国实现了政治稳定、经济发展、民族团结。社会生产力、综合国力和人民生活都上了一个大台阶，使社会主义中国巍然屹立在世界东方。邓小平理论提高了党对建设中国特色社会主义规律的认识，是建设中国特色社会主义的行动指南。

3. 党和国家必须长期坚持的指导思想

尽管现在国际国内的形势比起当年有很多新的变化，但是邓小平理论为我们确立的基本思想依然有着现实的和长远的指导意义。今天我们推进中国特色社会主义的伟大事业，仍然要继续坚持实事求是的思想路线，不断推进思想的解放；深刻领会邓小平社会主义本质的科学论断，贯彻执行"一个中心、两个基本点"的基本路线；紧紧抓住和深入领会社会主义初级阶段的理论，努力完成分"三步走"基本实现现代化的战略任务；坚持改革开放和社会主义市场经济的基本理论，紧紧抓住和深入领会"两手抓，两手都要硬"的基本方针，推动经济社会的全面发展。这些根本性的指针，关系到中国特色社会主义的命运和前途，不能有任何的动摇。

三、"三个代表"重要思想

"三个代表"重要思想是马克思主义中国化的第三个重大理论成果。它是对马克思列宁主义、毛泽东思想、邓小平理论的继承和发展，体现了当代世界和中国的发展变化对党和国家工作的新要求，是加强和改进党的建设、推进我国社会主义自我完善和发展的强大理论武器，是中国共产党集体智慧的结晶。

（一）"三个代表"重要思想的形成和发展

1. "三个代表"重要思想形成的时代背景、实践基础和现实依据

20世纪80年代末以来，尽管我们所面临的时代主题、主要矛盾和主要任务没有根本性的改变，但是国际、国内和党内的情况都发生了重大的变化，党所处的地位和环境、党所肩负的历史任务、党的自身状况，都出现了许多新的情况。

就国际形势而言，随着东欧剧变、苏联解体；世界多极化和经济全球化的趋势在曲折中发展。虽然和平与发展仍是当今时代的主题，但霸权主义和强权政治又有新的表现，恐怖主义危害上升，一些地区的冲突和争端时起时伏，世界还很不安宁。科技进步日新月异，以信息技术为核心的高新技术的发展，极大地改变了人们的生产、生活方式和国际经济、政治关系，以经济为基础、科技为先导的综合国力竞争更为激烈。国际局势和世界格局的深刻变化，是"三个代表"重要思想形成的时代背景。

就国内形势而言，在胜利实现了现代化建设"三步走"战略前两步目标以后，我国进入了全面建设小康社会、加快推进社会主义现代化新的发展阶段。我国生产力水平大幅度跃升，综合国力显著增强，国际地位进一步提高，改革开放取得丰硕成果，社会主义市场经济体制初步建立，政治稳定、民族团结、社会进步。人民生活总体上达到小康水平，社会主义中国充满活力。与此同时，改革进入攻坚阶段，发展处于关键时期，我国社会主义事业的发展面临新的巨大困难和压力。随着改革开放和社会主义市场经济的发展，社会经济成分、组织形式、就业方式、利益关系和分配方式日益多样化。加入世贸组织，给我国经济社会带来深刻影响。推进现代化建设、完成祖国统一、维护世界和平与促进共同发展，仍是党在21世纪伟大而艰巨的三大历史任务。"三个代表"重要思想是在对当代中国发展变化科学认识的基础上形成的。改革开放以来特别是十三届四中全会以来党和人民建设中国特色社会主义的伟大探索，是"三个代表"重要思想形成的实践基础。就党内的情况而言，随着党和国家事业的发展，党的队伍发生了重大的变化。新党员的数量大幅度增加，干部队伍新老交替不断进行，一大批年轻干部走上领导岗位，既给党的发展带来了新的活力，也提出了新的挑战。进一步提高党的领导水平和执政水平，提高拒腐防变和抵御风险的能力，是党必须解决好的两大历史性课题。党的建设面临的新形势新任务，是"三个代表"重要思想形成的现实依据。

在上述世情、国情、党情新变化的背景下，以江泽民为核心的党的第三代中央领导集体，在科学判断党的历史方位的基础上，在建设中国特色社会主义的伟大实践中，逐步将治党治国治军的新经验加以概括和总结，创立了"三个代表"重要思想。

2. "三个代表"重要思想形成的历史进程

2000年2月，江泽民在广东考察工作时，第一次提出"三个代表"①的要求。在同年5月的一次讲话中，他又指出："始终做到'三个代表'，是我们党的立党之本、执政之基、力量之源。"②2001年7月，江泽民在纪念建党80周年大会上的讲话，全面阐述了"三个代表"的科学内涵和基本内容，提出了按照"三个代表"要求加强和改进党的建设、始终保持党的先进性和纯洁性的任务，使"三个代表"要求成为中国共产党在新世纪的建党纲领。2002年11月，江泽民在党的十六大报告中进一步阐述了"三个代表"重要思想的时代背景、历史地位、精神实质和指导意义，阐明了贯彻"三个代表"重要思想的根本要求。

党的十六大高度评价了"三个代表"重要思想的历史地位和重要意义，把"三个代表"重要思想同马克思列宁主义、毛泽东思想、邓小平理论一道确立为党必须长期坚持的指导思想并写进了党章，翌年又写进了宪法。

2003年7月胡锦涛在"三个代表"重要思想理论研讨会上的讲话，对"三个代表"重要思想作为系统的科学理论的内涵进行了全面的阐述，号召全党不断增强学习贯彻"三个代表"重要思想的自觉性和坚定性，牢固确立"三个代表"重要思想在全党一切工作中的指导地位，自觉用"三个代表"重要思想指导自己的思想和行动，在建设中国特色社会主义这一前无古人的伟大实践中继续创造新的辉煌。

（二）"三个代表"重要思想的科学体系和主要内容

"三个代表"重要思想在形成和发展的过程中，紧密结合新的实践，把治党和治国、执政和为民结合起来，在改革发展和稳定、内政外交国防、治党治国治军各个方面，提出了一系列紧密联系、相互贯通的新思想、新观点、新论断。这一系统的科学理论在建设中国特色社会主义的思想路线、发展道路、发展阶段、发展战略、根本任务、发展动力、依靠力量、国际战略、领导力量和根本目的等重大问题上都有新的发展。

"中国共产党必须始终代表中国先进生产力的发展要求，代表中国先进文化的前进方向，代表中国最广大人民的根本利益。"这是对"三个代表"重要思想的集中概括。

1. 始终代表中国先进生产力的发展要求

党的理论、路线、纲领、方针、政策和各项工作，必须努力符合生产力发展的规律，体现不断推动社会生产力的解放和发展的要求，尤其要体现推动先进生产力发展的要求，通过发展生产力不断提高人民群众的生活水平。

2. 始终代表中国先进文化的前进方向

党的理论、路线、纲领、方针、政策和各项工作，必须努力体现发展面向现代化、面向世界、面向未来的，民族的科学的大众的社会主义文化的要求，促进全民族思想道德素质和科学文化素质的不断提高，为我国经济发展和社会进步提供精神动力和智力支持。

3. 始终代表中国最广大人民的根本利益

党的理论、路线、纲领、方针、政策和各项工作，必须坚持把人民的根本利益作为出发点和归宿，充分发挥人民群众的积极性、主动性、创造性，在社会不断发展进步的基础上，使人民群众不断获得切实的经济、政治、文化利益。

---

① 《江泽民文选》第3卷，人民出版社2006年版，第2页。
② 《江泽民文选》第3卷，人民出版社2006年版，第15页。

"三个代表"是统一的整体，相互联系，相互促进。发展先进生产力，是发展先进文化的基础，是实现最广大人民根本利益的前提；发展先进文化，是发展先进生产力和实现最广大人民根本利益的重要思想保证；发展先进生产力和先进文化，归根到底都是为了实现最广大人民的根本利益，而人民群众则是创造先进生产力和先进文化的主体，也是实现自身利益的根本力量。

此外，"三个代表"重要思想还围绕建设中国特色社会主义这个主题，创造性地运用马克思列宁主义、毛泽东思想、邓小平理论，紧密结合时代变化，在建立社会主义市场经济体制；我国社会主义初级阶段的基本经济制度；全方位对外开放战略；社会主义物质文明、政治文明和精神文明协调发展；正确处理改革发展稳定关系；建设社会主义法治国家、依法治国和以德治国相结合；走中国特色的精兵之路；巩固党的阶级基础和扩大党的群众基础等方面提出了新的观点和思想。它们构成了"三个代表"重要思想的主要内容。

（三）"三个代表"重要思想的历史地位和指导意义

"三个代表"重要思想作为中国共产党必须长期坚持的指导思想，在理论和实践上都有着重要的历史地位和指导意义。

1. 指导思想的又一次与时俱进

进入 21 世纪之后，实践的发展提出了推进理论创新的新要求。"三个代表"重要思想继承和发展了马克思主义历史唯物主义的基本原理，揭示了中国特色社会主义是社会主义市场经济、民主政治和先进文化有机统一，社会主义物质文明、政治文明和精神文明全面发展，党领导的事业同党的建设的伟大工程相互促进的进程。"三个代表"重要思想的形成，表明党对共产党的执政规律、社会主义建设规律和人类社会发展规律的认识，达到了新的理论高度。

2. 全面建设小康社会的根本指针

党在新世纪新阶段最重要的任务，就是全面建设小康社会。"三个代表"重要思想作为21 世纪中国化的马克思主义，是指引全党全国人民为实现全面建设小康社会的宏伟目标而奋斗的根本指针。在实现这个宏伟目标的征程中，将长期面对着如何科学判断和全面把握国际形势的发展变化、社会主义初级阶段的基本国情、党所处的历史方位和肩负的历史使命等重大课题。"三个代表"重要思想为我们正确认识和处理这些重大课题提供了科学理论和科学方法。

3. 加强和改进党的建设、推进我国社会主义自我完善和发展的强大理论武器

"三个代表"重要思想把党的建设的伟大工程同中国特色社会主义伟大事业紧密联系起来，赋予党的性质、宗旨、指导思想和任务以丰富的时代内容，确定了党的建设的总体部署。同时，"三个代表"重要思想提出的一系列关于中国特色社会主义的发展道路、发展阶段、发展战略、根本目的、根本任务、发展动力、依靠力量、国际战略等重要思想，对我们正在进行的改革开放和现代化建设事业具有长期的指导意义。

四、科学发展观

科学发展观是对中国共产党的三代中央领导集体关于发展的重要思想的继承和发展，是马克思主义关于发展的世界观和方法论的集中体现，是同马克思列宁主义、毛泽东思想、邓小平理论和"三个代表"重要思想既一脉相承又与时俱进的科学理论，是我国经济社会发

展的重要指导方针，是发展中国特色社会主义必须坚持和贯彻的重大战略思想。

（一）科学发展观的形成

1 科学发展观形成的社会历史条件

科学发展观，是立足社会主义初级阶段基本国情，总结我国发展实践，借鉴国外发展经验，适应新的发展要求提出来的。

我国社会主义初级阶段基本国情是提出科学发展观的根本依据。我国在进入社会主义社会的时候，就生产力发展水平而言，远远落后于发达国家，因此，必须经历一个相当长的历史阶段，去实现工业化和现代化。

我国在新世纪新阶段的阶段性特征是提出科学发展观的现实基础。社会发展是一个从量变到质变、又从质变到新的量变螺旋式上升的过程，在不同时期会呈现出相应的阶段性特征。我国社会主义初级阶段是一个漫长的历史阶段，在其不同发展时期也会呈现不同特征。随着经济体制深刻变革、社会结构深刻变动、利益格局深刻调整、思想观念深刻变化，我国经济社会发展呈现出一系列新的阶段性特征。这些特征决定着我国发展既具有巨大潜力和广阔空间，也承受着来自人口资源环境等方面的巨大压力，我国发展既面临着前所未有的机遇，也面临着严峻挑战。要适应当前我国发展的阶段性特征，就必须科学分析我国全面参与经济全球化的新机遇新挑战，全面认识工业化、信息化、城镇化、市场化、国际化深入发展的新形势新任务，深刻把握我国发展面临的新课题新矛盾，以新的思路、新的方法推进现代化建设，更加自觉地走科学发展的道路。

当代世界的发展实践和发展理念是提出科学发展观的重要借鉴。第二次世界大战结束以后，加快经济增长成为世界各国的共识，人类创造了前所未有的经济增长成就。但是，由于一些国家在社会制度方面存在的问题和弊端，单纯追求经济增长，不重视社会发展，不解决社会公平问题，忽视能源资源节约和生态环境保护，致使世界发展遇到了一系列严重的问题。如生态环境严重恶化、经济结构失衡、社会发展滞后、贫富悬殊和失业增加、社会腐败、政治动荡等。世界各国的发展实践表明，发展绝不仅仅是经济增长，还应该是经济、政治、文化、社会全面协调发展，是人与自然和谐的可持续发展。

作为世界上坚持社会主义道路的最大的发展中国家，我国要完成工业化和信息化的双重任务，面临着促进经济发展和节约资源、保护环境的双重压力，这就决定了我们必须走出一条中国特色发展道路。科学发展观正是在深刻总结世界发展经验教训的基础上提出的，它顺应了当今世界发展的潮流，吸收了当今世界各国在发展的认识和实践上取得的积极成果。

2. 科学发展观的发展历程

科学发展观的提出，经历了一个在实践中逐步丰富和发展的过程。

2003 年 10 月，党的十六届三中全会通过的《中共中央关于完善社会主义市场经济体制若干问题的决定》指出："坚持以人为本，树立全面、协调、可持续的发展观，促进经济社会和人的全面发展。"胡锦涛在这次全会上的讲话中强调，树立和落实全面发展、协调发展和可持续发展的科学发展观，对于我们更好地坚持发展才是硬道理的战略思想具有重大意义。

2004 年 9 月，党的十六届四中全会通过的《中共中央关于加强党的执政能力建设的决定》，把树立和落实科学发展观作为提高党的执政能力的重要内容。2005 年 10 月，党的十六届五中全会通过的《中共中央关于制定国民经济和社会发展第十一个五年规划的建议》

强调，要坚定不移地以科学发展观统领经济社会发展全局，坚持以人为本，转变发展观念、创新发展模式、提高发展质量，把经济社会发展切实转入全面协调可持续发展的轨道。2006年3月，全国人大十届四次会议通过的《中华人民共和国国民经济和社会发展第十一个五年规划纲要》指出，"十一五"时期促进国民经济持续快速协调健康发展和社会全面进步，关键是要牢固树立和全面落实科学发展观。

2007年10月，胡锦涛在党的十七大报告中进一步深刻阐述了科学发展观的时代背景、科学内涵、精神实质和根本要求。他强调，在新的发展阶段继续全面建设小康社会、发展中国特色社会主义，必须深入贯彻落实科学发展观，增强贯彻落实科学发展观的自觉性和坚定性，把科学发展观贯彻落实到经济社会发展的各个方面。党的十七大把科学发展观写入了党章。

（二）科学发展观的主要内容

科学发展观，第一要义是发展，核心是以人为本，基本要求是全面协调可持续，根本方法是统筹兼顾。

1. 第一要义是发展

发展是马克思主义的重要范畴之一，马克思主义最注重发展社会生产力。在社会主义国家，一个真正的马克思主义政党在执政以后，根本任务就是发展社会生产力，发展是硬道理。只有紧紧抓住和不断推动发展，才能从根本上把握人民的愿望，把握社会主义现代化建设的本质，把握我们党执政兴国的关键。这就要求我们必须坚持把发展作为党执政兴国的第一要务，牢牢扭住经济建设这个中心，坚持聚精会神搞建设、一心一意谋发展，不断解放和发展社会生产力。要更加有效地实施科教兴国战略、人才强国战略、可持续发展战略，着力把握发展规律、创新发展理念、转变发展方式、破解发展难题，提高发展质量和效益，实现又好又快发展，为发展中国特色社会主义打下坚实基础。

2. 核心是以人为本

以人为本，就是以最广大人民的根本利益为本。以人为本，体现了马克思主义历史唯物论的基本原理，体现了我们党全心全意为人民服务的根本宗旨和我们推动经济社会发展的根本要求。我们党的一切奋斗和工作都是为了造福人民。坚持以人为本，就要始终把实现好、维护好、发展好最广大人民的根本利益作为党和国家一切工作的出发点和落脚点，尊重人民主体地位，发挥人民首创精神，保障人民各项权益，走共同富裕道路，促进人的全面发展，做到发展为了人民、发展依靠人民、发展成果由人民共享。

3. 基本要求是全面协调可持续

我们所追求的发展，不是片面的发展、不计代价的发展、竭泽而渔式的发展，而是全面的发展、协调的发展、可持续的发展。全面，是指各个方面都发展；协调，是指各个方面的发展要相互适应；可持续，是指发展进程要有持久性、连续性。这就要求我们必须按照中国特色社会主义事业的总体布局，全面推进经济建设、政治建设、文化建设、社会建设，促进现代化建设的各个环节、各个方面相协调，促进生产关系与生产力、上层建筑与经济基础相协调。要坚持走生产发展、生活富裕、生态良好的文明发展道路，大力建设生态文明，建设以资源环境承载力为基础、以自然规律为准则、以可持续发展为目标的资源节约型、环境友好型社会，实现速度和结构质量效益相统一、经济发展与人口资源环境相协调，使人民在良好生态环境中生产生活，实现经济社会永续发展。

4. 根本方法是统筹兼顾

统筹兼顾是我们在中国这样一个十几亿人口的发展中大国治国理政的重要历史经验，也是我们处理各方面矛盾和问题必须坚持的重大战略方针。坚持统筹兼顾，就是既要总揽全局、统筹规划，又要抓住牵动全局的主要工作、事关群众利益的突出问题。这就要求我们必须正确认识和妥善处理中国特色社会主义事业中的重大关系，统筹城乡发展、区域发展、经济社会发展、人与自然和谐发展、国内发展和对外开放，统筹中央和地方关系，统筹个人利益和集体利益、局部利益和整体利益、当前利益和长远利益，充分调动各方面积极性。要统筹国内国际两个大局，树立世界眼光，加强战略思维，善于从国际形势发展变化中把握发展机遇，应对风险挑战，营造良好国际环境。

（三）科学发展观的指导意义

1. 与时俱进的科学理论

马克思主义认为，生产力发展是人类社会发展的最终决定力量，生产力和生产关系、经济基础和上层建筑的矛盾运动是社会发展的推动力量，必须通过革命和改革，使生产关系与生产力的发展相适应，使上层建筑与经济基础相适应，必须正确处理人与人、人与社会、人与自然的关系，不断解放和发展社会生产力。新中国成立后，毛泽东思想、邓小平理论、"三个代表"重要思想等关于社会主义革命和建设的理论阐述和体系都是马克思主义发展观的重要内容，也是科学发展观的理论基础和思想来源。

同时也要看到，一个科学理论的形成和发展总是需要一个实践、认识、再实践、再认识的过程。科学发展观还将在实践中进一步丰富、发展、完善。

2. 集中体现了马克思主义关于发展的世界观和方法论

世界观是人们对世界的总体看法和根本观点，方法论是人们认识和改造世界所遵循的根本方法。世界观和方法论体现在发展问题上就是发展观。发展观是关于发展的本质、目的、内涵和要求的总体看法和根本观点，决定了经济社会发展的总体战略和基本模式，对经济社会发展实践具有根本性和全局性的重大影响。科学发展观强调坚持以经济建设为中心，把发展生产力作为首要任务，把经济发展作为一切发展的前提，体现了历史唯物主义关于生产力发展是人类社会发展的基础的观点。科学发展观坚持以人为本，把人民群众作为推动发展的主体和基本力量，从最广大人民的根本利益出发谋发展、促发展，体现了历史唯物主义关于人民是历史发展主体的观点和共产党人全心全意为人民服务的宗旨。科学发展观坚持全面发展和协调发展，强调全面推进经济建设、政治建设、文化建设、社会建设，体现了唯物辩证法关于事物之间相互联系、辩证统一的基本原理。科学发展观坚持可持续发展，强调要实现经济发展与人口、资源、环境相协调，保证一代接一代地永续发展，体现了辩证唯物主义关于人与自然关系的思想和社会主义在消除资本主义弊端方面的优越性。科学发展观坚持把社会主义物质文明、政治文明、精神文明、和谐社会建设和人的全面发展看成联系的整体，把人类社会的发展看成生产力和生产关系、经济基础和上层建筑相互适应，社会生产各个部类、各个地域、各个方面相互协调，人与人、人与社会、当代与后代相互联系、相互促进的过程，全面体现并进一步丰富和深化了马克思主义对发展问题的认识。

3. 新时期经济社会发展的指导方针和战略思想

科学发展观进一步回答了实现什么样的发展、怎样发展等重大问题，体现了我们党对共产党执政规律、社会主义建设规律、人类社会发展规律认识的进一步深化。科学发展观针对我国发展过程中一些领域和方面出现的发展不够平衡问题，着眼于实现经济社会又好又快发展，进一步提出了解决城乡、区域、经济社会、人与自然发展的不平衡、不协调问题的思路，进一步指明了我国经济社会发展的正确方向，是我国经济社会发展的重要指导方针。科学发展观从中国特色社会主义事业总体布局出发，着眼于建设富强民主文明和谐的社会主义现代化国家，要求我们全面推进经济建设、政治建设、文化建设、社会建设，进一步完善了中国特色社会主义的发展道路、发展模式、发展战略，对于发展中国特色社会主义具有长远的指导意义，因而是发展中国特色社会主义必须坚持和贯彻的重大战略思想。

第三节　马克思主义中国化理论成果的精髓

马克思主义中国化理论成果的精髓同中国共产党思想路线的核心是完全一致的，都是实事求是。毛泽东在民主革命时期领导全党确立了一条实事求是的思想路线，并且为此保证了新民主主义革命和社会主义改造的胜利。十一届三中全会以来，这条思想路线不仅得到了重新确立，而且有了进一步的丰富和发展。

一、实事求是思想路线的形成和发展

思想路线，亦称认识路线，指的是人们的认识所遵循的方向、途径、原则和方法。一个政党的思想路线，是指这个政党确定自己的指导思想并支配自己行动的认识路线。中国共产党实事求是的思想路线是坚持辩证唯物主义、历史唯物主义，反对唯心主义、形而上学的思想路线，这条思想路线对于正确地制定和贯彻党的政治路线和各项方针政策，具有决定性的意义。

（一）实事求是思想路线的形成和确立

在中国共产党的历史上，正确的思想路线的形成和确立，都有一个过程。

第二次国内革命战争时期，毛泽东在 1929 年 6 月写的一封信中分析红四军党内存在着种种错误思想的原因时第一次使用了"思想路线"这一概念。1930 年 5 月，他在《反对本本主义》中初步界定了中国共产党人的思想路线的基本含义。为了揭露主观主义、特别是教条主义错误的思想根源，1937 年，毛泽东在《实践论》和《矛盾论》等著作中，深刻阐述了理论对于实践的依赖关系，以及矛盾的普遍性和特殊性的关系，对党的思想路线作了系统的哲学论证。1938 年，他在党的六届六中全会所作的政治报告中，在提出"马克思主义中国化"任务的同时，借用我国传统文化中的"实事求是"来提倡马克思主义同中国实际相结合的科学态度，指出："共产党员应是实事求是的模范"，"因为只有实事求是，才能完成确定的任务"①。在延安整风期间，毛泽东从思想路线的角度，系统地阐述了坚持实事求是的重要性。1941 年 5 月，他在《改造我们的学习》的报告中，对实事求是的科学含义作了马克思主义的界定，而且将能否坚持实事求是，提到了有没有党性或党性纯不纯的高度。此后，毛泽东为中央党校题写了"实事求是"四个字作为校训。经过延安整风和党的七大，实事求是的思想路线在全党得到了确立。

---

① 《毛泽东选集》第 2 卷，人民出版社 1991 年版，第 522 页。

贯彻实事求是的思想路线，中国共产党把马克思主义的基本原理同中国革命的具体实际相结合，开创了一条前人没有走过的中国自己的革命道路并取得了胜利。

（二）实事求是思想路线的重新确立和发展

新中国成立后，毛泽东继续强调实事求是，指出理论与实践的统一，是马克思主义的一个最基本的原则。他通过《论十大关系》、《关于正确处理人民内部矛盾的问题》等著作，初步总结了我国社会主义建设的经验，提出了探索适合中国国情的社会主义建设道路的任务。但是这一时期，党在指导思想和实际工作中却在某些方面偏离了实事求是思想路线。这种对事实求是的错误偏离在"文化大革命"中达到了高潮。

"文化大革命"结束后，在中国向何处去的重大历史关头，邓小平首先抓住思想路线的拨乱反正这一关键环节，大力提倡实事求是。

在党的十一届三中全会之前，邓小平就以马克思主义者的非凡胆略和科学态度，批评"两个凡是"既不符合马克思列宁主义，也不符合毛泽东思想，强调毛泽东思想是一个科学体系，必须"完整地准确地理解毛泽东思想"①。他指出，毛泽东倡导的作风中最根本的东西是实事求是。在领导和推动关于实践是检验真理的唯一标准的大讨论中，他反复强调，实事求是，是"毛泽东思想的精髓"②。十一届三中全会，重新确立了实事求是的思想路线。

在重新确立实事求是的思想路线和推进改革开放的进程中，邓小平还进一步丰富和发展了实事求是的思想路线。针对受林彪、"四人帮"大搞禁令和制造迷信的影响，不少人的思想在"文化大革命"结束后依然处在僵化或半僵化的状态，邓小平特别强调解放思想的极端重要性。他认为，在一切工作中要真正坚持实事求是，首先必须解放思想，只有思想解放了，才能正确地以马克思列宁主义、毛泽东思想为指导，解决过去遗留的问题和新出现的一系列问题。1980年，邓小平在召开的党的十一届五中全会第三次会议上的讲话中对党的思想路线的内容作了概括，他指出："实事求是，一切从实际出发，理论联系实际，坚持实践是检验真理的标准，这就是我们党的思想路线。"③

1992—2002年，江泽民在党的十四大报告、十五大报告、十六大报告中，反复强调并明确地提出：坚持党的思想路线，解放思想、实事求是、与时俱进，是我们党坚持先进性和增强创造力的决定性因素。

2004年1月，胡锦涛在一次讲话中强调：必须大力弘扬求真务实精神、大兴求真务实之风。他说，越是形势好，越是群众加快发展的积极性高，越要坚持求真务实，越要保持清醒的头脑，越要坚持好的工作作风。求真务实被提到辩证唯物主义和历史唯物主义的科学精神、党的优良传统和共产党人应该具备的政治品格的高度，进一步深化了对实事求是思想路线的认识。

二、实事求是思想路线的内容

党的十二大通过的《中国共产党章程》明确指出："党的思想路线是一切从实际出发，理论联系实际，实事求是，在实践中检验真理和发展真理。"之后，党章虽然有过几次修

---

① 《邓小平文选》第2卷，人民出版社1994年版，第42页。
② 《邓小平文选》第2卷，人民出版社1994年版，第67、126页。
③ 《邓小平文选》第2卷，人民出版社1994年版，第278页。

改，但关于党的思想路线基本内容的表述，一个字也没有改动。

（一）一切从实际出发

毛泽东指出："我们看问题不要从抽象的定义出发，而要从客观存在的事实出发，从分析这些事实中找出方针、政策、办法来。"① 在新的历史条件下，邓小平强调，我们在每一个时期，处理各种方针政策问题时，一定要从当前的、现实的、已经发生重大变化的实际出发。如果不根据现在的条件思考问题、下决心，很多问题就提不出来、解决不了。江泽民把这个思想概括为"一个中心，三个着眼于"，我们今天讲一切从实际出发，其中最大的实际就是中国目前正处于并将长期处于社会主义初级阶段。我们想问题，办事情，作决策，都必须从社会主义初级阶段的实际出发，而不能脱离这个实际。

唯心论和机械唯物论，"左"的和"右"的错误思想，都是以主观和客观相分裂，以认识和实践相脱离为特征的。从实际出发，就要尊重和承认客观事实，全面地看问题，发展地看问题，把现象当作入门的向导，通过去粗取精、去伪存真、由此及彼、由表及里的科学整理，揭示出事物的本质。

（二）理论联系实际

毛泽东一贯倡导理论与实际相联系的思想，他指出："只有善于应用马克思列宁主义的立场、观点和方法，从中国的历史实际和革命实际的认真研究中，在各方面作出合乎中国需要的理论性的创造，才叫作理论和实际相联系。"② 因此，要做到理论联系实际，一要吃透理论，注重把握贯穿于马克思主义中的立场、观点和方法。二要搞清实际，不仅要有对中国实际的感性认识，更要上升到对其本质的理性把握。

邓小平也十分重视理论联系实际，特别强调马克思主义基本原理同中国具体实际相结合的原则。他指出："我们坚信马克思主义，但马克思主义必须与中国实际相结合。只有结合中国实际的马克思主义，才是我们所需要的真正的马克思主义。"③ 江泽民也指出，马克思主义是从实践中来并被实践所证明了的科学理论，只有联系实际，才能真正学懂，也只有联系实际才能真正学好。理论联系实际，要求我们既重视用理论指导实践，又重视实践对理论的基础作用。

人民群众是实践的主体，尊重实践与尊重群众具有内在的统一性。尊重群众必须尊重群众的利益和愿望，以人民群众的意愿作为党的全部工作的出发点和归宿；同时，人民群众在改革开放和现代化建设的实践中创造的各种新鲜经验，又为新的理论形成提供了深厚的实践基础，因此，尊重群众必须尊重群众在实践中的创造。尊重实践和尊重群众的统一，体现了党的思想路线与群众路线的一致性。

（三）实事求是

1941年，毛泽东在《改造我们的学习》中明确地界定了实事求是的科学含义："'实事'就是客观存在着的一切事物，'是'就是客观事物的内部联系，即规律性，'求'，就是我们去研究。我们要从国内外、省内外、县内外、区内外的实际情况出发，从其中引出其固

---

① 《毛泽东选集》第3卷，人民出版社1991年版，第853页。
② 《毛泽东选集》第3卷，人民出版社1991年版，第819、820页。
③ 《邓小平文选》第3卷，人民出版社1993年版，第3页。

有的而不是臆造的规律性，即找出周围事变的内部联系，作为我们行动的向导。"①

实事求是内在地包含一切从实际出发、理论联系实际、在实践中检验真理和发展真理内容。一切从实际出发，是实事求是思想路线的前提和基础；理论联系实际，是实事求是思想路线的根本途径和方法；在实践中检验真理和发展真理，是实事求是思想路线的验证条件和目的。

实事求是还内在地包含着解放思想、与时俱进、求真务实等内容。由于实事求是是党的思想路线的实质和核心，我们通常把党的思想路线简明概括为"实事求是"，把党的思想路线称作"实事求是的思想路线"。

（四）在实践中检验真理和发展真理

要判断我们是不是做到了实事求是，是不是达到了真理性的认识，拿什么作标准？毛泽东坚持并发挥了马克思主义关于实践是检验真理标准的思想，强调："判定认识或理论之是否真理，不是依主观上觉得如何而定，而是依客观上社会实践的结果如何而定。真理的标准只能是社会的实践。"② 他还曾明确指出："社会实践是检验真理的唯一标准。"③

邓小平坚决反对"两个凡是"的错误观点，明确指出，实践是检验真理的唯一标准，实践是检验路线、方针、政策是否正确的唯一标准。

在实践中检验真理和发展真理，需要弘扬与时俱进的精神。

三、实事求是思想路线的重要意义

实事求是思想路线具有重要的理论意义和实践意义。

（一）马克思主义中国化的运用、丰富和发展

马克思以科学的实践观为基础，将思维的客观性和能动性统一起来，阐明了人类意识和社会生活的本质：人类意识是社会生活的反映，社会生活在本质上是实践的，人类思维的真理性应该由实践来证明，等等，从而实现了唯物论和辩证法的结合。毛泽东在《实践论》中发挥了马克思主义的这一思想，指出："实践的观点是辩证唯物论的认识论之第一的和基本的观点。"④ 实事求是思想路线在中国共产党的确立，就是以马克思主义认识论为哲学基础的。这条思想路线强调从实际出发，用全面的观点和发展的观点看问题；强调思想和实际相结合，主观和客观相结合，理论和实践相结合；强调认识是从实践到理论、再从理论到实践的没有止境的过程；强调没有调查就没有发言权，解放思想和实事求是的有机统一，民主是解放思想和实事求是的重要条件，与时俱进是马克思主义的理论品质，实践基础上的理论创新是社会发展和变革的先导等，都充分体现并进一步丰富和发展了马克思主义认识论。

（二）制定并贯彻执行正确的政治路线的思想基础

政治路线是党为实现一定历史时期的奋斗目标而制定的总路线和总政策，它的正确与否直接关系到人民的根本利益。然而，正确的政治路线不是凭空产生的，它必须建立在对客观情况的深刻了解和科学分析的基础上，必须以正确的思想路线为指导。回顾党的历史，在革

---

① 《毛泽东选集》第 3 卷，人民出版社 1991 年版，第 801 页。
② 《毛泽东选集》第 1 卷，人民出版社 1991 年版，第 284 页。
③ 《建国以来毛泽东文稿》第 10 卷，中央文献出版社 1996 年版，第 414 页。
④ 《毛泽东选集》第 1 卷，人民出版社 1991 年版，第 284 页。

命、建设和改革的各个历史阶段，从根本上说，我们取得的一切胜利，都是因为坚持了实事求是的思想路线，才制定出并贯彻执行了正确的政治路线，从而推进了党的事业的发展和党本身的成熟。而所遭受的一切挫折，或者是因为违背了实事求是思想路线因而没有能够制定出正确的政治路线，或者是因为在实践过程中偏离了实事求是思想路线而没有能够将原来制定的正确的政治路线坚持贯彻下去的结果。

（三）加强党的思想作风建设和提高领导能力的重要内容

毛泽东把理论和实践相结合的作风、和人民群众紧密联系在一起的作风，以及自我批评的作风，概括为中国共产党新的工作作风。在这三大作风中，理论和实践相结合是最根本的，强调的就是实事求是的思想路线。坚持实事求是的思想路线，就要自觉地深入群众，关心群众生活，注意工作方法，而不会浮在上空、脱离群众；坚持实事求是的思想路线，就要老老实实做人和老老实实办事，严于律己，接受群众的批评，勇于自我批评，而不能夸夸其谈、哗众取宠。实事求是还是党的基本领导方法和工作方法。无论是在革命、建设还是改革中，我们都必须坚持实事求是。

思考题

1. 如何正确认识马克思主义中国化的重要意义？
2. 马克思主义中国化的科学内涵包括哪些内容？
3. 毛泽东思想、邓小平理论、"三个代表"重要思想和科学发展观各自的主要内容？
4. 如何正确理解马克思主义中国化各个理论成果之间既一脉相承又与时俱进的关系？
5. 实事求是思想路线的基本内容有哪些？
6. 为什么说实事求是是中国共产党思想路线的核心？

延伸学习阅读材料

毛泽东：反对本本主义
——马克思主义基本原理要同中国具体实际相结合

以为上了书的就是对的，文化落后的中国农民至今还存着这种心理。不谓共产党内讨论问题，也还有人开口闭口"拿本本来"。我们说上级领导机关的指示是正确的，绝不单是因为它出于"上级领导机关"，而是因为它的内容是适合于斗争中客观和主观情势的，是斗争所需要的。不根据实际情况进行讨论和审察，一味盲目执行，这种单纯建立在"上级"观念上的形式主义的态度是很不对的。为什么党的策略路线总是不能深入群众，就是这种形式主义在那里作怪。盲目地表面上完全无异议地执行上级的指示，这不是真正在执行上级的指示，这是反对上级指示或者对上级指示怠工的最妙方法。

本本主义的社会科学研究法也同样是最危险的，甚至可能走上反革命的道路，中国有许多专门从书本上讨生活的从事社会科学研究的共产党员，不是一批一批地成了反革命吗？就是明显的证据。我们说马克思主义是对的，绝不是因为马克思这个人是什么"先哲"，而是因为他的理论，在我们的实践中，在我们的斗争中，证明了是对的。我们的斗争需要马克思主义。我们欢迎这个理论，丝毫不存什么"先哲"一类的形式的甚至神秘的念头在里面。

读过马克思主义"本本"的许多人，成了革命叛徒，那些不识字的工人常常能够很好地掌握马克思主义。马克思主义的"本本"是要学习的，但是必须同我国的实际情况相结合。我们需要"本本"，但是一定要纠正脱离实际情况的本本主义。

怎样纠正这种本本主义？只有向实际情况作调查。

——摘自《毛泽东选集》第 2 卷，人民出版社 1991 年版，第 111 – 112 页

第八章

毛泽东思想的科学体系

毛泽东思想是马克思主义中国化的第一个重大理论成果，它是关于中国新民主主义革命和社会主义建设的正确的理论原则和经验总结，是以毛泽东为代表的中国共产党集体智慧的结晶。

第一节　新民主主义革命理论

近代中国是一个半殖民地半封建的国家，人口众多，生产力落后，在这样的国家怎样进行社会主义革命？无产阶级政党如何实现对中国革命的领导？中国革命应该走什么样的具体道路？革命胜利后建立一个什么样的国家？以毛泽东为主要代表的中国共产党人，坚持把马克思列宁主义基本原理与中国革命具体实际相结合，提出了一条独具特色的新民主主义革命理论。

一、近代中国国情和时代特征

认清国情，是解决革命问题的基本依据。近代中国，已经沦为一个半殖民地半封建性质的社会，这是最基本的国情。中国共产党要在这样一个经济社会发展落后的大国里领导人民革命，就必须认清这一基本国情，深入了解中国革命的历史时代特征。

（一）近代中国的国情

1840 年"鸦片"战争前，中国是一个独立的封建国家，随着封建社会内部商品经济的产生和发展，已经孕育着资本主义的萌芽。"鸦片"战争后，帝国主义的不断入侵，改变了中国社会发展的轨道，使社会性质在两个方面发生了根本性的变化：一是独立的国家逐步沦为半殖民地的国家；二是封建的国家逐步变为半封建的国家。由此，中国逐渐成为了一个半殖民地半封建的国家。

一方面，帝国主义列强通过武装入侵和强迫清政府签订一系列不平等条约，使中国丧失完整的主权和政治上完全独立的地位。同时，他们通过索取战争赔款、控制海关税收、垄断财政金融等手段操纵中国的经济命脉，使中国逐渐丧失经济上的独立。帝国主义列强通过政治的、经济的和文化的手段，扼杀了中国自身独立发展的进程，使中国逐渐沦入了半殖民地的深渊。

另一方面，帝国主义的侵略虽然在一定程度上加速了封建社会自然经济的解体，但并没有使中国发展成为资本主义国家。这是因为中国的封建地主阶级又同买办资本和高利贷资本的剥削结合在一起，使得封建剥削更加强大。同时中国民族资本先天不足，工业化发展不够，没有完整的工业体系，在技术和设备等方面，只有依赖于外国资本和本国官僚资本。中国民族资本主义的发展受到外国资本、本国官僚资本和封建势力的多重压迫，不可能在整个社会经济中占据主导地位。中国已经不再是一个完全的封建社会，也没有发展成资本主义社会，而是变成了半殖民地半封建社会，并依然是一个贫穷落后的农业大国。

近代中国半殖民地半封建的社会性质，决定了帝国主义和中华民族的矛盾、封建主义和人民大众的矛盾是近代中国社会的主要矛盾。而帝国主义和中华民族的矛盾，又是各种矛盾中第一位的矛盾。

近代中国社会的性质和主要矛盾，决定了近代中国革命的根本任务是推翻帝国主义、封建主义和官僚资本主义的统治，为建设民主富强、人民当家作主的国家打下基础。

（二）中国革命的时代特征

近代中国的社会性质和主要矛盾，决定了中国革命是资产阶级民主革命。从"鸦片"战争到"五四"运动期间，中国人民进行的反帝反封建的斗争，属于旧民主主义革命的范畴。自从1917年俄国十月社会主义革命以后，中国资产阶级民主革命起了一个新的变化。俄国十月革命的胜利开辟了世界无产阶级社会主义革命的新纪元，标志着人类历史开始了由资本主义向社会主义转变的进程。十月革命使得中国的资产阶级民主主义革命，从原来属于旧的资产阶级民主主义革命的一部分，转变为属于新的资产阶级民主主义革命的范畴，属于世界无产阶级社会主义革命的一部分。

在十月革命的影响下，1919年"五四"运动之后，中国无产阶级开始以独立的政治力量登上历史舞台。随着马克思主义在中国的传播，马克思主义逐步成为中国革命的指导思想。以五四运动为开端，中国革命从此进入新民主主义革命阶段。为了变革中国社会，走上独立发展的道路，中国人民曾经进行过无数的英勇斗争，但每一次都摆脱不了失败的命运。事实证明，旧式的农民战争，资产阶级革命派领导的民主革命，以及照搬西方资本主义的种种方案，都不能完成反帝反封建的革命任务，都不能为中国自强找到真正的出路。近代中国社会发展的实践，期待着产生新的阶级、新的政党、新的革命理论。近代中国革命形势的发展，以及世界形势的新变化，为新民主主义革命理论的形成提供了客观条件。

二、新民主主义革命理论的形成

新民主主义革命理论是中国革命实践经验概括总结的成果。新民主主义革命理论经过了一个逐步形成和发展的过程。

中国共产党成立后，开始把马克思主义普遍真理与中国革命具体实际相结合。党的二大明确提出了中国共产党在民主革命时期的纲领，开始组织工人阶级开展工人运动，掀起了中国工人运动的第一次高潮。同时，京汉铁路工人罢工失败的教训也使党认识到，面对帝国主义的侵略和封建主义的反动统治，单靠工人阶级的力量还不行，必须建立广泛的统一战线。党的三大提出了建立国共合作统一战线的思想，但是，并没有明确提出无产阶级的领导权问题。到党的四大，第一次明确提出了坚持无产阶级领导权和农民同盟军的思想，认识到中国革命必须要发动广大农民参加，逐步形成了新民主主义革命的基本思想。

1927 年大革命失败后，毛泽东总结了经验教训，在党的八七会议上，明确提出了"枪杆子里面出政权"①的著名论断。在创建农村革命根据地的过程中，毛泽东总结了实行"工农武装割据"的经验，提出了农村包围城市，武装夺取政权这一具有中国特色的民主革命道路理论。

中国革命经过了北伐战争、土地革命战争、红军万里长征，积累了丰富的实践经验。到抗日战争时期，党对中国革命的认识逐步成熟。毛泽东指出："在民主革命时期，经过胜利、失败，再胜利、再失败，两次比较，我们才认识了中国这个客观世界。"②新民主主义革命理论是中国革命正反两方面经验的概括和总结，是中国革命历史经验的结晶。毛泽东系统阐述了新民主主义革命的基本问题、新民主主义革命的三大法宝、新民主主义基本纲领、人民军队建设、革命根据地建设和党的建设等多方面的内容，使新民主主义革命理论达到成熟。

抗日战争胜利后，中国应向何处去？围绕着在中国需要建立一个什么样国家的问题，代表中国地主阶级和官僚资产阶级利益的国民党同代表中国无产阶级和人民大众利益的共产党展开了两种命运、两种前途的战略决战，从政治、军事等各方面进行了激烈的较量。这场较量以人民解放战争的胜利、新中国的建立而告结束。紧接着，中国共产党人提出了从新民主主义向社会主义转变的思想。毛泽东系统论述了人民民主专政的观点，为新中国的成立奠定了理论基础。

三、新民主主义革命的总路线

总路线是根本的指导路线。中国共产党在新民主主义革命时期的总路线，是在总结新民主主义革命实践经验的基础上制定的，它揭示了中国革命的基本规律，明确了中国革命的对象、动力、领导力量、依靠力量和发展前途。1939 年毛泽东在《中国革命和中国共产党》中，第一次提出了新民主主义革命的科学概念和总路线的基本内容。1948 年，在《在晋绥干部会议上的讲话》中完整地表述了总路线的内容，指出新民主主义革命的总路线是无产阶级领导的，人民大众的，反对帝国主义、封建主义和官僚资本主义的革命。

（一）新民主主义革命的对象

近代中国社会的性质和主要矛盾，决定了当时中国新民主主义革命的主要敌人，就是帝国主义、封建主义和官僚资本主义。

帝国主义是中国革命的首要对象，近代中国所遭受的最大的压迫是来自帝国主义的民族压迫。帝国主义发动的一系列侵略战争，给中华民族带来了巨大的灾难，使近代中国沦为半殖民地半封建的社会。帝国主义通过野蛮的侵略战争，不仅操纵了近代中国的财政和经济命脉，而且控制了中国的政治和军事力量，帝国主义是阻碍中国社会进步和发展的罪魁祸首，是近代中国贫穷落后的总根源。推翻帝国主义的压迫是中国走向独立富强的首要前提。

封建制度是帝国主义统治中国和封建军阀实行专制统治的社会基础。地主阶级的政治统治是中国经济现代化和政治民主化的主要障碍。反对封建主义，从根本上说，就是要在经济上消灭封建制度，在政治上消灭军阀的专制统治，解放生产力，为中国的经济现代化和政治

---

① 《毛泽东文集》第 1 卷，人民出版社 1993 年版，第 47 页。
② 《毛泽东文集》第 8 卷，人民出版社 1999 年版，第 299 页。

民主化创造条件。

帝国主义和封建主义相互勾结，严重地阻碍着中国社会向前发展。中国革命"主要地就是对外推翻帝国主义压迫的民族革命和对内推翻封建地主压迫的民主革命。"① 民族革命和民主革命是中国新民主主义革命的两大基本任务。

官僚资本主义是依靠帝国主义、勾结封建势力、利用国家政权力量发展起来的买办的封建的国家垄断资本主义。官僚资本主义背靠帝国主义，通过国家垄断金融机构，滥发纸币和国债而疯狂侵吞社会财富，通过建立国家专卖制度控制大量商品和物资而大肆牟取暴利，通过超经济的特权垄断一些行业经营权而压迫和兼并私人资本主义企业。官僚资本主义具有买办性、封建性和垄断性。官僚资本主义严重地束缚了社会生产力的发展，因此也是中国革命的对象。

从总体上说，中国革命的对象是帝国主义、封建主义和官僚资本主义这三座压在中国人民头上的大山。但是，在不同历史阶段，随着社会主要矛盾的变化，集中反对的主要敌人有所不同，新民主主义革命的对象也有所变化。如在国共合作的大革命时期，革命的主要对象是北洋军阀；在土地革命战争时期，革命的主要对象是国民党新军阀；在抗日战争时期，革命的主要对象是日本帝国主义；在解放战争时期，革命的主要对象是国民党反动派。

（二）新民主主义革命的动力

新民主主义革命的基本动力是工人阶级、农民阶级、城市小资产阶级和民族资产阶级，而根本动力是工人和农民。"中国无产阶级、农民、知识分子和其他小资产阶级，乃是决定国家命运的基本势力。"②

中国无产阶级是中国革命最基本的动力。它是在中国近代化进程中出现的一个新的阶级，中国无产阶级是先进生产力的代表，是近代中国最进步的阶级，是中国革命的领导阶级。

农民是中国革命的主力军，是无产阶级最可靠的同盟军。在旧中国，农民占全国人口的80%以上，他们深受帝国主义、封建主义和官僚资本主义的压迫和剥削，具有强烈的反帝反封建的革命要求。农民问题是中国革命的基本问题，新民主主义革命实质上就是中国共产党领导下的农民革命。工人阶级只有与农民结成巩固的联盟，才能完成反帝反封建的革命任务。同时，工人阶级也必须实行对农民的领导，否则，农民的革命动力作用就无法充分发挥。

城市小资产阶级，包括广大的知识分子、小商人、手工业者和自由职业者，同样受帝国主义、封建主义和官僚资本主义的压迫。因此，城市小资产阶级同样是中国革命的动力之一，是工人阶级和农民依靠的力量。

民族资产阶级是一个带有两面性的阶级。一方面，民族资产阶级既受帝国主义的压迫，又受封建主义的束缚，他们同帝国主义和封建主义有矛盾，是革命的力量之一。另一方面，由于他们在经济上和政治上与帝国主义和封建主义有着千丝万缕的联系，没有彻底的反帝反封建的勇气，在革命的关键时刻又倒向帝国主义和封建主义一边，表现出明显的摇摆性。民族资产阶级的这种两重性，决定了他们虽然也是新民主主义革命的动力之一，也是工人阶级

① 《毛泽东选集》第 2 卷，人民出版社 1991 年版，第 637 页。
② 《毛泽东选集》第 2 卷，人民出版社 1991 年版，第 674 页。

和农民依靠的力量，但不能充当革命的主要力量，更不可能是革命的领导力量。

（三）新民主主义革命的领导

无产阶级的领导权是中国革命的核心问题。区别新旧两种不同范畴的民主主义革命，根本的标志是看革命的领导权掌握在无产阶级手中还是掌握在资产阶级手中。

由于中国民族资产阶级的软弱性和妥协性，领导中国革命取得成功的重任，历史性地落到了中国无产阶级及其政党的肩上。毛泽东指出："离开了工人阶级的领导，要完成反帝反封建的民主革命是不可能的。"① 无产阶级及其政党的领导，是中国革命取得胜利的根本保证。新民主主义革命不能由任何别的阶级和任何别的政党充当领导者，只能和必须由无产阶级及其政党充当领导者。

中国无产阶级与先进的生产方式相联系，代表先进生产力，富于组织纪律性，同时还具有自身独特的特点和优点。一是它从诞生之日起，就身受外国资本主义、本国封建势力和资产阶级的三重压迫，由此形成了中国无产阶级坚强的斗争性和彻底的革命性。二是它分布集中，有利于无产阶级队伍的组织和团结，形成强大的革命力量。三是它大部分出身于破产的农民，和农民有着天然的联系，使无产阶级便于和农民结成亲密的战斗联盟。正是中国无产阶级的这些特点和优点，使得它成为了中国革命的领导力量。

无产阶级对中国革命的领导是通过自己的政党来实现的。无产阶级只有在其政党的领导下，才能完成自己的历史使命。无产阶级及其政党要实现对各革命阶级的领导，必须建立以工农联盟为基础的广泛的统一战线，这是实现领导权的关键。中国革命的一些基本理论和实践问题，都和农民问题紧密地联系着。因此，首先必须建立巩固的工农联盟；然后建立同各革命阶级广泛的统一战线。在统一战线中，无产阶级及其政党必须坚持独立自主的原则，保持党在思想上、政治上和组织上的独立性，实行又联合又斗争的方针，这是坚持领导权的基本策略。无产阶级还必须建立人民革命的武装力量，坚持党指挥的原则。建立一支强大的人民革命武装，是保证领导权的坚强支柱。

（四）新民主主义革命的性质和前途

近代中国半殖民地半封建社会的性质和中国革命的历史任务，决定了当时中国革命的性质不是无产阶级的社会主义革命，而是资产阶级民主主义革命。

毛泽东指出，既然中国还是一个封建经济占明显地位的半殖民地半封建社会，而现阶段的革命是为了终结这个半殖民地半封建社会形态；既然中国革命的主要对象是帝国主义和封建主义势力，革命的任务是为了推翻这两个主要敌人的民族革命和民主革命；既然这个革命还有资产阶级参加，它还曾领导过这个革命；既然这个革命的经济政策不是一般地废除私有财产，而是还要保护私有财产，具体地说就是要把封建地主土地私有制变为农民土地所有制，为民族资本主义的发展扫清道路并保护之。所以，现阶段中国革命的性质，就不是无产阶级社会主义革命，而是资产阶级民主主义革命。但是，中国革命已不是旧式的、一般的资产阶级民主主义的革命，而是新型的民主主义革命。

新民主主义革命与旧民主主义革命相比有其独特的特点。集中表现在以下方面：一是时代上，中国革命处于世界无产阶级社会主义革命的时代；二是领导力量上，中国革命的领导力量是无产阶级及其先锋队——中国共产党；三是指导思想上，中国革命的指导思想是马克

---

① 《毛泽东选集》第 2 卷，人民出版社 1991 年版，第 559 页。

思列宁主义；四是革命前途上，中国革命的前途是社会主义而不是资本主义。

新民主主义革命与社会主义革命相比也有区别，主要表现在新民主主义革命与社会主义革命性质不同。新民主主义革命仍然属于资产阶级民主主义革命的范畴，工人、农民在政治上要争取和联合民族资产阶级去反对帝国主义、封建主义和官僚资本主义；新民主主义革命在经济上要保护民族工商业，容许私人资本主义发展。它要建立的是无产阶级领导的各革命阶级的联合专政，而不是无产阶级专政。社会主义革命是无产阶级性质的革命，它所要实现的目标是消灭所有资本主义剥削制度和改造小生产的私有制。

同时，新民主主义革命与社会主义革命又是互相衔接的。新民主主义革命一旦结束后，就要立即转入社会主义革命阶段，新民主主义革命的前途是走向社会主义革命。毛泽东指出"民主主义革命是社会主义革命的必要准备，社会主义革命是民主主义革命的必然趋势。"①只有认清民主主义革命和社会主义革命的区别，同时又认清两者的联系，才能正确地领导中国革命走向胜利。

在党的历史上，"左"倾教条主义的"一次革命论"的错误在于，只看到了民主革命与社会主义革命的联系，而混淆了民主革命和社会主义革命的区别，主张把社会主义革命阶段的任务放在民主革命阶段来完成，在反帝反封建的同时，也反对民族资产阶级，在政治上和经济上实行"左"的政策，使中国革命蒙受了重大损失。而右的"二次革命论"的错误在于，只看到了民主革命和社会主义革命的区别，而没有看到两个革命阶段的紧密联系，主张在民主革命胜利后，再建立一个资产阶级专政的资本主义国家，将来才去进行社会主义革命，放弃党对民主革命的领导权，同样使中国革命遭受了严重损失。

四、新民主主义革命的基本纲领

一个政党的纲领，是表明党的性质的重要标志。1940 年，毛泽东在《新民主主义论》中阐述了新民主主义的政治、经济和文化。1945 年，他在党的七大所作的《论联合政府》的政治报告中，进一步把新民主主义的政治、经济和文化与党的基本纲领联系起来，进行了具体阐述。新民主主义基本纲领是新民主主义革命总路线的具体展开和体现，为新民主主义革命指明了具体奋斗目标。

（一）新民主主义的政治纲领

新民主主义政治纲领的基本内容是：推翻帝国主义和封建主义的统治，建立一个无产阶级领导的、以工农联盟为基础的、各革命阶级联合专政的新民主主义的共和国。新民主主义共和国既不同于欧美式的资产阶级专政的共和国，又和苏联式的无产阶级专政的社会主义共和国相区别。

新民主主义国家的国体是无产阶级领导的以工农联盟为基础，包括小资产阶级、民族资产阶级和其他反帝反封建的人们在内的各革命阶级的联合专政。毛泽东指出，在全世界多种多样的国家体制中，按其政权的阶级性质来划分，基本不外乎这三种：资产阶级专政的共和国；无产阶级专政的共和国；几个革命阶级联合专政的共和国。资产阶级共和国的道路已被实践证明在中国行不通，直接建立无产阶级专政的共和国的条件也不成熟，因此新民主主义共和国所采取的国家政权形式是几个革命阶级的联合专政——人民民主专政。建立无产阶

---

① 《毛泽东选集》第 2 卷，人民出版社 1991 年版，第 651 页。

级专政的共和国是将来才能实现的目标。

新民主主义共和国的政体是实行民主集中制的人民代表大会制度。新民主主义国家的国体决定了人民当家作主，由人民行使管理国家的一切权力，这是新民主主义国家制度的核心内容和基本准则，而人民代表大会制度能够最直接、最全面地体现这一核心内容和基本准则。

（二）新民主主义的经济纲领

新民主主义经济纲领的主要内容是：没收封建地主阶级的土地归农民所有，没收官僚资产阶级的垄断资本归新民主主义的国家所有，保护民族工商业。

"没收封建地主阶级的土地归农民所有"，是新民主主义革命的中心内容。在半殖民地半封建的中国，土地制度极不合理，要改变中国贫穷落后的面貌，必须废除封建地主土地所有制，进行土地革命，实行"耕者有其田"，以扫除封建的剥削关系，解放农村生产力。党在民主革命时期，逐步认识到土地革命的重要性，形成了土地革命路线，这就是依靠贫雇农，团结中农，有步骤、有分别地消灭封建剥削制度，发展农业生产。

"没收官僚资本归新民主主义国家所有"，是新民主主义革命的本来目标、内在要求。没收官僚资本，包含着新民主主义革命和社会主义革命的双重性质。

"保护民族工商业"，是新民主主义经济纲领中极具特色的一项内容。在新民主主义条件下保护民族工商业，发展民族资本主义，是由中国落后的生产力和新民主主义革命的性质所决定的。新民主主义革命的对象是帝国主义、封建主义和官僚资本主义，而不是民族资产阶级。民族资本主义经济，是一种先进的生产方式，它对发展社会生产力具有积极作用。因此，对民族资本主义工商业必须采取保护的政策。毛泽东指出："拿资本主义的某种发展去代替帝国主义和本国封建主义的压迫，不但是一个进步，而且是一个不可避免的过程。它不但有利于资产阶级，同时也有利于无产阶级，或者说更有利于无产阶级。"[①] 在新民主主义的国家制度下，适当的发展私人资本主义经济有利于生产力发展，有益于社会进步。但是保护民族工商业发展也不是无条件的，我们保护和发展的是有利于社会生产力发展的资本主义生产，而不允许私人资本主义经济操纵国计民生、有害于国计民生。

（三）新民主主义的文化纲领

新民主主义文化就是无产阶级领导的人民大众的反帝反封建的文化，即民族的科学的大众的文化。

首先，新民主主义文化是民族的，就其内容说是反对帝国主义压迫，主张中华民族的尊严和独立的；就其形式说是具有鲜明的民族风格、民族形式和民族特色，具有中国作风和中国气派。

其次，新民主主义文化是科学的，是反对一切封建思想和迷信思想，主张实事求是、科学真理及理论和实践的一致性。对于封建时代创造的文化，应剔除其封建糟粕，吸收其民主性精华。同时要尊重中国的历史，反对民族虚无主义，以历史唯物主义的态度正确对待和科学发展古今中外文化。

再次，新民主主义文化是大众的，新民主主义文化是为全民族中 90% 以上的工农大众服务的，是人民大众的文化。文化工作者要用革命文化教育和武装人民大众，使它成为人民

---

① 《毛泽东选集》第 3 卷，人民出版社 1991 年版，第 1060 页。

大众的有力思想武器；同时又要以人民群众的实践作为创作的源泉，坚持为人民大众服务的方向。

新民主主义的政治纲领、新民主主义的经济纲领和新民主主义的文化纲领相结合，就构成新民主主义革命的基本纲领。

第二节 新民主主义革命的道路、经验和意义

一、新民主主义革命的道路

中国是一个农民占人口绝大多数的半殖民地半封建的国家，立足于这样的国情搞革命应该选择什么样的道路，是中国共产党必须回答的重大课题。以毛泽东为主要代表的中国共产党人把马克思主义基本原理与中国革命的具体实际相结合，走出了一条不同于俄国十月革命、具有中国特色的革命道路，即农村包围城市、武装夺取政权的革命道路。

（一）对中国革命道路的艰辛探索

中国革命应该走什么样的道路，党对这一问题的认识，经过了一个逐步探索的过程。党成立初期，首先把工作重心放在城市，开展工人运动，这样有利于奠定党的阶级基础。1927年大革命失败后，党的工作重心开始转向农村。秋收起义失败后，毛泽东创建了井冈山革命根据地，把武装斗争的主攻方向首先指向农村。1928年10月和11月，毛泽东在《中国的红色政权为什么能够存在？》和《井冈山的斗争》等文章中，提出了"工农武装割据"的思想，为农村包围城市道路理论的形成奠定了基础。1930年1月，毛泽东在《星星之火，可以燎原》一文中，科学地分析了中国社会的各种深刻矛盾，提出了中国革命应以乡村为中心、先在农村建立和发展红色政权，待条件成熟时再夺取全国政权的思想。

红军长征到达陕北后，毛泽东在《战争和战略问题》等著作中深入分析了近代中国的国情，论述了中国革命的长期性和不平衡性等特点，进一步丰富了农村包围城市的整体战略思想，从此把经过长期武装斗争，先占领乡村，后夺取城市，最后取得全国胜利，作为革命道路确立下来。

（二）农村包围城市、武装夺取政权道路的基本内容

中国革命必须走农村包围城市、武装夺取政权的道路，是由中国半殖民地半封建社会的具体国情决定的。在近代中国，帝国主义和封建阶级的统治力量主要集中在城市，无产阶级不可能像在资本主义国家那样，先在城市组织斗争，夺取政权。中国革命的主要途径只能是在反动阶级统治薄弱的广大农村组织武装力量，开展武装斗争。无产阶级及其政党必须将工作重心放在农村，在农村长期积蓄和锻炼自己的力量。只有把农村建设成先进的、巩固的革命根据地，才能与占据着中心城市的敌人进行长期有效的斗争。以农村包围城市，逐步夺取城市，取得革命的最后胜利。

近代中国农民占全国人口的绝大多数，是无产阶级可靠的同盟军和革命的主力军。只有实行土地革命，解决农民的土地问题，才有可能把农民充分发动起来，摧毁帝国主义和封建地主阶级反动统治的基础。因此，无产阶级及其政党必须深入农村，从解决农民的土地问题入手，组织、发动和武装农民，使革命战争获得广大农民的支持和参加，为最后夺取全国政

权奠定坚实基础。

中国走农村包围城市、武装夺取政权的道路具有现实的可能性。近代中国是一个政治、经济、文化发展极不平衡的大国。全国没有统一的资本主义经济，自给自足的自然经济广泛存在，这就为在农村建立革命根据地提供了条件。由于中国国土面积大，革命力量大有回旋余地，而帝国主义国家之间、军阀之间相互割据，连年不断的军阀混战使红色政权获得了存在和发展的缝隙。这是农村革命根据地能够在中国存在和发展的重要原因。

中国革命走农村包围城市、武装夺取政权的道路，必须处理好土地革命、武装斗争、根据地建设三者之间的关系。土地革命是民主革命的中心内容；武装斗争是中国革命的主要形式，是农村根据地建设和土地革命的强有力保证；农村革命根据地是中国革命的战略阵地，是进行武装斗争和开展土地革命的依托。中国革命在中国共产党的领导下，实现了土地革命、武装斗争、根据地建设三者的密切结合和有机统一。

（三）中国革命道路理论的意义

中国革命道路的理论，反映了中国革命发展的客观规律，是指导革命取得胜利的唯一正确的理论。它不是照抄照搬俄国十月革命的经验，而是从中国的实际出发，独创性地发展了马克思列宁主义关于革命道路的理论。它是以毛泽东为主要代表的中国共产党人运用马克思主义的立场、观点和方法分析、研究和解决中国革命具体问题的光辉典范，对于推进马克思主义中国化具有重要的方法论意义。邓小平指出："马克思、列宁从来没有说过农村包围城市，这个原理在当时世界上还是没有的。但是毛泽东同志根据中国的具体条件指明了革命的具体道路。"① 这条农村包围城市、武装夺取政权的道路，后来也成为了世界上深受帝国主义压迫、经济社会文化发展落后的国家寻求独立解放之路的借鉴样板。

二、新民主主义革命的三大法宝

毛泽东在《〈共产党人〉发刊词》一文中，总结了中国革命两次胜利和两次失败的经验教训，揭示了中国革命发展的客观规律，指出"统一战线，武装斗争，党的建设，是中国共产党在中国革命中战胜敌人的三个法宝，三个主要的法宝。"② 正确地解决好了这三个问题，就可以正确地推进中国革命。

（一）统一战线

统一战线问题是中国共产党策略思想的重要内容。首先建立最广泛的统一战线，是由中国半殖民地半封建社会的阶级状况所决定的。毛泽东指出："中国社会是一个两头小中间大的社会，无产阶级和地主大资产阶级都只占少数，最广大的人民是农民、城市小资产阶级及其他的中间阶级。"③ 中国共产党要推翻代表地主阶级和官僚资产阶级的国民党的统治，就必须把农民、城市小资产阶级及其他的中间阶级都团结在自己的周围，结成最广泛的统一战线。其次，这是由中国革命的长期性、残酷性及其发展的不平衡性所决定的。中国政治经济发展的不平衡性也造成了革命发展的不平衡性，中国共产党要从根本上改变敌强我弱的态势，夺取中国革命的最终胜利，就必须要采取正确的统一战线策略，把一切可以团结和利用

---

① 《邓小平文选》第 2 卷，人民出版社 1994 年版，第 126 页。
② 《毛泽东选集》第 2 卷，人民出版社 1991 年版，第 606 页。
③ 《毛泽东选集》第 3 卷，人民出版社 1991 年版，第 808 页。

的力量尽可能团结在自己的周围，以壮大革命的力量，削弱反革命的力量。

在半殖民地半封建的中国社会，诸多社会矛盾交织在一起，客观上为中国共产党利用这些矛盾建立和发展统一战线提供了可能性。近代中国社会最大的压迫是民族压迫，决定了无产阶级及其政党可以把一切爱国的、不愿受帝国主义奴役的人们团结在自己的周围，包括深受帝国主义压迫的民族资产阶级。

中国共产党领导的革命统一战线，包含着两个联盟：一个是工人阶级同农民阶级、广大知识分子及其他劳动者的联盟，主要是工农联盟；另一个是工人阶级和非劳动人民的联盟，主要是与民族资产阶级的联盟。第一个联盟是统一战线的基础和依靠，只有巩固的工农联盟，才能实现党对统一战线的领导权。同时，第二个联盟也非常重要，联合一切可以联合的力量，壮大自己的队伍，孤立主要的敌人，才能巩固和发展统一战线。

在统一战线中，存在着不同阶级、不同政治力量和不同派别，由于各个阶级在不同时期有不同的要求而表现出不同的政治态度。因此，在革命进程中，必须坚持党对统一战线的领导，发展进步势力、争取中间势力、孤立顽固势力。

新民主主义革命时期，党领导的统一战线，先后经过了第一次国共合作的统一战线、工农民主统一战线、抗日民族统一战线、人民民主统一战线等几个时期，积累了丰富的经验，取得了巨大的成就。

（二）武装斗争

武装斗争是中国革命的特点和优点之一。与资本主义国家不同，在半殖民地半封建的旧中国，帝国主义和封建主义总是凭借着反革命暴力对革命人民实行残暴的专制与镇压。无产阶级和广大人民群众没有任何合法斗争的权利，迫使革命人民只有武装起来，以武装的革命反对武装的反革命。毛泽东指出："在中国，离开了武装斗争，就没有无产阶级的地位，就没有人民的地位，就没有共产党的地位，就没有革命的胜利。"① 中国革命的胜利，主要是依靠中国共产党所领导的人民军队，通过长期人民战争战胜强大敌人取得的。坚持武装斗争必须建立一支人民军队，没有一支人民的军队，便没有人民的一切，就不可能有人民的解放和国家的独立。

人民军队必须实行中国共产党的绝对领导，坚持党对军队的绝对领导，是建设新型人民军队的根本原则，是保持人民军队无产阶级性质和建军宗旨的根本前提，也是毛泽东建军思想的核心。

人民军队必须以全心全意为人民服务为唯一宗旨。坚持全心全意为人民服务的宗旨，是建设新型人民军队的基本前提，体现了人民军队的本质，也是人民军队立于不败之地的根本所在。

强调武装斗争，并不意味着忽视其他的斗争形式。武装斗争必须同其他战线上的斗争直接或间接地配合起来，才能取得革命的胜利。但必须明确，其他斗争形式都是要服从和服务于革命战争这个主要斗争形式。

（三）党的建设

中国共产党要领导革命取得胜利，必须不断加强党的思想建设、组织建设和作风建设。半殖民地半封建的中国社会是一个以农民为主体的社会，无产阶级人数很少，农民和其他小

---

① 《毛泽东选集》第2卷，人民出版社1991年版，第610页。

资产阶级占人口的大多数，共产党员中也是以农民和小资产阶级出身的党员占多数。各种非无产阶级思想，特别是小资产阶级思想必然反映到党内来，党内无产阶级思想和非无产阶级思想之间的矛盾成为党内思想上的主要矛盾。毛泽东指出："有许多党员，在组织上入了党，思想上并没有完全入党，甚至完全没有入党。"[①] 这种情况决定了要建设一个马克思主义的无产阶级政党，是一项艰巨的伟大工程。加强党的建设，必须把思想建设放在首位，克服党内的非无产阶级思想。在加强党的思想建设的同时，必须加强党的组织建设和作风建设，把党的建设同党的政治路线紧密联系起来。

党在领导新民主主义革命过程中，通过开展党的思想建设、组织建设和作风建设，逐步形成了理论密切联系实际的作风，党员、干部紧密联系群众的作风及自我批评的作风，这是中国共产党区别于其他任何政党的显著标志。

中国共产党对统一战线、武装斗争和党的建设这三个基本问题的认识是逐步明确的。大革命时期，处于幼年时期的党对于中国革命的特点和规律都懂得不多，在统一战线、武装斗争和党的建设三个基本问题上没有什么经验。

大革命失败后，党对武装斗争的认识有了提高，发动了武装起义，建立了党领导的人民军队，但对统一战线的重要性缺乏认识，在同国民党反动派进行斗争时，把中间势力当作最危险的敌人，把反对资本主义同反帝反封建相提并论，在革命战争的指导上又犯了"左"倾教条主义错误，导致革命事业遭受严重挫折。

抗日战争时期，党总结了以前两个阶段的经验，建立了抗日民族统一战线，进行了伟大的抗日战争。毛泽东系统地论述了统一战线、武装斗争和党的建设三者之间的关系。他指出，统一战线和武装斗争是中国革命的两个基本特点，是战胜敌人的两个基本武器。统一战线是实行武装斗争的统一战线；武装斗争是统一战线的中心支柱；党的组织则是掌握统一战线和武装斗争这两个武器以实行对敌冲锋陷阵的英勇战士。

1949 年，毛泽东在《论人民民主专政》一文中，对新民主主义革命的基本经验作了集中概括："一个有纪律的，有马克思列宁主义的理论武装的，采取自我批评方法的，联系人民群众的党。一个由这样的党领导的军队。一个由这样的党领导的各革命阶级各革命派别的统一战线。这三件是我们战胜敌人的主要武器。这些都是我们区别于前人的。依靠这三件，使我们取得了基本的胜利。"[②] 毛泽东关于新民主主义革命基本经验的总结，丰富和发展了马克思主义关于无产阶级领导人民革命的理论。

三、新民主主义革命道路的意义

新民主主义革命理论是以毛泽东为主要代表的中国共产党人，把马克思列宁主义基本原理与中国革命具体实际相结合，不断进行理论创新，而形成的具有独创性的关于中国人民革命的理论。新民主主义革命理论是指导中国革命取得胜利的指导思想，具有伟大的意义。

新民主主义革命的理论，解决了在一个以农民占人口绝大多数、经济社会发展十分落后的半殖民地半封建的大国里进行革命的一系列理论问题，科学地回答了近代中国革命向何处去的问题，正确地解决了中国革命的发展阶段问题，揭示了近代中国革命的发展规律，极大

① 《毛泽东选集》第 3 卷，人民出版社 1991 年版，第 875 页。
② 《毛泽东选集》第 4 卷，人民出版社 1991 年版，第 1480 页。

地丰富了马克思主义的理论宝库。新民主主义革命理论是马克思主义中国化的重要理论成果，开辟了马克思主义中国化的发展道路。新民主主义革命理论是在实践中反对"左"倾教条主义、"右"倾机会主义和其他错误思想倾向的过程中形成的。它是立足于中国革命的具体实际，不拘泥于书本知识和已有结论，而是运用马克思主义的立场、观点和方法，一切从实际出发，实事求是，独立自主地分析和研究中国革命的实际问题，对中国革命经验进行概括和总结，是中国共产党集体智慧的结晶。

在新民主主义革命理论的指导下，中国共产党领导中国人民取得了新民主主义革命的伟大胜利，结束了中国几千年来封建地主阶级剥削统治广大劳动人民的历史，结束了帝国主义、殖民主义奴役中国各族人民的历史，建立了崭新的中华人民共和国。劳动人民成为国家的主人，实现了中国人民政治地位的根本变化，开创了中国历史的新纪元。新民主主义革命从根本上改变了旧中国四分五裂、战乱不断的局面，实现了民族独立和国家的基本统一，根本改变了中国社会的发展方向，从而为实现由新民主主义向社会主义的转变，建立社会主义制度创造了条件，为实现国家繁荣富强和人民共同富裕，扫清了障碍，创造了必要的前提。

中国新民主主义革命的伟大胜利，是 20 世纪继俄国十月社会主义革命以后改变世界面貌的伟大历史事件，它有力地鼓舞和推动了世界上被压迫民族和被压迫人民反抗帝国主义、殖民主义的斗争，极大地增强了他们反对帝国主义斗争的信心，壮大了社会主义阵营，增强了世界人民争取世界和平的力量。

第三节　社会主义改造理论

一、从新民主主义到社会主义的转变

新中国诞生后，如何在中国这样一个人口众多、经济文化落后的国家，实现从新民主主义向社会主义的过渡和转变？在中国采取什么方式，通过什么道路来进行社会主义改造？一系列重大理论问题和现实问题摆在了中国共产党人的面前。以毛泽东为主要代表的中国共产党人，结合中国实际，创造性地运用马克思列宁主义关于社会主义革命的理论，系统地回答了中国怎样从新民主主义过渡到社会主义这一根本问题，形成了关于社会主义改造的理论。这一理论是毛泽东思想的重要组成部分，是对马克思列宁主义关于社会主义革命理论的丰富和发展。随着社会主义改造的完成，我国建立了社会主义的基本制度，实现了中国历史上最广泛最深刻的社会变革。

（一）新民主主义社会是一个过渡性的社会

中华人民共和国成立后，中国共产党面临着如何正确认识新民主主义和社会主义的关系问题。毛泽东在理论上做了进一步探索，提出了从新民主主义向社会主义过渡的理论，对新民主主义理论作出了新的发展。

毛泽东指出，新中国的成立，标志着我国新民主主义革命阶段的基本结束和社会主义革命阶段的开始。从中华人民共和国成立到社会主义改造基本完成，是我国从新民主主义到社会主义过渡的时期。这一时期，我国社会的性质是新民主主义社会。新民主主义社会不是一个独立的社会形态，而是由新民主主义到社会主义转变的过渡性的社会形态。

在新民主主义社会中，存在着五种经济成分，即：社会主义性质的国营经济、半社会主义性质的合作社经济、农民和手工业者的个体经济、私人资本主义经济和国家资本主义经济。其中半社会主义性质的合作社经济是个体经济向社会主义集体经济过渡的形式，国家资本主义经济是私人资本主义经济向社会主义国营经济过渡的形式。所以，主要的经济成分是三种：社会主义经济、个体经济和资本主义经济。在这些经济成分中，通过没收官僚资本而形成的社会主义的国营经济，掌握了主要经济命脉，居于领导地位。而以农业和手工业为主体的个体经济，则在国民经济中占绝对优势。新民主主义社会要继续向前发展，就要不断扩大国营经济，同时逐步将资本主义经济和个体经济改变为社会主义经济，使社会主义经济逐步成为我国的经济基础。

与新民主主义时期三种不同性质的主要经济成分相联系，中国社会的阶级构成主要表现为三种基本的阶级力量：工人阶级、农民阶级和其他小资产阶级、民族资产阶级。由于农民和手工业者的个体经济既可以自发地走向资本主义，也可以被引导走向社会主义，其本身并不代表一种独立的发展方向。因此，这三种基本的经济成分及其与之相联系的三种基本的阶级力量之间的矛盾，就集中表现为资本主义和社会主义两条道路、资产阶级和工人阶级两个阶级的矛盾。随着土地改革的基本完成，工人阶级和资产阶级的矛盾逐步成为国内的主要矛盾。而解决这一矛盾，必然使中国社会实现向社会主义的转变。这一时期的民族资产阶级仍然是一个具有两面性的阶级：既有剥削工人的一面，又有接受工人阶级及其政党领导的一面，因此，民族资产阶级与工人阶级的矛盾也具有两重性，既有剥削者与被剥削者的阶级利益相互对立的对抗性的一面，又有相互合作、具有相同利益的非对抗性的一面。对于工人阶级和社会主义革命来说，民族资产阶级作为一个剥削阶级是被消灭的对象，作为可以接受共产党和工人阶级领导的社会力量，又是团结和改造的对象。

在我国新民主主义社会中，社会主义的因素不论在经济上还是在政治上都已经居于领导地位，但非社会主义因素仍有很大的比重。由于社会主义因素的优越性和领导地位，加上当时有利于发展社会主义的国际条件，决定了社会主义因素将不断增长并获得最终胜利，非社会主义因素将不断受到限制和改造。社会主义因素与资本主义因素之间不可避免地存在着限制与反限制、改造与反改造的斗争。这种矛盾的斗争和结果，决定着中国社会在一定历史条件下的发展方向。为了促进社会生产力的进一步发展，为了实现国家富强、民族振兴，我国新民主主义社会必须适时地逐步过渡到社会主义社会。我国新民主主义社会是属于社会主义体系的，是逐步过渡到社会主义社会的过渡性质的社会。

（二）党在过渡时期的总路线

中国必须要从新民主主义社会过渡到社会主义社会，这在民主革命时期已经明确。但是对于何时过渡、怎样过渡，毛泽东和党的其他领导人的认识经历了发展变化过程。

党的七届二中全会提出使中国"稳步地由农业国转变为工业国，由新民主主义国家转变为社会主义国家"，即"两个转变"同时并举的思想。1951年前后，党内大体形成了先用三个五年计划搞工业化建设，再向社会主义过渡的共识。即在过渡的时间上，认为需要一个相当长的新民主主义建设阶段，一般估计为15年到20年时间；在转变条件上，认为只有实现了国家工业化，才能实现私营工业国有化和农业集体化；在过渡的步骤和方式上，认为当工业发展了、国营经济壮大了，就可以进一步实行资本主义工商业的国有化和个体农业的集体化。

新中国建立后，经过三年的时间，到 1952 年我国国民经济得到恢复，民主革命的遗留任务已经完成，政治、经济及社会面貌发生了巨大变化。这时，毛泽东和党中央对原来的设想有了新的认识，认为我国正面临着新的发展形势，在农村和城市开始逐步进行社会主义改造，已经成为必要并有实现的可能，开始向社会主义过渡的时机已经到来，于是重新思考向社会主义过渡的时间和步骤问题。1953 年 6 月，毛泽东在中央政治局会议上正式提出了过渡时期的总路线和总任务，同年 12 月形成关于总路线的完整的表述："从中华人民共和国成立，到社会主义改造基本完成，这是一个过渡时期。党在这个过渡时期的总路线和总任务，是要在一个相当长的时期内，逐步实现国家的社会主义工业化，并逐步实现国家对农业、手工业和资本主义工商业的社会主义改造。"①"党在过渡时期的总路线的实质，就是使生产资料的社会主义公有制成为我们国家和社会的唯一的经济基础。"②"唯一"这个提法反映了当时对我国社会主义的发展阶段还缺乏科学的认识。

从新民主主义向社会主义过渡的总路线的主要内容概括为"一化三改"。"一化"即社会主义工业化；"三改"即对个体农业、手工业和对资本主义工商业的社会主义改造。它们之间相互联系，不可分离，"一化"是"主体"，"三改"是"两翼"，两者相互促进，相辅相成。总路线充分体现了社会主义建设和社会主义改造同时并举的思路，体现了社会主义工业化和社会主义改造的紧密结合，体现了变革生产关系与发展生产力的有机统一。

逐步实现国家的社会主义工业化是党在过渡时期总路线的主体。要从根本上改变中国贫穷落后的面貌，把中国从一个落后的农业国变为一个先进的工业国，就必须实现国家的工业化。实现社会主义工业化，是国家独立富强的必然要求和必要条件。

党在过渡时期的总路线之所以提出社会主义改造要同社会主义建设同时并举，原因在于我国的社会主义工业化不能离开对个体经济和资本主义经济的改造而孤立地进行，通过社会主义改造能够极大地推进社会主义工业化。

为了实现社会主义工业化，在充分利用原有工业潜力和进行新的工业建设的同时，必须对个体经济和私营资本主义工商业进行社会主义改造。因为随着大规模经济建设的开展，个体经济和私营资本主义工商业越来越不适应国家工业化建设的需要，不适应社会化大生产的需要。只有加快对农业、手工业和资本主义工商业进行社会主义改造，才能适应国家社会主义工业化建设的要求，发展农业、商业和提高整个社会生产力。

党提出过渡时期的总路线，充分考虑了实现的可能性。

第一，我国已经有了相对强大和迅速发展的社会主义国营经济。由于现代工业的固定资产中官僚资本占 80%，国家没收这一部分资本，不仅建立起了在国民经济中起领导作用的社会主义经济，而且成为整个国民经济进行社会主义改造的重要开端。经过 1949 年到 1952 年三年的努力，国家已经掌握了重要的工矿企业、铁路、银行等国民经济的命脉。国营企业大多技术比较先进，劳动生产率比较高，职工在国营企业中主人翁意识强、劳动热情高涨。社会主义国营经济明显地表现出相对于其他经济成分的优越性，社会主义国营经济在国家经济生活中实际上已居于相对强大的地位。这为党提出向社会主义过渡的总路线提供了物质基础。

---

① 《建国以来重要文献选编》第 4 册，中央文献出版社 1993 年版，第 700－701 页。
② 《建国以来重要文献选编》第 4 册，中央文献出版社 1993 年版，第 702 页。

第二，土地改革完成后，广大农民进一步提出了走互助合作道路的要求。互助合作社是帮助农民战胜自然灾害、克服困难、增加生产、避免重新出现两极分化、引导农业向社会主义方向发展的适当形式。这也为党提出向社会主义过渡的总路线从农业方面提供了重要依据。

第三，新中国成立初期，党和国家在合理调整工商业的过程中，采取了统购包销、公私合营等一系列从低级到高级的国家资本主义形式。这些措施客观上加深了民族工商业同社会主义国营经济之间的联系，引起它们在生产关系上发生了程度不同的变化。这也为党提出向社会主义过渡的总路线从民族工商业方面提供了重要依据。

第四，当时的国际形势也有利于中国向社会主义过渡。苏联社会主义的发展已经显示出相对于资本主义的优越性，对我国有重要的借鉴作用。当时世界上各资本主义国家的经济社会发展很不景气。形成鲜明对照的是，社会主义国家正充满欣欣向荣的发展活力。此外，朝鲜战争停战也使世界的形势开始缓和。这为实行过渡时期总路线提供了有利的国际环境。

毛泽东科学分析了新中国成立后经济、政治和社会发生的深刻变化及发展趋势，及时提出了过渡时期的总路线。他率领中国共产党领导全国人民在建设工业化国家的同时，基本上完成了对农业、手工业和资本主义工商业的社会主义改造，在中国这个世界上人口最多的国家建立起了社会主义制度。

二、社会主义改造道路和历史经验

（一）中国特点的社会主义改造道路

1. 农业、手工业的社会主义改造

在中国的人口构成中，农民占绝大多数。如何将几亿农民的个体所有制改造成集体所有制，是一个历史性的难题。以毛泽东为主要代表的中国共产党人根据马克思列宁主义关于农业社会主义改造的基本原理，从我国农村实际出发，制定并实行了一整套适合中国国情的对农业进行社会主义改造的方针、政策和办法，开辟了一条具有中国特点的农业社会主义改造道路。

第一，引导农民组织起来，走互助合作道路。土地改革完成后，我国广大农民从封建剥削制度下解放出来，农业生产积极性大大提高。为了保持农民的积极性，引导小农经济正确发展，防止出现新的两极分化，党中央提出了农村工作的主要任务，就是将农民组织起来，使农业生产能够由分散落后的个体经济变为合作经济，使农民逐步摆脱贫困状况而过上共同富裕的生活。土地改革后，互助合作经济的出现成为了对农业进行社会主义改造的重要准备。

第二，遵循自愿互利、典型示范和国家帮助的原则，以互助合作的优越性吸引农民走互助合作道路。毛泽东认为，严重的问题是教育农民。农民既是私有者又是劳动者，对他们不能采取剥夺的办法，只能进行引导、说服和教育，使其自愿地走合作化道路。

第三，正确分析农村的阶级和阶层状况，制定正确的阶级政策。土地改革后，党制定并贯彻执行了依靠贫农、下中农，团结其他中农，由限制到逐步消灭富农剥削的农村阶级政策。这使农业合作化进程有了坚实的阶级基础和群众基础。

第四，坚持积极领导、稳步前进的方针。在进行农业社会主义改造的过程中，各级领导机关主动加强领导，采取逐步过渡的办法，使农民容易接受。农业社会主义改造大体上经历了互助组、初级社和高级社三个发展阶段。高级社实行生产资料农民集体所有,具有完全的社会主义性质。到1956年底,农业社会主义改造基本完成。

在对农业进行社会主义改造的同时,也对个体手工业实行了社会主义改造。通过合作化对手工业进行社会主义改造,使之能够适应国家工业化建设和人民生活的需要。由于手工业者同个体农民一样,也是小私有的独立劳动者,因此,对个体手工业的社会主义改造,采取了类似改造个体农业的逐步过渡的方法。当然,根据手工业的特点,也对手工业采取了一些与农业合作化不同的方针政策。

对手工业的社会主义改造,党和政府采取了积极领导、稳步前进的方针。在方法步骤上,从供销合作入手,逐步发展到走生产合作的道路。具体来说,手工业的社会主义改造经历了由小到大、由低级到高级的三个步骤。第一步是办手工业供销小组;第二步是办手工业供销合作社;第三步是建立手工业生产合作社。在手工业的社会主义改造过程中,党和政府采取说服教育、示范和国家帮助的方法,使他们自愿参加到手工业合作社中来,从而把手工业者的私有制改变为社会主义的集体所有制。到1956年底,对手工业的社会主义改造基本完成。

2. 资本主义工商业的社会主义改造

在推进农业合作化运动的同时,党和政府也开展了对资本主义工商业的社会主义改造,创造性地开辟了一条适合中国国情的对资本主义工商业进行社会主义改造的道路。

第一,用和平赎买的方法改造资本主义工商业。无产阶级掌握国家政权后,剥夺过去的"剥夺者",使被资本家占有的生产资料变成人民的财产,这是社会主义革命的一条基本原则。但如何剥夺,马克思恩格斯曾设想过暴力没收与和平赎买这两种方式。结合中国的具体情况,中国共产党提出了对资本主义工商业实行和平赎买的方针。所谓赎买,就是国家有偿地将私营企业改变为国营企业,将资本主义私有制改变为社会主义公有制。赎买的具体方式不是由国家支付一笔巨额补偿资金,而是让资本家在一定年限内从企业经营所得中获取一部分利润。

对资本主义工商业实行和平赎买,有利于发挥私营工商业在国计民生方面的积极作用,促进国民经济的发展;有利于争取和团结民族资产阶级,巩固和发展统一战线;有利于发挥民族资产阶级中大多数人的知识、才能、技术专长和管理经验,使他们为社会主义建设服务。

我国之所以能够采取赎买的方式对资本主义工商业进行和平改造,首先是因为民族资产阶级具有两面性。在社会主义革命阶段,民族资产阶级既有剥削工人取得利润的一面,又有拥护宪法、愿意接受社会主义改造的一面。其次,中国共产党与民族资产阶级长期保持着统一战线的关系,这就为将工人阶级和民族资产阶级之间的对抗性的矛盾转化为非对抗性的矛盾,并按照人民内部矛盾来处理提供了前提。再次,我国已经有了以工人阶级为领导、工农联盟为基础的人民民主专政的国家政权,建立了强大的社会主义国营经济并掌握了国家的经济命脉,这就造成了私人资本主义在政治上、经济上对社会主义的依赖,就使私人资本主义企业只能接受社会主义改造。

第二,采取从低级到高级的国家资本主义的过渡形式。所谓国家资本主义,就是在国家直接控制和支配下的资本主义经济。毛泽东指出,我国社会主义改造中出现的国家资本主义经济,"是在人民政府管理之下的,用各种形式和国营社会主义经济联系着的,并受工人监督的资本主义经济。这种资本主义经济已经不是普通的资本主义经济，而是一种特殊的资本主义经济，即新式的国家资本主义经济。它主要地不是为了资本家的利润而存在，而是为了供应人民和国家的需要而存在"。"因此，这种新式国家资本主义经济是带着很大的社会主义性质的，是对工人和国家有利的。"①

对资本主义工商业的社会主义改造经历了从低级到高级的三个步骤。第一步主要实行初级形式的国家资本主义。初级形式的国家资本主义是国家对私营工商业实行委托加工、计划订货、统购包销、经销代销等。第二步主要实行个别企业的公私合营。国家向私营企业投资入股，企业的生产资料由国家和资本家共同所有，个别企业的公私合营属于半社会主义性质。第三步是实行全行业的公私合营。1956 年，全行业公私合营进入高潮，标志着国家对资本主义工商业的社会主义改造已基本完成。全行业公私合营后，企业的生产关系已经发生了根本的变化，基本上成为社会主义国营性质的企业。

第三，把资本主义工商业者改造成为自食其力的社会主义劳动者。在资本主义工商业的社会主义改造中，国家对资方在职人员和资方代理人采取"包下来"的政策，对他们在政治上适当安排、工作上发挥作用、生活上妥善照顾，通过改造阶级成分的方式达到从整体上消灭资产阶级的目的。对企业的改造和对人的改造相结合，改造资本家个人与消灭他们所属的资产阶级相结合，既避免了激烈的阶级对抗，又推动了生产力的发展和社会进步。

（二）社会主义改造的历史经验

在进行社会主义改造、从新民主主义向社会主义过渡的进程中，中国共产党积累了丰富的历史经验。

第一，坚持社会主义工业化建设与社会主义改造同时并举，这是党在过渡时期总路线的明确要求。社会主义改造的目的就是变革不适应工业化发展要求的生产关系，是围绕着社会主义工业化建设这个中心任务进行的。之所以引导个体农民、个体手工业者走集体化的道路，改造私人资本主义工商业，其目的都是为了适应社会主义工业化建设的要求，更好地发展生产力。因此，在改造过程中，党和政府所采取的实际步骤，总是力求使之与促进工业化进程和经济发展的要求相适应，而不允许对生产力造成破坏。

在手工业合作化过程中，国家一方面大力支援手工业合作社实行机械化和半机械化，以提高劳动生产率；另一方面又注意保护优良的传统工艺品及民间老艺人。原有私营企业在接受改造过程中，生产增长和效益提高也十分明显。经过"一五"期间的大规模建设，我国以重工业为重点的社会主义工业化基础已初步形成。实践证明，党坚持社会主义改造与社会主义工业化同时并举的方针，对于在深刻的社会变革中保持社会稳定，促进生产力发展，逐步改善人民生活，推动社会进步，都具有十分重要的意义。

第二，采取积极引导、逐步过渡的方式。我国对农业、手工业和资本主义工商业的改造都采取了区别对象，用不同的办法积极引导、逐步过渡的方式。在农业社会主义改造方面，及时总结农民的实践经验，创造出互助组、初级社、高级社等过渡形式。在手工业改造方面的逐步过渡，不仅保护和促进了手工业生产的发展，而且为手工业逐步进行技术改造创造了条件。在资本主义工商业的改造中，创造出从初级到高级的各种国家资本主义的过渡形式，实现了对资产阶级的和平赎买。中国进行的社会主义改造这场巨大而深刻的社会变革，不仅

---

① 《毛泽东文集》第 6 卷，人民出版社 1999 年版，第 282 页。

没有对生产力的发展造成破坏，而且促进了生产力的发展。

第三，用和平方法进行改造。在社会主义改造之前，无论是资本主义工商业，还是农民和手工业者的个体所有制，都具有私有制的性质。毛泽东说："我们进行社会主义革命所用的方法是和平的方法。""在我国的条件下，用和平的方法，即用说服教育的方法，不但可以改变个体的所有制为社会主义的集体所有制，而且可以改变资本主义所有制为社会主义所有制。"① 坚持用和平的办法，保证了我国社会主义改造的顺利进行。总之，和平改造解决了诸如实现社会变革与经济发展、和平过渡与消灭剥削制度这类通常难以解决的矛盾问题，在中国社会主义改造实践中取得了巨大成效。

我国的社会主义改造也出现了一些失误和偏差。主要是在有些方面过于急于求成，形式单一，方法简单等。同时，受当时历史条件的限制，也有认识上的一些问题，如追求纯粹的单一的社会主义经济成分；在公有制实现形式的选择和理解上过于简单化，只注意到全民所有制和集体所有制这两种基本形式，而对社会主义改造完成以后公有制经济可以和非公有制经济共同发展缺乏认识。主要原因在于当时党对我国社会主义发展阶段的问题还没有形成科学的理论，对什么是社会主义还没有完全搞清楚，致使一些遗留问题长期没有得到解决。但是，不能因为出现这些失误而否定社会主义改造的伟大意义。

必须看到，在世界历史上发生的各种社会革命大变动中，一般都会带来社会的大动荡，乃至造成生产力的破坏，但是在中国的社会主义改造的历史上，却没有发生这种情况。社会主义改造是在一个几亿人口的大国中进行的，这场社会变革涉及的社会关系十分复杂，面临的困难非常艰巨，然而不仅没有引起社会动荡，造成生产力的破坏，反而极大地加强了人民的团结，促进了工农业和整个国民经济的发展。这些事实表明，我国社会主义改造的基本完成的确是一件伟大的历史性胜利。

三、中国社会主义制度的确立

（一）社会主义基本制度的初步确立

1956 年底，我国对农业、手工业和资本主义工商业的社会主义改造基本完成，这标志着中国历史上长达数千年的阶级剥削制度的结束，实现了由新民主主义向社会主义的转变，社会主义基本制度在我国初步确立。

社会主义改造基本完成后，我国社会经济结构发生了根本变化，社会主义经济成分已占绝对优势，社会主义公有制已成为我国社会的经济基础。

据统计，在工业总产值中，1956 年同 1952 年相比，社会主义工业由 56% 上升到 67.5%，国家资本主义工业由 26.9% 上升到 32.5%，资本主义工业由 17.1% 下降到接近于零。② 这些情况表明，中国几千年来以生产资料私有制为基础的阶级剥削制度已经基本上被消灭，以生产资料公有制为基础的社会主义经济制度已经建立起来。

社会主义改造和社会主义工业化同时并举，发展国民经济第一个五年计划的执行和提前完成，使社会生产力的发展达到了新的高度。一大批旧中国没有的基础工业部门和大中型工业企业相继建立，工业技术水平和工程设计能力有了较大提高，初步奠定了我国社会主义工

---

① 《毛泽东文集》第 7 卷，人民出版社 1999 年版，第 1 – 2 页。

② 胡绳主编：《中国共产党的七十年》，中共党史出版社 1991 年版，第 333 页。

业化的基础。这对于改变我国经济技术落后的面貌，改善人民生活具有重要意义。

在社会主义经济基础基本建立的同时，我国的政治领域也发生了重大变化，确立了中国共产党领导的人民民主专政的社会主义政治制度。1954年9月召开了第一届全国人民代表大会，会议通过的《中华人民共和国宪法》，是近代以来中国人民争取民族独立、人民解放而英勇奋斗的历史经验的总结。它肯定了中国共产党领导全国人民走过的新民主主义革命道路，用宪法形式把中国共产党在过渡时期的总路线和总任务确定下来。《中华人民共和国宪法》的制定及颁布施行，为各族人民参与国家政治生活提供了条件和保证，为逐步健全我国社会主义政治制度，逐步健全社会主义民主和法制，创造有利于社会进步的良好的社会政治环境，奠定了坚实的基础。

伴随着社会经济制度和社会经济结构的根本变化，我国社会的阶级关系也发生了根本变化。帝国主义侵略势力已经被清除出中国大陆；官僚资产阶级已经在中国内地被消灭；原来的地主和富农正在被改造成为自食其力的新人；民族资产阶级分子也被改造成自食其力的社会主义劳动者；工人阶级已经成为国家的领导阶级；亿万农民和其他个体劳动者已经变成社会主义的集体劳动者；知识界已经组成一支为社会主义服务的队伍。广大劳动人民从此摆脱了被剥削被奴役的地位，成为了国家和社会的主人。

在社会阶级关系发生变化的同时，我国社会的主要矛盾也发生了变化。长期以来包括过渡时期，无产阶级同资产阶级之间的矛盾是中国革命的主要矛盾；社会主义改造基本完成后，主要矛盾发生了根本性的变化，人民群众对于经济文化迅速发展的需要同当前经济文化不能满足人民群众需要的状况之间的矛盾，成为我国社会新的主要矛盾。党和全国人民面临的主要任务，就是要集中精力来解决这个矛盾，集中力量发展社会生产力，把我国尽快地从落后的农业国变成先进的工业国。

社会主义改造的基本完成和由此带来的社会各方面的变化，表明社会主义制度已经在我国的经济领域、政治领域及社会生活其他领域基本确立。

（二）确立社会主义基本制度的重大意义

社会主义制度的确立是中国历史上最深刻最伟大的社会变革，也是20世纪中国又一次划时代的历史巨变。中国从一个半殖民地半封建社会，越过漫长的资本主义发展的历史阶段，进入到社会主义新时代。从长期受帝国主义掠夺和奴役的国家变成了享有主权的独立的国家；从人民备受欺凌压迫的国家，变成了人民当家作主的国家；从经济文化落后的国家，变成了走向经济繁荣、社会进步的国家；从在世界上被人们看不起的国家，变成了受到国际社会普遍尊重和重视的国家。建立社会主义新中国所取得的这些成就，为以后在社会主义的新时期，建立富强、民主、文明的社会主义现代化国家，提供了不可缺少的经济、政治、文化和社会条件，为中国社会长期的可持续发展和全面进步奠定了坚实基础。

对于经济文化比较落后的国家能不能够先于发达国家发动社会主义革命、建立社会主义制度的问题，在国际共产主义运动的历史上曾经有过激烈的争论。第二国际的机会主义者曾经以还没有实行社会主义的经济前提来否定经济文化比较落后的国家可以进入社会主义。列宁批评这种观点，认为世界历史发展的一般规律不仅丝毫不排斥个别发展阶段在发展的形式或顺序上表现出特殊性，反而以此为前提。列宁还预言，在东方那些人口无比众多、社会情况无比复杂的国家里，今后的革命无疑会比俄国革命带有更多的特殊性。社会主义制度在中国的确立，证明了列宁的远见卓识。对这个问题，毛泽东曾经用英、法、德、美、日等国的历史发展说明："生产关系的革命，是生产力的一定发展所引起的。但是，生产力的大发展，总是在生产关系改变以后。"① 邓小平结合中国的情况指出："当时中国有了先进的无产阶级政党，有了初步的资本主义经济，加上国际条件，所以在一个很不发达的中国能搞社会主义。这和列宁讲的反对庸俗的生产力论一样。"②

社会主义制度的确立，为中国现代化的建设创造了制度条件。社会主义经济制度是与社会化大生产相一致的，它具有在经济落后条件下集中力量办大事的优势，为发展社会生产力开辟了广阔的空间。随着社会主义制度的确立和社会主义建设的发展，我国初步建立了一个比较独立、完整的工业体系和国民经济体系，农业生产条件发生了显著改变，生产水平有了很大提高，城乡商业和对外贸易有很大增长，教育、科学、文化、卫生、体育事业有很大发展，我国主要工农业产品的产量在世界的位次都明显提高。

社会主义制度的确立，使广大劳动人民真正成为国家的主人和社会生产资料的主人。这是中国几千年来阶级关系的最根本变革。社会主义经济制度的建立，极大地巩固和扩大了工人阶级领导的，以工农联盟为基础的人民民主专政国家政权的阶级基础和经济基础。

中国社会主义制度的确立，使占世界人口四分之一的东方大国进入了社会主义社会，这是世界社会主义运动史上又一个历史性的伟大胜利。它进一步改变了世界政治经济格局，增强了社会主义的力量，对维护世界和平产生了积极影响。中国人民在共产党的领导下通过自己艰苦卓绝的努力走上社会主义道路，为其他相对落后的国家探索民族独立、人民解放和走符合本国国情的发展道路提供了重要经验，对这些国家的人民革命也是一个巨大的鼓舞。

在一个经济文化比较落后的东方大国中顺利实现从新民主主义到社会主义的转变，建立社会主义的基本制度，是马克思列宁主义关于社会主义革命理论在中国正确运用和创造性发展的结果。社会主义制度在中国的确立，不仅再次证明了马克思主义的真理性，而且以其独创性的理论原则和实践经验，丰富和发展了马克思主义的科学社会主义理论。正如邓小平所说："我们的社会主义改造是搞的成功的，很了不起。这是毛泽东对马克思列宁主义的一个重大贡献。"③

思考题

1. 什么是新民主主义革命的总路线？
2. 为什么中国在 20 世纪 50 年代必然走向社会主义？
3. 新民主主义革命的三大法宝是什么？
4. 中国社会主义改造道路有哪些特点？
5. 我国社会主义改造的基本经验是什么？
6. 中国建立社会主义基本制度的重大历史意义体现在哪些方面？

---

① 《毛泽东文集》第 8 卷，人民出版社 1999 年版，第 132 页。
② 中共中央文献研究室编：《邓小平年谱 1975—1997》（上），中央文献出版社 2004 年版，第 223 页。
③ 《邓小平文选》第 2 卷，人民出版社 1994 年版，第 302 页。

毛泽东：中国革命的两重任务和中国共产党

——新民主主义革命和社会主义革命的区别与联系

我们可以明白，整个中国革命是包含着两重任务的。这就是说，中国革命是包括资产阶级民主主义性质的革命（新民主主义的革命）和无产阶级社会主义性质的革命、现在阶段的革命和将来阶段的革命这样两重任务的。而这两重革命任务的领导，都是担负在中国无产阶级的政党——中国共产党的双肩之上，离开了中国共产党的领导，任何革命都不能成功。

完成中国资产阶级民主主义的革命（新民主主义的革命），并准备在一切必要条件具备的时候把它转变到社会主义革命的阶段上去，这就是中国共产党光荣的伟大的全部革命任务。每个共产党员都应为此而奋斗，绝对不能半途而废。有些幼稚的共产党员，以为我们只有在现在阶段的民主主义革命的任务，没有在将来阶段的社会主义革命的任务，或者以为现在的革命或土地革命即是社会主义的革命。应该着重指出，这些观点是错误的。每个共产党员须知，中国共产党领导的整个中国革命运动，是包括民主主义革命和社会主义革命两个阶段在内的全部革命运动；这是两个性质不同的革命过程，只有完成了前一个革命过程才有可能去完成后一个革命过程。民主主义革命是社会主义革命的必要准备，社会主义革命是民主主义革命的必然趋势。而一切共产主义者的最后目的，则是在于力争社会主义社会和共产主义社会的最后的完成。只有认清民主主义革命和社会主义革命的区别，同时又认清二者的联系，才能正确地领导中国革命。

领导中国民主主义革命和中国社会主义革命这样两个伟大的革命到达彻底的完成，除了中国共产党之外，是没有任何一个别的政党（不论是资产阶级的政党或小资产阶级的政党）能够担负的。而中国共产党则从自己建党的一天起，就把这样的两重任务放在自己的双肩之上了，并且已经为此而艰苦奋斗了整整十八年。

这样的任务是非常光荣的，但同时也是非常艰巨的。没有一个全国范围的、广大群众性的、思想上政治上组织上完全巩固的、布尔什维克化的中国共产党，这样的任务是不能完成的。因此，积极地建设这样一个共产党，乃是每一个共产党员的责任。

——摘自《毛泽东选集》第 2 卷，人民出版社 1991 年版，第 651－652 页

第九章

中国特色社会主义基本理论

在马克思主义中国化的伟大实践中，中国共产党人对于社会主义制度在中国初步确立以后，如何建设社会主义的问题进行了艰辛的探索。在改革开放的进程中，提出了搞清楚"什么是社会主义、怎样建设社会主义"是中国特色社会主义首要的基本的理论问题，明确了社会主义初级阶段是我国最大的实际；坚定了改革开放是决定当代中国命运的关键抉择。社会主义本质论、初级阶段论和改革开放论，为中国特色社会主义理论体系奠定了基本的理论基础。

第一节 社会主义本质论

党的十一届三中全会以后，首要的基本的理论问题是要搞清楚"什么是社会主义、怎样建设社会主义"，在总结国内外社会主义建设经验教训的基础上，初步揭示了社会主义的本质和根本任务；在全面建设小康社会的伟大实践中，进一步深化了对社会主义的全面认识。

一、社会主义的本质

（一）中国特色社会主义建设道路的初步探索

毛泽东对适合中国国情的社会主义建设道路的探索，是同总结我国第一个五年计划和借鉴苏联社会主义建设的经验教训相联系的。1956 年，苏共 20 大以后，毛泽东提出要"以苏为鉴"，探索自己的道路，明确指出现在是社会主义革命和建设时期，我们要进行马克思主义与中国实际的第二次结合。1956 年 4 月，在经过大量调查研究的基础上，毛泽东作了《论十大关系》的重要讲话，围绕把国内外一切积极因素都调动起来为社会主义事业服务的基本方针，深刻论述了正确处理经济建设和社会发展中的一系列重大关系。讲话提出的一系列关于社会主义建设的重要理论观点，对我国社会主义建设具有长远的指导意义。同年 9 月，党的八大强调要集中力量发展社会生产力，实现国家工业化。1957 年 2 月，毛泽东《关于正确处理人民内部矛盾的问题》的讲话提出我国社会主义制度还刚刚建立，还没有完全建成，还不完全巩固的思想；社会主义社会基本矛盾和两类矛盾的学说等。这些重要观点涉及政治、经济、文化、国防、外交、党的建设等各个方面，尽管有的不够成熟，有的并未付诸实施，有的在实践中没能坚持下去，但它们都为后来的探索做了开创性工作，有着十分重要的理论和实践价值。

社会主义改造基本完成以后，党领导全国各族人民开始转入全面的大规模的社会主义建设。由于社会主义运动的历史不长，社会主义国家的历史更短，人们对社会主义社会发展规律的认识，更多的还有待于继续探索。由于党过去长期处于战争和激烈的阶级斗争的环境中，对于迅速到来的新生的社会主义社会和全国规模的社会主义建设事业，缺乏充分的思想准备和科学研究，对建设社会主义的客观规律缺乏深刻的认识。因此，在社会主义改造基本完成以后，认为依靠社会主义制度的优越性和有利的国内环境，可以很快地实现人民群众迫切要求改变贫穷落后面貌的愿望，导致党在指导思想上逐渐发生了"左"的偏差，对社会主义建设道路的探索逐渐偏离了正确方向，出现了曲折，以致后来又发展成为"文化大革命"的严重错误。虽然如此，党没有停止对中国社会主义建设规律的探索。20世纪50年代末60年代初，毛泽东在总结"大跃进"以来我国社会主义建设经验教训的基础上继续进行探索，提出了一系列重要观点。主要包括：在领导纠正"大跃进"和人民公社化运动中的错误时提出了不能剥夺农民，不能超越阶段；提出了社会主义可以区分为"不发达的社会主义"和"比较发达的社会主义"两个阶段①；提出了建设社会主义有它自身的规律，必须不断在实践中积累经验，逐步克服盲目性，认识客观规律，才能实现认识上的飞跃；提出要大兴调查研究之风等。与此同时，党中央许多领导同志都在探索适合中国国情的社会主义建设道路问题上，作出了积极的贡献。所有这些，都为十一届三中全会以后的体制改革，提供了有益的启示。党对中国社会主义建设道路的初步探索及其所取得的成果，成为十一届三中全会以后邓小平提出"搞清楚什么是社会主义"的前提和条件，为中国共产党实现马克思主义基本原理和中国具体实际相结合的第二次历史性飞跃提供了基础。

（二）改革开放中对社会主义本质的新认识

1. 社会主义本质理论的提出

十一届三中全会以后，邓小平总结多年来离开生产力抽象地谈论社会主义的历史教训，经过深邃的思考，创造性地对社会主义本质进行了新的概括。1992年，邓小平提出关于社会主义本质的科学论断："社会主义的本质，是解放生产力，发展生产力，消灭剥削，消除两极分化，最终达到共同富裕。"② 这一新的理论概括，从历来关于社会主义经济、政治、社会等多个方面的特征中，抽象出"社会主义的本质"这一范畴，从更深的层次上使人们科学地理解究竟什么是社会主义，深化了对社会主义的认识，从而为中国的社会主义建设探索出一条发展更好更快，人民享受社会主义建设成果最大最多的发展道路，提供了坚实的理论基础。

2. 社会主义本质的科学内涵

邓小平对社会主义本质所作的概括，一方面强调必须集中力量解放和发展生产力，另一方面指出了解放和发展生产力的手段和目的。这一概括既坚持了马克思主义的科学社会主义，同时又赋予了社会主义以新的含义和时代内容。它的基本内涵包括以下两个方面。

第一，把解放和发展生产力纳入社会主义的本质。这是社会主义本质理论的一个十分明显和突出的特点。强调解放和发展生产力在社会主义本质中的地位，是邓小平在科学社会主

---

① 《毛泽东文集》第7卷，人民出版社1999年版，第170页。
② 《邓小平文选》第3卷，人民出版社1993年版，第373页。

义理论与社会主义建设实践内在统一的基础上认识社会主义的一个创造，也是提出社会主义本质这个具有更高概括性范畴的重要原因。

解放和发展生产力是每一个新的社会制度固有的历史使命和根本任务，因此过去人们不把它作为体现社会制度属性的范畴。邓小平之所以把解放和发展生产力纳入社会主义本质之中，不是简单地出于对社会主义历史使命和根本任务的逻辑推演，而是以唯物史观为指导，在认真总结社会主义建设的历史经验，科学地把握中国的具体国情和当前的时代特征的基础上提炼出来的。

从我国社会主义建设的历史经验看，过去对什么是社会主义的问题之所以没有完全搞清楚，之所以不完全清醒，一个重要的原因就是离开生产力水平抽象地谈论社会主义。此外也没有认识到在社会主义条件下还有一个解放生产力的问题，因而长期以来没有解决好在社会主义条件下如何发展生产力的问题。

第二，突出强调消灭剥削、消除两极分化，最终达到共同富裕。指出了社会主义社会的发展目标，并从生产力和生产关系两个方面阐明了实现目标的途径。

马克思主义认为，共产主义的最终目的是实现人的自由而全面的发展。中国原来是经济十分落后的国家，至今还处在并将长期处在社会主义初级阶段，不可能比较快地创造出实现人的自由而全面发展的条件。从中国的具体国情出发，把实现共同富裕作为社会主义的根本目标，体现了马克思主义同当代中国实际的结合。实现共同富裕，是走向人的自由而全面发展所必经的阶段。要实现共同富裕，除了要解决如何解放和发展生产力，不断增加社会物质财富的问题外，从生产关系方面来说，还有一个消灭剥削，消除两极分化，使社会生产力发展的成果为全体人民所享有的问题。这只有在坚持社会主义公有制和以按劳分配为主体的条件下才能实现。所以，邓小平一再强调，一个公有制占主体，一个共同富裕，这是我们必须坚持的社会主义的根本原则。党的十六大以来，按照科学发展观的要求，提出构建社会主义和谐社会的战略任务，作出"社会和谐是中国特色社会主义的本质属性"的重大判断。它使我们对科学社会主义的认识提高到了一个新的高度。

3. 社会主义本质理论的重要意义

邓小平坚持科学社会主义理论和实践的基本成果，抓住"什么是社会主义，怎样建设社会主义"这个根本问题，深刻揭示了社会主义本质，这是对马克思主义的重大发展，对于建设中国特色社会主义具有重大的理论和实践意义。

第一，社会主义本质理论把我们对社会主义的认识提高到了一个新的科学水平。社会主义本质理论的提出，把我们对社会主义的认识，从主要强调关于公有制、按劳分配等特征，进一步深入到实现共同富裕这个建设社会主义的根本目标上。过去由于缺乏对社会主义本质的认识，我们在建设社会主义、巩固和发展社会主义方面，认为公有制和按劳分配的范围越广、程度越高，越有助于实现共同富裕，甚至脱离实际条件，盲目扩大公有制的范围，提高公有制的程度，结果导致远离根本目的的结果。因此，提出一个把建设社会主义的手段和目的统一起来的更高层次的社会主义本质概念，搞清楚建设社会主义的根本目的和目标，为判断改革开放的是非得失提供了强大的思想武器，有力地促进了社会主义现代化建设事业大踏步地向前发展。

第二，社会主义本质理论对探索怎样建设社会主义具有重要的实践意义。邓小平提出社会主义本质理论的针对性，一方面是过去只着重于关注巩固和扩大公有制、按劳分配和计划经济，把它当作目的本身，而忽视了更为基本的建设社会主义的根本目的和目标；另一方面是防止改革进程中可能出现的少部分人富而大部分人穷的两极分化和其他消极现象。这两种情况都不可能使我国的社会主义建设找到一条正确的道路。社会主义本质理论的提出，为探索怎样建设社会主义开辟了广阔的道路。

二、社会主义的根本任务

（一）发展才是硬道理

新中国成立后，毛泽东多次强调社会主义社会的根本任务是发展生产力。我国社会主义制度建立以后，毛泽东曾经提出，群众性大规模急风暴雨式的阶级斗争已经过去，我们的任务是搞文化革命、技术革命，向自然界开战。党的八大在分析了社会主义社会的主要矛盾后指出，全国人民的主要任务是集中力量发展社会生产力，实现国家工业化，逐步满足人民日益增长的物质和文化需要。但是后来由于党的指导思想上"左"倾错误的不断发展，"以阶级斗争为纲"取代了发展生产力这一根本任务，严重影响了社会主义建设事业的发展。

改革开放以来，邓小平在总结历史经验的基础上一再强调了发展社会生产力的重要性。1992年他提出了"发展才是硬道理"的著名论断，从社会主义本质要求的高度强调发展生产力的重要性。

第一，发展才是硬道理，把发展生产力作为社会主义的根本任务，符合马克思主义基本原理，是巩固和发展社会主义制度的必然要求。第二，发展才是硬道理，是对社会主义实践经验教训的深刻总结。中国在改革开放前社会主义现代化建设发展不尽如人意，一个重要的原因是在相当长的时间里没有能切实将发展生产力作为社会主义建设的根本任务。第三，发展才是硬道理，是适应时代主题变化的需要。和平与发展是当今世界的两大主题，是带全球性的战略问题。在经济全球化趋势深入发展的条件下，中国的发展正在成为世界经济发展新的推动力。

（二）发展是中国共产党执政兴国的第一要务

把发展作为执政兴国的第一要务是由中国共产党的执政地位所决定的，是对执政规律认识的深化，也是党实现所承担的历史责任的需要。

我国这样一个发展中大国，能不能解决好发展问题，直接关系人心向背、事业兴衰。中国共产党的执政地位是人民的选择，而人民之所以选择中国共产党，从根本上说是因为它能够领导中国实现民富国强、振兴中华。只有紧紧抓住发展这个执政兴国的第一要务，党才能实现自己在新世纪新阶段的历史使命，承担起自己的历史责任。因为不论是实现全面建设小康社会的宏伟目标，进一步提高人民的物质文化生活水平，增强我国的综合国力，实现中华民族的伟大复兴，还是实现祖国的完全统一和促进世界和平与发展的崇高事业，都要靠发展。只有把发展作为主题，才能从根本上把握人民的愿望，不断巩固中国共产党执政的群众基础，把中国特色社会主义事业不断推向前进。

坚持以发展的办法解决前进中的问题，是实行改革开放以来我们党的一条主要经验。改革开放以来，我们党的路线方针政策之所以会得到全体人民的拥护，我们之所以能够战胜各种困难和风险，都与紧紧抓住发展这个主题密切相关。历史充分证明，坚持以发展为主题，用发展的眼光、发展的思路、发展的办法解决前进中的问题，就能把中国特色社会主义事业不断推向前进。

（三）代表中国先进生产力的发展要求

始终代表中国先进生产力的发展要求，大力促进先进生产力的发展，是中国共产党站在时代前列，保持先进性的根本体现和根本要求。

中国共产党以中国先进生产力的代表走上历史舞台的。党的一切方针政策都要促进生产力尤其是先进生产力的不断发展。党领导的新民主主义革命，目的是取消帝国主义在中国的特权，消灭地主阶级和官僚资产阶级的剥削和压迫，改变买办的封建的生产关系以及建立在这种经济基础之上的腐朽的上层建筑，确立以人民民主专政为核心的新的政治制度，从根本上解放被束缚的生产力。新中国成立以后，对农业、手工业和资本主义工商业进行社会主义改造，是为了确立社会主义生产关系，并在这种经济基础上进一步完善社会主义上层建筑，以继续解放和发展生产力。十一届三中全会以来，我国进行改革开放，也是为了进一步解放和发展生产力。总之，党领导人民进行革命、建设和改革，都是为了促进生产力的解放和发展。

（四）科学技术是第一生产力

生产力是人类社会发展的根本动力。1953 年，新中国开始第一个五年计划建设时，毛泽东就提出要学习先进的科学技术来建设我们的国家。1956 年，周恩来代表党中央提出了"向科学进军"的口号。1958 年初，毛泽东又提出现在要来一个技术革命，并要求把党的工作重点放到技术革命上来。但后来由于"左"的思想的发展，中断了这一进程。十一届三中全会以后，根据世界科学技术飞速发展对生产力的巨大推动作用，党明确提出了"科学技术是第一生产力"，"科学技术是先进生产力的集中体现和主要标志"等重要论断。相继提出了科教兴国和人才强国的战略。

进入 21 世纪，面对世界科技发展的大势，面对日趋激烈的国际竞争，面对汹涌澎湃的世界新科技革命浪潮，党作出了提高自主创新能力建设创新型国家的重大战略决策。

第二节 社会主义初级阶段论

对于中国社会主义发展阶段的判断以及发展战略的制定，改革开放之前我党进行过探索但未能很好地解决。中国之所以会发生"文化大革命"等"左"的错误，一个重要的原因就是对基本国情缺乏清醒的认识，制定的政策超越了实际。十一届三中全会以后，党坚持实事求是原则，对我国基本国情作出了社会主义初级阶段的科学判断，并且在全面建设小康社会的新时期统一认识，明确提出"三个没有变"，坚持社会主义初级阶段基本路线一百年不动摇。

一、社会主义初级阶段是我国最大的实际

（一）社会主义初级阶段理论的形成和发展

认识国情，最重要的是搞清楚现实社会的性质和发展阶段，认识社会主要矛盾和它的变化。正是由于以毛泽东为核心的党的第一代领导集体全面地、准确地把握了我国处于半殖民地半封建社会这一基本国情，才正确地解决了新民主主义革命的对象、任务、性质、动力和前途等一系列基本问题，引导中国革命取得了胜利。社会主义制度建立以后，对像中国这样

一个脱胎于半殖民地半封建社会，经过新民主主义革命和短期的社会主义改造建立起来的社会主义社会的基本国情应该怎样认识，我们党一直进行着艰苦探索，但在十一届三中全会以前，总的来说处于不完全清楚的状态。

明确我国处在社会主义初级阶段，是中国共产党对当代中国基本国情的科学判断。从实际出发建设社会主义，最大的"实际"就是这一基本国情。党的十一届三中全会邓小平提出，底子薄、人口多、生产力落后，这是中国的现实国情。1982年十一届六中全会通过的《关于建国以来党的若干历史问题的决议》，第一次提出我国社会主义制度还处于初级的阶段。1987年党的十三大报告第一次对社会主义初级阶段和党的基本路线作了系统阐述，表明了党对社会主义和中国国情认识上的一次飞跃。

改革开放以来我们之所以能够逐步形成科学的关于社会主义初级阶段理论，一方面是因为有了建设中国特色社会主义正反两方面的经验；另一方面是为实施改革开放的路线和政策提供理论基础，进一步推进改革开放。党的十五大指出面对世纪之交改革攻坚和开创新局面的艰巨任务，我们解决种种矛盾，澄清种种疑惑，关键在于对所处社会主义初级阶段的基本国情要有统一认识和准确把握。基于我国现在处于并将长期处于社会主义初级阶段这一基本认识，十五大制定了党在社会主义初级阶段的基本纲领。党的十六大强调，我国正处于并将长期处于社会主义初级阶段，现在达到的小康还是低水平的、不全面的、发展很不平衡的小康，巩固和提高目前达到的小康水平，还需要进行长时期的艰苦奋斗。胡锦涛在中国共产党成立90周年"七一"重要讲话中指出：我们已经取得了举世瞩目的伟大成就，但我国仍处于并将长期处于社会主义初级阶段的基本国情没有变。人民日益增长的物质文化需要同落后的社会生产之间的矛盾，这一社会主要矛盾没有变，我国是世界上最大的发展中国家的国际地位没有变。正是由于我们对于社会主义初级阶段的基本国情具有科学认识和正确把握，才得以成功地走出了一条建设中国特色社会主义的新道路。

（二）社会主义初级阶段的科学内涵

1. 社会主义初级阶段的科学含义

党的十三大明确指出社会主义初级阶段包括两层含义。第一，我国社会已经是社会主义社会。我们必须坚持而不能离开社会主义。第二，我国的社会主义社会还处在初级阶段。我们必须从这个实际出发，而不能超越这个阶段。前一层含义阐明的是初级阶段的社会性质，后一层含义则阐明了我国现实中社会主义社会的发展程度。只有把社会主义社会的性质同它的发展程度有机地统一起来，构成一个科学概念，才能够深刻地理解和把握住我国的基本国情。

社会主义初级阶段的两层基本含义既相对区别、又紧密联系，构成了一个具有特定内涵的新概念。这里所说的初级阶段，不是泛指任何国家进入社会主义都会经历的起始阶段，而是特指我国生产力发展水平不高、商品经济不发达条件下建设社会主义必然要经历的特定历史阶段。

2. 社会主义初级阶段的基本特征

党的十三大曾从我国人口结构、工业发展水平、地区发展状况、科学教育文化发展等方面概括了我国社会主义初级阶段的基本特征。经过十年的认识和实践，党的十五大更加全面地从现代化发展的水平、产业结构状况、经济运行方式、文化教育发展水平、人民富裕程度、地区发展状况、体制改革、精神文明建设及国际比较等九方面，概括社会主义初级阶段历史发展的过程性特征。

党的十七大面对新世纪、新阶段、新发展，从八个方面对社会主义初级阶段呈现出的新的阶段性特征进行了深入分析和概括。第一，经济实力显著增强，同时，自主创新能力还不强，长期形成的结构性矛盾和粗放型增长方式尚未根本改变；第二，社会主义市场经济体制初步建立，同时影响发展的体制机制障碍依然存在；第三，人民生活总体上达到小康水平，同时收入分配差距拉大趋势还未根本扭转；第四，协调发展取得显著成绩，同时缩小城乡、区域发展差距和促进经济社会协调发展任务艰巨；第五，社会主义民主政治不断发展、同时民主法制建设与扩大人民民主和经济社会发展的要求还不完全适应；第六，社会主义文化更加繁荣，同时人们思想活动的独立性、选择性、多变性、差异性明显增强，对发展社会主义先进文化提出了更高要求；第七，社会活力显著增强，同时社会建设和管理面临诸多新课题；第八，对外开放日益扩大，同时面临的国际竞争日趋激烈，统筹国内发展和对外开放要求更高。这些发展中的阶段性特征，是社会主义初级阶段基本国情在新世纪、新阶段的具体表现。

3. 科学认识和准确把握我国社会主义初级阶段的长期性

从 1956 年生产资料私有制的社会主义改造基本完成算起，到 21 世纪中叶社会主义现代化的基本实现，社会主义初级阶段至少需要一百年时间。邓小平曾指出："现在虽说我们也在搞社会主义，但事实上不够格。"[①] 所谓"不够格"，也就是不够马克思所讲的"共产主义低级阶段"即社会主义阶段的"资格"。这种"不够格"，主要是在物质技术基础方面不够格，也表现在社会经济制度和上层建筑方面的不成熟、不完善。这反映了中国现在所处的发展阶段同马克思主义创始人所设想的未来社会发展阶段之间在物质技术基础上存在着很大的差距，以及由此产生的社会主义发展程度方面的不够格。初级阶段的长期性，从根本上说，是由中国进入社会主义的历史条件和建成社会主义所需要的物质基础所决定的。

近代中国特殊的历史条件，决定了我国只能从半殖民地半封建的旧中国，经过新民主主义走向社会主义。历史使我们超越了资本主义充分发展并占主要地位的历史阶段，但是，生产力和商品经济的充分发展却是无法逾越的。在近代中国的具体历史条件下，不承认中国人民可以不经过资本主义充分发展阶段而走上社会主义道路，是革命发展问题上的机械论，是右倾错误的重要认识根源。以为不经过生产力的巨大发展就可以越过社会主义初级阶段，是革命发展问题上的空想论，是"左"倾错误的重要认识根源。

历史表明，产生"左"和"右"的干扰的一个重要原因是对我国所处的历史方位认识不清。强调认清社会主义初级阶段基本国情，不是妄自菲薄也不是急于求成，牢固树立社会主义初级阶段长期性的观点，有助于我们从根本上克服急躁情绪，克服各种超越阶段的错误观念和政策，坚持党在社会主义初级阶段的基本路线。

二、社会主义初级阶段的基本路线和纲领

（一）社会主义初级阶段的主要矛盾

社会主义初级阶段的主要矛盾，是制定社会主义初级阶段基本路线的客观依据。在社会主义初级阶段，我国经济、政治、文化和社会生活各方面存在着种种相互联系的矛盾，但主

---

① 《邓小平文选》第 3 卷，人民出版社 1993 年版，第 225 页。

要的矛盾是人民日益增长的物质文化需要同落后的社会生产之间的矛盾。

我国社会主义改造基本完成后，1956 年党的八大指出：我国的无产阶级同资产阶级之间的矛盾已经基本上解决，几千年来阶级剥削制度的历史已经基本上结束。"我们国内的主要矛盾，已经是人民对于建立先进的工业国的要求同落后的农业国的现实之间的矛盾，已经是人民对于经济文化迅速发展的需要同当前经济文化不能满足人民需要的状况之间的矛盾。"① 然而，由于党在指导思想上发生了"左"的错误，1957 年以后，越来越把无产阶级和资产阶级的矛盾作为我国社会的主要矛盾，并进一步提升为整个社会主义阶段的主要矛盾，提出了"以阶级斗争为纲"，导致了"文化大革命"的发生。

党的十一届三中全会果断地纠正了"以阶级斗争为纲"的错误方针，决定把党和国家的工作重点转移到社会主义现代化建设上来，进而对我国社会主要矛盾作出了新的概括。1981 年，党的十一届六中全会对我国社会主要矛盾作了规范的表述：在社会主义改造基本完成以后，我国所要解决的主要矛盾，是人民日益增长的物质文化需要同落后的社会生产之间的矛盾。这个主要矛盾，深刻反映了我国社会主义初级阶段的特殊本质。在我国社会主要矛盾中，生产力落后将长期是矛盾的主要方面。要彻底改变这种情况，就必须始终坚持以经济建设为中心，集中力量不断解放和发展生产力。

（二）社会主义初级阶段的基本路线

党的基本路线是党在一定历史时期为解决社会主要矛盾而制定的行动纲领，是总揽全局的根本指导方针。党的十三大在科学阐述社会主义初级阶段理论的同时，正式提出了党在社会主义初级阶段的基本路线：领导和团结全国各族人民，以经济建设为中心，坚持四项基本原则，坚持改革开放，自力更生，艰苦创业，为把我国建设成为富强、民主、文明的社会主义现代化国家而奋斗。党的十七大把"和谐"与"富强、民主、文明"一起写入基本路线，表明经过多年的实践和探索，我们党对奋斗目标的认识逐渐深化，实现了中国特色社会主义事业总体布局与奋斗目标的有机统一。

党的基本路线高度概括了党在社会主义初级阶段的奋斗目标、基本途径和根本保证、领导力量和依靠力量以及实现这一目标的基本方针，既紧紧抓住了中国现阶段的主要矛盾，又体现了运用社会主义社会基本矛盾运动的规律，全面推动历史进步，实现民富国强、民族振兴的要求，内容丰富而深刻。

在整个社会主义初级阶段，我们必须毫不动摇地坚持党的基本路线，邓小平反复强调："基本路线要管一百年，动摇不得。只有坚持这条路线，人民才会相信你，拥护你。"② 坚持党的基本路线不动摇，社会主义现代化战略目标的实现就有了根本保证，中华民族的复兴就有了希望。毫不动摇地坚持党的基本路线，把以经济建设为中心同四项基本原则、改革开放这两个基本点统一于建设中国特色社会主义的伟大实践，这是改革开放以来"我们党最可宝贵的经验，是我们事业胜利前进最可靠的保证。"③

（三）社会主义初级阶段的基本纲领

正确纲领的制定是党在理论上、政治上成熟的标志。党的十五大科学总结了十一届三中

① 《建国以来重要文献选编》第 9 册，中央文献出版社 1994 年版，第 341 页。
② 《邓小平文选》第 3 卷，人民出版社 1993 年版，第 370 – 371 页。
③ 《江泽民文选》第 2 卷，人民出版社 2006 年版，第 17 页。

全会以来，我国改革开放和现代化建设的主要经验，根据社会主义初级阶段基本路线的要求，围绕社会主义现代化建设的总题目，制定了党在社会主义初级阶段的基本纲领。党的十七大又进一步丰富了基本纲领的内容。

建设中国特色社会主义经济，就是在社会主义条件下发展市场经济，不断解放和发展生产力。实现国民经济又好又快发展，保证人民共享改革发展成果。

建设中国特色社会主义政治，就是在中国共产党领导下，在人民当家作主的基础上，依法治国，发展社会主义民主政治。实现社会安定、政府廉洁高效、全国各族人民团结和睦、生动活泼的政治局面。

建设中国特色社会主义文化，就是以马克思主义为指导，以培育有理想、有道德、有文化、有纪律的公民为目标，发展面向现代化、面向世界、面向未来的，民族的、科学的、大众的社会主义文化。建立社会主义核心价值体系，建设社会主义文化强国。

构建社会主义和谐社会，就是要按照民主法治、公平正义、诚信友爱、充满活力、安定有序、人与自然和谐相处的总要求和共同建设共同享有的原则，以改善民生为重点，解决好人民最关心、最直接、最现实的利益问题，努力形成全体人民各尽其能、各得其所的和谐相处局面。

实现社会主义初级阶段基本纲领，必须正确认识和处理最高纲领和最低纲领之间的辩证统一关系。共产主义是共产党人的理想信念和精神支柱，实现共产主义是无产阶级政党的最高纲领。但共产主义的实现是一个历史过程，需要通过若干阶段的具体目标，有步骤、分阶段地向前推进。在每个不同的发展阶段，都需要提出符合实际的理论、路线、方针、政策和策略，形成阶段性的行动纲领。中国共产党制定的民主革命的纲领、向社会主义过渡的纲领、建设中国特色社会主义的纲领，都是党在特定历史阶段的最低纲领。在处理最高纲领与最低纲领关系方面，我国既有成功的经验，也有失误的教训。1957 年以后，由于一度对共产主义看得过于简单，对我国基本国情的认识长期处于不完全清醒的状态，我们急于求成，使社会主义建设事业遭受了严重挫折。十一届三中全会以后，党在系统地总结自己在处理最高纲领与最低纲领关系方面经验教训的基础上，基于对当代中国国情和社会主义建设规律的深刻认识，提出了社会主义初级阶段的理论，制定了党在社会主义初级阶段的基本路线和基本纲领，才使我国社会主义建设重新走上健康发展的道路。科学阐明和正确处理最高纲领和最低纲领之间的辩证统一关系，是中国共产党在理论上、政治上清醒和成熟的重要标志。在整个社会主义初级阶段，我们必须坚持最低纲领与最高纲领的统一，毫不动摇地贯彻党在社会主义初级阶段的基本路线，致力于实现党在现阶段的基本纲领，不断把中国特色社会主义事业推向前进。

（四）社会主义初级阶段的发展战略

1. “三步走”的发展战略

实现社会主义现代化是中国共产党人和中国人民梦寐以求的夙愿。新中国成立前夕，党的七届二中全会提出了把我国由农业国变为工业国，实现国家现代化的构想。新中国成立以后，以毛泽东为核心的党的第一代中央领导集体提出了在 20 世纪内，分两步把我国建设成为“四个现代化”的社会主义国家的构想，并设想用一百年时间赶上和超过世界上最先进的资本主义国家。1954 年召开的第一届全国人民代表大会，第一次明确提出要实现工业、农业、交通运输业和国防四个现代化的任务，1956 年又把这一任务列入党的八大所通过的党章中。经过多年的实践，在逐步提高了对科学技术在发展国民经济、实现现代化中的地位和作用的认识以后，1964年周恩来在三届人大一次会议的政府工作报告中第一次宣布："从第三个五年计划开始，我国的国民经济发展，可以按两步来考虑：第一步，建立一个独立的比较完整的工业体系和国民经济体系；第二步，全面实现农业、工业、国防和科学技术的现代化，使我国经济走在世界的前列"，① 并把它作为在20世纪内奋斗的目标。但由于对我国社会主义社会所处的历史阶段、主要矛盾和根本任务等重大问题缺乏始终一贯的科学认识，党的十一届三中全会前我国社会主义现代化建设经历了曲折的过程。

十一届三中全会以后，邓小平指出：中国式的现代化，必须从中国的特点出发。1979年12月，第一次使用了"小康"的概念。1980年1月，他把到20世纪末的20年分为两个10年，初步提出分"两步走"达到"小康水平"的战略构想。党的十三大指出，我国经济发展战略部署大体分"三步走"：第一步，从1981年到1990年实现国民生产总值比1980年翻一番，解决人民的温饱问题；第二步，从1991年到20世纪末，使国民生产总值再增长一倍，人民生活达到小康水平；第三步，到21世纪中叶，人均国民生产总值达到中等发达国家水平，基本实现现代化。

我国在提前实现了"三步走"战略的第一步和第二步战略目标之后，党把"三步走"战略的第三步进一步具体化，提出了三个阶段性目标：21世纪第一个十年，实现国民生产总值比2000年翻一番，使人民的小康生活更加宽裕，形成比较完善的社会主义市场经济体制；再经过十年的努力，到建党100周年时，使国民经济更加发展，各项制度更加完善；到21世纪中叶新中国成立100周年时，基本实现现代化，建成富强、民主、文明和谐的社会主义国家，从而使"三步走"的战略和步骤更加具体明确。

从"两步走"到"三步走"的发展战略的确定，突出地体现了我们党对我国国情认识的深化，体现了中国共产党人一切从实际出发、实事求是、坚持在实践中检验真理和发展真理的品格。是对中国国情和时代特征的深刻把握，是对现代化客观规律的正确反映，是指导全党和全国人民建设中国特色社会主义的行动纲领。

2. 全面建设小康社会

邓小平用我国历史上"小康"的概念，赋予其新的内容，表达在社会主义初级阶段一定时期内经过努力能够实现的目标。他指出："所谓小康社会，就是虽不富裕，但日子好过。我们是社会主义国家，国民收入分配要使所有的人都得益，没有太富的人，也没有太穷的人，所以日子普遍好过。更重要的是，那时我们可以进入国民生产总值达到一万亿美元以上的国家的行列，这样的国家不多。"②

全面建设小康社会是党和国家到2020年的奋斗目标，是全国各族人民的根本利益所在。经过全党和全国各族人民的共同努力，20世纪末，我国人民生活总体上开始达到小康水平，这是中华民族发展史上的一个新的里程碑。党的十六大深刻分析了党和国家面临的新形势和新任务，提出了大体用20年时间，全面建设一个惠及十几亿人口的更高水平的小康社会的奋斗目标，并围绕实现这个目标制定推进各方面工作的方针和政策。这是实现现代化第三步战略目标必经的承上启下的发展阶段，是中国特色社会主义发展新阶段的重要战略。

---

① 《周恩来选集》下卷，人民出版社1984年版，第439页。
② 《邓小平文选》第3卷，人民出版社1993年版，第161－162页。

党的十七大顺应国内外形势的新变化和各族人民过上更好生活的新期待，把握经济社会发展趋势和规律，对全面建设小康社会目标的实现提出五个方面的新要求。

第一，增强发展协调性，努力实现经济又好又快发展。在优化结构、提高效益、降低消耗、保护环境的基础上，实现人均国内生产总值到 2020 年比 2000 年翻两番。第二，扩大社会主义民主，更好保障人民权益和社会公平正义。第三，加强文化建设，明显提高全民族文明素质，社会主义核心价值体系深入人心。第四，加快发展社会事业，全面改善人民生活。第五，建设生态文明，基本形成节约能源资源和保护生态环境的产业结构、增长方式、消费模式。

到 2020 年全面建设小康社会目标实现之时，我们这个历史悠久的文明古国和发展中社会主义大国，将成为工业化基本实现、综合国力显著增强、国内市场总体规模位居世界前列的国家；成为人民富裕程度普遍提高、生活质量明显改善、生态环境良好的国家；成为人民享有更加充分民主权利、具有更高文明素质和精神追求的国家；成为各方面制度更加完善、社会更加充满活力而又安定团结的国家；成为对外更加开放、更加具有亲和力、为人类文明作出更大贡献的国家。

第三节　社会主义改革开放论

新时期最鲜明的特点就是改革开放。这场中国历史上从未有过的大改革大开放，极大地调动了亿万人民的积极性，使我国成功实现了从高度集中的计划经济体制到充满活力的社会主义市场经济体制、从封闭半封闭到全方位开放的伟大历史转折。

一、改革开放是决定中国命运的关键抉择

（一）改革开放是一场新的伟大革命

1978 年，中国共产党召开了具有重大历史意义的十一届三中全会，开启了改革开放历史新时期。从此，党领导全国各族人民在新的历史条件下开始了新的伟大革命。中国共产党在 20 世纪 70 年代末作出实行改革开放的重大决策，具有深刻的国际国内背景。从国内情况看，"文化大革命"十年动荡，使党、国家和人民遭受严重挫折和损失。当时，整个政治局面混乱，经济处于停滞状态。从国际环境看，我国经济实力、科技实力与国际先进水平差距明显拉大，面临巨大国际竞争压力。在这样的历史背景下，要增强我国社会主义的生机活力，解放和发展社会生产力，改善人民生活，追赶时代的历史潮流，出路只有改革开放。事实证明，改革开放是决定当代中国命运的关键抉择，是发展中国特色社会主义、实现中华民族伟大复兴的必由之路。只有社会主义才能救中国，只有改革开放才能发展中国、发展社会主义、发展马克思主义。

改革开放是党在新的时代条件下带领人民进行的新的伟大革命。其革命的含义在于它不是对原有经济体制的细枝末节的修补，而是对其进行的根本性变革。它要从根本上改变束缚我国生产力发展的经济体制，建立充满生机和活力的社会主义新经济体制，同时相应地改革政治体制和其他方面的体制。改革的目的就是要解放和发展社会生产力，实现国家现代化，让中国人民富裕起来，振兴伟大的中华民族；就是要推动我国社会主义制度自我完善和发

展，赋予社会主义新的生机活力，建设和发展中国特色社会主义；就是要在引领当代中国发展进步中加强和改进党的建设，保持和发展党的先进性，确保党始终走在时代前列。

改革开放是一场新的伟大革命，但它不是一个阶级推翻另一个阶级意义上的革命，不是否定我们已经建立起来的社会主义基本制度，而是社会主义制度的自我完善和发展。改革开放作为一场新的伟大革命，不可能一帆风顺，也不可能一蹴而就。最根本的是，改革开放符合党心民心、顺应时代潮流，方向和道路是完全正确的，成效和功绩不容否定，停顿和倒退没有出路。

（二）社会主义社会的基本矛盾

社会主义社会是否存在矛盾？它和其他社会制度下的矛盾有何区别？这是社会主义制度建立后必须予以正确解答的重大问题，我国社会主义改造完成以后，毛泽东以中国的实践经验为基础，运用马克思主义基本原理，全面阐述了社会主义社会的矛盾问题，并形成了比较系统的理论。

党的十一届三中全会以后，邓小平在总结历史经验教训的基础上，对社会主义社会的基本矛盾，特别是社会主义初级阶段的主要矛盾状况进行了深入思考，在新的实践中丰富和发展了这一理论，为社会主义改革提供了理论基础。其主要内容有：第一，判断一种生产关系和生产力是否相适应，要从实际出发，具体问题具体分析，主要看它是否适应当时当地生产力的要求，能否推动生产力发展。第二，提出在社会主义社会依然有解放生产力的问题。突破了长期以来把解放生产力只是同一个阶级推翻另一个阶级的革命联系到一起的认识，从而为改革开放提供了坚实的理论基础。第三，把社会主义社会基本矛盾、主要矛盾和根本任务统一起来。邓小平在明确肯定社会主义社会基本矛盾的基础上，强调了解决社会主要矛盾和确立根本任务的一致性。第四，指出解决社会主义初级阶段主要矛盾的途径是改革。邓小平继承了毛泽东关于社会主义社会基本矛盾必须通过社会主义制度自身的不断完善加以解决的正确主张，并从历史经验教训出发，找到了社会主义社会发展的基本形式，即改革是解放和发展生产力的必由之路。

二、坚定不移地推进全面改革

（一）改革是全面的改革

中国的改革是全面的改革，这是由改革的任务决定的。这场革命既然要大幅度地改变落后的生产力，就必然要多方面地改变生产关系中不适应生产力发展的部分，改变上层建筑中不适应经济基础变化的部分，改变一切不适应生产力发展的管理方式、活动方式和思想方式，使之适应于现代化大经济的需要。

20 世纪 70 年代末，中国开启了改革的历史进程。改革在农村拉开序幕。农村改革的第一步是废除人民公社制度，建立以家庭联产承包为主，统分结合、双层经营的新型集体所有制。之后，乡镇企业异军突起，为从土地上转移出来的农村剩余劳动力提供了出路，为提高农民收入、促进工业和整个经济的改革和发展，开辟了一条新路。在农村改革取得成效的基础上，20 世纪 80 年代中期开始了以城市为重点的整个经济体制的改革。经过多年理论和实践的探索，到 1992 年，党的十四大把建立社会主义市场经济体制确立为经济体制改革的目标，由此加快了全面改革的进程。

在全面改革中，经济体制改革是重点。因为通过经济体制改革，解放生产力，把国民经济搞上去，对当代中国来说是最根本最急迫的任务。经济体制改革需要政治体制及其他体制改革的配合，因此，在经济体制改革不断深化的进程中，不断深化政治体制、文化体制、社会体制以及其他方面体制的改革，逐步形成和发展符合当代中国国情、充满生机活力的新的体制机制，为我国经济繁荣发展、社会和谐稳定提供了有力制度保障。

改革是一项崭新的事业。如何评价和判断它的成败与是非得失？邓小平在1992年南方谈话中，明确地提出了"三个有利于"的标准，即要以是否有利于发展社会主义社会的生产力、是否有利于增强社会主义国家的综合国力、是否有利于提高人民生活水平作为判断改革得失成败的标准。

"三个有利于"的标准，强调的是对于改革的一些具体政策措施，必须从抽象的姓"社"姓"资"的争论中摆脱出来，放开手脚，大胆地试，大胆地闯，把注意力放到研究用什么手段和方法才能有利于发展社会主义社会的生产力、有利于增强社会主义国家的综合国力和有利于提高人民生活水平，不要因纠缠于抽象的姓"社"还是姓"资"的争论而贻误改革开放的时机，从而在根本上损害社会主义社会的发展。但是，在改革开放的性质问题上，则不能不问姓"社"还是姓"资"，而是必须理直气壮地坚持社会主义方向。

（二）正确处理改革、发展、稳定的关系

正确处理改革发展稳定的关系，实现改革发展稳定的统一，是关系我国社会主义现代化建设全局的重要指导方针。必须把"促进改革发展同保持社会稳定结合起来，坚持改革力度、发展速度和社会可承受程度的统一，确保社会安定团结、和谐稳定"[①]。

中国目前正处于全面建设小康社会的发展关键时期，这是改革的攻坚阶段。在这一时期处理改革、发展、稳定关系的任务极其艰巨。因此，要以科学发展观为指导，遵循改革开放以来党在处理改革、发展、稳定关系方面积累起来的经验和主要原则。

第一，保持改革、发展、稳定在动态中的相互协调和相互促进。要统观全局，精心谋划，从整体上把握改革、发展、稳定之间的关系，做到在政治和社会稳定中推进改革和发展，在改革和发展的推进中实现政治和社会的长期稳定。

第二，把改革的力度、发展的速度和社会可以承受的程度统一起来。要提高改革决策的科学性、增强改革措施的协调性、注重发展的公平性。改革和发展要始终注意适应国情和社会的承受能力，要统筹安排改革和发展的举措。

第三，把不断改善人民生活作为处理改革、发展、稳定关系的重要结合点。人民群众是改革发展的主体和动力，是稳定的力量源泉和深厚基础。要做到把不断改善人民生活、让人民共享改革和发展的成果，作为处理改革、发展、稳定关系的重要结合点。

三、毫不动摇地坚持对外开放

（一）中国的发展离不开世界

改革和开放紧密相联，邓小平一方面把十一届三中全会以来的改革开放政策都叫改革；另一方面，又把改革政策也称为开放政策。对外开放和改革一起成为新时期中国最鲜明的特征。

邓小平关于对外开放的理论和政策是对毛泽东思想的继承和发展。早在新民主主义革命

---

① 胡锦涛：《在纪念党的十一届三中全会召开30周年大会上的讲话》，人民出版社2008年版，第29页。

时期，毛泽东就指出：中国不是孤立的也不能孤立，中国与世界紧密联系的事实，也是我们的立足点。我们不是也不能是闭关主义者，中国早已不能闭关。新中国成立前夕，毛泽东即宣布，中国人民愿意同世界各国人民实行友好合作，恢复和发展国际间的通商事业，以利于发展生产和繁荣经济。在《论十大关系》一文中他又指出，我们坚决抵制和批判外国资产阶级的一切腐朽制度和思想作风，但这并不妨碍去学习资本主义国家的先进的科学技术和企业管理方法中合乎科学的方面。但由于帝国主义对我们实行敌视、封锁和禁运的政策，以及后来我们自己所犯的"左"的错误，毛泽东在对外开放方面的许多正确思想未能完全付诸实施。

1984 年党的十二届三中全会把实行对外开放定为基本国策，其最重要的依据，就是邓小平关于"现在的世界是开放的世界"和"中国的发展离不开世界"两个重要观点。

当今的世界是开放的世界，这是对世界经济发展历史的深刻总结，是生产社会化和商品经济、市场经济发展的必然结果。在开放的世界中不实行开放政策，只能限制自己的发展，甚至会给国家和民族带来灾难。中国的发展离不开世界。这是对中国发展历史的深刻总结。中国在西方国家产业革命以后变得落后了，一个重要的原因就是闭关自守。中国作为一个发展中的大国，在实现现代化的进程中存在着许多困难和问题。要解决这些问题，就必须实行对外开放，利用国内和国际两种资源、两个市场。对外开放不仅是为了解决当前经济建设中的矛盾和困难，而且也是我国经济长期发展的客观要求。

实行对外开放也是充分发挥社会主义制度优越性的需要。社会主义要赢得与资本主义相比较的优势，就必须以积极的态度学习和吸收人类文明的一切优秀成果，吸收和借鉴当今世界各国包括资本主义发达国家的一切反映现代社会化生产规律的先进经营方式、管理方法。因为社会主义作为一种崭新的社会制度，只有在继承和利用资本主义社会已经创造出来的全部社会生产力和全部优秀文化成果的基础上，并结合新的实际进行新的创造，才能顺利建设成功。

实行对外开放要处理好对外开放与独立自主、自力更生的关系。把独立自主、自力更生作为立足点，这是我国革命和建设的基本经验和重要原则。"独立自主不是闭关自守，自力更生不是盲目排外，讲独立自主、自力更生，绝不是要闭关锁国、关起门来搞建设，而是要把对外开放提高到一个新的更高水平。"[①]

（二）对外开放是全方位、多层次、宽领域的开放

党的十一届三中全会以后，我国开始了对外开放的历史进程，随着经济特区的建立，沿海城市的开放，引进外资、对外经济技术交流与合作的迅速扩大，我国经济摆脱了原来的封闭半封闭状态，逐步形成了全方位、多层次、宽领域的对外开放格局。

全方位就是不论对资本主义国家还是社会主义国家，对发达国家还是发展中国家都实行开放政策。多层次，就是根据各地区的实际和特点，通过经济特区、沿海开放城市、经济技术开发区、沿海经济开放区、开放沿边和沿江地区以及内陆省区等不同开放程度的各种形式，形成全国范围内的对外开放。宽领域，就是立足于我国国情，对国际商品市场、国际资本市场、国际技术市场、国际劳务市场的开放，把对外开放拓宽到能源、交通等基础产业以及金融、保险、房地产、科技、教育、文化、服务业等。

---

① 《江泽民文选》第 1 卷，人民出版社 2006 年版，第 471 页。

经过长达 15 年的谈判，2001 年 12 月我国正式成为世界贸易组织的成员国。加入世界贸易组织，标志着我国对外开放进入了一个新的阶段，总体上符合我国的根本利益和长远利益。同时，加入世贸组织后国际市场的竞争将更加深入地与国内市场的竞争结合在一起，面临的经济风险也显著增加。加入世贸组织后的中国，在以认真负责的态度全面履行承诺的同时，也加快了发展开放性经济的步伐。

对外开放越扩大，维护国家经济安全和经贸利益的问题就越突出。必须始终牢牢掌握对外开放的主动权，善于在国内国际形势的相互联系中把握发展方向，在国内国际条件的相互转化中用好发展机遇，在国内国际资源的优势互补中创造发展条件。要适应开放型经济的要求，建立统筹内外经济的调控和应对机制，更好地处理国内发展与对外开放的关系，把握关键领域和敏感行业对外资开放的程度，防范国际经济风险，维护国家经济安全。

新时期最鲜明的特点就是改革开放。从农村到城市、从经济领域到其他各个领域，全面改革的进程势不可挡地展开了。从沿海到沿江沿边，从东部到中部西部，对外开放的大门毅然决然地打开了。今天，一个面向现代化、面向世界、面向未来的社会主义中国巍然屹立在世界东方。

思考题

1. 如何全面、准确把握社会主义本质理论？
2. 如何认识社会主义初级阶段的长期性？
3. 怎样理解"现在虽说我们也在搞社会主义，但事实上不够格"？
4. 为什么说改革开放是决定当代中国命运的关键抉择？
5. 如何正确处理改革、发展、稳定之间的关系？

延伸学习阅读材料

何传启谈中国现代化战略（选编）

[简介] 现代化是近代以来中国人孜孜以求的梦想和不懈追求，但中国的现代化之路该怎么走，却是一个大而难的课题。由何传启主持的中国科学院中国现代化战略研究，历经 10 年，画出了一条"中国现代化路线图"。（下文选编了何传启与中国网的对话。Z 代表中国网，H 代表何传启）

Z：什么是现代化呢？

H：这个话题在科学界研究已有 50 年的历史，到目前现代化没有一个统一的定义，我想可以从三个角度来认识现代化。

第一，现代化是 18 世纪以来的一个世界现象，也是一个客观的现象。形象地说，现代化就像是一场国际马拉松比赛，跑在前面的国家就成为了发达国家，跑在后面的国家就成为发展中国家。发达国家可以掉下来，发展中国家可以迎头赶上。一般而言，发达国家就是现代化的国家，而发展中国家往往把现代化作为一个国家目标，这是一个历史现象。

第二，现代化是人类文明的一种深刻变化。它包括现代文明的形成、发展、转型和国际互动，也包括一些文明要素的创新、选择、传播、退出。简单地说，就是从传统文明向现代文明，从传统社会向现代社会，从传统经济向现代经济，从传统政治向现代政治的一个转型，这是第二层含义。

第三，现代化有两重性。一旦你成为了现代化的国家，并不能保证你永远是现代化的国家，也有可能会掉下来。如果你今天是发展中国家，你有一定的可能性会迎头赶上成为一个现代化的国家。也就是说，现代化既有一定的稳定性，但是也有流动性。这就为我们发展中国家迎头赶上世界先进水平提供了理论依据。

Z：基于对于人类文明整个进程的研究，21世纪全人类要实现第二次现代化，第二次现代化应该怎样解读？

H：现代化既是一个世界现象，也是一个历史进程；既然是一个历史进程就必然有阶段。我们把从18世纪到21世纪400年的世界现代化进程分为两个阶段。

第一个阶段是从18世纪到20世纪中叶这250年的现代化进程命名为第一次现代化。它的主要特点是从农业社会到工业社会，从农业经济到工业经济，从农业文明到工业文明转型，这是第一个阶段。

第二个阶段就是从20世纪70年代到21世纪末，大约是130年。它的主要特点是从工业经济到知识经济，工业社会到知识社会，工业文明到知识文明，从物质文明到生态文明转型，是这样一个转型的过程。

Z：现在的发达国家，一些资本主义国家的现代化之路到底是怎样的？

H：我们对世界上人口超过100万以上的国家进行了研究，一共有130多个国家。对他们从18世纪以来300年的现代化进程进行了全方位的研究以后，得出的结果是没有两个国家的现代化道路完全一致。无论是英国、美国、法国、德国或者是日本、韩国，这些发达国家它们现代化的路径是不一样的，但是现代化的本质内涵是相通的。也就是说现代化有共性，但是也有很多的多样性，特别是在道路的选择上有更大的多样性。

Z：就目前整个的国际形势推断我国现代化发展的阶段处于怎样的水平？

H：中国是一个最大的发展中国家，中国的现代化有一个简单的特征就是地区不平衡，我们从两个角度来看。第一个角度就是从全国的平均水平来看，第二个角度就是从我们34个省、自治区、直辖市水平来看。如果从全国平均角度来看，中国目前大约处于第一次现代化的后期，就是从农业社会向工业社会转型的后期，相当于城市化的中期，工业化的后期这么一个阶段。具体现代化的水平在131个国家里面大约能排到70位左右，有些指标可以排到50多位，60多位，有些是70多位。在世界上的国家分类里面，我们属于一个初等发达国家。关于这个问题我想解释两句。世界银行根据人均国民收入把国家分为三组：高收入国家、中等收入国家和低收入国家。我们是根据现代化指数，一共是16个指标，综合评价以后把世界上的国家分为四组：

第一组是现代化水平最高的一组国家，大约20个左右，是发达国家。

第二组是现代化水平比发达国家要低，比世界平均值要高这么一组国家，大约有30个，我们说它们是中等发达国家。

第三组国家是现代化水平比世界平均值低，但是比最不发达国家和欠发达国家高，这一组国家我们叫作初等发达国家，大概也就是30多个。

第四组国家就是欠发达国家，是联合国定义的，50个左右。

我们国家是第三组，是初等发达国家。根据小平同志的战略目标，我们要在2050年前后进入到中等发达国家水平，就是进入到世界马拉松比赛的第二方阵，我们现在是第三方阵，最后是进入第一方阵。

Z：中国现在较之于世界的发达国家来讲，差距在哪些方面？

H：现代化是全方位的文明发展和文明转型，既然是全方位的就要解剖。我们把现代化解剖成六个方面，包括经济、社会、政治、文化、人的现代化和生态现代化。在每一个方面，我们都有一些差距，但是在某些方面也表现得比较好。比如说，我们的人均寿命已经达到72岁了，高于世界平均值，已经进入到中等发达国家水平，这是最高的。但是我们人均的国民收入，目前大概只有3 000多美元，比世界平均值要低，世界平均值现在已经达到8 000多美元，也就是说不同的方面，我们的水平是不一样的。

Z：目前很多专家提出来，在中国现代化的发展遇到了很多障碍和绊脚石。

H：这个问题应该这么看，在过去300年里面，世界上大约有20多个国家、10亿人口实现了现代化，这10亿人口的现代化已经对世界的资源造成了很大的压力，对环境造成了很大的压力。中国现在有13亿多人，大概21世纪有可能达到14亿到15亿人。从人口规模的角度来看，中国现代化的任务超过了发达国家的总和，而且我们要用一百年的时间来完成这么一个现代化。对于环境、资源的要求和压力也就超过了过去的总和，在这种情况下，中国转变发展方式，走绿色发展道路非常必要。

Z：我国应该制定什么样的政策来应对这些绊脚石呢？

H：从宏观层面来讲的话，中国应该走自己的现代化道路。我们在2003年的时候提出叫"运河战略"这么一个现代化的路径，它不同于过去发达国家走过的老路。我们知道发达国家的现代化是先从农业社会向工业社会转型，先做第一次现代化，带来了环境污染、资源的浩劫。然后它再做第二次现代化，就是从工业社会向知识社会，从物质文明向生态文明转型，这两个阶段是完全分开的。

我们国家可以走一条新的道路，就是把两次现代化的优点结合起来，避免发达国家走过的老路，避免发达国家所犯的错误，寻求一条新的发展道路。我们可以这么形象地说，工业社会是一条河，知识社会是第二条河，这之间有一个拐角。如果我们在两个河之间挖一条运河的话，那么我们就有可能迎头赶上21世纪中后期的发达国家的先进水平，而不是跟踪、模仿发达国家走过的老路。我们把这样一条现代化路径叫作"运河战略"或者"综合现代化道路"，它要求用第二次现代化，用知识经济、生态文明、知识社会这种新的理念来改造过去的工业经济和工业社会，寻求现代化最有效的路径和最小的时间成本和资源成本。用知识、信息、创新来替代一部分过去需要的资源成本和环境成本，形成一种知识替代、创新替代或者信息替代。这样我们有可能就形成一种高效率、低消耗的路径，创新价值高、生活质量高这种新型的现代化道路。

——摘自《中国发展门户网》2011年08月15日

第十章

中国特色社会主义建设实践

中国特色社会主义制度，是当代中国发展进步的根本制度保障，集中体现了中国特色社会主义的特点和优势。中国共产党领导人民在中国特色社会主义建设的伟大实践中，推进了社会主义制度的自我完善和发展，在经济、政治、文化、社会等各个领域形成了一整套相互衔接、相互联系的制度体系。社会主义初级阶段的经济体制、基本经济制度和分配制度有了新的变化；与中国国情相适应的政治制度和民主道路有了新的特色；以社会主义核心价值体系为根本任务的文化建设有了新的提升，以民生建设为重点的社会主义和谐社会构建提到了发展战略的高度。

第一节　建设中国特色社会主义经济

以经济建设为中心是兴国之要，是国家兴旺发达、长治久安的根本要求。改革开放30多年来，坚持以经济建设为中心，推动社会生产力以前所未有的速度发展起来，这是我国综合国力、人民生活水平、国际地位大幅度提升的根本原因。不断推进中国特色社会主义经济建设，需要明确我国经济改革的核心问题是建立什么样的经济体制，了解中国选择社会主义市场经济体制的必然，掌握党对我国社会主义初级阶段基本经济制度和分配制度的新概括，正确处理公有制经济和非公有制经济、按劳分配和按生产要素分配的关系。

一、建立社会主义市场经济体制

（一）中国社会主义经济体制的选择过程

我国社会主义制度建立后，建设社会主义应当实行什么样的经济体制，这是党执政后面临的一个重大问题。新中国之所以选择高度集中的计划经济体制，客观条件是：建立高度集中的计划经济体制有利于为大规模经济建设创造各种条件；受苏联在计划经济体制下社会主义建设取得的巨大成就的直接影响；计划经济体制能够在经济结构简单情况下顺利运行。主观上主要是当时在理论上普遍把计划经济看作是社会主义区别于资本主义的重要特征。

计划经济体制在我国社会主义经济建设中有过重要的作用。但是，政企不分、条块分割、权力集中、忽视价值规律、平均主义严重等主要弊端，使本来应该生机盎然的社会主义经济在很大程度上失去了活力。针对这些问题，毛泽东、陈云等党中央领导曾对如何建立符合中国国情的经济体制进行了积极的探索。毛泽东在《论十大关系》中提出要发挥中央和地方两个积极性，陈云在党的八大上提出"三个主体、三个补充"的构想等。但是，由于理论认识的限制，这种探索没有也不可能继续得到前进和发展。改革开放以后，随着经济体制改革的不断深化和理论的创新，建立社会主义市场经济体制最终成为我国经济体制改革选择的目标模式。

（二）社会主义市场经济理论的形成和发展

我国社会主义市场经济理论是伴随社会主义改革实践的发展而形成和发展起来的。党的十一届六中全会《关于建国以来党的若干历史问题的决议》中，提出"计划经济为主、市场调节为辅"的方针。十二届三中全会通过《中共中央关于经济体制改革的决定》，首次提出"在公有制基础上有计划的商品经济"的新概念。十三大提出社会主义有计划商品经济的"国家调节市场，市场引导企业"的运行机制构想。十四大明确把建立社会主义市场经济体制作为我国经济体制改革的目标。

邓小平是社会主义市场经济理论的创立者。1992 年邓小平在视察南方谈话中明确指出："计划多一点还是市场多一点，不是社会主义与资本主义的本质区别。计划经济不等于社会主义，资本主义也有计划；市场经济不等于资本主义，社会主义也有市场。计划和市场都是经济手段。"[①] 这一精辟论述，从理论上破除了计划经济和市场经济是制度属性的陈旧观念，从根本上解除了把计划经济和市场经济看做属于社会基本制度范畴的思想束缚，为形成社会主义市场经济理论奠定了坚实的基础。社会主义市场经济的理论具有丰富的内涵，一是突破了计划经济和市场经济是经济制度本质属性的观念；二是计划和市场作为经济手段，对经济活动的调节各有优势和缺陷；三是市场经济作为资源配置的一种方式本身不具有制度属性。

1993 年党的十四届三中全会通过《中共中央关于建立社会主义市场经济体制若干问题的决定》，明确建立社会主义市场经济体制的基本框架。20 世纪末，我国已经初步建立了社会主义市场经济体制。2003 年党的十六届三中全会作出《中共中央关于完善社会主义市场经济体制若干问题的决定》，根据实践发展的要求，对进一步完善社会主义市场经济体制提出了新的目标和任务。

（三）社会主义市场经济体制的基本特征

社会主义市场经济体制是社会主义基本制度与市场经济的结合。遵循市场经济运行的一般规律和要求，发达资本主义国家在发展市场经济过程中的一切有益的做法和经验都值得我们借鉴和吸收。但是，市场经济与不同的经济制度结合就会体现出不同的制度特征。作为社会主义的制度特征主要表现有：在所有制结构上，以公有制为主体、多种所有制经济共同发展；在分配制度上，以按劳分配为主体、多种分配方式并存；在宏观调控上，以实现最广大人民利益为出发点和归宿点。离开了这些特征就不是社会主义市场经济。坚持走社会主义市场经济的发展道路，最重要的就是坚持社会主义基本制度与市场经济的结合，这是我们的创造性和特色所在。

二、社会主义初级阶段的基本经济制度

（一）社会主义初级阶段基本经济制度的确立

在社会主义初级阶段，应该建立怎样的所有制结构，确立什么样的基本经济制度，党的

---

① 《邓小平文选》第 3 卷，人民出版社 1993 年版，第 373 页。

认识有一个逐步深化的过程。其中根本问题是如何正确认识非公有制经济在我国经济中的地位和作用。改革开放以前，由于对基本国情的认识超越了社会主义初级阶段的实际，对非公有制经济限制排斥。党的十二大开始肯定"劳动者的个体经济是公有制经济必要的补充"；十三大把非公有制经济作为必要的和有益的补充；十四大强调多种经济成分长期共同发展；十五大第一次明确提出，公有制为主体、多种所有制经济共同发展，是我国社会主义初级阶段的基本经济制度。

以往对社会主义初级阶段基本经济制度认识不正确，原因在于对所有制结构问题没有切实从我国社会主义初级阶段的实际和生产力发展水平出发。确立公有制为主体、多种所有制经济共同发展的基本经济制度，其基本根据是：第一，公有制是社会主义经济制度的基础，是劳动人民当家作主的经济基础，是社会化大生产的客观要求。第二，社会主义初级阶段需要发展多种所有制，以适应生产力的要求。第三，一切符合"三个有利于"标准的所有制形式，都可以而且应该用来为发展社会主义服务。

把非公有制经济纳入到基本经济制度之中，并不意味着它们也是社会主义性质的经济。中国特色社会主义的特色，就在于社会主义初级阶段的经济兼有社会主义和非社会主义两种不同的经济。社会主义初级阶段基本经济制度确立后，党的十六大进一步提出必须毫不动摇地巩固和发展公有制经济；必须毫不动摇地鼓励、支持和引导非公有制经济发展；坚持公有制为主体，促进非公有制经济发展，统一于社会主义现代化建设的进程中。

（二）坚持公有制经济的主体地位

所有制是社会经济制度的核心和基础，决定着社会经济制度的性质。公有制经济是我国社会主义现代化建设的支柱和国家进行宏观调控的主要物质基础，是社会主义经济性质的根本体现。坚持公有制的主体地位，对于发挥社会主义制度的优越性具有关键性作用。

社会主义初级阶段的公有制经济的范围包括国有经济、集体经济及混合所有制经济中的国有成分和集体成分。社会主义公有制作为一种生产关系的理论范畴，其实质和核心是全体社会成员或者部分社会成员共同占有生产资料，实现了人们在生产资料面前的平等。

公有制的主体地位主要体现在两个方面：一是公有资产在社会总资产中占优势。二是国有经济控制国民经济命脉，对经济发展起主导作用。国有经济起主导作用，主要体现在控制力上。

巩固和发展公有制经济，要努力寻找能够极大促进生产力发展的公有制实现形式。公有制经济的性质和实现形式是两个不同层次的问题。公有制经济的性质体现在所有权的归属上，坚持公有制的性质，根本的是坚持国家和集体对生产资料的所有权。所有制的实现形式是采取怎样的经营方式和组织形式问题。同样的所有制可以采取不同的实现形式，而不同的所有制可以采取相同的实现形式。只要能够有利于生产力的发展，公有制的实现形式可以而且应当多样化。适应经济市场化不断发展的趋势，进一步增强公有制经济的活力，要大力发展混合所有制经济，实现投资主体的多元化，使股份制成为公有制的主要实现形式。

（三）鼓励、支持和引导非公有制经济发展

非公有制经济包括个体经济、私营经济、混合所有制经济中的非公有制成分等。毫不动摇地鼓励、支持和引导非公有制经济发展，根本上由它们在发展社会生产力中不可替代的地位和作用决定。社会主义初级阶段的生产力水平和发展的不平衡性，给非公有制经济留下了广阔的空间。实践证明，非公有制经济对于充分调动社会各方面的积极性，促进经济增长、扩大就业、活跃市场和满足人们多样化的需要等方面具有重要作用。

毫不动摇地鼓励、支持和引导非公有制经济发展，还因为它是我国社会主义市场经济的重要组成部分，在加强社会主义市场经济体制建设方面有着不可替代的作用。主要表现在：第一，非公有制经济的存在和发展，提供了多种市场经济主体，为建立社会主义市场经济体制提供了不可缺少的条件；第二，通过竞争，促进作为主体的公有制经济增强市场竞争力；第三，为我国公有制经济的体制创新提供借鉴。因此，在发展社会主义市场经济中，必须把坚持公有制的主体地位同促进非公有制经济发展两者统一起来。

三、社会主义初级阶段的分配制度

马克思主义认为，分配方式是由生产方式决定的。社会主义初级阶段的基本经济制度决定了与此相联系的个人收入分配实行按劳分配为主体、多种分配方式并存的制度。

（一）坚持按劳分配的主体地位

按劳分配是社会主义的分配原则。社会主义初级阶段个人收入分配制度，必须实行按劳分配是由社会主义公有制和社会生产力的发展水平决定的。前者是实行按劳分配的所有制基础，后者是实行按劳分配的物质基础。

坚持按劳分配的主体地位，体现在按劳分配是全社会分配领域中主体的分配原则，也体现在它是公有制经济内部主体的分配原则。随着经济体制改革的深化，企业内部的分配形式呈现多样化，企业职工收入的来源和形式已经不仅仅是依靠按劳分配。但是，只要企业仍然是公有制或公有控股企业，按劳分配应当仍然还是企业内部职工收入的主要形式，职工收入的主要部分仍然来自按劳分配。

坚持按劳分配的主体地位对于坚持中国特色社会主义经济的性质具有重要意义。按劳分配是社会主义公有制在分配方面的体现，只有坚持按劳分配的主体地位，才能体现公有制的主体地位的最终实现和社会主义初级阶段基本经济制度的社会主义性质；才能保证人们相互之间在平等的经济关系基础上建立和谐的经济利益关系；才能保证向共同富裕目标前进。

（二）多种分配方式并存

在社会主义初级阶段，多种分配方式并存是收入分配制度的一大特点。按劳分配以外的多种分配方式，其实质就是按对生产要素的占有状况进行分配。社会的生产要素是多种多样的，归纳起来可以分成两大类，一类是各种物质生产条件，如土地等自然资源以及生产厂房、设备、原材料等；另一类则是人的劳动，包括人们在生产过程中提供的活劳动、技术、信息、管理等。

按生产要素分配有多种不同的分配形式，就其内容可以分为三种类型。一是以劳动作为生产要素参与分配，这里不包括公有制中的按劳分配。主要是个体劳动者和被雇于非公有制经济的雇佣劳动者。二是劳动以外的生产要素所有者参与分配。主要包括利润、利息及租金等。三是管理和知识产权类的生产要素，如科技发明、创造、信息、专利等参与分配。

社会主义初级阶段实行按生产要素分配的必要性和根据，是现实存在着生产要素的多种所有制。各种生产要素同劳动一起，都是物质财富和使用价值的源泉，是社会生产不可或缺的因素，因此当它被排他性地占有时，必须实行按生产要素分配的原则才能有效地利用它来发展生产。实行按劳分配和按生产要素分配结合的分配制度，有利于让一切创造财富的源泉充分涌流，以造福人民，造福社会。

（三）深化分配制度改革，健全社会保障体系

第一，正确认识"先富"与"共富"的关系。

社会主义必须走共同富裕之路，邓小平在总结历史经验的基础上提出允许和鼓励一部分地区、一部分人先富起来，先富的带动后富的，逐步实现共同富裕。从逐步实现共同富裕的目标出发，邓小平提出的"两个大局"①的思想，是处理"先富"与"共富"关系的基本指导原则。

第二，注重社会公平，防止两极分化。

在社会主义初级阶段，多种所有制和实行市场经济体制，客观上存在着产生两极分化的可能性。实现社会公平正义是中国特色社会主义的内在要求，必须把提高效率和促进社会公平结合起来，实现经济发展的基础上由广大人民共享改革发展成果，推动社会主义和谐社会建设。

第三，健全社会保障体系。

建立与经济发展水平相适应的社会保障体系，是社会稳定和国家长治久安的重要保证。社会保障体系包括社会保险、社会救济、社会福利、优抚安置和社会互助、商业保险与慈善事业等。我国已初步形成了社会保障体系的总体框架。在市场经济条件下，建立覆盖全社会的保障体系，对于缓解社会矛盾，保证社会稳定，促进经济发展，具有极为重要的作用。随着经济的发展和国家与个人财富的增加，保障范围和标准将不断调整，使更多的城乡居民分享到改革和发展的成果。

四、促进国民经济又好又快发展

（一）促进国民经济又好又快发展

新时期最显著的成就是快速发展。2007 年十七大明确提出促进国民经济又好又快发展，是以改革开放以来我国经济发展取得的举世瞩目的重大成就为前提的。促进国民经济又好又快发展，是迈向现代化的中国对发展路径的坚定抉择。十七大提出"在优化结构、提高效益、降低消耗、保护环境的基础上，实现人均国内生产总值到 2020 年比 2000 年翻两番"，体现了贯彻落实科学发展观、实现国民经济又好又快发展的要求。

实现国民经济又好又快发展，是"好"与"快"的有机统一。又好又快，要求"快"以"好"为前提，好中求快。同时，坚持"好"字当头绝不意味发展速度无足轻重。只有保持较快增长，才能抓住机遇，不断增强经济实力，更好地解决发展中出现的矛盾和问题。把握好经济发展中"好"与"快"的辩证关系，促进经济平稳较快发展，关系到我国经济社会长远发展的大局，关系到亿万百姓的福祉。只有推动经济又好又快发展，才能筑牢国家发展繁荣的强大物质基础；才能筑牢全国各族人民幸福安康的强大物质基础；才能筑牢中华民族伟大复兴的强大物质基础。

（二）提高自主创新能力，建设创新型国家

党的十七大作出推进自主创新、建设创新型国家的重大决策，是继科教兴国和人才强国战略以来党提出的事关社会主义现代化建设全局的重大战略决策。反映了党对我国基本国情下的战略需求的科学分析和对世界经济、科技发展趋势及内在规律的准确把握。

---

① 《邓小平文选》第 3 卷，人民出版社 1993 年版，第 277 - 278 页。

创新型国家，一般是指将科技创新作为国家基本战略，大幅度提高科技创新能力，从而形成强大的国家竞争优势。2006 年年初，国务院制定了《国家中长期科学和技术发展规划纲要（2006　2010）》，提出走中国特色自主创新道路，坚持自主创新、重点跨越、支撑发展、引领未来的指导方针。到 2020 年，使我国的自主创新能力显著增强，科技促进经济社会发展和保障国家安全的能力显著增强，为全面建设小康社会提供强有力的支撑。基础科学和前沿技术研究综合实力显著增强，取得一批在世界具有重大影响的科学技术成果，进入创新型国家行列。

加快建设国家创新体系，促进科技成果向现实生产力转化，是建设创新型国家的一项重要任务。国家创新体系是以政府为主导、充分发挥市场配置资源的基础性作用、各类创新主体紧密联系和有效互动的社会系统。要通过进一步深化科技体制改革，形成科技创新的整体合力，为建设创新型国家提供良好的制度保障。

（三）转变经济发展方式，坚持走中国特色新型工业化道路

促进国民经济又好又快发展，必须加快转变经济发展方式。党的十四届五中全会明确提出，实行经济增长方式从粗放型向集约型的根本性转变。党的十七大从我国经济发展的实际出发，将"转变经济增长方式"改为"转变经济发展方式"。一般来说，经济增长方式是指通过要素结构变化包括生产要素数量增加和质量改善来实现经济增长的方法和模式。经济发展方式的内涵更加丰富，既涵盖要素结构的变化，又包括产业结构、需求结构、城乡结构、区域结构的变化，也包括资源和生态环境的状况。

实现经济发展方式的转变，第一，坚持走新型工业化道路。坚持以信息化带动工业化，以工业化促进信息化，走出一条科技含量高、经济效益好、资源消耗低、环境污染少、人力资源优势得到充分发挥的新型工业化路子。第二，坚持扩大国内需求特别是消费需求，加快推进"三个转变"。把促进经济增长主要依靠投资、出口拉动向依靠消费、投资、出口协调拉动转变；把主要依靠第二产业向依靠三次产业协同带动转变；把主要依靠物质资源消耗向依靠科技进步、提高劳动者素质及管理创新转变。

（四）建设社会主义新农村

农业、农村、农民问题始终是我国革命、建设、改革的根本问题，是全面建设小康社会进程中的关键问题。统筹城乡经济社会发展，逐步改变城乡二元经济结构，建设社会主义新农村，是我们党从全面建设小康社会全局出发作出的重大决策。

2006 年中央《关于推进社会主义新农村建设的若干意见》，对统筹城乡经济社会发展，扎实推进社会主义新农村建设作了全面部署。提出建设社会主义新农村的总要求是：生产发展、生活宽裕、乡风文明、村容整洁、管理民主。2010 年中央出台《中共中央、国务院关于加大统筹城乡发展力度，进一步夯实农业农村发展基础的若干意见》，为社会主义新农村建设进一步指明方向。

建设社会主义新农村是一项长期、艰巨、复杂的重大历史任务，要把统筹城乡发展作为全面建设小康社会的根本要求，把改善农村民生作为调整国民收入分配格局的重要内容，把扩大农村需求作为拉动内需的关键举措，把发展现代农业作为转变经济发展方式的重大任务，把建设社会主义新农村和推进城镇化作为保持经济平稳较快发展的持久动力。

（五）统筹区域发展

统筹区域发展，促进地区协调发展，缩小区域间的发展差距，是我国经济社会发展的一

个重要原则。它不仅是经济问题，也是政治问题；不仅关系现代化建设的全局，也关系社会稳定和国家的长治久安。

我国区域经济的协调发展，主要是处理好东部和中西部的关系、沿海和内地的关系。新中国成立以后，以毛泽东为核心的第一代中央领导集体，积极探索适合中国国情的社会主义建设道路，提出了事关社会主义建设大局的十大关系问题，其中就包括了东西部发展的重大问题。党的十一届三中全会以来陆续提出了包括促进东西部地区经济合理布局和协调发展的"两个大局"思想，西部大开发战略，地区协调发展的战略布局。

推动区域协调发展，逐步缩小区域发展差距，必须注重实现基本公共服务均等化，引导生产要素跨区域合理流动，这是我国未来相当长时期内缩小区域发展差距的基本目标和促进区域协调发展的基本途径。

（六）建设资源节约型、环境友好型社会

建设资源节约型、环境友好型社会，是根据我国国情和可持续发展要求作出的正确选择。中国人多但资源的人均占有量偏少，正处在工业化、城镇化、市场化、国际化程度不断提高的发展阶段，面临很大的资源环境压力，人民群众对生产生活环境质量的要求不断提高。如果不改变传统的经济发展方式，生产生活环境会越来越恶化，这是关系中华民族生存和长远发展的根本大计。

建设资源节约型、环境友好型社会，必须处理好经济建设、人口增长与资源利用、生态环境保护的关系，要充分考虑人口承载力、资源支撑力、生态环境承受力，不断提高发展的质量和效益，走生产发展、生活富裕、生态良好的文明发展道路。

发展循环经济和低碳经济，是建设资源节约型、环境友好型社会和实现可持续发展的重要途径。我国是一个高能耗国家，需要从节能减排、低碳发展的内在规律出发，找到能源资源浪费和环境污染的本源，逐步向循环经济和低碳经济等新的发展模式转变。

第二节　建设中国特色社会主义政治

人类政治文明发展的历史，反复印证了一个道理：一个国家选择什么样的政治发展道路，是由这个国家的国情和国家性质决定的。走什么样的民主道路，要与本国的国情相适应。弄清楚与中国国情相适应的政治制度和民主道路，对于进一步深化政治体制改革，推进中国特色社会主义民主政治进程，建设社会主义法治国家，具有十分重要的理论意义和现实意义。

一、中国特色社会主义的民主政治制度

（一）坚持党的领导、人民当家作主和依法治国的有机统一

发展社会主义民主政治，建设社会主义政治文明，是全面建设小康社会的重要目标，也是构建社会主义和谐社会的根本保证。发展社会主义民主政治，最根本的是要把坚持党的领导、人民当家作主和依法治国有机统一起来。这是我们党总结执政经验，对于社会主义政治建设所作出的规律性认识，是推进政治文明建设必须遵循的基本方针。

中国共产党的领导是人民当家作主和依法治国的根本保证。"我们人民的团结，社会的

安定，民主的发展，国家的统一，都要靠党的领导。"① 人民当家作主是社会主义民主政治的本质和核心要求，是社会主义政治文明建设的根本出发点和归宿。党只有领导人民创造各种有效的当家作主的民主形式，坚持依法治国，才能充分实现人民当家作主的权利，才能巩固和发展党的执政地位。依法治国是党领导人民治理国家的基本方略。我国的宪法和法律是党的主张和人民意志相统一的体现。依法治国从制度上、法律上保证人民当家作主，保证党的执政地位。党的领导、人民当家作主和依法治国统一于建设中国特色社会主义民主政治的伟大实践之中，绝不能把它们分割开来或对立起来。

（二）中国的根本政治制度

民主是国体和政体的统一。所谓国体，就是国家的阶级性质，即国家的权力由社会的哪个阶级或哪些阶级掌握。所谓政体，主要是指国家的政权组织形式，即体现国体的具体政治制度。

1. 人民民主专政

人民民主专政是我国的国体。我国宪法明确规定："中华人民共和国是工人阶级领导的、以工农联盟为基础的人民民主专政的社会主义国家。"人民民主专政是马克思列宁主义关于无产阶级专政的理论同我国革命的具体实践相结合的产物，是中国共产党在领导革命斗争中的一个创造。

我国现阶段的人民民主专政实质上是无产阶级专政，主要因为二者在性质上、作用职能上、历史使命三方面基本相同。人民民主专政是适合中国国情，具有鲜明的中国特色：第一，从政权组成的阶级结构来看，在最广大的人民内部实行民主，只对极少数人实行专政；第二，从党派之间的关系看，实行共产党领导的多党合作与政治协商；第三，从概念表述上看，人民民主专政的提法更全面、更明确地表示出人民民主和人民专政这两个相互联系的方面。邓小平指出，人民民主专政"实质上也就是无产阶级专政，但是人民民主专政的提法更适合于我们的国情"②。

坚持人民民主专政的实质，就是要不断发展社会主义民主，切实保护人民的利益，维护国家的主权、安全、统一与稳定。

2. 人民代表大会制度

人民代表大会制度是我国的政体，是中国人民当家作主的根本政治制度。在我国实行人民代表大会制度，是我们党把马克思主义基本原理同中国具体实际相结合的伟大创造，是近代以来中国社会发展的必然选择，是中国共产党带领全国各族人民长期奋斗的重要成果，反映了全国各族人民的共同利益和共同愿望。1954 年 9 月，第一届全国人民代表大会第一次会议在北京召开，标志着人民代表大会制度在全国范围内建立起来。

实行人民代表大会制度是中国社会主义民主政治最鲜明的特点。在我国，人民内部虽然还存在各种复杂的矛盾，但全国人民根本利益的一致性，决定了人民可以统一行使自己的国家权力。在国家机构体系中，人民代表大会作为国家最高权力机关统一行使国家权力，实行民主集中制。国家行政机关、审判机关、检察机关由人民代表大会产生，对它负责、受它监督，合理分工、协调一致，保证国家统一有效地组织各项事业，保证一切权力属于人民。

---

① 《邓小平文选》第 2 卷，人民出版社 1994 年版，第 342 页。
② 《邓小平文选》第 2 卷，人民出版社 1994 年版，第 372 页。

实践证明，人民代表大会制度是符合中国国情、体现中国社会主义国家性质、能够保证中国人民当家作主的根本政治制度和最高实现形式，也是党在国家政权中充分发扬民主、贯彻群众路线的最好实现形式，是中国社会主义政治文明的重要制度载体。十七大明确提出了巩固和完善人民代表大会制度的许多措施，如支持人民代表大会依法履行职能，善于使党的主张通过法定程序成为国家意志；保障人大代表依法行使职权，密切人大代表同人民的联系，建议逐步实行城乡按相同人口比例选举人大代表；加强人大常委会制度建设，优化组成人员知识结构和年龄结构。

（三）中国的基本政治制度

1. 中国共产党领导的多党合作和政治协商制度

在中国共产党的领导下，实行多党派的合作，这是我国具体历史条件和现实条件所决定的，也是我国政治制度中的一个特点和优点。除中国共产党外，中国大陆目前还有八个民主党派：中国国民党革命委员会、中国民主同盟、中国民主建国会、中国民主促进会、中国农工民主党、中国致公党、九三学社和台湾民主自治同盟。中国共产党与各民主党派合作的基本方针是"长期共存、互相监督、肝胆相照、荣辱与共"。

中国人民政治协商会议是中国共产党把马克思列宁主义统一战线理论、政党理论、社会主义民主政治理论同中国具体实践相结合的伟大创造，是中国共产党同各民主党派和无党派人士、各人民团体和各族各界人士风雨同舟、团结奋斗的伟大成果。团结和民主是人民政协的两大主题。人民政协的主要职能是政治协商、民主监督、参政议政。人民政协的政治协商是中国共产党领导的多党合作的重要体现，是党和国家实行科学民主决策的重要环节，是党提高执政能力的重要途径。人民政协的民主监督是我国社会主义监督体系的重要组成部分，是在坚持四项基本原则的基础上通过提出意见、批评、建议的方式进行的政治监督。人民政协的参政议政是人民政协履行职能的重要形式。

我国的政党制度是一种社会主义的新型政党制度，与资本主义国家的两党制或多党制有根本的不同。西方资本主义国家实行的两党制或多党制，建立在资本主义私有制基础之上，实质是资产阶级不同利益集团之间的竞争在政治上的反映。我国的政党制度建立在公有制占主体地位的社会主义经济基础之上，具有如下特征：第一，在我国的政党制度中，中国共产党是执政党，民主党派是参政党，不是在野党，更不是反对党。第二，中国共产党和各民主党派有着共同的根本利益和共同的目标，都以四项基本原则为共同准则，以实现不同时期的总任务为共同纲领，以建设中国特色社会主义为共同理想。第三，各民主党派都参加国家政权，参与国家事务的管理，参与国家大政方针和国家领导人选的协商，参与国家方针、政策、法律、法规的制定执行。第四，中国共产党和各民主党派都以宪法为根本活动准则，都受到宪法的保护，享有宪法规定范围内的政治自由、组织独立和法律上的平等地位。在构建社会主义和谐社会的进程中，多党合作与政治协商具有重要作用。

实践证明，中国共产党领导的多党合作和政治协商制度作为我国的一项基本政治制度，是符合我国国情、具有鲜明中国特色的社会主义新型政党制度，能够在中国特色社会主义共同目标下把中国共产党领导和多党派合作有机结合起来，实现广泛参与和集中领导的统一、社会进步和国家稳定的统一、充满活力和富有效率的统一。我国经济社会发展的成就充分彰显出我国政党制度的优越性。

2. 民族区域自治制度

民族区域自治是解决我国民族问题的基本政策，是国家的一项基本政治制度。实行这种制度，体现了我国坚持实行各民族平等、团结、合作和共同繁荣的原则。

世界上的多民族国家在处理民族问题方面有不同的制度模式，如联邦制、邦联制、民主自治等，中国采用的是民族区域自治。民族区域自治是在统一而不可分离的国家领导下，各少数民族聚居的地方设立自治机关，行使自治权，实行区域自治。民族区域自治的核心，是保障少数民族当家作主，管理本民族、本地方事务的权利。

实行民族区域自治，是中国共产党根据我国的历史发展、文化特点、民族关系和民族分布等具体情况作出的制度安排，符合各民族人民的共同利益和发展要求。第一，统一的多民族国家的长期存在和发展，是我国实行民族区域自治的历史依据。第二，近代以来在反抗外来侵略斗争中形成的爱国主义精神，是实行民族区域自治的政治基础。第三，各民族大杂居、小聚居的人口分布格局，各地区资源条件和发展的差异，是实行民族区域自治的现实条件。

根据《中华人民共和国宪法》、《民族区域自治法》规定，我国民族自治享有广泛的自治权利。一是自主管理本民族、本地区的内部事务；二是享有制定自治条例和单行条例的权利；三是享有宗教信仰自由的权利；四是享有使用和发展本民族语言文字、按照传统风俗习惯生活及进行社会活动的权利和自由。此外，还拥有自主安排、管理、发展经济建设事业，自主发展教育、科技、文化等其他各项权利。

实践证明，民族区域自治制度是把民族因素与区域相结合，把政治因素与经济因素相结合，是党和各族人民的一个伟大创举。

3. 基层群众自治制度

基层民主是我国广大工人、农民、知识分子和各阶层人士，在城乡基层政权机关、企事业单位和基层自治组织中依法直接行使的民主权利，包括政治、经济、文化、教育等领域的民主权利，渗透到社会生活各个方面，具有全体公民广泛和直接参与的特点。它不仅是一种基层自治和民主管理制度，而且作为国家制度民主的具体化，是社会主义民主广泛而深刻的实践。

十七大首次把基层群众自治制度纳入中国特色社会主义民主政治制度的基本范畴，明确指出："人民依法直接行使民主权利，管理基层公共事务和公益事业，实行自我管理、自我服务、自我教育、自我监督，对干部实行民主监督，是人民当家作主最有效、最广泛的途径，必须作为发展社会主义民主政治的基础性工程重点推进。"一方面，发展基层民主是发展社会主义民主的基础性工作。在我国，人民是国家的主人。保证工人阶级和广大劳动群众行使管理国家、管理经济和社会事务的权利，首先必须保证他们在基层的经济、政治、文化和其他社会事务中当好家作好主，这是实现工人阶级和广大劳动群众在整个国家的经济、政治、文化和社会生活中当家作主的基础。另一方面，基层民主是社会主义民主最广泛的实践，发展基层直接民主，有利于提高全民的民主素养，为发展社会主义民主进一步创造条件。

改革开放以来，随着中国的发展和进步，全国各地城乡基层民主不断扩大，公民有序的政治参与渠道增多，民主的实现形式日益丰富。目前，中国已经建立了以农村村民委员会、城市居民委员会和企业职工代表大会为主要内容的基层民主自治体系。广大人民在城乡基层群众性自治组织中，依法直接行使民主选举、民主决策、民主管理和民主监督的权利，对所在基层组织的公共事务和公益事业实行民主自治，已经成为当代中国最直接、最广泛的民主实践。

二、依法治国，建设社会主义法治国家

（一）依法治国是党领导人民治理国家的基本方略

依法治国是社会主义民主政治的基本要求，是建设中国特色社会主义的重要目标。党的十五大报告第一次深刻地阐述了依法治国的含义，把依法治国确定为党领导人民治理国家的基本方略，提出了"依法治国，建设社会主义法治国家"的历史任务。1999 年 3 月，九届全国人大二次会议通过的宪法修正案明确指出"中华人民共和国实行依法治国，建设社会主义法治国家"，正式把这一治国方略以国家根本大法的形式确定下来。

依法治国就是广大人民群众在党的领导下，依照宪法和法律规定，通过各种途径和形式管理国家事务，管理经济文化事业，管理社会事务，保证国家各项工作都依法进行，逐步实现社会主义民主的制度化、法律化，使这种制度和法律不因领导人的改变而改变，不因领导人看法和注意力的改变而改变。

依法治国是社会文明进步的显著标志；是中国共产党执政方式的重大转变；是发展社会主义民主、实现人民当家作主的根本保证；是发展社会主义市场经济和扩大对外开放的客观需要；是国家长治久安的重要保障。要全面落实依法治国基本方略，在全社会大力弘扬社会主义法治精神，不断推进科学立法、严格执法、公正司法、全民守法进程，实现国家各项工作法治化。

（二）加强社会主义法制建设

社会主义法制是人民按照自己的意志，通过国家政权所建立起来的法律制度和执法原则，是人民当家作主和治理国家的基本方法。法制是依法治国的前提和基础。

加强社会主义法制建设的基本要求，可以用 16 个字来概括，即"有法可依、有法必依、执法必严、违法必究"。这四个方面相互联系、相互制约。有法可依是前提，有法必依是核心，执法必严是关键，违法必究是保障。

世界上任何一个国家的民主和法制都是逐步建立、发展和完善的。社会主义民主和社会主义法制建设，也需要一个逐步发展和完善的历史过程。需要从我国的国情出发，在实践中积极探索，逐步健全社会主义法制。

三、推进政治体制改革，发展民主政治

（一）深化政治体制改革

政治体制，是指政治制度的具体表现和实现形式，主要是指党和国家的领导制度、组织制度、工作制度等具体制度。邓小平指出："评价一个国家的政治体制、政治结构和政策是否正确，关键看三条：第一是看国家的政局是否稳定；第二是看能否增进人民的团结，改善人民的生活；第三是看生产力能否得到持续发展。"[①] 我国建立的社会主义基本政治制度符合中国的国情，保证了人民以国家和社会主人的身份充分发挥建设国家、管理国家的积极

---

① 《邓小平文选》第 3 卷，人民出版社 1993 年版，第 213 页。

性、主动性和创造性，不断推动中国的经济发展和社会全面进步。但它还很不完善，党和国家现行的具体领导制度、组织形式和工作方式还存在一些缺陷。为把我国建设成为富强民主文明和谐的社会主义现代化强国，必须进行政治体制改革。

推进政治体制改革，需要借鉴人类政治文明有益成果，但绝对不能照搬西方政治制度模式。每个国家都有自己的历史传统和经济、社会发展的实际情况，民主应该适合自己的国情。政治体制改革作为我国全面改革的重要组成部分，必须随着经济社会发展而不断深化，与人民政治参与积极性不断提高相适应。推进政治体制改革，要坚持国家一切权力属于人民，从各个层次、各个领域扩大公民有序政治参与，最广泛地动员和组织人民依法管理国家事务和社会事务、管理经济和文化事业；要健全民主制度，丰富民主形式，拓宽民主渠道，依法实行民主选举、民主决策、民主管理、民主监督，保障人民的知情权、参与权、表达权、监督权。要不断推进社会主义民主政治制度化、规范化、程序化，进一步把我国社会主义政治制度的优越性发挥出来，为党和国家兴旺发达、长治久安提供更加完善的制度保障。

（二）追求社会主义社会的民主、自由和人权

民主、自由、人权既是人类的普遍追求又是历史范畴。科学理解和正确处理民主、自由和人权问题，是社会主义民主政治建设面临的重要课题。

"民主"是政权的一种构成形式，意为"人民的政权"，是人民当家作主的意思。"自由"是政权给予公民的政治权利。通常讲政治自由，主要是指公民在法律范围内参与国家政治生活的一种权利。"人权"泛指人身自由和其他民主权利，主要包括生存权、经济权、政治权、文化权等。公民在政治上应该享有的自由和民主权利，一般也被称作为"人权"。

人类政治文明发展的历史和现实情况说明，任何一种民主的本质、内容和形式，都是随着本国经济文化的发展而发展的。并不存在唯一的、普遍适用的和绝对的民主模式。民主作为一种国家制度，作为上层建筑，它的本质是由经济基础决定的。民主的形式是多样性的，没有统一的标准。社会主义民主的本质就是人民当家作主。自由也不是抽象的概念，而有其实际的内容。劳动人民当家作主，政权在人民手中，这是中国人民最大的政治自由。人权作为权利的一般表现形式，是社会的产物。对于发展中国家来说，生存权和发展权是最根本最重要的人权。

民主、自由、人权，核心是民主。人民民主是中国共产党始终高扬的光辉旗帜。改革开放以来，党总结发展社会主义民主的正反两方面经验，明确提出没有民主就没有社会主义，就没有社会主义现代化，人民当家作主是社会主义民主政治的本质和核心。坚持推进政治体制改革，废除了实际上存在的领导干部职务终身制，确保了国家政权机关和领导人员有序更替。不断扩大人民有序政治参与，人民实现了内容广泛的当家作主。坚持和完善中国共产党领导的多党合作，深入开展政治协商、民主监督、参政议政，发展最广泛的爱国统一战线。建立健全深入了解民情、充分反映民意、广泛集中民智、切实珍惜民力的决策机制，保证决策符合人民利益和愿望。建立健全广纳群贤、人尽其才、能上能下、充满活力的用人机制，为各方面优秀人才建功立业开辟了广阔渠道。形成了中国特色社会主义法律体系，党自觉在宪法和法律范围内活动，支持人大、政府、政协、司法机关等依照法律和各自章程独立负责、协调一致开展工作。建立健全权力运行制约和监督体系，保证党和国家机关按照法定权限和程序行使权力。事实充分证明，我国社会主义民主政治具有强大生命力，中国特色社会主义政治发展道路是保证人民当家作主的正确道路。

同时，也要看到社会主义的民主、自由和人权在本质上优于和高于资本主义，但其本质的体现和充分实现需要一个历史过程。我国社会主义民主法制建设与扩大人民民主和促进经济社会发展的要求还不完全适应，在社会主义民主政治的具体制度方面还存在不完善的地方，在保障人民民主权利、发挥人民创造精神方面还存在不足。随着中国特色社会主义事业持续推进，我国社会主义民主政治建设需要也必然会继续向前推进。

第三节　建设中国特色社会主义文化

文化是民族的血脉，是人民的精神家园。民族凝聚力和创造力的重要源泉，是综合国力竞争的重要因素，是经济社会发展的重要支撑。在建设中国特色社会主义、实现中华民族伟大复兴的历史进程中，需要高度重视文化软实力建设，坚持社会主义先进文化前进方向，构建社会主义核心价值体系，以马克思主义为指导，深化文化体制改革，推进社会主义文化大发展大繁荣，努力建设文化强国。

一、发展社会主义先进文化

（一）坚持社会主义先进文化的前进方向

文化是内涵十分丰富的范畴。广义文化是人类在改造自然和改造社会的过程中所创造的物质财富和精神财富的总和。狭义文化是作为观念形态的，与经济、政治并列的，有关人类社会生活的思想理论、道德风尚、文学艺术、教育和科学等精神方面的内容。先进文化是符合人类社会发展方向、体现先进生产力发展要求、代表最广大人民根本利益、反映时代进步潮流的文化。它最基本、最直接的价值取向是崇尚和追求先进性。人类文明进步的历史表明，没有先进文化的积极引领，没有人民精神世界的极大丰富，没有全民族创造精神的充分发挥，一个国家、一个民族不可能屹立于世界先进民族之林。

社会主义先进文化是马克思主义政党思想精神上的旗帜。中国共产党从成立之日起，就既是中华优秀传统文化的忠实传承者和弘扬者，又是中国先进文化的积极倡导者和发展者。毛泽东十分重视文化的重要作用，提出的一系列关于文化建设的思想观点，成为社会主义文化建设的重要指导方针。改革开放新时期，邓小平创造性地阐述了关于社会主义精神文明建设的思想，提出"两手抓，两手都要硬"。十三届四中全会以来，党对文化建设的规律不断深化，提出中国共产党要始终代表中国先进文化的前进方向。进入全面建设小康社会新阶段，党中央把文化建设摆在更加突出的位置，2011 年 10 月十七届六中全会通过《中共中央关于深化文化体制改革，推动社会主义文化大发展大繁荣若干重大问题的决定》。

当今时代文化越来越成为民族凝聚力和创造力的重要源泉、越来越成为综合国力竞争的重要因素、越来越成为经济社会发展的重要支撑，丰富精神文化生活越来越成为我国人民的热切愿望。发展社会主义先进文化，就是建设中国特色社会主义文化。全面建成惠及十几亿人口的更高水平的小康社会，既要让人民过上殷实富足的物质生活，又要让人民享有健康丰富的文化生活。必须抓住和用好我国发展的重要战略机遇期，推动文化建设与经济建设、政治建设、社会建设以及生态文明建设协调发展，更好地满足人民精神需求、丰富人民精神世界、增强人民精神力量，为继续解放思想、坚持改革开放、推动科学发展、促进社会和谐提供坚强思想保证、强大精神动力、有力舆论支持、良好文化条件。

（二）中国特色社会主义文化建设的根本任务

人是文化的创造者，也是文化的享有者和传承者。建设中国特色社会主义文化，归根结底是为了各族人民日益增长的精神文化需要，促进人的全面发展。建设中国特色社会主义文化的根本任务，就是着力培育有理想、有道德、有文化、有纪律的公民，切实提高全民族的思想道德素质和科学文化素质。

培育"四有"公民，是建设社会主义先进文化对公民素质提出的综合要求。其中，有理想、有道德、有纪律，是对公民思想道德素质方面的要求，有文化则是对公民科学文化素质的要求。理想是核心和精神支柱；道德是行为的规范和理想的体现；纪律是实现理想、维护道德的重要保证；文化是基础，是形成理想信念、道德情操和纪律观念的重要条件。这四个方面的内容，构成了培育社会主义公民的整体标准。

思想道德建设解决的是整个中华民族的精神支柱和精神动力问题。加强思想道德建设，是建设社会主义核心价值体系的必然要求，是中国特色社会主义文化建设的重要内容和中心环节。发展教育和科学解决的是民族的科学文化素质和现代化建设的智力支持问题。培育"四有"公民，是建设中国特色社会主义、实现中华民族伟大复兴的迫切需要。建设中国特色社会主义是一个长期的历史过程，需要经过几代人的艰苦努力。

（三）中国特色社会主义文化建设的基本方针

中国共产党在长期的革命、建设和改革的奋斗历程中，十分重视文化建设，不仅取得了文化建设的巨大成就，而且对文化建设规律的认识不断深化。积累了宝贵的经验，形成了指导文化建设的一系列重要方针。

第一，坚持以马克思主义为指导，为人民服务、为社会主义服务。建设中国特色社会主义文化必须坚持指导思想一元化，推进马克思主义中国化、时代化、大众化，确保文化改革方向沿着正确道路前进。"两为"方向是文化建设的根本问题，不仅决定文化建设的目标和方向，也决定着文化建设的性质。必须把满足人民群众的精神文化需求作为文化建设的出发点和落脚点。

第二，坚持百花齐放、百家争鸣，坚持继承和创新相统一。文化建设经验的深刻总结，反映了文化发展的内在规律。要在宪法规定的范围内，努力营造生动活泼、求真务实的氛围，充分发扬学术民主和艺术民主。弘扬主旋律，提倡多样化。

第三，坚持以人为本，贴近实际、贴近生活、贴近群众。发挥人民在文化建设中的主体作用，坚持文化发展为了人民、文化发展依靠人民、文化发展成果由人民共享。

第四，积极推进文化创新。保持民族性，体现时代性，提高文化开放水平，站在世界文化发展的前沿，推动中华文化走向世界。

第五，坚持一手抓繁荣，一手抓管理。要坚持文化重在建设，坚持把社会效益放在首位。坚持社会效益和经济效益有机统一，遵循文化发展规律，适应社会主义市场经济发展要求，加强文化法制建设，把文化建设作为一个持续推进的过程。

二、建设社会主义核心价值体系

（一）社会主义核心价值体系是社会主义意识形态的本质体现

社会主义核心价值体系是兴国之魂，是社会主义先进文化的精髓，决定着中国特色社会主义发展方向。建设社会主义核心价值体系，是党在思想文化建设上的一个重大理论创新和重大战略任务。它鲜明回答了在新的历史条件下，我们党用什么精神旗帜团结带领全体人民开拓前进、中华民族以什么样的精神状态屹立于世界民族之林的重大问题。

一个国家一个民族在长期的实践中，必然形成自己的核心价值体系，这是社会系统得以运转、社会秩序得以维持的基本精神依托。社会主义核心价值体系是社会主义制度在价值层面的本质规定，是全党全国各族人民团结奋斗的共同思想基础，是实现科学发展、社会和谐的推动力量，是国家文化软实力的核心内容，反映我国社会主义基本制度的本质要求。他渗透于经济、政治、文化、社会建设的各个方面，在所有社会主义价值目标中处于支配地位，对于每个社会成员的世界观、价值观、人生观都具有深刻的影响，为中国特色社会主义的发展和完善提供了思想根基，是中国特色社会主义制度的内在精神之魂。

发展社会主义先进文化，必须把社会主义核心价值体系建设融入国民教育、精神文明建设和党的建设全过程，在全社会形成统一的指导思想、共同的理想信念、强大的精神支柱和基本的道德规范，增强社会主义意识形态的吸引力和凝聚力。

（二）社会主义核心价值体系的基本内容

社会主义核心价值体系的基本内容包括：马克思主义指导思想、中国特色社会主义共同理想、以爱国主义为核心的民族精神和以改革创新为核心的时代精神、社会主义荣辱观。

1. 马克思主义的指导思想

马克思主义指导思想是社会主义核心价值体系的灵魂，解决举什么旗的问题，决定社会主义核心价值体系的性质和方向，是社会主义核心价值体系的理论基础，居于统治地位。我国是社会主义国家，中国共产党是中国特色社会主义事业的领导核心，马克思主义是党的指导思想，是党和工人阶级的意识形态和世界观的理论基础，这就决定了马克思主义是社会主义意识形态的旗帜，是社会主义核心价值体系的灵魂。建设社会主义核心价值体系，最根本的是坚持马克思主义的指导地位。

2. 中国特色社会主义的共同理想

中国特色社会主义共同理想是社会主义核心价值体系的主题。解决走什么路、实现什么目标的问题。理想和信念要解决的是精神支柱和精神动力的问题。

摆脱贫穷落后，争取富强民主文明和谐，实现中华民族的伟大复兴，是中华儿女世世代代的梦想和追求。在社会主义初级阶段，我国人民的共同理想就是在中国共产党的领导下，走中国特色社会主义道路，实现中华民族伟大复兴。

3. 弘扬民族精神和时代精神

民族精神和时代精神是社会主义核心价值体系的精髓。解决的是应当具备怎样的精神状态和精神风貌的问题。

民族精神是民族文化最本质、最集中的体现，是一个民族在长期的共同社会实践中形成的民族意识、民族心理、民族品格、民族气质的总和，是民族文化中固有的并且延绵不断的一种历史文化传统，是一个民族赖以生存和发展的精神支撑。在五千多年的发展中，中华民族形成了以爱国主义为核心的团结统一、爱好和平、勤劳勇敢、自强不息的伟大民族精神。

在当代中国改革开放和社会主义现代化建设的伟大实践中，进一步铸就了以改革创新为核心的与时俱进、开拓进取、求真务实、奋勇当先的时代精神。民族精神和时代精神相互交融，共同构成中华民族自立自强的精神品格，成为推动中华民族伟大复兴的精神动力。

4.树立社会主义荣辱观

社会主义荣辱观是社会主义核心价值体系的基础，解决人们的行为规范问题。它旗帜鲜明地指出了在社会主义市场经济条件下，应当坚持和提倡什么、反对和抵制什么，为全体社会成员判断行为得失、作出道德选择、确定价值取向，提供了基本的价值准则和行为规范。社会主义荣辱观的基本内容集中概括为"八荣八耻"。社会主义荣辱观，既有先进性的导向，又有广泛性的要求。不仅体现了中华民族的传统美德，也体现了中国特色社会主义的时代精神；不仅体现了社会主义基本道德规范的本质要求，也体现了社会主义价值观的鲜明导向。它为我国公民道德建设树起了新的标杆。

三、深化文化体制改革，推进社会主义文化大发展大繁荣

（一）坚持中国特色社会主义文化发展道路，努力建设社会主义文化强国

走中国特色社会主义文化发展道路，要以马列主义、毛泽东思想和中国特色社会主义理论体系为指导，坚持社会主义先进文化前进方向，以科学发展为主题，以建设社会主义核心价值体系为根本任务，以满足人民精神文化需求为出发点和落脚点，以改革创新为动力，发展面向现代化、面向世界、面向未来的，民族的、科学的、大众的文化，培养高度的文化自觉和文化自信，提高全民族文明素质，增强国家文化软实力，弘扬中华文化，努力建设社会主义文化强国。

建设社会主义文化强国，就是要着力推动社会主义先进文化更加深入人心，推动社会主义精神文明和物质文明全面发展，不断开创全民族文化创造活力持续迸发、社会文化生活更加丰富多彩、人民基本文化权益得到更好保障、人民思想道德素质和科学文化素质全面提高的新局面，建设中华民族共有精神家园，为人类文明作出更大贡献。

（二）中国特色社会主义文化改革发展奋斗目标

按照实现全面建设小康社会奋斗目标新要求，到2020年文化改革发展奋斗目标是：社会主义核心价值体系建设深入推进，良好思想道德风尚进一步弘扬，公民素质明显提高；适应人民需要的文化产品更加丰富，精品力作不断涌现；文化事业全面繁荣，覆盖全社会的公共文化服务体系基本建立，努力实现基本公共文化服务均等化；文化产业成为国民经济支柱性产业，整体实力和国际竞争力显著增强，公有制为主体、多种所有制共同发展的文化产业格局全面形成；文化管理体制和文化产品生产经营机制充满活力、富有效率，以民族文化为主体、吸收外来有益文化、推动中华文化走向世界的文化开放格局进一步完善；高素质文化人才队伍发展壮大，文化繁荣发展的人才保障更加有力。全党全国要为实现这些目标共同努力，不断提高文化建设科学化水平，为把我国建设成为社会主义文化强国打下坚实基础。

（三）深化文化体制改革，着力推进文化建设

在新的历史起点上深化文化体制改革、推动社会主义文化大发展大繁荣，关系到实现全面建设小康社会奋斗目标，关系到坚持和发展中国特色社会主义，关系到实现中华民族伟大复兴。第一，要大力发展公益性文化事业，保障人民基本文化权益。第二，要加快发展文化产业，推动文化产业成为国民经济支柱性产业。发展文化产业是社会主义市场经济条件下满足人民多样性精神文化需求的重要途径。必须坚持社会主义先进文化前进方向，坚持把社会

效益放在首位，按全面协调可持续的要求，推动文化产业跨越式发展，使之成为新的经济增长点、经济结构战略性调整的重要支点、转变经济发展方式的重要着力点，为推动科学发展提供支撑。满足人民基本文化需求是社会主义文化建设的基本任务。必须坚持政府主导，按照公益性、基本性、均等性、便利性的要求，加强文化基础设施建设，完善公共文化服务网络，让群众广泛享有免费或优惠的基本公共文化服务。要构建公共文化服务体系，发展现代传播体系，建设优秀传统文化传承体系，加快城乡文化一体化发展。第三，要加快构建有利于文化繁荣发展的体制与机制。文化引领时代风气之先，是最需要创新的领域。必须牢牢把握正确方向，建立健全党委领导、政府管理、行业自律、社会监督、企事业单位依法运营的文化管理体制和富有活力的文化产品生产经营机制，发挥市场在文化资源配置中的积极作用，创新文化走出去模式，为文化繁荣发展提供强大动力。

中华民族伟大复兴必然伴随着中华文化繁荣兴盛。面对当今文化越来越成为综合国力竞争重要因素的新形势，必须以高度的文化自觉和文化自信，着眼于提高民族素质和塑造高尚人格，以更大力度推动社会主义文化大发展大繁荣，让人民共享文化发展的丰硕成果。

第四节　构建社会主义和谐社会

社会和谐是中国特色社会主义的本质属性，是国家富强、民族振兴、人民幸福的重要保证。只有充分认识构建社会主义和谐社会的重要性和紧迫性，全面把握社会主义和谐社会的科学内涵和主要特征，才能立足国情，以民生为重点，共建社会主义和谐社会，共享改革发展成果，全面推进中国特色社会主义建设伟大事业。

一、构建社会主义和谐社会的重要性和紧迫性

（一）构建社会主义和谐社会的提出及依据

实现社会和谐，建设美好社会，始终是人类孜孜以求的社会理想，也是包括中国共产党在内的马克思主义政党不懈追求的社会理想。《共产党宣言》明确提出："代替那存在着阶级和阶级对立的资产阶级旧社会的，将是这样一个联合体，在那里，每个人的自由发展是一切人的自由发展的条件。"① 党的十六大报告首次把社会更加和谐列为全面建设小康社会的一个重要目标。十六届四中全会进一步提出构建社会主义和谐社会的任务，明确了构建社会主义和谐社会的主要内容。2006 年 10 月，十六届六中全会审议通过的《中共中央关于构建社会主义和谐社会若干重大问题的决定》，全面、深刻地阐明了社会主义和谐社会的性质和定位，指明了构建社会主义和谐社会的指导思想、目标任务、工作原则和重大部署。党的十七大再次强调了构建社会主义和谐社会的重要性，并对以改善民生为重点的社会建设作了全面部署。2009 年 9 月，党的十七届四中全会对如何加强和改进党的建设，提高党推动科学发展、促进社会和谐的能力作了新的研究和部署。

社会和谐是中国特色社会主义的本质属性，是国家富强、民族振兴、人民幸福的重要保证。把推进社会主义和谐社会建设作为全面建设小康社会和中国未来发展的重要任务，其现

① 《马克思恩格斯选集》第 1 卷，人民出版社 1995 年版，第 294 页。

实依据在于：

第一，这是抓住和用好重要战略机遇期、实现全面建设小康社会宏伟目标的必然要求。从许多国家的实践看，人均国内生产总值从1 000美元到3 000美元的跨越，是一个关键阶段。2003年，我国人均国内生产总值首次超过1 000美元，标志着我国经济社会发展进入了一个新的阶段。这个空前的社会变革，给我国发展进步带来巨大活力，同时也带来了许多矛盾和问题。抓住机遇、应对挑战，把中国特色社会主义伟大事业推向前进，必须坚持以经济建设为中心，妥善协调各种利益关系，把构建社会主义和谐社会摆在更加突出的地位。

第二，这是把握复杂多变的国际形势、有力应对来自国际环境的各种挑战和风险的必然要求。新世纪新阶段，和平、发展、合作成为时代潮流，同时，国际环境复杂多变，综合国力竞争日趋激烈，影响和平与发展的不稳定不确定因素增多。在复杂多变的国际形势下，要有力应对来自外部的各种挑战和风险，就必须首先把国内的事情办好，通过和谐社会建设，始终保持国家统一、民族团结、社会稳定的局面。这是集中全党全民族的智慧和力量、全面推进中国特色社会主义事业的重要保障。

第三，这是巩固党执政地位的社会基础、实现党执政历史任务的必然要求。构建社会主义和谐社会，是党坚持立党为公、执政为民的必然要求，是实现好、维护好、发展好最广大人民的根本利益的重要体现，也是党实现执政历史任务的重要条件。只有社会主义社会建设搞好了，党才能不断增强执政的社会基础，才能更好地实现继续推进现代化建设、完成祖国统一、维护世界和平与促进共同发展这三大历史任务。

（二）构建社会主义和谐社会的科学含义

和谐社会是对人类社会发展理想状态的一种描绘。一般地讲，和谐社会就是人与自然、人与社会、人与人之间和谐统一与协调发展的社会；就是生产力和生产关系、经济基础和上层建筑之间和谐统一与协调发展的社会。

2005年2月，胡锦涛在中央党校省部级主要领导干部提高建设社会主义和谐社会能力专题研讨班上发表的讲话中指出，我们所要建设的社会主义和谐社会，应该是民主法治、公平正义、诚信友爱、充满活力、安定有序、人与自然和谐相处的社会。这六个方面，内容十分丰富，既是社会主义和谐社会的科学内涵和总体特征，也是我们构建社会主义和谐社会的总体要求。

准确把握社会主义和谐社会的科学内涵，必须把握以下几个方面：

一要正确把握社会主义和谐社会的性质。社会主义和谐社会不是以往其他社会形态标榜的社会协调与和谐，而是社会主义性质的和谐社会。它不同于封建式的"田园牧歌"，也不是空想社会主义的"乌托邦"，更不是现代资本主义式的"福利社会"。它也不同于未来的共产主义社会。它是马克思主义关于社会和谐的思想同当代中国实际相结合的产物，构建社会主义和谐社会是我们的治国理想与结果。

二要正确把握构建社会主义和谐社会与全面建设小康社会的关系。构建社会主义和谐社会是贯穿中国特色社会主义事业全过程的长期历史任务和全面建设小康社会的重大现实课题。作为社会建设过程，构建社会主义和谐社会既是全面建设小康社会的重要内容，也是全面建设小康社会的重要条件。

三要正确把握构建社会主义和谐社会与维护社会稳定的关系。社会稳定是社会和谐的前提，要在保持社会基本稳定的前提下，推进和谐社会建设。要通过构建和谐社会，更好地促进社会稳定。

（三）构建社会主义和谐社会的重要意义

1. 构建社会主义和谐社会的理论意义

第一，提出构建社会主义和谐社会，是对人类社会发展规律认识的深化，是对马克思主义关于社会主义社会建设理论的丰富和发展。马克思主义唯物史观揭示了社会的本质、发展动力和发展规律，使人类的社会和谐理想变成了科学。提出构建社会主义和谐社会，就是从社会主义初级阶段实际出发，把马克思主义的社会建设理论与中国实际结合，逐步将其变成我国社会发展的现实目标和具体措施。它完全符合人类历史发展规律的要求，是党对马克思主义关于社会主义社会建设理论的丰富和发展。

第二，提出构建社会主义和谐社会，是对社会主义建设规律认识的深化，丰富和发展了中国特色社会主义理论。提出构建社会主义和谐社会，强调"社会和谐是中国特色社会主义的本质属性"，使社会主义现代化建设的总体布局，深化拓展为经济建设、政治建设、文化建设、和谐社会建设的"四位一体"。深化了现代化建设的战略格局，反映了党对社会主义本质的新认识新发展，进一步充实创新了中国特色社会主义的理论体系。

第三，提出构建社会主义和谐社会，是对共产党执政规律认识的深化，是党执政理念的升华。作为一个掌握全国政权并长期执政的党，提出构建社会主义和谐社会，正是立党为公、执政为民这一本质的内在要求。反映了党对执政规律、执政方略的新认识。

2. 构建社会主义和谐社会的实践意义

第一，构建社会主义和谐社会是中国特色社会主义事业"四位一体"总体布局的重要组成部分。及时对构建社会主义和谐社会作出部署，有利于全面推进中国特色社会主义事业。

第二，使社会更加和谐是全面建设小康社会的重要目标。切实做好构建社会主义和谐社会的各项工作，有利于维护和促进改革发展稳定的大局，确保全面建设小康社会目标的实现。

第三，促进社会和谐是中国最广大人民的根本利益所在。把构建社会主义和谐社会的各项任务落到实处，有利于实现好、维护好、发展好最广大人民的根本利益。

第四，社会和谐是应对外部挑战的重要条件。保持国内安定和谐的社会政治局面，有利于增强民族凝聚力和抗风险能力，更好地维护国家主权、安全和发展利益。

二、构建社会主义和谐社会的总体思路

（一）构建社会主义和谐社会的指导思想和基本原则

我们要构建的社会主义和谐社会，是在中国特色社会主义道路上，中国共产党领导全体人民共同建设、共同享有的和谐社会。

党的十六届六中全会明确提出构建社会主义和谐社会的指导思想：以马克思列宁主义、毛泽东思想、邓小平理论和"三个代表"重要思想为指导，坚持党的基本路线、基本纲领、基本经验，坚持以科学发展观统领经济社会发展全局，按照民主法治、公平正义、诚信友爱、充满活力、安定有序、人与自然和谐相处的总要求，以解决人民群众最关心、最直接、最现实的利益问题为重点，着力发展社会事业、促进社会公平正义、建设和谐文化、完善社会管理、增强社会创造活力，走共同富裕道路，推动社会建设与经济建设、政治建设、文化

建设协调发展。

推进和谐社会建设必须遵循的基本原则。第一，以人为本。这是构建社会主义和谐社会的根本出发点和落脚点。第二，科学发展。这是构建社会主义和谐社会的工作方针。第三，改革开放。这是构建社会主义和谐社会的主要动力。第四，民主法治。这是构建社会主义和谐社会的重要保证。第五，正确处理改革发展稳定的关系。这是构建社会主义和谐社会的重要条件。第六，在党的领导下全社会共同建设。这是构建社会主义和谐社会的领导核心和依靠力量。

上述六条重要原则，构成一个有机整体，深刻体现了构建社会主义和谐社会的根本要求。它们从不同的角度，回答了社会主义和谐社会为谁建、靠谁建、怎样建的问题，指明了我们应当遵照什么思想构建社会主义和谐社会、依据什么原则统筹全局、根据什么要求推进发展、运用什么方式保证和谐，形成了比较系统的构建社会主义和谐社会的指导思想和基本原则。

（二）构建社会主义和谐社会的目标任务

按照党的十六大确立的全面建设小康社会的宏伟目标，根据构建社会主义和谐社会的总要求，党的十六届六中全会提出了到 2020 年构建社会主义和谐社会的目标和主要任务是：（1）社会主义民主法制更加完善，依法治国基本方略得到全面落实，人民的权益得到切实尊重和保障；（2）城乡、区域发展差距扩大的趋势逐步扭转，合理有序的收入分配格局基本形成，家庭财产普遍增加，人民过上更加富足的生活；（3）社会就业比较充分，覆盖城乡居民的社会保障体系基本建立；（4）基本公共服务体系更加完备，政府管理和服务水平有较大提高；（5）全民族的思想道德素质、科学文化素质和健康素质明显提高，良好道德风尚、和谐人际关系进一步形成；（6）全社会创造活力显著增强，创新型国家基本建成；（7）社会管理体系更加完善，社会秩序良好；（8）资源利用效率显著提高，生态环境明显好转；（9）实现全面建设惠及十几亿人口的更高水平的小康社会的目标，努力形成全体人民各尽其能、各得其所而又和谐相处的局面。这九条目标和主要任务反映了构建和谐社会总要求的各个方面，充实和丰富了全面建设小康社会的内容。

（三）构建社会主义和谐社会的建设重点

社会建设与人民幸福安康息息相关。保障和改善民生，促进社会和谐，是实现全面建设小康社会宏伟目标的必然要求。必须在经济发展的基础上，着力保障和改善民生，推进社会体制改革，扩大公共服务，完善社会管理，促进社会公平正义，努力使全体人民学有所教、劳有所得、病有所医、老有所养、住有所居，推动建设和谐社会。

加快推进以改善民生为重点的社会建设，涉及面广，内容丰富。

第一，优先发展教育，要使现代国民教育体系更加完善，终身教育体系基本形成，全民受教育程度和创新人才培养水平明显提高，建设人力资源强国。

教育是民族振兴的基石，教育公平是社会公平的重要基础。

第二，实施扩大就业的发展战略。就业是民生之本。要坚持实施积极的就业政策，加强政府引导，完善市场就业机制，扩大就业规模，改善就业结构。完善支持自主创业、自谋职业政策，促进以创业带动就业。健全面向全体劳动者的职业教育培训制度，完善面向所有困难群众的就业援助制度，想方设法使社会就业更加充分。

第三，深化收入分配制度改革。

合理的收入分配制度是社会公平的重要体现。要逐步提高居民收入在国民收入分配中的比重，提高劳动报酬在初次分配中的比重。着力提高低收入者收入，逐步提高扶贫标准和最低工资标准，建立企业职工工资正常增长机制和支付保障机制。创造条件让更多群众拥有财产性收入。使全社会中等收入者占多数，绝对贫困现象基本消除，合理有序的收入分配格局基本形成。

第四，加快建立覆盖城乡居民的社会保障体系。

社会保障是社会安定的重要保证。要以社会保险、社会救助、社会福利为基础，以基本养老、基本医疗、最低生活保障制度为重点，以慈善事业、商业保险为补充，加快完善社会保障体系。基本建立覆盖城乡居民的社会保障体系，使人人享有基本生活保障。

第五，建立基本医疗卫生制度。健康是人全面发展的基础。提高全民健康水平，要坚持公共医疗卫生的公益性质；坚持预防为主、以农村为重点、中西医并重，实行政事分开、管办分开、医药分开、营利性和非营利性分开，强化政府责任和投入，完善国民健康政策，鼓励社会参与，建设覆盖城乡居民的公共卫生服务体系、医疗服务体系、医疗保障体系、药品供应保障体系，确保人人享有基本医疗卫生服务。

第六，完善社会管理。当代中国正经历着空前广泛的社会变革。维护社会安定团结要遵循社会发展规律，主动正视矛盾，妥善处理矛盾。要加强和创新社会管理，完善党委领导、政府负责、社会协同、公众参与的社会管理格局，建设中国特色社会主义社会管理体系，全面提高社会管理科学化水平，确保人民安居乐业、社会和谐稳定。

思考题

1. 什么是经济体制？为什么必须进行经济体制改革？
2. 为什么要鼓励、支持和引导非公有制经济发展？
3. 如何全面正确认识中国特色的社会主义民主政治制度？
4. 社会主义核心价值体系的主要内容是什么？
5. 什么是社会主义和谐社会？如何加快推进建设？

延伸学习阅读材料 >>>

中华人民共和国国民经济和社会发展
第十二个五年规划纲要（摘编）

中华人民共和国国民经济和社会发展第十二个五年（2011—2015年）规划纲要，根据《中共中央关于制定国民经济和社会发展第十二个五年规划的建议》编制，主要阐明国家战略意图，明确政府工作重点，引导市场主体行为，是未来五年我国经济社会发展的宏伟蓝图，是全国各族人民共同的行动纲领，是政府履行经济调节、市场监管、社会管理和公共服务职责的重要依据。

第三章 主要目标

按照与应对国际金融危机冲击重大部署紧密衔接、与到2020年实现全面建设小康社会奋斗目标紧密衔接的要求，综合考虑未来发展趋势和条件，今后五年经济社会发展的主要目标是：

——经济平稳较快发展。国内生产总值年均增长7%，城镇新增就业4 500万人，城镇登记失业率控制在5%以内，价格总水平基本稳定，国际收支趋向基本平衡，经济增长质量和效益明显提高。

——结构调整取得重大进展。居民消费率上升。农业基础进一步巩固，工业结构继续优化，战略性新兴产业发展取得突破，服务业增加值占国内生产总值比重提高4个百分点。城镇化率提高4个百分点，城乡区域发展的协调性进一步增强。

——科技教育水平明显提升。九年义务教育质量显著提高，九年义务教育巩固率达到93%，高中阶段教育毛入学率提高到87%。研究与试验发展经费支出占国内生产总值比重达到2.2%，每万人口发明专利拥有量提高到3.3件。

——资源节约环境保护成效显著。耕地保有量保持在18.18亿亩。单位工业增加值用水量降低30%，农业灌溉用水有效利用系数提高到0.53。非化石能源占一次能源消费比重达到11.44%。单位国内生产总值能源消耗降低16%，单位国内生产总值二氧化碳排放降低17%。主要污染物排放总量显著减少，化学需氧量、二氧化硫排放分别减少8%，氨氮、氮氧化物排放分别减少10%。森林覆盖率提高到21.66%，森林蓄积量增加6亿立方米。

——人民生活持续改善。全国总人口控制在13.9亿人以内。人均预期寿命提高1岁，达到74.5岁。城镇居民人均可支配收入和农村居民人均纯收入分别年均增长7%以上。新型农村社会养老保险实现制度全覆盖，城镇参加基本养老保险人数达到3.57亿人，城乡三项基本医疗保险参保率提高3个百分点。城镇保障性安居工程建设3 600万套。贫困人口显著减少。

——社会建设明显加强。覆盖城乡居民的基本公共服务体系逐步完善。全民族思想道德素质、科学文化素质和健康素质不断提高。社会主义民主法制更加健全，人民权益得到切实保障。文化事业加快发展，文化产业占国民经济比重明显提高。社会管理制度趋于完善，社会更加和谐稳定。

——改革开放不断深化。财税金融、要素价格、垄断行业等重要领域和关键环节改革取得明显进展，政府职能加快转变，政府公信力和行政效率进一步提高。对外开放广度和深度不断拓展，互利共赢开放格局进一步形成。

第四章 政策导向

实现经济社会发展目标，必须紧紧围绕推动科学发展、加快转变经济发展方式，统筹兼顾，改革创新，着力解决经济社会发展中不平衡、不协调、不可持续的问题，明确重大政策导向：

——加强和改善宏观调控。巩固和扩大应对国际金融危机冲击成果，把短期调控政策和长期发展政策有机结合起来，加强财政、货币、投资、产业、土地等各项政策协调配合，提高宏观调控的科学性和预见性，增强针对性和灵活性，合理调控经济增长速度，更加积极稳妥地处理好保持经济平稳较快发展、调整经济结构、管理通胀预期的关系，实现经济增长速度和结构质量效益相统一。

——建立扩大消费需求的长效机制。把扩大消费需求作为扩大内需的战略重点，通过积极稳妥推进城镇化、实施就业优先战略、深化收入分配制度改革、健全社会保障体系和营造良好的消费环境，增强居民消费能力，改善居民消费预期，促进消费结构升级，进一步释放城乡居民消费潜力，逐步使我国国内市场总体规模位居世界前列。

——调整优化投资结构。发挥投资对扩大内需的重要作用，保持投资合理增长，完善投资体制机制，明确界定政府投资范围，规范国有企业投资行为，鼓励扩大民间投资，有效遏制盲目扩张和重复建设，促进投资消费良性互动，把扩大投资和增加就业、改善民生有机结合起来，创造最终需求。

——同步推进工业化、城镇化和农业现代化。坚持工业反哺农业、城市支持农村和多予少取放活方针，充分发挥工业化、城镇化对发展现代农业、促进农民增收、加强农村基础设施和公共服务的辐射带动作用，夯实农业农村发展基础，加快现代农业发展步伐。

——依靠科技创新推动产业升级。面向国内国际两个市场，发挥科技创新对产业结构优化升级的驱动作用，加快国家创新体系建设，强化企业在技术创新中的主体地位，引导资金、人才、技术等创新资源向企业聚集，推进产学研战略联盟，提升产业核心竞争力，推动三次产业在更高水平上协同发展。

——促进区域协调互动发展。实施区域发展总体战略和主体功能区战略，把实施西部大开发战略放在区域发展总体战略优先位置，充分发挥各地区比较优势，促进区域间生产要素合理流动和产业有序转移，在中西部地区培育新的区域经济增长极，增强区域发展的协调性。

——健全节能减排激励约束机制。优化能源结构，合理控制能源消费总量，完善资源性产品价格形成机制和资源环境税费制度，健全节能减排法律法规和标准，强化节能减排目标责任考核，把资源节约和环境保护贯穿于生产、流通、消费、建设各领域各环节，提升可持续发展能力。

——推进基本公共服务均等化。把基本公共服务制度作为公共产品向全民提供，完善公共财政制度，提高政府保障能力，建立健全符合国情、比较完整、覆盖城乡、可持续的基本公共服务体系，逐步缩小城乡区域间人民生活水平和公共服务差距。

——加快城乡居民收入增长。健全初次分配和再分配调节体系，合理调整国家、企业、个人分配关系，努力实现居民收入增长和经济发展同步、劳动报酬增长和劳动生产率提高同步，明显增加低收入者收入，持续扩大中等收入群体，努力扭转城乡、区域、行业和社会成员之间收入差距扩大趋势。

——加强和创新社会管理。提高社会管理能力，创新社会管理体制机制，加快服务型政府建设，在服务中实施管理，在管理中体现服务，着力解决影响社会和谐稳定的源头性、基础性、根本性问题，保持社会安定有序和充满活力。

第十一章

中国特色社会主义的建设环境
与基本力量

建设中国特色社会主义是一项前无古人的伟大而艰巨的事业，不仅需要稳定的国内环境、和平的国际环境，更需要明确依靠谁来建设以及谁来领导建设。"一国两制"是实现祖国完全统一的伟大构想；始终不渝走和平发展道路是中国作出的战略抉择。中国特色社会主义建设是全国各族人民的共同事业；只有坚持和改善中国共产党的领导，才能获得最广泛最可靠的群众基础和力量源泉，争取稳定和平的建设环境。

第一节　祖国统一和外交政策

中国共产党在为实现祖国完全统一的奋斗进程中，形成并实践了"和平统一、一国两制"的伟大构想；在国际关系中，中国高举和平、发展、合作的旗帜，奉行独立自主的和平外交政策。为中国特色社会主义建设争取稳定和平的建设环境。

一、实现祖国完全统一的战略构想

（一）"和平统一、一国两制"构想的形成与发展

"和平统一、一国两制"构想的提出是从解决台湾问题开始的，首先在香港、澳门成功实践。香港、澳门的胜利回归，使"和平统一、一国两制"由科学构想变为生动现实，是祖国统一大业进程中的重要里程碑，是中国共产党对中华民族的历史性贡献。

1. 台湾问题的由来及实质

台湾自古就是中国领土不可分割的组成部分。两岸人民同根、同宗、同源，承继的是相同的文化传统。

台湾问题是中国国内战争遗留下来的问题。1949 年，中国人民取得了新民主主义革命的伟大胜利，建立了中华人民共和国。国民党统治集团退踞台湾后，抗拒统一，图谋反攻大陆。正当中国人民解放军准备着手解放台湾时，朝鲜战争爆发，美国军队进入台湾和台湾海峡地区，阻挠中国人民解放军解放台湾，从政治上、经济上、军事上扶持国民党政权，形成台湾与大陆长期分裂对峙的局面，台湾问题由此产生。

台湾问题实质是中国的内政问题。1895 年日本通过侵略战争从中国割占台湾、澎湖列岛。第二次世界大战期间的《开罗宣言》、《波茨坦公告》等有关国际条约明确规定将台湾、

澎湖列岛归还中国。1945 年日本无条件投降后，台湾回归中国，中国政府恢复对台湾行使主权。1949 年 10 月 1 日，中华人民共和国中央人民政府宣告成立，取代中华民国政府成为全中国的唯一合法政府和在国际上的唯一合法代表。这是在同一国际法主体没有发生变化的情况下新政权取代旧政权，中国的主权和固有领土疆域并未由此而改变，中华人民共和国政府理所当然地完全享有和行使中国的主权，其中包括对台湾的主权。

香港、澳门问题是历史上殖民主义侵略遗留下来的问题。香港是被英国殖民主义者通过向中国发动侵略战争，强迫清政府先后签订《南京条约》、《北京条约》、《展拓香港界址专条》等不平等条约而强占的。澳门是被葡萄牙殖民主义者通过胁迫清政府签订不平等的《北京条约》而强占的。

香港和澳门问题同台湾问题虽然都是历史遗留下来的问题，问题的核心都是实现祖国的统一，但台湾问题具有不同于香港问题、澳门问题的特殊性。它是中国内战的遗留问题，完全属于中国的内政。因此，应当排除外来干扰，靠两岸的中国人自己来解决问题。

2. 中国共产党实现祖国完全统一战略构想的一贯性和连续性

"和平统一、一国两制"是新的历史条件下实现祖国完全统一的指导方针。这一战略构想的形成和发展，经历了一个不断探索和完善的过程。

新中国成立初期，党和政府关于解决香港、澳门问题的设想和 20 世纪 50 年代中期毛泽东、周恩来提出的和平解放台湾的具体方针政策，其要点概括起来有：省亲会友、来去自由，既往不咎、立功受奖，国共合作、爱国一家，和平解放、互不破坏。1963 年，周恩来把上述这些思想归纳为"一纲四目"，这是"和平统一、一国两制"构想的思想来源。

党对解决台湾问题，在新中国成立初期主要是立足武力解放台湾。从 20 世纪 50 年代中期起，根据形势的发展变化和美国制造"两个中国"的阴谋，党及时调整了对台政策，提出了和平解放台湾的主张，从两个方面开展争取和平解放台湾的工作。一是敦促美国政府与中国政府谈判。核心就是美国从台湾撤兵。二是向台湾当局提出和平解放台湾的倡议。这些对和平实现祖国统一的探索，为"和平统一、一国两制"构想的提出奠定了重要基础。

党的十一届三中全会公报首次以"台湾回到祖国怀抱，实现统一大业"代替了"解放台湾"的提法。1979 年元旦，全国人大常委会发表了《告台湾同胞书》，郑重宣告和平统一祖国的大政方针。1981 年 9 月，全国人大常委会委员长叶剑英第一次全面阐述中国政府关于台湾回归祖国、实现和平统一的九条方针。邓小平指出：九条方针"实际上就是一个国家两种制度。"[①] 1982 年 12 月五届全国人大五次会议通过的《中华人民共和国宪法》明确规定，国家在必要时得设立特别行政区，在特别行政区内实行的制度按照具体情况由全国人民代表大会规定。这为"和平统一、一国两制"的实施提供了法律依据。1983 年 6 月，邓小平进一步阐述了实现台湾和祖国大陆和平统一的构想，后来被称为"邓六条"。1985 年 3 月，六届全国人大三次会议正式把"和平统一、一国两制"确定为中国的一项基本国策。党的十六大首次正式写入关于坚持一个中国原则的新论述，指出"世界上只有一个中国，大陆和台湾同属一个中国，中国的主权和领土完整不容分割"。2005 年，十届全国人大三次会议审议通过《反分裂国家法》，首次以国家大法形式宣告了中国人民维护国家统一、领土完整的坚强意志。十七大指出，坚持一个中国原则，是两岸关系和平发展的政治基础。尽管

---

① 中共中央文献研究室编：《邓小平年谱1975—1997》（下），中央文献出版社 2004 年版，第 797 页。

两岸尚未统一，但大陆和台湾同属一个中国的事实从未改变。我们郑重呼吁，在一个中国原则的基础上，协商正式结束两岸敌对状态，达成和平协议，构建两岸关系和平发展框架，开创两岸关系和平发展新局面。

3. "和平统一、一国两制"构想的科学内涵

"和平统一、一国两制"作为实现祖国和平统一的具有重大战略意义的构想，包含着丰富的科学内涵。其基本内容是在祖国统一的前提下，国家的主体坚持社会主义制度，同时在香港、澳门、台湾保持原有的资本主义制度长期不变。一个中国。国家的主权统一和领土完整是前提。是"和平统一、一国两制"的核心，是发展两岸关系和实现和平统一的基础。两制并存。在祖国统一的前提下，国家的主体部分，实行社会主义制度。同时台湾、香港、澳门保持原有的社会制度和生活方式长期不变。在统一的国家内，两种制度长期共存。努力争取和平统一，但不承诺放弃使用武力。坚决反对"台独"言行；坚决反对外国势力插手和干涉台湾问题；积极促进交流，促进谈判；寄希望于台湾人民的同时，集中力量搞好社会主义建设。实现祖国统一后，在主权国家所允许的范围内，台湾、香港、澳门作为特别行政区，享有高度自治权。

（二）"一国两制"构想的成功实践和重要意义

1. "一国两制"构想的成功实践

"一国两制"构想最早针对台湾问题提出，首先运用于解决香港和澳门问题。根据"一国两制"的构想，我国政府和英国政府从1982年9月到1984年9月，就解决香港问题进行了22轮艰苦的谈判。针对英国方面先后提出的所谓三个条约有效论、区别对待新界与港九地区、以主权换治权等，中国政府采取了有理有礼有节的斗争，坚持主权问题不容讨论、没有回旋余地，到1997年要收回香港，同时要确保回归前的平稳过渡。1984年12月19日，中英两国政府领导人在北京正式签署了《关于香港问题的联合声明》及三个附件。1990年4月七届全国人大三次会议正式批准《中华人民共和国香港特别行政区基本法》。1997年7月1日，中英两国政府举行了香港政权交接仪式，中国政府恢复了对香港行使主权，香港回到了祖国的怀抱。

1985年5月，中国政府和葡萄牙政府就举行谈判解决澳门问题达成协议。1987年4月13日，《关于澳门问题的联合声明》在北京正式签署，宣布中国政府将于1999年12月20日对澳门恢复行使主权并设立澳门特别行政区，实行高度自治和澳人治澳。1999年12月20日，中葡两国政府举行澳门政权交接仪式，历经400多年沧桑的澳门重新回到了祖国的怀抱。

香港、澳门的顺利回归是祖国统一大业进程中的重要里程碑，是中国共产党对中华民族的历史性贡献。现实证明了"一国两制"构想的正确与可行。

2. "一国两制"构想的重要意义

"一国两制"构想是充分尊重历史和现实、照顾各方利益、维护民族团结、实现祖国完全统一和民族伟大复兴的战略构想。"一国两制"是中华民族对人类政治文明的独特贡献。

第一，"一国两制"创造性地把和平共处原则用之于解决一个国家的统一问题。邓小平说："根据中国自己的实践，我们提出'一个国家，两种制度'的办法来解决中国的统一问题，这也是一种和平共处。"① 第二，"一国两制"发展了马克思主义的国家学说。在单一制

---

① 《邓小平文选》第3卷，人民出版社1993年版，第96－97页。

的国家结构下容纳了两种性质不同的经济、政治和社会制度。它在国家的职能和作用、国家的结构形式等方面都有新的突破。第三，"一国两制"体现了既坚持祖国统一、维护国家主权的原则性，也体现了照顾历史实际和现实可能的策略灵活性。第四，"一国两制"有利于争取社会主义现代化建设事业所需要的和平的国际与国内环境。在中国的主体坚定不移地实行社会主义的前提下，在小范围内容许资本主义存在。有利于我们一心一意搞建设。同时，也有利于香港、澳门、台湾的长期稳定、繁荣和发展。第五，"一国两制"为解决国际争端和世界遗留的类似问题提供了新的思路和途径。

二、国际战略和外交政策

和平的国际环境是我国顺利进行现代化建设的必要条件和有利时机。制定和实施正确的国际战略和外交政策，对于争取和平的国际环境极为重要。

（一）国际形势的发展及特点

1. 和平与发展是当今时代的主题

所谓时代主题，是指在一定历史时期内反映世界基本特征并对世界形势的发展具有全局性影响和战略性意义的问题，就是一定历史条件下世界历史发展进程中需要解决的主要问题。随着世界矛盾和国际形势的发展变化，时代主题也会发生转换。科学认识和准确把握时代主题，是制定正确发展战略和内外政策的一个重要前提。

和平与发展仍然是时代主题，这是世界各种矛盾发展变化和世界抑制战争因素不断增长的合力作用的结果。1985 年邓小平指出"现在世界上真正大的问题，带全球性的战略问题，一个是和平问题，一个是经济问题或者说发展问题。和平问题是东西问题，发展问题是南北问题。概括起来就是东西南北四个字。南北问题是核心问题。"①

当今世界正处在大变革大调整之中。求和平、谋发展、促合作已经成为不可阻挡的时代潮流。开放合作、互利共赢成为国际社会广泛共识，全球总体稳定，但世界并不安宁。总体和平、局部战争，总体缓和、局部紧张，总体稳定、局部动荡，是当前和今后一个时期国际局势发展的基本态势。

2. 中国走和平发展道路的必然性

共同分享发展机遇，共同应对各种挑战，推进人类和平与发展的崇高事业，事关各国人民的根本利益。实现和平发展是中国人民的真诚愿望和不懈追求。走和平发展道路，就是要把中国国内发展与对外开放统一起来，把中国的发展与世界的发展联系起来，把中国人民的根本利益与世界人民的共同利益结合起来。中国和平发展的道路，对内坚持和谐发展，对外坚持和平发展，是一条勇于参与经济全球化而又坚持广泛合作、互利共赢的发展道路。

坚持走和平发展道路，是中国政府和人民根据时代发展潮流和自身根本利益作出的战略抉择；是基于中国特色社会主义的必然选择；是基于中国历史文化传统的必然选择；是基于当今世界发展潮流的必然选择。中华民族是热爱和平的民族，中国始终是维护世界和平的坚定力量。我们主张，各国人民携手努力，推动建设持久和平、共同繁荣的和谐世界。

---

① 《邓小平文选》第 3 卷，人民出版社 1993 年版，第 105 页。

（二）独立自主的和平外交政策

1. 独立自主和平外交政策的形成与发展

中国共产党和中国人民历来是促进世界和平与发展的积极力量。中华人民共和国成立以来，一贯坚持独立自主的和平外交政策。我们党在建国时就制定了独立自主的和平外交政策，根据这一基本的方针，在不同的历史时期还针对国际形势发展的趋势和特点，确定并实施了不同的具体外交战略和外交方针政策。独立自主的和平外交政策在我国外交工作的实践中不断得到丰富和发展。

新中国成立初期，毛泽东提出"另起炉灶"、"打扫干净屋子再请客"、"一边倒"三大外交方针。同时，我们党还坚持在和平共处五项原则基础上发展同所有国家的友好合作关系。1953 年 12 月，周恩来在会见印度政府代表团时，首次系统地提出了和平共处的五项原则：互相尊重主权和领土完整、互不侵犯、互不干涉内政、平等互利、和平共处。和平共处五项原则成为我国处理对外关系的基本准则。

进入 20 世纪 60 年代，世界形势仍处于"冷战共处"状态。根据当时美国对中国实行孤立、封锁和禁运，以及社会主义阵营内部发生重大变化的情况，我国外交政策重心由"一边倒"调整为同时反对美苏两个超级大国的霸权主义政策。同时，积极支持民族解放运动，坚持睦邻友好，维护中国的主权和领土完整，维护世界的进步与和平。

20 世纪 70 年代，美苏争霸出现了苏攻美守的态势。毛泽东审时度势，果断地决定打开中美关系的大门。但无论实行什么样的具体对外政策，独立自主、和平共处的基本方针始终没变。

20 世纪 80 年代以来，国际形势发生了变化。美苏争霸转入均衡、僵持阶段，而我国实行改革开放，综合国力提高，作为一个发展中的大国，是世界上一支重要的力量。邓小平根据形势的变化，果断、及时地指导我们党改变了以往的外交战略，确定了"真正的不结盟"战略，向全世界表明中国坚持独立自主的和平外交政策，坚决反对超级大国争夺霸权，绝不依附于任何大国或者集团，是一个重大的转变，是顺应国内外形势发展的重大决策。

党的十六大以来，党中央高举和平、发展、合作的旗帜，坚持独立自主的和平外交政策。强调中国的发展是和平的发展、开放的发展、合作的发展。中国主张国际关系民主化和发展模式多样化，积极推动经济全球化朝着有利于实现共同繁荣的方向发展，推动国际秩序向公正合理的方向发展，为推动建设持久和平、共同繁荣的和谐世界作出贡献。

中国坚定不移地奉行独立自主的和平外交政策，是由我国的社会主义性质和在国际上的地位决定的。坚持独立自主的和平外交政策，就是把国家主权和安全放在第一位，坚定地维护我国的国家利益，反对任何国家损害我国的独立、主权、安全和尊严；就是从我国人民和世界人民的根本利益出发，对于一切国际事务，都要根据事情本身的是非曲直，决定自己的立场和政策，不屈从于任何外来压力；就是坚持各国的事务应由本国政府和人民决定，世界上的事情应由各国政府和人民平等协商，反对一切形式的霸权主义和强权政治；就是不以社会制度和意识形态的异同决定国家关系的亲疏，而是坚持在和平共处五项原则基础上同所有国家建立和发展友好关系；就是坚持不同任何大国或大国集团结盟，不搞军事集团，不参加军备竞赛，不进行军事扩张，永远不谋求霸权。

独立自主和平外交政策的形成与发展，体现了中国人民热爱和平的真诚愿望和高尚品质，展现了中国共产党人的世界眼光、宽广胸怀和外交能力，提高了中国在国际上的地位，不断开创我国外交工作的新局面，得到了世界人民的普遍赞赏，为我国社会主义现代化建设赢得有利的国际环境，并为世界和平和人类社会文明进步作出了重要贡献。

2. 独立自主和平外交政策的基本原则

独立自主和平外交政策的基本原则，是我国对外交往活动的根本准则，是在外交工作实践中探索出来的处理对外关系的根本依据。

第一，坚持独立自主地处理一切国际事务的原则。就是坚持从我国的实际情况出发，依靠自己的力量，同任何国家友好相处，不容许任何国家损害我国的尊严和主权。不管国际风云如何变幻，我们都始终不渝地奉行独立自主的和平外交政策。

第二，坚持和平共处五项原则为指导国家间关系的基本准则。和平共处五项原则符合《联合国宪章》的宗旨和原则，高度地概括了国际关系的基本准则。

第三，坚持同发展中国家加强团结与合作的原则。中国是发展中国家，加强同发展中国家的团结与合作是我国对外政策的基本立足点。中国同广大发展中国家的友好合作，有着坚实的政治基础。在推动国际秩序向公正合理的方向发展方面有着共同的利益和目标。

第四，坚持爱国主义与履行国际义务相统一的原则。各国人民的革命和建设事业是相互依存、相互支持的，各民族的根本利益是和整个人类文明进步事业的整体相联系的；各个国家只有把本国的事情搞好了，才能更好地支持其他国家的发展，为履行国际义务作出自己的贡献。

3. 中国外交政策的宗旨和工作布局

中国外交政策的宗旨是维护世界和平、促进共同发展。我们将继续坚持独立自主的和平外交政策，始终不渝走和平发展道路，始终不渝奉行互利共赢的开放战略，在和平共处五项原则的基础上同所有国家发展友好合作，维护发展中国家正当要求和共同利益，积极参与多边事务，推动国际政治经济秩序朝着更加公正合理的方向发展。我们将坚定不移实行对外开放的基本国策，完善开放型经济体系，全面提高开放型经济水平，加强同世界各国的互利合作，继续以自己的和平发展促进各国共同发展。

在处理国际关系和外交关系方面，坚持大国是关键、周边是首要、发展中国家是基础、多边是舞台的外交工作布局。运筹好大国关系，继续同发达国家加强战略对话，增进互信，深化合作，妥善处理分歧。继续贯彻与邻为善、以邻为伴的周边外交方针，加强同周边国家的睦邻友好和务实合作，积极开展区域合作，共同营造和平稳定、平等互信、合作共赢的地区环境；巩固发展中国家在中国外交全局中的基础地位，继续加强同广大发展中国家的团结合作，深化传统友谊，扩大务实合作。积极参与多边事务，承担相应国际义务，发挥建设性作用，推动国际秩序朝着更加公正合理的方向发展。中国共产党将在独立自主、完全平等、相互尊重、互不干涉内部事务原则的基础上，同各国各地区政党和政治组织发展交流合作，相互学习借鉴治国理政经验，促进国家关系发展。

环顾全球，和平、发展、合作的时代潮流没有变，但世界和平与发展面临诸多挑战。共同分享发展机遇，共同应对各种风险，推动建设持久和平、共同繁荣的和谐世界，是各国人民的共同愿望。

第二节　中国特色社会主义事业建设的依靠力量

建设中国特色社会主义是一项前无古人的伟大而艰巨的事业，完成这一事业，依靠谁，团结谁，是一个至关重要的问题。它关系到中国特色社会主义事业能否获得最广泛最可靠的群众基础和力量源泉。在新的历史条件下，建设中国特色社会主义已经成为全国各族人民的共同事业。

一、建设中国特色社会主义是全国各族人民的共同事业

在当代中国，一切赞成、支持和参加中国特色社会主义建设的阶级、阶层和社会力量，都属于人民的范畴，都是建设中国特色社会主义事业的依靠力量。必须认真贯彻尊重劳动、尊重知识、尊重人才、尊重创造的重大方针，最广泛最充分地调动一切积极因素，巩固加强各族人民的团结合作。

（一）工人、农民、知识分子是建设中国特色社会主义事业的根本力量

1. 工人阶级是国家的领导阶级

建设中国特色社会主义必须坚持全心全意依靠工人阶级的方针，这是由我们党和国家的性质、工人阶级的特点及其历史地位决定的。首先，我国是一个由共产党领导的社会主义国家，中国共产党的工人阶级先锋队性质决定了工人阶级在国家的领导地位。其次，中国工人阶级是近代以来我国社会发展特别是社会化大生产发展的产物，是中国先进生产力和先进生产关系的代表。再次，工人阶级是改革开放和现代化建设的基本动力。在当代中国，实行改革开放，进行现代化建设，解放和发展生产力，建设中国特色社会主义，符合工人阶级的根本利益。

改革开放以来，我国工人阶级队伍发生了明显变化，呈现出许多新的特点：队伍迅速壮大；内部结构发生重大变化；岗位流动加快。工人阶级队伍发生的这些变化，没有改变中国工人阶级作为国家主人的地位。工人阶级仍然是社会主义现代化的主要建设者、社会财富的主要创造者、先进生产力的代表者，仍然是人民民主专政国家的领导阶级。全心全意依靠工人阶级，发挥工人阶级的领导作用，必须保障全体职工的合法权益，巩固工人阶级的主人翁地位。

2. 农民阶级是人数最多的基本依靠力量

我国的国情，决定了广大农民不但是我国新民主主义革命的主力军，而且是我国社会主义现代化建设和改革开放中人数最多、最基本的依靠力量。建设中国特色社会主义必须坚定不移地依靠广大农民群众，这是由农业、农村、农民问题的重要地位和作用决定的。

依靠广大农民，调动农民的积极性和创造性，关系着改革开放和社会主义现代化事业的大局。这不但是一个重大的经济问题，也是一个重大的政治问题。在全面建设小康社会和实现中华民族伟大复兴的过程中，要不断提高对农业、农村、农民问题极端重要性的认识，切实保障农民的合法权益和民主权利，切实减轻农民负担，提高农民的生活水平；同时，又要教育、引导、支持农民，提高广大农民的科学文化素质和思想道德水平，建设社会主义新农村。

3. 知识分子是中国工人阶级的一部分

在如何正确对待知识分子、发挥其作用的问题上，中国共产党既有过正确的认识和政策，也有过因对知识分子阶级属性认识上的偏差而发生的错误。十一届三中全会后，党总结了建国后在对待知识分子问题上的经验教训，确立了知识分子作为工人阶级一部分的重要地位。在当代中国，知识分子作为工人阶级中掌握科学文化知识较多的主要从事脑力劳动的一

部分，是先进生产力的开拓者和发展教育科学文化事业的基本力量，在社会主义现代化建设中具有不可替代的作用，承担着重大的社会责任。

科学技术作为第一生产力，是先进生产力的集中体现和主要标志，科学技术的这一重要地位，决定了知识分子在经济发展和社会进步中的特殊重要作用。依靠知识分子推动科技、经济发展和社会进步，已成为我国改革开放和社会主义现代化建设事业发展的关键因素。

（二）新阶层是中国特色社会主义事业的建设者

新的社会阶层是在党和国家改革开放政策的允许下出现的，是在社会主义公有制和社会主义上层建筑主导国家政治经济生活的总的条件下存在和发展的。这些阶层归纳起来主要有：民营科技企业的创业人员和技术人员，受聘于外资企业的管理技术人员，个体户，私营企业主，中介组织从业人员，自由职业者等。他们是中国特色社会主义事业的建设者。

新的社会阶层在改革开放以来社会变革中出现，是社会主义初级阶段社会生产力发展的必然。首先，经济领域的制度创新是新的社会阶层产生的重要条件。其次，生产力的发展和经济结构的变化，使社会的劳动分工日益精细，为新阶层的出现提供了从业条件。再次，产业结构的变化，促成了就业结构、社会阶层结构的变化。

总体上，新的社会阶层中的广大人员，拥护共产党的领导和社会主义制度，拥护党的路线方针政策，遵守国家法律，热爱祖国。他们勇于开拓，敢冒风险，走出了一条艰苦创业、勤劳致富之路。把新的社会阶层中的广大人员作为中国特色社会主义事业的建设者，是从实际出发、尊重实践、尊重群众得出的科学结论。坚持全心全意依靠工人阶级，发挥工人阶级、农民阶级、其他劳动群众推动社会生产力发展基本力量的作用，又支持新的社会阶层发挥中国特色社会主义建设者的作用，使全体人民都投身改革开放的伟大实践，将使中国特色社会主义建设获得强大的力量源泉。

（三）贯彻和执行"四个尊重"的方针

党的十六大指出，必须把尊重劳动、尊重知识、尊重人才、尊重创造，作为党和国家的一项重大方针在全社会认真贯彻。在全社会认真贯彻执行"四个尊重"的方针，是时代发展对党和国家工作提出的新要求；是党在深刻认识和把握当代经济发展的本质特征及其影响的基础上作出的积极回应；是中国共产党代表中国先进生产力发展要求的具体体现。生产力的发展是一个先进生产力不断代替落后生产力的动态过程。劳动、知识、人才、创造，是推动当代中国先进生产力发展的四个基本要素。抓住了这些基本要素，也就抓住了发展先进生产力的关键。

在全社会认真贯彻执行"四个尊重"的方针，目的在于最广泛最充分地调动一切积极因素，使党获得取之不尽的力量源泉。最大多数人的利益和全社会全民族的积极性、创造性，对党和国家事业的发展始终是最具有决定性的因素。只有正确看待各种形式的劳动，承认劳动者的合法权益，才能最广泛最充分地调动一切积极因素，一切为我国社会主义现代化建设作出贡献的劳动，都是光荣的，都应该得到承认和尊重。一切合法的劳动收入和合法的非劳动收入，都应该得到保护。不能简单地把有没有财产、有多少财产当作判断人们政治上先进与落后的标准，而主要应该看他们的思想政治状况和现实表现，看他们的财产是怎么得来的以及对财产怎么支配和使用，看他们以自己的劳动对建设有中国特色社会主义事业所作的贡献。贯彻执行"四个尊重"的方针，就是要在全社会形成与社会主义初级阶段基本经济制度相适应的思想观念和创业机制，营造鼓励和支持人们干成事业的社会氛围，让一切创造社会财富的源泉充分涌流，以造福于人民。

（四）巩固和加强各族人民的团结合作

我国是一个统一的多民族国家，几千年来，各族人民在祖国大地上自强不息、团结拼搏，共同创造了悠久灿烂的中华文化，共同建设了幅员辽阔的锦绣河山，共同缔造了统一的多民族国家。在长期发展进程中，我国各民族密切交往、相互依存，形成了中华民族多元一体的格局。我国的各民族人口分布呈现"大散居、小聚居，交错杂居"的特点，民族自治地方占国土面积的 64%，西南和西北是少数民族分布最集中的两个区域。这一基本国情，决定了民族问题始终是建设中国特色社会主义必须处理好的一个重大问题，民族工作始终是关系党和人民事业发展全局的一项重大工作。

加强和巩固全国各族人民的团结，不断推进少数民族地区的经济发展和社会进步，是我国社会主义现代化建设的一个重要目标，也是增强中华民族凝聚力、实现中华民族伟大复兴的必然要求。各民族都应该坚持祖国利益高于一切，大力发扬爱国主义精神，以热爱祖国、贡献全部力量建设社会主义祖国为最大光荣，以损害社会主义祖国利益、尊严和荣誉为最大耻辱，共同维护伟大祖国统一安全，共同反对一切民族分裂活动。这样，我国各民族的团结进步就有了不可动摇的根基。

二、巩固和发展爱国统一战线

统一战线是中国革命、建设和改革事业胜利的重要法宝。建设中国特色社会主义必须依靠最广泛的爱国统一战线，团结一切可以团结的力量。促进政党关系、民族关系、宗教关系、阶层关系、海内外同胞关系的和谐，对于增进团结、凝聚力量具有不可替代的作用。

（一）新时期爱国统一战线的内容、任务和核心

在不同的历史时期，统一战线随着阶级关系和中心任务的变化而有不同的性质和内容。新时期爱国统一战线与以往的统一战线相比，其阶级结构和内部关系发生了重大变化。新时期的统一战线已经成为工人阶级领导的，以工农联盟为基础的，全体社会主义劳动者、社会主义事业的建设者、拥护社会主义的爱国者、拥护祖国统一的爱国者的最广泛联盟。新时期的统一战线包括两个范围的联盟：一个是大陆范围内，以爱国主义和社会主义为政治基础的团结全体劳动者、建设者和爱国者的联盟，这是统一战线的主体和基础；一个是大陆范围以外的，以爱国和拥护祖国统一为政治基础的团结台湾同胞、港澳同胞和海外侨胞的联盟，这是统一战线的重要组成部分。这两个方面互相结合，互相促进，共同构成了一个整体，体现了新时期统一战线空前的广泛性。

新时期爱国统一战线的基本任务是：高举爱国主义、社会主义旗帜，团结一切可以团结的力量，调动一切积极因素，为促进社会主义经济建设、政治建设、文化建设、社会建设服务，为促进香港、澳门长期繁荣稳定和祖国和平统一服务，为维护世界和平、促进共同发展服务。

党的领导问题是统一战线中的核心问题，在新的历史时期，虽然统一战线的性质、任务和内部结构都发生了变化，但是共产党对统一战线的领导决不能动摇。只有坚持共产党的领导，才能结成牢不可破的统一战线，统一战线才能有正确的方向、蓬勃的生机和光明的前途，才能发挥它应有的作用。这不仅取决于我国社会主义制度的性质，也是统一战线内部各方面人士的共同愿望和共同利益所在。

（二）全面贯彻党的民族政策和宗教政策

社会主义时期民族问题的实质，已经不是阶级矛盾和阶级斗争问题，而是各民族人民的内部矛盾，是各民族人民在根本利益一致基础上的矛盾，应该用正确处理人民内部矛盾的方法来加以解决。社会主义时期处理民族问题的基本原则是：维护祖国统一，反对民族分裂，坚持民族平等、民族团结、各民族共同繁荣。民族平等是民族团结、各民族共同繁荣的政治前提和基础。民族平等是指各民族在政治权利、社会地位等方面一律平等。包括尊重各民族的风俗习惯、语言文化和宗教信仰等；民族团结是维护国家统一、实现各民族共同发展的根本保证，是中国处理民族问题的根本原则，也是中国民族政策的核心内容；各民族的共同繁荣是解决民族问题的根本出发点和归宿。只有把握各民族共同团结奋斗、共同繁荣发展的主题，保障少数民族合法权益，才能巩固和发展平等团结互助和谐的社会主义民族关系。

宗教是对相当一部分群众有较大影响的社会现象，在社会主义社会中也将长期存在。正确认识我国社会存在的宗教问题，关键是要立足于我国的基本国情，充分认识宗教存在的长期性、宗教问题的群众性和特殊复杂性。必须尊重宗教产生、存在和发展的客观规律，既不能用行政的力量去消灭宗教，也不能用行政的力量去发展宗教。努力做好宗教工作，是维护改革发展稳定大局的需要。要全面贯彻党的宗教信仰自由的政策，依法管理宗教事务，积极引导宗教与社会主义社会相适应。我国实行政教分离的原则，任何宗教都没有超越宪法和法律的特权，都不能干预国家行政、司法和教育等国家职能的实施。在我国，宗教还坚持独立自主自办的原则，坚决抵制境外势力利用宗教进行渗透，坚决打击宗教极端势力，坚决反对和取缔邪教。只有全面贯彻党的宗教工作基本方针，才能发挥宗教界人士和信教群众在促进经济社会发展中的积极作用。

三、加强国防和军队现代化建设

国防和军队建设，在中国特色社会主义事业总体布局中占有特殊重要地位。巩固的国防和强大的军队，是国家主权、安全、领土完整的坚强后盾。必须站在国家安全和发展战略全局的高度，统筹经济建设和国防建设，在全面建设小康社会进程中实现富国和强军的统一。

（一）中国人民解放军在中国特色社会主义事业总体布局中占有重要地位

中国人民解放军是中国共产党领导的人民军队，是维护国家安全统一和全面建设小康社会的重要保障。加强国防和军队建设，在中国特色社会主义事业总体布局中占有重要地位。第一，中国人民解放军是人民民主专政的坚强柱石。在我国，阶级斗争在一定范围内长期存在，在某种条件下还有可能会激化。为了维护国家的统一和社会稳定，为了切实保障人民的民主权利，人民军队作为国家机器的主要支柱和人民利益忠实捍卫者的地位不可动摇。第二，中国人民解放军是捍卫社会主义祖国的钢铁长城。面对复杂多变国际环境，人民解放军作为祖国的忠实保卫者，担负着保卫祖国、维护祖国统一和安全的神圣使命。第三，中国人民解放军是社会主义现代化建设的重要力量。搞好军队建设，增强国防实力，是全面增强国家综合国力的重要内容，是加快社会主义现代化建设和全面建设小康社会的重要保障。

（二）建立巩固的国防是国家现代化建设的战略任务

巩固的国防是国家安全和经济发展的基本保证。在复杂的国际环境中，我军要跟上世界军事发展的潮流，建设信息化军队，打赢信息化战争，切实捍卫国家的主权、安全和统一。在社会主义市场经济和对外开放条件下，要保持人民军队的性质、本色和作风，始终成为党绝对领导下的革命军队。打得赢、不变质，这是新形势下我军必须解决好的两大历史性课题。要按照革命化、现代化、正规化相统一的原则加强军队全面建设，贯彻积极防御的战略方针，统筹经济建设和国防建设，走中国特色军民融合式发展路子。

（三）新世纪新阶段人民军队的历史使命

根据时代发展和国际安全形势的变化，党对人民军队的历史使命作出了"三个提供、一个发挥"的科学定位。"三个提供"是指，我军要为党巩固执政地位提供重要的力量保证，为维护国家发展的重要战略机遇期提供坚强的安全保障，为维护国家利益提供有力的战略支撑；"一个发挥"是指我军要为维护世界和平与促进共同发展发挥重要作用。这一科学定位要求我军提高应对多种危险、完成多样化军事任务的能力，坚决维护国家主权、安全、领土完整，为维护世界和平贡献力量。

（四）加快中国特色军事变革

全面履行党和人民赋予军队在新世纪、新阶段的历史使命，必须加快中国特色军事变革。当今世界，以信息技术为核心的高新技术的发展，有力地促进了世界新军事变革的发展，信息化正在成为新军事变革的本质和核心。要适应世界军事发展新趋势和我国发展新要求，着眼全面履行新世纪新阶段军队历史使命，以推动国防和军队科学发展为主题，以加快转变战斗力生成模式为主线，推进军事理论、军事技术、军事组织、军事管理创新。调整改革军队体制编制和政策制度，逐步形成一整套既有中国特色又符合现代军队建设规律的科学的组织模式、制度安排和运作方式。围绕建设信息化军队，打赢信息化战争的目标，加快机械化和信息化复合发展。坚定不移地走中国特色的精兵之路。

第三节　中国特色社会主义事业的领导核心

中国共产党自诞生之日起就担当起带领中国人民创造幸福生活、实现中华民族伟大复兴的历史使命。中国共产党的执政地位是历史和人民的选择。在长期执政和改革开放新的历史条件下，中国共产党成为"两个先锋队"，坚持立党为公、执政为民，不断改善党的领导，全面推进党的建设新的伟大工程，把实现好、维护好、发展好最广大人民的根本利益作为一切工作的出发点和落脚点。坚定地成为中国这样一个多民族的发展中大国进行社会主义现代化建设的领导核心。

一、党的领导是社会主义现代化建设的根本保证

中国共产党的执政地位是在长期革命斗争中逐步形成的，是近现代历史发展的必然，是人民的选择。办好中国的事情，关键在于党。坚持党的领导，必须改善党的领导。

（一）中国共产党的性质和宗旨

《中国共产党党章》明确规定：中国共产党是中国工人阶级的先锋队，同时是中国人民和中华民族的先锋队，代表着中国先进生产力的发展要求，代表着中国先进文化的前进方向，代表着中国最广大人民的根本利益。党的最高理想和最终目的是实现共产主义。

政党是有阶级性的，任何政党都代表一定阶级的利益，都有着自己赖以存在和发展的阶级基础。中国共产党从成立之日起，始终坚持工人阶级先锋队的性质。第一，中国共产党是

以中国工人阶级为其阶级基础的，是马克思列宁主义与中国工人运动相结合的产物。工人阶级的产生和发展是建党的根本条件。党集中体现了中国工人阶级的特点和优秀品质。第二，中国共产党党员是中国工人阶级中有共产主义觉悟的先锋战士。中国共产党的阶级基础是工人阶级。第三，中国共产党以马克思主义为理论基础和行动指南，代表了中国社会发展的正确方向。

中国共产党同时是中国人民和中华民族的先锋队是因为：第一，中国工人阶级的根本利益同中国人民和中华民族的根本利益相一致。第二，中国共产党执政的实质在于把人民赋予的权力用来为人民服务。第三，是党以实现民族振兴为己任的必然选择。

坚持"两个先锋队"就能不断增强党的阶级基础，扩大党的群众基础，提高党在全社会的影响力，把全国各族人民紧密地团结在党的周围，完成历史和时代赋予党的庄严使命。

中国共产党的性质决定党的宗旨是全心全意为人民服务。把为人民服务作为自己的最高原则，把代表工人阶级和全国各族人民的利益，作为党的一切活动的出发点和落脚点。这是中国共产党区别于其他任何政党的显著标志之一。一切从人民的利益出发，全心全意为人民服务，是中国共产党的本质特征。立党为公、执政为民，是党的根本宗旨的体现。

（二）中国共产党的执政地位是历史和人民的选择

中国的近现代历史充分证明：中国共产党的执政地位是在长期革命斗争中逐步形成的，是近现代中国历史发展的必然，是人民的选择。

历史的主体是人民，历史的选择最终要通过人民的选择来实现。毛泽东说："人民要解放，就把权力委托给能够代表他们的、能够忠实为他们办事的人，这就是我们共产党人。"①中国共产党领导人民推翻三座大山，建立了人民当家作主的共和国。新中国成立后，已经站起来的中国人民希望国家繁荣富强，过上幸福美好的生活。党适应这种需要，领导人民为恢复和发展国民经济而奋斗，并顺应社会历史发展的必然，走上了社会主义道路。中国共产党的执政地位是人民拥护和选择的结果。

新的历史条件下，在中国能够团结和带领全国各族人民实现民族复兴宏伟目标的政治力量，只有中国共产党。第一，中国现代化的性质决定了必须由中国共产党来领导。近代中国历史反复证明，企图通过走资本主义道路使中国实现现代化，根本行不通。第二，维护国家统一、社会和谐稳定，需要中国共产党的领导。在我国这样一个幅员辽阔、民族众多、发展不平衡的国家建设现代化，需要一个安定、团结、稳定的社会政治环境。第三，动员和组织全体人民共同建设美好未来，需要中国共产党的领导。在中国这样一个大国。要把几亿人口的思想和力量统一起来建设社会主义，没有一个党的统一领导，是不可设想的，那就只会四分五裂，一事无成。第四，应对复杂的国际环境的挑战，需要中国共产党的领导。在复杂的国际局势下，中国共产党是一个能够把人民组织起来、团结起来走和平发展道路的政治核心。

在中国，要团结凝聚全国各族人民，通过改革进一步解放和发展社会生产力，集中力量把经济搞上去，实现社会主义现代化建设的宏伟目标，关键在党。党的领导、党的建设是经济建设和改革开放取得成功的根本保证。中国各族人民从亲身的经历中深切认识到这一点，坚定不移地选择了中国共产党的领导。

_____

① 《毛泽东选集》第4卷，人民出版社1991年版，第1128页。

（三）坚持党的领导必须改善党的领导

坚持中国共产党的领导，就是要坚持党在建设中国特色社会主义事业中的领导核心地位，发挥党总揽全局、协调各方的作用。坚持党对国家大政方针和全局工作的政治领导，坚持党对军队的绝对领导，坚持党对人民民主专政的国家的领导，坚持党管干部原则，坚持党对意识形态领域的领导，坚持共产党领导的多党合作。这些都是坚持党的领导的根本原则。

在新的历史条件下，只有改善党的领导，才能坚持和加强党的领导，这是因为：第一，从国际上看，当今世界正处在历史性大变动之中，为适应国际环境的变化，必须改善党的领导。第二，从国内看，中国正处在历史性的伟大变革之中，新形势、新任务对我们党提出了新的要求。第三，从党的自身状况看，党的实际状况同党肩负的领导社会主义现代化的光荣使命还有许多不相适应的地方。

当前改善党的领导，首先，要正确处理党的领导和依法治国的关系。其次，要改革、完善党和国家的领导制度。最后，要进一步解决提高党的领导水平和执政水平、提高拒腐防变和抵御风险能力这两大历史性课题。

二、坚持立党为公、执政为民

九十多年来党的发展历程告诉我们，来自人民、植根人民、服务人民，是中国共产党立于不败之地的根本。以人为本、执政为民是党的性质和全心全意为人民服务根本宗旨的集中体现，是指引、评价、检验党一切执政活动的最高标准。

（一）反腐倡廉，保持党同人民群众的血肉联系

如何对待人民群众，是一个根本的立场问题。以毛泽东为代表的中国共产党人，依据历史唯物主义关于人民群众是历史创造者的基本原理，在组织群众、带领群众进行革命的实践中，逐步形成了一切为了群众，一切依靠群众，从群众中来，到群众中去的群众路线。群众路线是中国共产党根本的政治路线和组织路线。中国革命和建设的历史经验反复证明，坚持党的群众路线，保持党与群众的密切联系，革命和建设的事业就前进、就胜利；违背党的群众路线，严重脱离群众，革命和建设就会遭受挫折甚至失败。中国共产党的最大政治优势是密切联系群众，党执政后的最大危险是脱离群众。能否始终保持同人民群众的血肉联系，直接关系到党的生死存亡。

中国共产党作为执政党，保持同人民群众的血肉联系，必须加强和改进党的作风建设，大力推进反腐倡廉建设，增强拒腐防变和抵御风险的能力。十七大第一次把反腐倡廉建设确定为党的建设的基本任务之一，指出一定要充分认识反腐败斗争的长期性、复杂性、艰巨性，旗帜鲜明地反对腐败。坚持标本兼治、综合治理、惩防并举、注重预防的方针，加强对权力运行的制约和监督，扎实推进惩治和预防腐败体系建设。

（二）实现好、维护好、发展好最广大人民的根本利益

党和国家的一切工作的出发点和落脚点在于实现好、维护好、发展好最广大人民的根本利益。随着改革开放的深入和市场经济的发展，不可避免地产生物质利益的多样化和不同的利益要求。作为执政党，面临的最根本的课题，是能不能始终代表最广大人民的根本利益，始终做到全心全意为人民服务。为实现好、维护好、发展好最广大人民的根本利益，中国共产党正确把握了以下几个基本原则。

第一，根本立足点是最广大人民的根本利益。这是党在执政的条件下坚持为人民服务这

一根本宗旨的必然要求。为真正代表最广大人民的根本利益，中国共产党着力处理好三方面关系：一是利益关系多样化与根本利益的关系。二是局部与全局的利益关系。三是当前利益与长远利益的关系。

第二，妥善处理与兼顾不同阶层、不同方面群众的利益关系。中国共产党作为执政党，充分反映和体现各个方面的利益要求，最大限度地赢得社会各阶层群众的拥护和支持，打牢执政的社会基础，巩固执政地位。

第三，切实解决好事关人民群众利益的实际问题。关心群众、代表群众利益，必须十分具体地落实到解决群众生产和生活的实际问题上。

立党为公、执政为民是中国共产党宗旨的根本体现，党和国家的一切工作和方针政策，都以是否符合最广大人民群众的根本利益为最高衡量标准，坚持权为民所用、情为民所系、利为民所谋。只有一心为公，为人民谋利益，立党才能立得稳；只有一心为民，解决群众的实际问题，执政才能执得好。

三、以改革创新精神全面推进党的建设新的伟大工程

中国特色社会主义事业是改革创新的事业。党要站在时代前列带领人民不断开创事业发展新局面，必须以改革创新精神加强自身建设，始终成为中国特色社会主义事业的坚强领导核心。

（一）党的建设是一项伟大的工程

高度重视和不断加强党的建设，是中国共产党从小到大、由弱到强，从挫折中奋起、在战胜困难中不断成熟的一大法宝，也是党领导的伟大事业不断取得胜利的根本保证。以毛泽东为核心的党的第一代中央领导集体把建设一个全国范围的、广大群众性的、思想上、政治上、组织上完全巩固的中国共产党作为一项伟大工程，在实施这项伟大工程中，创造了许多经验。

党领导的改革开放既给党注入巨大活力，也使党面临许多前所未有的新课题新考验。在中国特色社会主义建设的新阶段，党的建设工程包括思想建设、组织建设、作风建设、制度建设和反腐倡廉建设。把党的建设作为一个新的伟大工程来抓，就是要把党的执政能力建设和先进性建设作为主线，坚持党要管党、从严治党，贯彻为民、务实、清廉的要求，以坚定理想信念为重点加强思想建设，以造就高素质党员、干部队伍为重点加强组织建设，以保持党同人民群众的血肉联系为重点加强作风建设，以健全民主集中制为重点加强制度建设，以完善惩治和预防腐败体系为重点加强反腐倡廉建设，使党始终成为立党为公、执政为民，求真务实、改革创新，艰苦奋斗、清正廉洁，富有活力、团结和谐的马克思主义执政党。

2009年9月召开党的十七届四中全会，通过了《中共中央关于加强和改进新形势下党的建设若干重大问题的决定》，对新形势下加强党的建设进行了全面研究和部署。《决定》系统总结了我们党加强自身建设的基本经验，强调加强和改进新形势下党的建设，提高党的建设科学化水平。提出加强和改进党的建设的主要任务是：建设马克思主义学习型政党，提高全党思想政治水平；坚持和健全民主集中制，积极发展党内民主；深化干部人事制度改革，建立善于推动科学发展、促进社会和谐的高素质干部队伍；作好抓基层打基础工作，夯实党执政的组织基础；弘扬党的优良作风，保持党同人民群众的血肉联系；加快推进惩治腐败体系建设，深入开展反腐败斗争。

（二）加强党的执政能力建设

党的执政能力，就是党提出和运用正确的理论、路线、方针、政策和策略，领导制定和实施宪法和法律，采取科学的领导制度和领导方式，动员和组织人民依法管理国家和社会事务、经济和文化事业，有效治党治国治军，建设社会主义现代化国家的本领。

执政能力是执政党的生命线。执政能力建设是党执政后的一项根本建设，是我们党执政后始终面临和不断探索的一个重大课题。新中国成立前夕，毛泽东把执政比作"进京赶考"，强调必须向一切内行的人们学经济工作，从作风和本领两方面提出了党的执政能力问题。十一届三中全会以来，邓小平紧密结合改革开放和社会主义现代化建设的实际，强调坚持党的领导必须改善党的领导，提出了党和国家领导体制改革的问题。十六大以后，中国共产党对执政能力的认识和探索不断深化，2004年9月，党的十六届四中全会通过的《中共中央关于加强党的执政能力建设的决定》，全面总结了半个多世纪以来党执政的主要经验，明确提出了加强党的执政能力建设的总体目标。

在半个多世纪的执政实践中，中国共产党积累了执政的成功经验，也是加强党的执政能力建设的重要指导原则。主要是：必须坚持党在指导思想上的与时俱进，用发展着的马克思主义指导新的实践；必须坚持推进社会主义的自我完善，增强社会主义的生机和活力；必须坚持抓好发展这个党执政兴国的第一要务，把发展作为解决中国一切问题的关键；必须坚持立党为公、执政为民，始终保持党同人民群众的血肉联系；必须坚持科学执政、民主执政、依法执政，不断完善党的领导方式和执政方式；必须坚持以改革的精神加强党的建设，不断增强党的创造力、凝聚力、战斗力。

加强党的执政能力建设的总体目标是：通过全党共同努力，使党始终成为立党为公、执政为民的执政党，成为科学执政、民主执政、依法执政的执政党，成为求真务实、开拓创新、勤政高效、清正廉洁的执政党，归根到底成为始终做到"三个代表"、永远保持先进性、经得住各种风浪考验的马克思主义执政党，带领全国各族人民实现国家富强、民族振兴、社会和谐、人民幸福。

（三）加强党的先进性建设

加强党的先进性建设，就是要通过推进党的思想建设、组织建设、作风建设、制度建设和反腐倡廉建设，使党的理论和路线方针政策顺应时代发展的潮流和我国社会发展进步的要求、反映全国各族人民的利益和愿望，使各级党组织不断提高创造力凝聚力战斗力、始终发挥领导核心和战斗堡垒作用，使广大党员不断提高自身素质、始终发挥先锋模范作用，使党永葆与时俱进的品质、始终走在时代前列，不断提高执政能力、巩固执政地位、完成执政使命。

先进性是马克思主义政党的生命所系、力量所在，要靠千千万万高素质党员来体现。要扎实抓好党员队伍建设这一基础工程，坚持不懈地提高党员素质。深刻认识新形势下党面临的重大考验、居安思危、坚定信心，加强党性锻炼，加强作风养成，以改革创新的精神推进党的建设，不断为党的肌体注入新活力。马克思主义政党只有赢得青年，才能赢得未来。

思考题

1. 试述"和平统一、一国两制"构想的由来与实践。
2. 中国独立自主和平外交政策的基本原则是什么？
3. 为什么新阶层是中国特色社会主义事业的建设者？

4. 如何理解"四个尊重"是党和国家的重大方针?
5. 为什么党的领导是中国社会主义现代化建设的根本保证?

延伸学习阅读材料 »

苏共亡党十年祭（节选）
黄苇町

1991 年 8 月 24 日，苏共被迫宣布解散。苏共亡党的原因很多，但诚如作者所言：苏联共产党不仅被国内外的反共势力搞垮，还被她一直代表的工人阶级和苏联人民抛弃。而这后一点，是导致苏共亡党的决定性因素之一。审视苏共覆亡的历史，证明了"一个政权也好，一个政党也好，其前途与命运最终取决于人心向背，不能赢得最广大群众的支持，就必然垮台"的真理。

正文：

对苏共亡党的原因，我国理论界已谈得很多，如帝国主义的颠覆破坏和和平演变活动；苏共长期拒绝改革开放，坚持高度集中的计划体制导致的经济停滞和落后；还有后来推行错误的改革路线，背弃马克思主义原则，削弱党的领导，等等。但还有一个不能忽略的重要事实，人们谈得相对较少，即苏联共产党不仅被国内外的反共势力搞垮，还被她一直代表的工人阶级和苏联人民抛弃。而这后一点，是导致苏共亡党的决定性因素之一。

作为苏共掘墓人的叶利钦，1989 年 3 月是以 89.44% 的压倒多数选票，也就是说，他是在选区绝大多数老百姓的拥护下，击败了苏共的正式候选人，当选为苏联人民代表的。在他宣布退党后，又以压倒优势当选俄罗斯联邦总统。

1991 年的"8·19"事件是苏共挽狂澜于既倒、"避免自己走向灾难深渊的最后尝试"，可惜，在生死存亡的关头，苏共未能得到人民、包括 1 000 多万苏共党员的积极响应，军队也拒绝执行命令，甚至发生倒戈。

《苏维埃俄罗斯报》的政论家谢尔盖曾写道："由于种种神秘不解的原因，在俄罗斯工人群众之间，酝酿了一种信念，认为摧毁苏维埃制度并放弃与苏共的团结一致将对人们有利。人们为什么会这么想？——这是一个千古之谜。目前没有谁给这个谜作了明确的解释。"苏共创业时的辉煌和谢幕时的凄凉，其原因，必须从她和人民群众的关系变化中去寻找。

小平同志说过，"东欧的事情对我们来说并不感到意外，迟早要出现的。东欧的问题首先出在内部。"苏共也是同样。中央党校苏共史专家王长江同志曾对我谈起过一组数字，苏联解体前不久他正在莫斯科，当时的苏联社会科学院曾进行过一次问卷调查，被调查者认为苏共仍然能够代表工人的占 4%，认为代表全体人民的占 7%，认为苏共代表全体党员的也只占 11%，而认为苏共代表党的官僚、代表干部、代表机关工作人员的，竟占 85%！

我们为什么没有重蹈苏东覆辙？应该说，中国共产党也出现过党群关系的严重危机。但是，为什么中国没有像前苏联、前东欧国家那样迫使中国共产党下台，也没有把中国引向资本主义？

这同样既要从历史的大背景，也要从我们党和人民的关系去考察。

1. 为了中华民族的解放，中国共产党人和广大人民一起进行了 22 年的革命武装斗争。党和人民用鲜血凝成的感情是无法分离的。

2. 共产党员为人民的利益吃苦在前，战斗在前，牺牲在前，在中国人民心目中已经留下了不可磨灭的印象。

3. 解放后，人民的生活、社会地位也发生了根本性的变化。与人民群众紧密联系在一起的作风保持了下来。

4. "文化大革命"时期尽管我们党犯了严重错误，但人民没有从根本上改变对党的看法。

5. 最重要的是选择和坚持了一条实行改革开放和坚持四项基本原则、以经济建设为中心的正确道路，使中国出现了空前的大发展，并使人民群众不断从中获得切实的经济、政治、文化利益，进一步增进了人民对党的拥护和信任。这就是中国为什么没有走前苏联东欧道路的基本答案。苏共的历史悲剧告诉我们，困难不可怕，挫折不可怕，可怕的是人心的流失。

——摘自《南方周末》2001 年 8 月 16 日

参 考 文 献

[1] 编写组．马克思主义基本原理概论．4版．北京：高等教育出版社，2010.

[2] 编写组．毛泽东思想和中国特色社会主义理论体系概论．4版．北京：高等教育出版社，2010.

[3] 编写组．中国近现代史纲要．4版．北京：高等教育出版社，2010.

[4] 编写组．马克思主义政治经济学概论．北京：人民出版社，2011.

[5] 李秀林．辩证唯物主义和历史唯物主义．5版．北京：中国人民大学出版社，2004.

[6] 教育部社政司．马克思主义哲学原理．北京：高等教育出版社，2002.

[7] 江苏省教委．马克思主义哲学原理．苏州：苏州大学出版社，2002.

[8] 卫兴华，林岗．马克思主义政治经济学原理．北京：中国人民大学出版社，2003.

[9] 康静萍．政治经济学原理．北京：经济管理出版社，2010.

[10] 田子渝．毛泽东思想研究纲要．北京：中国政法大学出版社，1993.

[11] 中共中央宣传部理论局．七个怎么看：理论热点面对面2010．北京：学习出版社，2010.

[12] 编写组．中共中央关于完善社会主义市场经济体制若干问题的决定．北京：人民出版社，2003.

[13] 编写组．中共中央关于构建社会主义和谐社会若干重大问题的决定．北京：人民出版社，2006.

[14] 编写组．中共中央关于加强党的执政能力建设的决定．北京：人民出版社，2004.

[15] 编写组．中共中央关于加强和改进新形势下党的建设若干重大问题的决定．北京：人民出版社，2009.

[16] 编写组．中共中央关于深化文化体制改革、推动社会主义文化大发展大繁荣若干重大问题的决定．北京：人民出版社，2011.